Claudia Lorenz-Ladener

Milchsauer eingelegt

Gemüse gesund und einfach fermentieren

Fotonachweis:
Alle Abbildungen, wenn nicht anders bezeichnet, stammen von der Autorin.

Bibliografische Information der Deutschen Nationalbibliothek

Die Deutsche Nationalbibliothek verzeichnet diese Publikation in der Deutschen Nationalbibliografie; detaillierte bibliografische Angaben sind im Internet unter http://dnb.d-nb.de abrufbar.

Der Verlag behält sich das Text- und Data-Mining nach §44b UrhG vor, was hiermit Dritten ohne Zustimmung des Verlags untersagt ist.

ISBN 978-3-936896-77-0

8. Auflage 2026
© ökobuch Verlag GmbH,
   Königstr. 43, 26180 Rastede
   E-Mail: verlag@oekobuch.de
   http://www.oekobuch.de

Alle Rechte der Verbreitung, auch durch Funk, Fernsehen, fotomechanische Wiedergabe, Einspeicherung in EDV-Anlagen, Tonträger jeder Art und auszugsweisen Nachdruck, sowie die Rechte der Übersetzung sind vorbehalten.

Druck: Grafisches Centrum Cuno, Calbe

Unsere Bücher werden nach höchsten Ansprüchen an Nachhaltigkeit und Ökologie produziert und wir optimieren ständig weiter:
- Papiere und Pappen sind FSC® oder PEFC™ zertifiziert
- Druckfarben auf Pflanzenölbasis
- Druckplattenbelichtung komplett chemiefrei
- Klebstoffe lösungsmittelfrei
- 100% Öko-Strom bei Druck und Bindung
- Müllvermeidung und Recycling bei der Produktion
- kurze Wege, gedruckt in Deutschland

Inhalt

Vorwort 9

1 Wie entsteht milchsauer vergorenes Gemüse? 13
    Die Milchsäuregärung, ein biologischer Prozess 13
    Die gesundheitlichen Wirkungen 17
    Milchsauer einlegen: eine uralte Konservierungsmethode 19

2 Milchsäuregärung in der Praxis 23
    Sechs Schritte des milchsauren Einlegens 23
    Behälter 23
    Salz 30
    Wasser 33
    Gewürze und aromatische Beigaben 33
    Starterkulturen 35
    Beschweren des Gemüses? 37
    Gär- und Lagertemperaturen 39
    Fehlgärungen 42

3 Welches Gemüse ist geeignet? 45
    Blumenkohl 47
    Bohnen 49
    Brokkoli 51
    Chinakohl 52
    Immaterielles Weltkulturerbe Kimchi 53
    Gurken, Einlegegurken, Cornichons 55
    Karotten (Möhren) 58
    Kohlrabi 60
    Kohlrübe (Steckrübe) 61
    Knoblauch 62
    Knollenfenchel 63
    Kürbis 64
    Mangold 66
    Meerrettich 68
    Paprika (Gemüsepaprika) 69
    Gewürzpaprika (Peperoni und Chili) 70
    Pastinake 71
    Petersilienwurzel 72
    Porree/Lauch 73
    Radieschen 74
    Rettich 75
    Rosenkohl 77
    Rote Bete 78
    Rotkohl 79
    Sellerie (Knollensellerie) 81
    Stangensellerie 82
    Spargel 83
    Speiserübe 83
    Tomaten 84
    Grüne (unreife) Tomaten 86
    Topinambur 87
    Weißkohl 88
    Internetfunde zum Thema Sauerkrautherstellung 90
    Wirsing 93
    Zucchini 94
    Zwiebel, Perlzwiebel 95
    Blätter 96
    Bärlauch 97
    Pilze 98
    Früchte 101
    Saft 102

4 Rezepte ....
    Wozu passt milchsauer eingelegtes Gemüse? 105
    Salate 107
    Milchsaure Cremes 115
    Gefülltes Frischgemüse 117
    Feine Sandwiches 119
    Warme Gerichte mit milchsaurem Gemüse 120

Literatur 121

Vorwort

Das milchsaure Einlegen ist eine geniale Art, Gemüse haltbar zu machen. Denn dabei bleiben nicht nur die Vitalstoffe erhalten, sondern es werden auch Aromen erzeugt, die es bei anderen Methoden der Konservierung so nicht gibt. Und – anders als beim Tieffrieren oder Einkochen – ist keine elektrische Energie dazu nötig.

Ich weiß nicht mehr genau, was mein Interesse am milchsauren Einlegen von Gemüse geweckt hat. War es ein Bericht im Radio? Mir fiel jedenfalls ein, dass es in unserem Bücherregal ein Heftchen älteren Jahrgangs über das hauswirtschaftliche Einsäuern gab. Dort wurde beschrieben, wie Bohnen, Gurken, geraspelte Kohlköpfe und Karotten, in großen irdenen Töpfen milchsauer eingelegt, für die Wintermonate bevorratet werden können. Für mich war dies der Blick in eine fremde Welt und lange zurückliegende Vergangenheit, als die Familien noch größer, die Keller kühler und die Hausgärten mehr mit Gemüse bepflanzt waren und weniger mit Rasen und Rosen. Und nicht zu vergessen: Die selbst angebauten Nahrungsmittel hatten da noch eine anderen Stellenwert als sie es hierzulande heute haben.

Einige Zeit später, vor gut 3 Jahren, fiel mir das Buch „The Art of Fermentation" des Amerikaners Sandor Katz in die Hände, ein wunderbares Grundlagenwerk aus neuer Zeit (Lit. 20). Da packt es mich und seither hat mich das Thema nicht mehr losgelassen.

In der inzwischen zahlreichen neueren amerikanischen Literatur über die Milchsäuregärung, dort Fermentation genannt, geht es recht unbeschwert zur Sache. Was immer eingelegt wird: Wenn es schmeckt, darf es bleiben, ansonsten – ab auf den Kompost. Denn, so heißt es „Fermentation is more of an art than of a science" („... ist eher eine Kunst als eine Wissenschaft") und wird sogar als eine neue Kunstrichtung in Sachen Essenszubereitung betrachtet (siehe Kasten Seite 10).

Zurück zu diesem Buch: Hier werden keine exotischen Speisen beschrieben, vielmehr sollen erprobte traditionelle und neuere Methoden und Erkenntnisse des biologischen Konservierens von Gemüse vorgestellt werden. Mit diesem Grundwissen wird es den Leserinnen und Lesern nicht schwer fallen, diese faszinierende Form des Haltbarmachens selbst anzuwenden und auch eigene geschmackliche Kreationen zu verwirklichen.

Zur Begeisterung für das Fermentieren heute trägt sicherlich bei, dass es sich um ein „lebendiges" Verfahren handelt. Milchsäurebakterien siedeln sich an (oder auch nicht). Sie sind da, und man kann sie füttern (wenn auch nicht streicheln). Wenn sie die ihnen gemäße Nahrung finden, vermehren sie sich. So einfach ist das. Bleibt die Frage, warum das milchsaure Einlegen in den letzten Jahrzehnten in eine Art Dornröschenschlaf verfallen ist, wenn es mit dieser Methode doch so simpel ist, Gemüse haltbar zu machen und es dadurch obendrein noch zu veredeln? Zum Umschwung kam es in den 1960er Jahren durch neuere Methoden der Konservierung, allen voran durch die Möglichkeit, Gemüse tiefgefroren aufzubewahren. Als 1957 mit Spinat das erste Tiefkühlgemüse

„Tradition ist die Weitergabe des Feuers und nicht die Anbetung der Asche."
Zitat des Komponisten Gustav Mahler (1860-1911)

„Fermentation can be low-tech. These are ancient rituals that humans have been performing for many generations. They make me feel connected to the magic of the natural world, and to our ancestors, whose clever observations enable us to enjoy the benefits of these transformations."
Sandor Ellix Katz in „Wild Fermentation" (Lit. 20, S.3)

Faule Bande mit Zukunft – Eine Erfolgsstory

„… Ersonnen wurde das Fermentieren als clevere Methode, um Essen zu konservieren. Wenn man es schon nicht verhindern kann, dass Pilze, Bakterien und Hefen unser Essen besiedeln, dann macht man sich diesen Prozess lieber zunutze – und unterstützt erwünschte Mikroorganismen, während man den anderen das Leben möglichst schwer macht. Ein Nebeneffekt aber ist die unglaubliche Verwandlung des Geschmacks, den das Reifen bietet. Bakterien und andere Agenten des Verfalls erzeugen Aromen, die ohne sie unmöglich zu bekommen und mit nichts anderem zu vergleichen sind."

Mit seiner Frau Alex Hozven betreibt Kevin Farley den Cultured Pickle Shop in Berkely, Kalifornien. Die beiden zelebrieren hier die hohe Kunst des kontrollierten Verfalls. Wenn man Kevin Farley fragt, was er genau macht, umschreibt er seine Arbeit gern als „Mikrofarming". Statt Rinder oder Schweine hält das Ehepaar Mikroorganismen. Mehr als 200 Ökosysteme bewirtschaften sie in ihrem Laden, von der gemeinen Milchsäurebakterien-Kultur bis hin zum komplexen Mischsystem aus Bakterien, Hefen und Schimmelpilzen.

…"Man kann alles fermentieren, was auch roh gut schmeckt", sagt Hozven. Soll heißen: Kartoffeln eher nein, Austern oder Thunfisch kein Problem." Es geht darum, zu spielen, verrückt zu sein und Grenzen zu verschieben", meint Farley."Wenn du einmal angefangen hast, entdeckst du eine völlig neue Welt."

Das Ehepaar lässt seine Mikroorganismen auf so ziemlich allem wuchern, was Kaliforniens üppige Flora und Fauna hergibt: von Karotten und Spargel über grüne Erdbeeren bis hin zu Seeigel-Eiern und Jakobsmuscheln. Für das Gourmet-Restaurant „Elements" vergären sie derzeit die Muscheln in speziellen Bakterienkulturen, anschließend sollen sie dehydriert und mit Erdbeer-Kimchi serviert werden. In „Meadowood", einem von zwei Drei-Sterne-Restaurants in Kalifornien, wird mit ihren fermentierten Limetten gekocht. Joshua Skenes, neuer Kochsuperstar aus San Francisco, will gegorenen Fisch von ihnen für sein Restaurant „Saison". Und Bi-Rite, der derzeit vielleicht schickste Gourmet-Shop der Westküste, hat ihre Kreationen im Angebot. Wie das alles begonnen hat? Mit Sauerkraut. Als Alex Hozven mit ihrem ersten Sohn schwanger war, verspürte sie plötzlich Lust auf Vergorenes. Im nächsten Health Store fand sie Sauerkraut. Sie kaufte, aß und dachte: „Das kann ich besser."

„Am Anfang haben mich die meisten für verrückt gehalten", sagt sie. Die ersten Jahre hielt sie sich dank Veganern, Rohköstlern und anderen Menschen mit besonderen Essgewohnheiten finanziell über Wasser. Langsam aber kamen immer mehr Kunden. So viele, dass Kevin Farley bald seinen Job im Baumarkt schmiss, um ebenfalls Kraut zu hobeln. Heute haben die beiden zehn Sauerkraut-Sorten im Programm, vom Vintage-Kraut mit Salz, Apfel und Kümmel bis zum SeaKraut mit Meeresalgen."

Auszug aus: Tobias Müller:
„Faule Bande", Süddeutsche Zeitung Magazin 40/2013

in den Läden auftauchte, verschwand nach und nach milchsauer eingelegtes Gemüse aus den Hauskellern. Nun geht die Fahrt wieder verstärkt in die andere Richtung. Ein gesteigertes Bewusstsein dafür, welche Auswirkungen gute, naturbelassene Lebensmittel auf die Gesundheit haben, eine Renaissance des Selbstversorgungsgedankens und die wiederentdeckte Freude, mit den Händen etwas zu erschaffen und zu erwirtschaften, verhilft der Milchsäuregärung zu neuen Ehren.

Sicherlich wird sich heute nicht jeder mit den alten Methoden und den großen offenen Gärbehältern anfreunden können, bei denen die zwangsläufig entstehende Kahmhefe regelmäßig abgeschöpft werden muss. Aber das ist auch nicht nötig; denn das milchsaure Einlegen funktioniert auch sehr gut in kleinen und kleinsten Gläsern. Und das Schöne dabei ist, dass dieses Konservierungsverfahren viel Raum zum Experimentieren lässt.

Als ich selbst anfing, Gemüse milchsauer einzulegen, erstaunte mich die Bandbreite der Angaben und Empfehlungen, die ich in der Literatur und im Internet fand, z.B. was den Salzgehalt der Lake, den Temperaturbereich beim Lagern, die mögliche Zeit der Aufbewahrung und vieles mehr betraf. Ich zog daraus den Schluss, dass dieses Konservierungsverfahren nicht nur ganz viel erlaubt, sondern auch vieles verzeiht. Anderenfalls hätte sich diese Methode, Über-Lebensmittel herzustellen, ja wohl kaum Jahrtausende lang halten und entwickeln können, oder?

Viel Freude beim Haltbarmachen, Genießen und Experimentieren wünscht

Claudia Lorenz-Ladener

1 Wie entsteht milchsauer vergorenes Gemüse?

Die Milchsäuregärung, ein biologischer Prozess

Milchsäurebakterien sind überall zu finden, im Boden, auf gesunden Pflanzen, im menschlichen Körper. Der Mensch nutzt diese Bakterien seit Jahrtausenden zum Haltbarmachen von Gemüse.

Hierbei wandeln die Bakterien die pflanzlichen Stärke- und Zuckermoleküle im rohen Gemüse in Milchsäure um. Bei dem Umwandlungsprozess entsteht außerdem Kohlendioxid und daraus Kohlensäure. Diese Säuren, insbesondere aber die Milchsäure, konservieren das Gemüse, indem sie den pH-Wert senken. In einem sauren Milieu und unter Luftabschluss wiederum ist die Vermehrung von fäulnisfördernden Mikroorganismen erschwert, das Gemüse bleibt dadurch gut erhalten und gewinnt zudem an Aroma – insgesamt ein wunderbares Werk der Natur!

Wie robust und wenig störanfällig das Verfahren der Milchsäuregärung ist, wenn ein paar Regeln beachtet werden, zeigte sich schon vor Jahrhunderten am Beispiel der fast 3 Jahre dauernden Weltumseglung von Kapitän James Cook (1728-1779). Es war bekannt geworden, dass das Vitamin C-haltige Sauerkraut – roh verzehrt – Skorbut verhindern kann, eine Mangelkrankheit, an der zuvor viele Seeleute gestorben waren. So nahm er bei seiner Weltumseglung fast 4 Tonnen Sauerkraut in großen Holzfässern mit und tatsächlich erkrankte keiner seiner 119 Besatzungsmitglieder. Nicht einmal der stete Wechsel des Klimas, d.h. die oft enormen Schwankungen zwischen der Kälte der Polarkreise und der Hitze der Tropen sowie die dauernden Bewegungen des Schiffes konnte dem an Bord gelagerten Sauerkraut etwas anhaben. Das Sauergemüse erfüllte seine Aufgabe und hielt die „Pest des Meeres", wie die Skorbut-Krankheit genannt wurde, von den Seeleuten fern.

Nach Überlieferungen soll das Kraut so gut geschmeckt haben, dass jeder es gern zu sich nahm. Nicht zu verschweigen aber wohl auch deshalb, „weil man mit dessen Beihilfe das Pökelfleisch herunterschlucken konnte, ohne den faulen, halb verwesten Geschmack desselben so ganz wahrzunehmen" (Lit. 10, S. 14). Dass die Mannschaft ohne Verluste heimkehren konnte, dazu soll überdies auch ein von Kapitän Cook unter Zusatz von Malz gebrautes milchsäurehaltiges Fichtennadelbier beigetragen haben...

Wie läuft die Milchsäuregärung ab?

Milchsäuregärung setzt spontan ein, wenn Gemüse in Abwesenheit von Sauerstoff im eigenen Saft gelagert wird. Instinktiv, ohne wissenschaftliche Kenntnisse der mikrobiologischen Abläufe, machten sich bereits die Völker des Altertums die Milchsäuregärung zur Konservierung ihrer Vorräte zunutze. So haben die Urvölker vermutlich einfach krautartige Pflanzen auf einen Haufen geworfen und fest zusammengepresst, um nach einer Weile im Inneren ein verzehrbares Gärerzeugnis zu erhalten. Von da bis zu den Gärgruben (die

1.1 (Seite 12)
Es gärt!

1.2
Der weißliche Belag auf den Weintrauben sind Milchsäurebakterien.

es auch heute noch gibt, siehe S. 20) war es nur ein kleiner Schritt. Voraussetzung für eine erfolgreiche Milchsäuregärung, im englischen und französischen Sprachraum auch Fermentation genannt, ist eine feuchte, sauerstofffreie (anaerobe) Umgebung, damit die Milchsäurebakterien *(Laktobazillen)* die gemüseeigenen Kohlenhydrate (den Zucker) in Milchsäure umwandeln können. Die Milchsäurebildung führt zu einem Absinken des pH-Wertes, d.h. zu einem sauren Milieu (pH-Wert bis 4,1), in dem sauerstoffabhängige Fäulnisbakterien oder andere abbauende Kleinlebewesen nicht mehr wachsen können.

Salz (Natriumchlorid), das üblicherweise beim milchsauren Einlegen zugegeben wird, dient in erster Linie dazu, das Gemüse so lange vor Fäulnis und Schimmel zu schützen, bis sich Milchsäurebakterien in ausreichender Zahl entwickelt haben. Das Salz unterstützt überdies den Austritt von Kohlehydraten aus den Gemüsezellen. Um dies zu verstärken und den Sauerstoff zu entfernen, ist es außerdem üblich – wie z.B. bei der Herstellung von Sauerkraut – das Gemüse zu zerkleinern und in Schichten dicht einzustampfen.

Zum Stamm der Milchsäurebakterien, die sich bei der Fermentation von Gemüse bilden, gehören vor allem Bakterien wie *Lactobacillus brevis*, *Lactobacillus plantarum*, *Leuconostoc mesenteroides* und *Pediococcus cerevisiae*. Die Gärung erfolgt in Phasen und ist gewissermaßen ein Verdrängungswettbewerb, indem nach und nach den zahlreichen unerwünschten Bakterien und Pilzen die Lebensgrundlage entzogen wird.

1.3 Milchsäurebakterien in Aktion

pH-Wert

Definitionsgemäß ist der pH-Wert einer wässrigen Lösung ein Maß für die Wasserstoff-Ionenaktivität in der Lösung. In der Praxis kann anhand des pH-Wertes die Stärke einer Säure oder Lauge beurteilt werden. Bei einem pH-Wert von 7 wird die Flüssigkeit als neutral bezeichnet, sie reagiert weder sauer noch basisch. Laugen haben einen pH-Wert zwischen 7 und 14, Säuren sind durch pH-Werte von 7 bis 1 gekennzeichnet. Je niedriger der pH-Wert ist, desto höher ist der Säuregehalt der Flüssigkeit. Ein pH-Wert von 1 weist auf konzentrierte Salz- oder Schwefelsäure hin, schwächere Säuren wie z.B. Essig erreichen einen pH von etwa 2,5, saure Milch einen pH-Wert von 4,5. Bei einem pH-Wert von 4,1 und darunter können sich z.B. Fäulnisbakterien nicht mehr vermehren, so dass ein Fortschreiten der Fäulnis unterbunden wird.
Beim Einlegen von Gemüse kann es zu Fehlgärungen kommen, wenn sich in der angesetzten Kultur z.B. durch Seifenreste oder eher alkalisch reagierende Gemüse nicht schnell genug ausreichend Milchsäure bilden kann. Wenn die Kultur das saure Milieu nicht erreicht, zeigt sich das früh an einem veränderten Geschmack und Geruch.
Der pH-Wert der Flüssigkeit kann mit Indikatorpapier (erhältlich in Apotheken) schnell und leicht kontrolliert werden.

Links- oder rechtsdrehende Milchsäure?

Die Lebensmittelchemie unterscheidet in links- D(-) und rechtsdrehende Milchsäure L(+), wobei die eine polarisiertes Licht nach rechts, die andere nach links dreht. In Pflanzen kommt die Milchsäure in beiden Formen als Gemisch (Racemat) vor. Für das milchsaure Einlegen sind beide Arten gleichermaßen gut geeignet.

Das Wachstum der Milchsäurebakterien im Verlauf einer Vergärung von in Streifen geschnittenem und zusammengepresstem Weißkohl in einem Gärgefäß zu Sauerkraut zeigt Abb. 1.4. Im Wesentlichen können 3 Phasen unterschieden werden:
In der ersten Phase (die insgesamt ca. 3 Tage dauert) wird in der Regel innerhalb der ersten 24 Stunden der im Gärgefäß verbliebene Sauerstoff verbraucht, und zwar durch das Wirken einer heterogenen, vorwiegend aeroben Mischflora aus Hefen, Schimmelpilzen und verschiedenen Bakterienstämmen, die dabei Wärme entwickeln und Kohlendioxid freisetzen. Aufsteigende Kohlendioxidbläschen in den ersten Tagen sind ein klares Indiz für diese Phase. In dieser Phase entstehen auch zahlreiche Aromastoffe (nicht immer nur wohlriechende!).
In der zweiten Gärphase geht die Gärung in die Säuerung über, d.h., wenn der Sauerstoff verbraucht bzw. verdrängt ist, setzen sich die anaeroben Milchsäurebakterien durch, die nach und nach den pH-Wert der Mischung senken. Damit beginnt die Konservierung, denn mit zunehmender Säureentwicklung stellen die säurelabilen Fäulnisbakterien ihr Wachstum ein. Gleichzeitig nimmt die Kohlendioxidproduktion ab.
In der dritten Gärphase vermehren sich die Milchsäurebakterien weiter und wenn die Kultur einen pH-Wert von 4,1 erreicht hat, ist nach 4 bis 6 Wochen die Sauerkrautgärung abgeschlossen. Dabei sind weitere Aro-

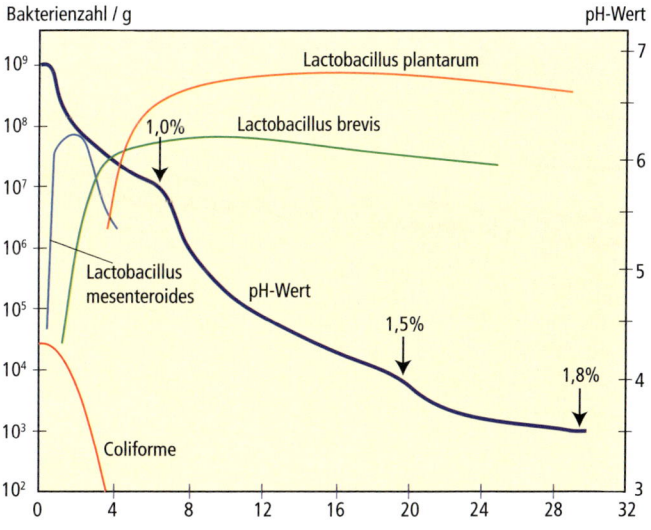

1.4
Idealisiertes Modell für das Wachstum der Milchsäurebakterien während der Sauerkrautfermentation und die Entwicklung des pH-Wertes (Hutkins, 2006).
Aus: Jenß, Ulrike (Lit. 16, S.19)

Milchsauer kontra pasteurisiert oder essigsauer

In den Lebensmittelmärkten wird milchsauer eingelegtes Gemüse selten angeboten; im günstigsten Fall finden sich Sauerkraut und Bohnen in den Regalen. Fast alle eingelegten Gemüseprodukte im Handel sind heute pasteurisiert (d.h. kurzzeitig auf Temperaturen bis 100°C erwärmt) oder in Essigsud eingelegt. Die Konserven enthalten dann kaum mehr gesundheitsfördernde Wirkstoffe, denn sowohl in erhitztem wie in essigsaurem Milieu werden die Milchsäurebakterien vernichtet. Derart eingelegtes Gemüse ist mehr oder weniger biologisch „tot", die Vitamine und sonstigen Vitalstoffe sind verloren. Oftmals werden Früchte auch „süßsauer" eingelegt, d.h. zum Essig werden noch reichliche Mengen an Zucker zugegeben, um die Säure zu kaschieren. Auch solcherlei zubereitetes Obst oder Gemüse hat kaum gesundheitlichen Nährwert. Der Zucker bildet im Körper Säure, die Ursache vieler Krankheiten sein kann, wenn, wie so oft, das Basen-Säure-Verhältnis im Körper ohnehin gestört ist. Wird das Gemüse oder Obst vor dem süß-sauren Einlegen auch noch ausgiebig gekocht, sind fast alle Nachteile des häuslichen Haltbarmachens vereinigt...

Wer dagegen zuhause Gemüse milchsauer einlegt, „veredelt" das rohe Gemüse mit all seinen Vitaminen, Mineralstoffen und sonstigen gesundheitlichen Werten - denn diese bleiben erhalten.

Was den Geschmack betrifft, so mag der Unterschied zwischen milchsauer und essigsauer eingelegtem Gemüse für wenig geschulte Geschmacksnerven vielleicht nicht sehr groß sein. Tatsächlich aber ist milchsauer eingelegtes Gemüse ungleich feinwürziger und aromareicher als essigsaures.

1.5 und 1.6
Milchsaure Kost: wohlschmeckend und heilsam.

mastoffe entstanden, die das Gemüse veredeln. Bevor der Gärvorgang nicht abgeschlossen ist, sollte das Gefäß nicht geöffnet werden.

Der Einfluss der Temperatur

Ist der Gärvorgang weitgehend beendet, sollte ein wohlschmeckendes Sauerkraut entstanden sein. Sofern noch Zucker vorhanden ist, geht die Gärung so lange weiter, bis er weitgehend verbraucht ist.

Diese Nachgärung – und damit die weitere Säurebildung – verläuft bei niedriger Umgebungstemperatur sehr viel langsamer als z.B. bei Raumtemperatur. Während die erste Gärphase schnell einsetzen sollte, was durch das Gärenlassen in einem warmen Raum begünstigt wird, ist es wichtig, sie nach einiger Zeit zu verlangsamen, damit das Gemüse nicht zu stark nachsäuert. Das wussten auch unsere Vorfahren, die ihr milchsauer Eingelegtes im kühlen Keller aufbewahrten.

Kahmhefe

Bei einer zu hohen Lagertemperatur bilden sich vermehrt Hefebakterien, ebenso, wenn Sauerstoff an das Gemüse gelangt. Das Entstehen von so genannter „Kahmhefe" ist ein häufiges Phänomen beim Fermentieren in offenen Gefäßen. Diese Hefe, erkennbar als eine weiße Schicht, wächst auf den oberen Gemüselagen und gilt als harmlos, sollte aber regelmäßig entfernt werden, da sie auch den Geschmack des Gemüses verändert.

Beim Fermentieren in luftdicht verschlossenen Gläsern oder in den speziellen Gärtöpfen mit Wasserrinne und Tauchdeckel (Kap. 2) wird dagegen der im Gefäß befindliche Sauerstoff rasch verbraucht; das entstehende Kohlendioxid steht dann über der Lake, sodass sich Kahmhefe gar nicht entwickeln kann, sofern die Gärung nicht unterbrochen wird, bevor sie abgeschlossen ist.

Gesundheitliche Wirkungen

„Wo du durch Nahrungsmittel heilen kannst, da verordne keine Arzneien, und wo einfache Mittel ausreichen, da nimm keine zusammengesetzten."

(Al-Razi (Rhazes), persischer Arzt, Philosoph und Alchemist, 864-925)

Schon in uralten römischen und griechischen Schriften wurde milchsaures Kraut als Heilmittel aufgeführt. In der Ernährungswissenschaft werden Lebensmittel, die gesundheitsfördernde Milchsäurebakterien (Lactobazillen) enthalten, auch als „Probiotica" bezeichnet, abgeleitet von „pro bios" (griechisch) „für das Leben". Milchsauer vergorene Lebensmittel werden besonders für die Darmgesundheit als wichtig erachtet, sie sorgen für eine gute Darmflora. Ein saures Darmmilieu verhindert das Entstehen von Fäulnisbakterien und eine gesunde Darmflora hat wiederum wichtige Auswirkungen auf die Immunabwehr, denn wenn der Darm gesund ist, haben schädliche Bakterien, Parasiten und Pilze weniger Chance, Krankheiten zu verursachen.

Leider gibt es – abgesehen von Sauerkraut – über den Gesundheitswert von milchsauer vergorenem Gemüse so gut wie keine wissenschaftlichen Untersuchungen. Tabelle 1.7 zeigt gesicherte und vermutete Vorteile, die durch den Genuss von Milchsäurebakterien entstehen. Gesichert ist, dass ein Großteil der wertvollen Inhaltsstoffe der einzelnen Gemüsearten wie Ballaststoffe, Vitamine (allen voran das Vitamin C) usw. auch nach der Milchsäuregärung noch vorhanden sind, teilweise wird ihre Konzentration durch den Gärungsprozess sogar noch erhöht (siehe Tabelle 1.8).

Hier helfen Milchsäurebakterien		
Milchsäurebakterien bringen	gesicherte Vorteile	vermutlich Vorteile
bei Laktose-Intoleranz	X	
bei Schleimhautentzündung von Magen und Dünndarm		X
bei Durchfall bei Kindern	X	
bei Nebenwirkungen der Strahlentherapie	X	
bei Verstopfung		X
bei Darmentzündungen	X	
bei Morbus Krohn		X
bei Nahrungsmittelallergie	X	
bei Nebenwirkungen von Antibiotika	X	
bei der Entgiftung krebserregender Substanzen	X	
zur allgemeinen Abwehr von Krankheitserregern	X	
bei Blasenkrebs (Nachsorge)	X	
bei hohem Cholesterinspiegel		X

Tabelle 1.7: Gesicherte und vermutete Vorteile von Milchsäurebakterien. Quelle: Friedrich Bohlmann (Lit. 3, S.36)

Tabelle 1.8: Nährstoffvergleich zwischen Sauerkraut und Weißkohl. Quelle: Friedrich Bohlmann (Lit. 3, S.36)

Nährstoffgehalt pro 100 g	Weißkohl	Sauerkraut
Kalorien (kcal)	25	17
Kohlenhydrate (g)	4,2	0,8
Eiweiß (g)	1,4	1,5
Fette (g)	0,2	0,3
Wasser (g)	90	90
Ballaststoffe (g)	3	2
Natrium (mg)	11	355
Kalium (mg)	208	288
Magnesium (mg)	23	14
Kalzium (mg)	46	48
Eisen (mg)	0,5	0,6
Zink (mg)	0,2	0,3
Beta-Karotin (µg)	25	18
Vitamin K (µg)	78	62
Vitamin B_1 (µg)	49	27
Vitamin B_2 (µg)	37	50
Pantothensäure (µg)	260	230
Vitamin B_6 (µg)	174	210
Folsäure (µg)	31	31
Vitamin C (mg)	45	20

1.9

*...Eben geht mit einem Teller
Witwe Bolte in den Keller,
dass sie von dem Sauerkohle
eine Portion sich hole,
wofür sie besonders schwärmt,
wenn es wieder aufgewärmt...*

Aus:
Wilhelm Busch (1832-1908)
Max und Moritz,
1. Aufl. München 1865

Durch Milchsäuregärung haltbar gemachtes Gemüse kommt in Bezug auf seine gesundheitsfördernden Wirkstoffe der Rohkost sehr nahe, ist dabei aber leichter verdaulich. Das macht Milchsaures auch für Menschen mit empfindlichem Magen bekömmlich, es wird von Magen und Darm sogar leichter verwertet als gekochtes Gemüse!

Da durch die Gärung der im Gemüse natürlich vorkommende Zucker zu Milchsäure und Kohlendioxid abgebaut wird, können auch Diabetiker milchsauer eingelegtes Gemüse fast anrechnungsfrei genießen.

„Das Einfache, Naturbelassene und Urgesunde muss jeder erst wiederfinden, und er wird wie ein Wunder erleben, dass damit auch Krankheit und Anfälligkeit verschwinden" schreibt Maria Lingenfelder (Lit. 25) und meint damit die Milchsäuregärung. Ein altes Sprichwort sagt: „Viel hilft nicht viel". Das trifft auch auf den Verzehr von milchsauer eingelegtem Gemüse zu. Es ist nicht sinnvoll, sich gelegentlich große Mengen an milch-

Internetfunde

„Dass die Milchsäuregärung als Reifungs- und Veredelungsprozess zu begreifen ist, haben wissenschaftliche Untersuchungen längst bestätigt. Die Mikroorganismen drängen krank machende (pathogene) Keime im Verdauungstrakt zurück und fördern das Wachstum einer gesunden (physiologischen) Darmflora. Dadurch beugen sie unter anderem einer der häufigsten Zivilisationskrankheiten, der Verstopfung, vor. Nicht von ungefähr heißt es, Milchsaures wirke wie ein „Besen im Darm". Zudem wird die Bioverfügbarkeit des Mineralstoffes Eisen in Gegenwart von Milchsäurebakterien erhöht. Ob sie Dickdarmkrebs verhindern, ist umstritten. Ungeachtet dieser Kontroverse gibt es seit vielen Jahren unter dem Namen „Kuhl-Schutzkost" eine Milchsäurediät, die von dem Arzt Dr. J. Kuhl entwickelt wurde. Er hat sie besonders Krebskranken empfohlen. Durch den Verzehr von rohem Sauerkraut, Joghurt und milchsauren Säften soll das körpereigene Zellatmungssystem gestärkt werden."

Aus: https://schrotundkorn.de/essen/milchsaures-wirkt-wie-ein-besen-im-darm

„Vor nicht sehr langer Zeit habe ich angefangen, Sauerkraut zu essen, kenne es natürlich seit meiner Kindheit, habe mich aber nie darum geschert. Ich bin dazu gekommen, weil ich seit der Schwangerschaft mit meinem mittlerweile 9 jährigen Sohn wirklich große Hautprobleme habe. Zwischendurch wurde es mal besser, dann aber wieder schlechter. Ich habe vieles ausprobiert, aber nichts hat geholfen, außer das Auftragen von Salzwasser auf die Haut. Zumindest hat es die Entzündungen von außen reduziert. Ich habe oft davon gehört, dass der Darm ein Spiegelbild der Haut ist und dass ich ihn reinigen sollte. Aber Fasten und ähnliche Varianten kommen für mich nicht in Frage. Also bin ich jetzt darauf gestoßen, dass Sauerkraut ja genau diese Funktion auch erfüllen soll. Ich esse jetzt also seit ca. 4 Wochen fast täglich Sauerkraut, und siehe da, ich habe keine tieferliegenden schmerzhaften und narbenbildenden Entzündungen mehr bekommen ... Jipiiie."

*Christin in
www.hobby-garten-blog.de*

„Milchgesäuertes Gemüse soll ja viel leichter verdaulich und viel gesünder sein als rohes. Meine Hunde fressen auch mit Begeisterung rohes Sauerkraut."

*Marianne in
www.gesundehunde.com/forum/archive/index.php/t-4445.html*

sauer eingelegtem Gemüse zuzuführen, der gesundheitliche Wert liegt im regelmäßigen, aber mäßigen Genuss. Es reicht schon, 3 bis 4 Esslöffel Sauergemüse unter den täglichen Salat oder kalt zum Gemüse zu geben, um die positive gesundheitliche Wirkung zu haben. Kleinkinder können organische Säuren schlecht neutralisieren, da ihr Organismus noch nicht voll dafür ausgereift ist. Sie sollten deshalb keine milchsauren Gemüse erhalten.

Ob die Milchsäurebakterien allerdings das für Vegetarier und besonders für Veganer so wichtige Vitamin B12 erzeugen können, wie vielfach in der Literatur und im Internet berichtet wird, ist umstritten. Nach vorherrschender Lehrmeinung können Milchsäurebakterien keine hinreichenden Mengen an Vitamin B12 bilden. ProVeg Deutschland konstatiert auf seiner Webseite (https://proveg.com/de/ernaehrung/naehrstoffe/vitamin-b12-mangel-vorbeugen), dass anders als bei den meisten tierischen Lebensmitteln, die reichlich Vitamin B12 enthalten, „*das mögliche, sehr geringe Vorkommen in Wurzel- und Knollengemüse sowie in vergorenen Lebensmitteln wie Bier, Sauerkraut und fermentierten Sojaprodukten nicht ausreiche, um einen signifikanten Beitrag zur Vitamin B12-Versorgung zu leisten.*"

Gestützt wird diese Aussage durch eine Studie (Berger, Iris: Vitamin-B12-Mangel bei veganer Ernährung: Mythen und Realitäten, aufgezeigt anhand einer empirischen Studie. Verlag Ibidem, Stuttgart 2009).

Milchsauer einlegen: eine uralte Konservierungsmethode

Das Haltbarmachen von Nahrungsmitteln mit Hilfe von Milchsäurebakterien ist von der Kulturgeschichte der Menschheit nicht zu trennen. Die Methode, ganze Kohlköpfe oder andere Gemüse in Gruben, in hölzernen oder irdenen Töpfen mit Salz einzulegen und zu vergären, entwickelte sich vermutlich in mehreren Regionen der Erde unabhängig voneinander. Dafür spricht, dass fast jeder Kulturkreis seine eigene Geschichte der Konservierung von Lebensmitteln durch Milchsäurebakterien hat. Nicht nur Gemüse, sondern auch Blätter, Früchte, Wurzeln, Fische und sogar Vögel wurden urwüchsig, aber teilweise in kunstfertigen Verfahren für Zeiten des Mangels als „Dauerproviant" konserviert. Auch aus unserer heutigen Ernährung sind milchsauer vergorene Produkte wie Joghurt, Käse, Sauerteigbrot usw. nicht wegzudenken, um nur einige alltägliche Lebensmittel zu nennen.

Wir Deutschen wurden für unser Sauerkraut so berühmt, dass wir auch heute noch in englischsprachigen Ländern als „German Krauts" bezeichnet werden. Erfunden wurde milchsauer eingelegter Kohl aber vermutlich in China. Es heißt, dass schon im 7. Jahrhundert v.Chr., beim Bau der chinesischen Mauer die Arbeiter mit Reis und gesäuertem Kohl ernährt wurden. Und der griechische Arzt Hippokrates (460-377 v. Chr.) merkte an, dass es gesünder sei, den (gesäuerten) Kohl nur zu erwärmen als ihn lange oder gar mehrmals zu kochen. Denn Sauerkraut verliert ebenso wie anderes Gärgemüse durch Erhitzen über 40°C einen

1.10
Label für Delikatess-Sauerkraut in den USA. aus: Sandor Katz (Lit. 21, S.32)

Großteil seiner Vitamine und bioaktiven Substanzen.

Etwa ab dem 11. Jahrhundert wurde auch von Mönchen in Deutschland Gemüse milchsauer eingelegt. Abgeleitet von der lateinischen Bezeichnung *Compostum* wurde es *Kompost*, *Kumbost* oder auch *Gumbest* genannt. Außer geschnittenem Kohl, den die Mönche in großen Tontöpfen einstampften und luftdicht lagerten, mischten sie auch verschiedene Gemüse und Wildkräuter und bewahrten sie in Salzlake auf.

Doch nicht nur Kohl und anderes Gemüse wurde milchsauer haltbar gemacht. Schon die römischen Legionäre bereiteten aus Fisch eine milchsaure Würzsoße zu, „*garum*", „*garon*" oder „*liquamen*" genannt. Dazu wurden kleine Fische wie Makrelen und Sardellen samt Innereien in große Töpfe eingefüllt, eingesalzen und zusammen mit Würzkräutern unter mehrfachem Umrühren mehrere Monate lang in der vollen Sonne fermentiert, bis eine aromatische, dünnflüssige Substanz entstanden war. Der Überlieferung nach durfte diese Würzsauce – quasi das Maggi der Römer – in fast keiner Speise fehlen, und die Haltbarkeit der auf diese Weise hergestellten salzigen Saucen (Geschmacksvarianten waren durch diverse Zugaben möglich) schien fast unbegrenzt zu sein. Eingesäuerte Fische gelten übrigens heute noch in Norwegen als Delikatesse, dort werden Forellen einige Monate in Salzlake vergoren (*Rakörret* genannt). Und vergorene Ostseeheringe (*Surströmming*), so heißt es, gehörten früher zur Alltagsnahrung von nordschwedischen Bauern.

In warmen und feuchten Klimazonen hatte das konservierende Einsäuern früher schon deshalb eine große Bedeutung, weil die Lebensmittel nicht lange haltbar waren. So wurden z.B. auf Tahiti die Früchte des Brotbaumes in tiefe, gepflasterte Erdgruben eingefüllt, mit Blättern bedeckt und diese mit Steinen beschwert. Die Früchte gingen schnell in eine milchsaure Gärung über und bekamen eine teigartige Substanz. Zweidrittel des Jahres war es möglich, die Früchte des Brotbaumes frisch zu genießen, in der anderen Zeit lebten die Menschen von dem eingesäuerten Teig, den sie nach und nach, in Blätter eingehüllt, auf erhitzten Steinen backten. Das Resultat, so heißt es in der Überlieferung, war

Grubenkraut (Gruakraut)

In früheren Zeiten konnte Sauerkraut als die Seele der bäuerlichen Vorratswirtschaft bezeichnet werden. Zwischen September und November wurden die Krautköpfe geerntet, ein paar Wochen lang gelagert, dann geputzt, schadhafte Stellen und Strunk entfernt und in keilförmige Stücke zerteilt, damit sich das Kraut möglichst gut zum Hobeln eignete. Große runde Bottiche aus Holz oder Stein wurden mit Krautblättern ausgelegt, und schichtweise gehobeltes Kraut mit Salz, Kümmel, Apfelscheiben und Wacholderbeeren eingebracht. Jede Schicht wurde fest mit Fäusten, Holzstößeln oder auch nackten Füßen oder Holzpantoffeln eingestampft, bevor eine neue Schicht eingebracht wurde. Wenn der Bottich voll war, bildete oben eine Lage großer Krautblätter und mit Steinen beschwerter Bretter den Abschluss, um das Kraut unter dem Saft zu halten.

Noch älter ist die Zubereitungsmethode, mit der Grubenkraut, auch „Gruakraut" genannt, hergestellt wurde, eine Methode, die vor allem in gebirgigen Landschaften Österreichs Tradition hatte. In den rauen Lagen mit frühen Wintereinbrüchen konnte auf diese Weise auch nicht ganz ausgereiftes Kraut konserviert werden. Dazu wurden die ganzen Krautköpfe nach der Ernte zuerst im großen Krautkessel blanchiert („Krautsieden"), was einerseits zur Desinfektion diente, andererseits auch das Kraut aufquellen ließ, was die nachfolgende Fermentation ohne Salz und Gewürze begünstigte. Nach dem Trocknen der Köpfe wurden sie in ein etwa 4 m tiefes, rundes, eckiges oder ovales Erdloch mit dem Strunk nach oben eingefüllt, das mit Stein oder Lärchenholz und Stroh ausgekleidet war. Der Kohl konnte 3 bis 4 Jahre in der Grube bleiben, ohne an Qualität zu verlieren.

Da Grubenkraut zart und fein im Geschmack ist sowie eine leicht prickelnde Säure hat, wird es auch heute wieder als Rarität (weil handwerklich aufwendig und arbeitsintensiv) in Feinkostläden und in der Spitzengastronomie in biologischer Qualität angeboten.

ähnlich im Geschmack wie Pumpernickel.

Im germanischen Lebensraum wurde Alpenampfer (Rumex alpinus), eine Wildpflanze, die in den Alpenländern reichlich gedeiht, ursprünglich in rohem Zustand vergoren. Später gingen die Alpenbewohner dazu über, das Kraut kurz abzukochen und vor dem Gären mit jungen Trieben von Alpen-Kratzdisteln (Cirsium spinosissimum), von „Guter Heinrich" (Chenopodium bonus henricus) oder mit Minze zu würzen. Nach dem Schweizer Botaniker und Pionier der Pflanzensoziologie Heinrich Brockmann-Jerosch (1879-1939) spricht vieles dafür, dass das später als Gärfutter für Schweine benutzte Kraut ursprünglich ein wichtiges Nahrungsmittel für die Alpenbewohner darstellte.

Von langer Tradition ist auch „Kimchi", die Nationalspeise der Koreaner, 2013 zum Weltkulturerbe erklärt. Noch heute gehört Kimchi in Südkorea wie Reis zu jedem guten Essen. Kimchi gibt es in unzähligen Geschmacksvarianten und ist mehr oder weniger aufwendig herzustellen. Fast immer sind Chinakohl, Rettich, Mangold, Pfeffer, Äpfel, Knoblauch und Chili wesentliche Bestandteile, dazu Lauch, Ingwer, gesalzener Fisch und dergleichen mehr (Rezepte siehe S. 53 ff.). Früher wurde Kimchi in Korea in Tongefäßen aufbewahrt, heute gibt es dafür spezielle Kühlschränke.

Auch in der russischen Küche, ebenso wie in Polen, Rumänien und Bulgarien sind Gerichte mit Sauergemüse („Kapusta") ein wichtiger Bestandteil des Speiseplanes. Interessant ist, dass in der russischen Tradition beim milchsauren Einlegen auch die Mondphasen beachtet wurden. So soll nach jahrhunderter alter Überlieferung Milchsaures nur dann gelingen, wenn die Gemüse/Früchte in der ersten Neumondwoche, am besten am fünften oder sechsten Tag eingelegt werden, während das Einlegen besonders bei Vollmond das Gemüse/Obst im Geschmack fade werden lässt (Lit. 6, S.202).

Es ließe sich noch viel erzählen über die Traditionen des milchsauren Einlegens in aller Welt. Im Zuge des technischen Fortschrittes und neuer Methoden der Konservierung wie dem Haltbarmachen durch Wärme und Kälte verlor diese ursprüngliche Art des Haltbarmachens, bei der die wertvollen Substanzen im Gemüse ohne Einsatz von Energie weitgehend erhalten bleiben, nach und nach an Bedeutung. Die zunehmende Aufmerksamkeit heute für naturbelassene, regional produzierte Nahrung, ein erhöhtes Gesundheitsbewusstsein, geänderte Essgewohnheiten und eine neue, unbefangene Experimentierlust in Sachen Selbstversorgung und Autonomie haben inzwischen aber auch dem milchsauer Einlegen wieder mehr Aufmerksamkeit verschafft.

Im folgenden Praxisteil wird gezeigt, wie einfach und schnell Gemüse milchsauer eingelegt werden kann.

1.11
Kulturgut Kimchi: Scherenschnitt von Nikki McClure.
aus: Sandor Katz
(Lit. 21, S.30)

> „Meister in der Herstellung von allerlei gesäuerten Nahrungsmitteln sind die Russen und Polen. Neben dem Weißkohl werden dort z.B. Wassermelonen, Tomaten, Birnen und Äpfel gesäuert. Wie bei der Sauerkohlbereitung arbeiten die Russen mit Zusätzen von unzerschnittenen und ungeschälten Birnen und Äpfeln, Möhren und Zitronenscheiben, Preiselbeeren und Kümmel, gekochten roten Rüben, Kardamom und Muskatblättern. Man lässt dort bei höherer Temperatur angären; damit das reichlich sich bildende Gas entweichen kann, wird täglich ein oder mehrere Male ein Stab bis auf den Grund in die Massen hineingestoßen. Wenn die Gärung beendet und dadurch der bittere Geschmack beseitigt ist, werden die Fässer in den Keller gebracht, und erst jetzt werden die Kohlmassen mit Deckel und Steinen beschwert. Nach 7 bis 12 Tagen ist dieses Sauerkraut (Schtschikraut) fertig."
>
> *Fritz Eichholtz (Lit. 9, S.15)*

2 Milchsäuregärung in der Praxis

Sechs Schritte des milchsauren Einlegens

Die Praxis des milchsauren Einlegens ist einfach: Im Prinzip sind 6 Schritte nötig, unabhängig davon, welches Gemüse milchsauer eingelegt werden soll.

1. Gärbehälter oder Gläser sorgfältig mit heißem Wasser auswaschen, und zwar ohne Zusatz von Reinigungsmitteln. Gemüse von Erde und Schadstellen säubern und, falls nötig, mit kaltem bis lauwarmem Wasser waschen bzw. alternativ die Schale entfernen. Das Gemüse im Ganzen belassen, in Stücke schneiden oder raspeln – je kleiner die Teile sind, desto schneller verläuft der Fermentierungsprozess.
   Erfahrung: Gemüse-Mischungen gären oftmals besser als einzeln eingelegt, da die Milchsäurebakterien durch die verschiedenen Gemüsearten ein größeres Nahrungsspektrum vorfinden.
2. Salz und Gewürze zum Gemüse geben, alles gut vermischen und so lange kneten/stampfen, bis das Gemüse so viel Zellflüssigkeit freisetzt, dass es nach dem Einschichten mit Flüssigkeit bedeckt ist. Alternativ Salz in Wasser auflösen und mit dieser Lake das Gemüse bedecken. Um ein wohlschmeckendes Ergebnis zu erhalten, darf der Salzanteil im Gemüse bzw. in der Lake nicht zu gering oder zu hoch sein.
3. Evtl. eine Starterkultur zugeben.
4. Das Gemüse dicht in den Behälter einschichten, damit möglichst wenige Luftzwischenräume entstehen. Die Zellflüssigkeit bzw. Gärlake muss (bei offenen Behältern oder Gärtöpfen mit Wasserrinne) bzw. sollte (bei dichten Einmach- oder Schraubgläsern) am besten über dem Gemüse stehen.
5. Sicherstellen, dass das Gemüse in sauerstofffreier Umgebung konserviert wird. Dies ist wichtig, da sich die Milchsäuregärung nur unter anaeroben Bedingungen, also unter Ausschluss von Sauerstoff, gegen die aeroben Bakterien durchsetzen kann.
6. Den Behälter möglichst einige Zeit bei Raumtemperatur stehen lassen, bis die Fermentierung in Gang gekommen ist. Dann bis zum Verzehr des Gemüses kühl lagern, damit die Gärung langsam verläuft und nicht übermäßig viel Säure entsteht.

Hinweis: Bei der Arbeit mit einzulegendem Gemüse auf unbehandelten Holzarbeitsplatten ist Vorsicht geboten. Salzlake und Gemüsesäfte greifen unbehandelte oder geölte Holzoberflächen an und können das Holz aufrauen oder aufhellen, wenn die Flüssigkeit nicht gleich entfernt werden.

Behälter

Für kleinere und kleine Mengen an milchsauer Eingelegtem sind Gläser mit Schraubverschluss oder die bekannten Einmachgläser mit Gummidichtung und Drahtbügelverschluss bzw. losen Klammern sinnvoll.
Wer Geschmack gefunden hat und größere Mengen an Gemüse milch-

2.2
Einmachgläser mit Gummiring u. Verschlussklammern

2.3
Milchsäuregärung im 1 l-Glas

sauer einlegen möchte, findet traditionelle Töpfe vielleicht noch auf Flohmärkten oder im Keller älterer Leute.

Im Handel erhältliche Gärtöpfe aus Steinzeug sind oben mit einer Wasserrinne und einem Tauchdeckel ausgestattet. Mit Wasser gefüllt verhindern sie, dass Luft in den Topf eindringt, erlauben aber, dass Gas bei Überdruck aus dem Topf entweichen kann, so dass die Gärgase den Luftsauerstoff aus dem Glas verdrängen können.

Auch lebensmittelgeeignete und säurebeständige Kunststoffbehälter – gebraucht oder neu – können, mit einem Aufsatz versehen, für die Milchsäuregärung benutzt werden.

Einmachgläser und Gläser mit Schraubverschluss

Glasbehälter aller Art und Größe, von den bekannten Einmachgläsern (Sterilisiergläser) bis zu Twist-Off-Gläsern mit intaktem, fest verschließbarem Deckel sind gebraucht oder neu zum Fermentieren geeignet. Um eine Vielfalt an milchsauer Eingelegtem in kleinen Mengen zu erhalten, sind solche Gläser ideal. Das Einlegen kleinerer Mengen in Gläsern hat im Vergleich zum Fermentieren größerer Mengen im Gärtopf auch den Vorteil, dass das Gemüse nicht so stark nachsäuert. Umgekehrt heißt es aber auch, dass die Gärung gewöhnlich weniger schnell in Gang kommt.

Meine Erfahrung: Ich selbst lege immer nur kleinere Mengen ein, gebe aber einige Löffel Starter dazu, um den Beginn der Gärung zu beschleunigen (siehe auch S. 35 ff.).

Wichtig für einen erfolgreichen Verlauf der Gärung ist, dass die Gläser dicht schließen. Um dies zu prüfen, werden sie mit Wasser gefüllt und mit fest geschlossenem Deckel auf den Kopf gestellt. Tritt Wasser aus, sind sie undicht. Bei Einmachgläsern wird die Gummidichtung mit der Zeit spröde und muss dann durch eine neue ersetzt werden. Bei wiederverwendeten Schraubgläsern darf der Deckel keine Rostflecken haben. Damit die Milchsäure bei der Gärung sich nicht mit eventuell vorhandenem Metall im Twist-Off-Deckel verbindet, wird in einigen Internet-Blogs empfohlen, zwischen Deckel und Luftraum des Glases eine Frischhaltefolie zu spannen.

Wichtig ist natürlich auch, dass die Behälter sauber sind. Wer sicher gehen will, übergießt Deckel und Gläser mit kochendem Wasser oder sterilisiert sie eine Zeit lang im Backofen bei einer Temperatur über 100°C. Wer dies für übertrieben hält, kann die Gläser aber auch einfach in der Spülmaschine reinigen oder von Hand heiß ausspülen.

Die Behälter sollten an die Gemüse- und Gärflüssigkeitsmenge so angepasst sein, dass der Luftraum zwischen Glasinhalt und Deckel am besten nicht mehr als $1/4$ des Behältervolumens ausmacht. Bei einem größeren Leerraum kann die Gärung schwerer in Gang kommen, da zu viel Sauerstoff im Glas ist.

In den Printmedien wie auch im Internet wird zuweilen geraten, die Deckel von Twist-Off-Gläsern nicht fest zuzudrehen, da der Inhalt nach Entfernen des Deckels aufgrund des angestauten Druckes explosionsartig entweichen könne. Das kann bei einer alkoholischen Gärung geschehen, ist aber bei einer Milchsäuregärung eher unwahrscheinlich, da – im Vergleich zu Früchten – weniger zuckerhaltiges Gemüse vergoren wird und sich dadurch nicht so viel Druck aufbaut.

Autorinnen älterer Werke wie Maria Lingenfelder (Lit. 25), die langjährig erfolgreich Gemüse in gebrauchten, dichtschließenden Twist-Off-Gläsern milchsauer einlegt haben, raten dazu, nach dem Einfüllen die Deckel immer so dicht wie möglich zuzudrehen.

Bei einer erfolgreichen Milchsäuregärung entsteht in der Hauptsache Kohlendioxid, oft vereinfachend als Gärgas bezeichnet, dessen Menge vom Anteil des abbaubaren Zuckers im Gemüse abhängt. Um neben der Milchsäuregärung eine parallel verlaufende aerobe Gärung oder Fäulnis sicher auszuschließen, sollte der Gärbehälter möglichst so verschlossen werden, dass der Überdruck aus dem Inneren zwar entweichen, aber kein Sauerstoff von außen eindringen kann. Beim Gärtopf mit Deckel und Wasserrand oder beim Fass mit Gärröhrchen ist dies sichergestellt. Einmachgläser mit Gummidichtung und Federklammern können auch verschlossen werden, denn steigt der Überdruck im Glas, wird das Gas gegen den Druck der Federklammern einen Weg nach außen finden, ohne dass das Glas platzt und ohne dass Luft von außen eindringen kann. Bei Gemüsen mit höherem Zuckergehalt wie z.B. Rote Bete, die in den ersten Tagen zu heftiger Gärreaktion neigen, kann jedoch bei zu vollgefüllten Behältern auch Gärflüssigkeit mit austreten.

Werden Twist-Off-Gläser nach dem Befüllen mit dem Schraubdeckel luftdicht verschlossen, kann ein Platzen des Glases tatsächlich nicht ausgeschlossen werden. Bei wenig Zuckergehalt des Gemüses und entsprechend geringfügiger Gasentwicklung wird das geschlossene Glas den Überdruck sicher aushalten, wenn das Glas nicht allzu voll gefüllt wird. Bei stärkerer Kohlendioxidentwicklung wird der Überdruck aber irgendwann so groß, dass das Glas platzt bzw. „explodiert". Um dies auszuschließen, kann es tatsächlich sinnvoll sein, in der ersten Gärpha-

> **Milchsaures Gemüse in Gläsern**
>
> „Das Einlegen in Weck- oder Twist-Off-Gläsern ist eine fabelhafte Methode, milchsaures Gemüse für den Winter zuzubereiten. Quasi nebenbei schneidet man ein paar Tomaten, Zucchini und Knoblauch, eine Zwiebel, füllt alles ins Glas und gießt Salzwasser darüber. Dann den Deckel darauf – und fertig!
> In etwa 6 Wochen ist Ihr milchsaures Gemüse reif. Meine Erfahrung hat gezeigt, dass milchsauer Eingelegtes nachsäuert, in kleinen Gläsern aber weniger als in großen. Nach der Entnahme der Gemüse übrig gebliebener Gärsaft hält sich, in Flaschen gefüllt, im dunklen Keller und kann zu Salatsaucen verwendet werden."
> *Aus: Barbara Rütting (Lit. 33, S.378)*

Lässt sich die Bildung von Kahmhefe im Gärtopf vermeiden?

„Um die Bildung von Kahmhefe in einem halb gefüllten Topf zu verhindern, stellt man eine angezündete Kerze in ein Glas und setzt dieses in den Gärtopf, der danach wieder mit Deckel verschlossen wird. Die Flamme verzehrt den Sauerstoff im Topf und erlischt, wenn der Sauerstoff verbraucht ist."

Aus: Annelies Schöneck (Lit. 35, S.79)

2.4 Sauerkrautfässer (140 l Inhalt) aus Steinzeug. Sauerkrautstampfer und großer Krauthobel, Freilandmuseum Bad Windsheim.

2.5 Großes Holzfass und Krauthobel.
Foto: Fa. MS Steinzeugwaren www.ms-steinzeug.com

2.6 Altes Sauerkrautfass mit geteiltem Deckel aus Holz.

se den Deckel von Twist-Off-Gläsern nur locker aufzudrehen, so dass er nicht ganz dicht schließt und Überdruck entweichen kann, ohne dass Sauerstoff von außen eindringt.

Milchsäuregärung in offenen Behältern

Bevor es die speziellen Gärtöpfe gab, wurde Gemüse in offenen Behältern aus Steingut, in Holzfässern und dgl. mehr konserviert. Alles ist möglich, einzig Behälter aus Metall sind ungeeignet, wenn sie nicht vollständig emailliert sind, da das Metall mit der Säure reagiert.

Die Herstellung von milchsauer Eingelegtem in offenen Behältern ist allerdings nicht optimal, auch wenn sie oftmals trotzdem funktioniert. Denn hier ist nicht zu verhindern, dass Luftsauerstoff während des Gärvorgangs mit dem Gemüse in Verbindung tritt, was das Wachstum sauerstoffabhängiger Bakterien (z.B. Hefebakterien, siehe unten) fördert, die dann mit den Milchsäurebakterien konkurrieren. Auch Staub und kleine Lebewesen können leichten Zugang finden, wenn der Behälter nicht sorgfältig abgedeckt wird.

Fermentieren im offenen Behälter:
Ist das Gemüse samt Salz und Gewürzen eingestampft, wird es oben mit einem in heißem Wasser (ohne Waschpulver) gebrühten und ausgewrungenen Leinentuch abgedeckt. Darauf folgt ein rundes Brett (traditionell aus Birke oder Buche), ein großer Teller o.ä., der mit einem säurebeständigen Stein abgedeckt wird. Das meist ohne Lake eingestampfte Gemüse bildet durch die Salzzuga-

Klarsichtfolie über offene Töpfe

„... ich habe eine Bekannte, welche ebenfalls Kraut in größeren Mengen säuert, und sie hat auch keine Töpfe mit Rille. Ihr Geheimrezept neuerdings: Klarsichthaushaltsfolie mehrfach oben über den Topf spannen, bis die Öffnung luftdicht abgeschlossen ist. Wenn sich dann nach einiger Zeit die Folie nach oben wölbt, ein sicheres Zeichen der Dichtheit, mit einer Rouladennadel wenige Löcher reinpiksen (bei einem 20 l-Topf 3 Löcher). Wenn man die Folie glatt spannt, kann man gut den Flüssigkeitsstand im Topf beobachten."

Rüdiger in
www.hobby-garten-blog.de

be und das Verdichten recht schnell Zellsaft. Wenn die Gärung in Gang gekommen ist, kann sich als Grenzschicht am Übergang von Flüssigkeit zur Luft eine „Kahmhaut" bilden. Dieser weiße Belag ist ein Biofilm aus Mikroorganismen, er besteht vor allem aus Hefe-, aber auch anderen Arten sauerstoffabhängiger Bakterien. Die Kahmhaut, auch Kahmhefe genannt, ist unschädlich, sollte aber abgeschöpft und die Abdeckung (Leinentuch, Brett/Teller, Stein) nach sorgfältiger Reinigung (am besten ausgekocht) wieder aufgelegt werden. Dieser Reinigungsvorgang muss alle 8-14 Tage oder bei Bedarf immer dann getätigt werden, wenn Gemüse entnommen wird. Evtl. muss dabei auch Salzlake nachgegossen werden, wenn der Zellsaft nicht mehr über dem Gemüse steht. Der Topf sollte nicht unnötig geöffnet werden, vor allen nicht in den ersten 4 Wochen der Gärung. Es empfiehlt sich bei größeren eingelegten Mengen, jeweils den Bedarf an Gemüse für 2 oder 3 Wochen zu entnehmen (schichtweise, d.h. keine Löcher graben!) und in kleineren Behältern im Kühlschrank bis zum Verzehr aufzubewahren.

Die Kahmschicht ist zwar, wie erwähnt, gesundheitlich unschädlich, gibt dem Gemüse aber einen unangenehmen Geschmack. Durch das regelmäßige Entfernen der Kahmschicht ist das milchsaure Einlegen in offenen Behältern recht umständlich, da ständige Pflege nötig ist, damit es nicht zu Fehlgärungen kommt. Wer es dennoch probieren möchte, dem sei empfohlen, Kunststofffolie mehrlagig über den Topf zu spannen, zum einen, um das Eintreten von Sauerstoff zu verhindern, aber auch, um Staub, Insekten etc. vom Inhalt fernzuhalten.

Milchsäuregärung im Gärtopf

Wer häufiger größere Mengen an Gemüse milchsauer einlegen möchte, ist mit der Anschaffung eines speziellen Gärtopfes gut beraten. Gebrauchte Gärtöpfe sind manchmal für wenig Geld erhältlich, neue Gärtöpfe gibt es zur Erntezeit in gut sortierten Haushaltswarengeschäften; in einschlägigen Internetshops werden sie ganzjährig angeboten. Die Gärtöpfe sollten aus Steinzeug gebrannt und entweder salzglasiert oder mit einer anderen bleifreien Steinzeug-Glasur überzogen sein. Die Töpfe werden in Größen von 3 l bis etwa 50 l hergestellt. Meist haben sie als Zubehör passende Beschwerungsgewichte aus Holz oder Keramik, die das Gemüse unter die Flüssigkeit drücken. Das Gemüse wird mit den Gewürzen in den Gärtopf geschichtet, die Gewichte zum Beschweren auf das Kraut gelegt und wenn der Zellsaft nicht ausreicht, wird so viel Salzlake zugegeben, bis die Beschwerungsgewichte bedeckt sind. Die Gärbehälter haben eine Wasserrinne mit passendem Deckel. Ist das Gemüse mit Beschwerung im Topf, wird der Deckel aufgesetzt und diese Rinne mit Wasser (und oftmals auch mit etwas Salz oder Essig) gefüllt. Das Wasser gewährleistet einen luftdichten Verschluss, so dass kein Sauerstoff von außen in den Gärtopf eindringen kann. Damit wird die für eine gelingende Fermentierung erforderliche anaerobe Umgebung im Topf geschaffen.

Der Topfdeckel ist bei Gärtöpfen so konstruiert, dass das während der Fermentierung entstehende überschüssige Kohlendioxid aus dem Topf entweichen kann. Um den Luftabschluss zu erhalten und zu vermeiden, dass unerwünschte Bakterien eindringen, ist es notwendig,

2.7
Vorratsraum mit Holzfass und herzigem Krauthobel, Freilandmuseum Glentleiten

2.8
Gärtöpfe mit Wasserrand aus Steinzeug in einer Töpferei

2.9
Gärtopf und traditionelles Steinzeuggeschirr in einem gut sortierten Haushaltswarengeschäft

2.10
Komplettes Gärtopf-Set, bestehend aus Behälter (5 l Inhalt), Tauchdeckel, zweigeteiltem Beschwerungsstein, großer Holzgabel, Holzstampfer und Krauthobel, erhältlich bei: MS Steinzeugwaren, Triftstr. 11, 55595 Spabrücken bzw. über www.ms-steinzeug.com

2.11 und 2.12
Zum Raspeln kleinerer Mengen reicht meist eine Küchenreibe, bei größeren Mengen erleichtert ein Krauthobel die Arbeit.

2.13
Behälter mit Gärröhrchen im Deckel

dass sich immer genügend Wasser in der Rinne befindet. Beim Kauf eines neuen Topfes empfiehlt es sich deshalb, darauf zu achten, dass die Wasserrinne viel Wasser aufnehmen kann, damit nicht ständig nachgefüllt werden muss. Während der Zeit der Gärung, d.h. etwa einen Monat lang, sollte der Gärtopf nicht geöffnet werden. Auch bei der Entnahme von Gemüse kann es passieren, dass in der Luft befindliche Hefebakterien eingetragen und aktiviert werden und sich in der Folge Kahmhefe bildet. Die gilt es zu entfernen. Dies ist bei kleineren Gärtöpfen mit nicht häufiger Entnahme allerdings selten der Fall.

Mehrere kleine Gärbehälter sind im allgemeinen praktischer zu bewirtschaften als ein großer, da verschiedene Gemüse getrennt eingelegt werden können, die Gemüse schneller verbraucht werden und die Töpfe sich dadurch im Jahr öfter befüllen lassen. Und natürlich sind kleinere Töpfe leichter zu reinigen und nicht so schwer und unhandlich wie große.

Reinigung: Glasierte Gärtöpfe, deren Glasur unversehrt ist, nehmen keine Gerüche an und es reicht, sie mit klarem Wasser (ohne Spülmittel!) heiß auszuspülen. Wer auf Nummer sicher gehen will, gibt dem Wasser etwas Salz bei und belässt es über Nacht im Topf. Nach dem Ausleeren des Wassers reicht es, mit klarem Wasser nachzuspülen.

Nach vielfacher Erfahrung erscheint es wichtig, auf Seife beim Reinigen zu verzichten und nur heißes bis kochendes Wasser zu verwenden (Seife und Wasser bilden eine Lauge, von der u.U. Rückstände an der Behälterwand bleiben). Leer gewordene Töpfe sollten sofort gereinigt und nach dem Trocknen am besten mit der offenen Seite nach unten aufbewahrt werden. Natürlich ist auch Sauberkeit beim Befüllen ein wichtiger Faktor für gutes Gelingen. Wer geraspeltes Gemüse mit den Händen verarbeitet und stampft, sollte diese vorher gut mit heißem Wasser (auch hier ohne Seife!) gereinigt haben. Bei der Entnahme von milchsauer Eingelegtem ist natürlich ebenfalls darauf zu achten, dass saubere Geräte benutzt werden.

Früher wurde auf Hygiene nicht immer so großer Wert gelegt; bei der Sauerkrautherstellung wurde der Weißkohl oft in großen Behältern mit den Füßen gestampft – keimfreie

Füße sind selten. Allerdings wurde in der Regel auch viel mehr Salz zugegeben, als dies heute üblich ist.

Wenn das Gemüse in großen Töpfen zu „übersäuern" droht:
Wer viel Gemüse im großen Behälter milchsauer eingelegt hat und nicht möchte, dass es weiter gärt, kann es auch portionsweise einfrieren. Zwar werden durch das Einfrieren (wie auch durch das Erhitzen) die Milchsäurebakterien abgetötet, die anderen, nicht temperaturabhängigen Inhaltsstoffe bleiben aber erhalten, ebenso der Geschmack zum Zeitpunkt des Einfrierens. Das Gemüse kann portionsweise in rechteckigen, tiefkühlgeeigneten Behältern eingefroren und der Inhalt am Tag darauf in Tiefkühlbeutel umgefüllt werden. Auf diese Weise lassen sich die Portionen nach und nach Platz sparend aufbewahren.

Milchsäuregärung im Kunststoffbehälter

Auch die verhältnismäßig preiswerten Gäreimer aus lebensmittelgeeignetem, säurebeständigem Kunststoff samt Gärröhrchen im Deckel sind für die Milchsäuregärung gut geeignet. Solche Behälter sind z.B. für die

2.14
Ist Gemüse nicht schön?

Gemüse	Abfall
Blumenkohl	38%
Bohnen	7%
Brokkoli	7%
Gurken	0%
Kohlrabi	32%
Kohlrüben (weiße Rüb.)	7%
Kürbis	50%
Lauch/Porree	42%
Karotten	17%
Paprikaschoten	23%
Pastinake	17%
Rote Rüben/Rote Beten	22%
Rotkraut	22%
Sellerieknollen	27%
Teltower Rübchen	10%
Tomaten	1%
Weißkraut	22%
Wirsing	22%
Zwiebeln	8%

Tabelle 2.15
Abfallanteil, der bei der Vorbereitung von Gemüse zum Einlegen zu berücksichtigen ist.
Nach: Broschüre „Gemüse", Hrsg. Bundesausschuss für volkswirtschaftliche Aufklärung e.V.

Wein- und Bierherstellung auf Hobbybasis entwickelt worden.

Die Behälter sollten aus Polypropylen (PP) oder Polyethylen (PE) bestehen und auf den Behältern sollte das Kürzel für den Werkstoff eingeprägt sein. Behälter aus Polyvinylchlorid (PVC) oder aus anderen Kunststoffmaterialien sind nicht geeignet, da nicht ausgeschlossen ist, dass Bestandteile des Materials in Lösung gehen, die sich dann im Gemüse anlagern.

Wer Freude am Basteln hat, kann einen gut funktionierenden Gärtopf auch selbst herstellen, z.B. aus einem gebrauchten lebensmittelgeeigneten Kunststoffbehälter mit dichtschließendem Deckel. Weithalsige Behälter (Eimer) mit Deckel sind in Gaststätten- und Kantinenbetrieben gewöhnlich kostenlos erhältlich. Daraus kann ein sehr preiswerter Gärbehälter entstehen, wenn in den Deckel ein Gärröhrchen samt Stopfen eingebaut wird. Das Gärröhrchen, ein bei alkoholischen Gärungen üblicher Aufsatz aus Glas oder Kunststoff (im Handel für kleines Geld erhältlich), ist so konstruiert, dass das beim Gärprozess freigesetzte Kohlendioxid entweichen, Sauerstoff von außen aber nicht eindringen kann. Da Gäraufsätze transparent sind, ist an den entstehenden Blasen im Röhrchen der Verlauf der Gärung gut zu beobachten.

Behältergrößen und Einlegemengen

In ein 1 l-Glas können ca. 600-700 g Gemüse eingelegt werden, ein 10 l-Gärtopf fasst z.B. etwa 8 kg Kohl, ausreichend für eine 3 bis 4-köpfige Familie.

Um zu bestimmen, welche Mengen an Gemüse geerntet/eingekauft werden müssen, gibt die Auflistung in Tabelle 2.15 Anhaltspunkte über den Abfall, der bei den jeweiligen Gemüsearten vor dem Einlegen anfällt.
In den Rezepten im Buch beziehen sich die Mengenangaben immer auf den verwertbaren Anteil.

Wie viel Salz fürs Sauerkraut?

„... möchte zum Thema Salz meine Erfahrung weitergeben. Vor Jahren fing ich an mit 20 g Salzzugabe pro kg Kraut, ging dann im Laufe der Zeit runter und nun verwende ich immer 10 g pro kg Kraut (schon gehobelt), neben Kümmel und Wacholderbeeren. Geriebener Apfel verfeinert das Ganze noch."

Heiner in https://www.hobby-garten-blog.de/gemuese/420-sauerkraut-selber-machen.php

Salz

Die Zugabe von Salz spielt beim milchsauren Einlegen besonders am Anfang eine Rolle, hilft Salz doch, das Gemüse vor Hefen und Fäulnisbakterien so lange zu schützen, bis sich genügend Milchsäurebakterien gebildet haben.

Durch Zerkleinern, Pressen und Stampfen tritt Zellsaft aus dem rohen Gemüse. Dieser enthält Zucker, den die Milchsäurebakterien in Milchsäure umwandeln (S. 14 ff.). Salz trägt dazu bei, dem Gemüse Flüssigkeit zu entziehen, d.h. die Milchsäuregärung kommt durch Salzzugabe schneller in Gang.

Gebräuchlich sind 2 Methoden der Salzzugabe:

- Das Salz wird direkt mit dem gehobelten, geraspelten oder klein geschnittenen Gemüse vermengt und die Mischung so lange in einer Schüssel durchgeknetet oder im Gärbehälter zusammengedrückt, bis sich genügend Zellsaft gebildet hat.
- Bei Gemüsestücken oder festeren Gemüsen, die wenig Flüssigkeit abgeben bzw. die nicht zerkleinert und gestampft werden sollen, wie z.B. Bohnen (gegart), Paprika,

Gurken, Pilze, Knoblauchzehen etc. wird eine Salzlake zugegeben. Die Gemüse werden, vermischt mit den Gewürzen, in den Behälter gefüllt und mit so viel Salzlake übergossen, dass das Gemüse bedeckt ist. Gemüse, das im Ganzen oder in größeren Stücken eingelegt wird, ist gewöhnlich milder im Genuss, da während der Gärung nicht so viel Zucker freigesetzt wird.

Je mehr Salz zugegeben wird, desto langsamer verläuft der Gärprozess und umso salziger wird das Eingelegte. Zu viel Salz hemmt die Entwicklung der Milchsäurebakterien, d.h. es entsteht keine Gärung, zu wenig Salz fördert die Entstehung von stinkender Buttersäure anstelle der Milchsäure. Ob zu viel oder zu wenig Salz, in beiden Fällen ist das Eingelegte nicht mehr genießbar.
Die Meinungen über die exakt benötigten Salzmengen klaffen in der Literatur und im Internet recht weit auseinander. Zwischen 0,5% Gewichtsprozente (5 g) Salz für 1 kg Gemüse bis 3% (30 g pro kg) konnte ich alles finden. Üblich ist eine Salzzugabe zwischen 10 und 15 g pro Kilogramm geputztes Gemüse, wenn das Salz direkt mit dem Gemüse vermischt wird. Wer mit dem milchsauren Einlegen Erfahrungen macht, wird vermutlich feststellen, dass der Salzanteil noch weiter vermindert werden kann. Denn: je weniger Salz zugesetzt, desto besser ist der Geschmack. Aber wie gesagt: Zu wenig Salzzugabe kann zu Fehlgärungen führen.
Salzlake: Ähnlich wenig eingegrenzt ist die Salzzugabe bei der Lake. Auch hier differiert die Salzzugabe zwischen 15 g und 40 g Salz pro Liter Wasser.

Meine Erfahrung: Ich gebe meist 25 g Salz pro Liter Wasser zu, habe aber die Erfahrung gemacht, dass 15 g Salz/Liter Wasser für ein gutes Ergebnis ausreichen, wenn ich noch 2-3 Esslöffel Starter (Brottrunk oder Sauerkrautsaft, s.u.) zufüge.

Allgemeine Empfehlung:
Wer knackiges Gemüse mag, ist bei der Salzzugabe etwas großzügiger, wer weichere Gemüse bevorzugt, ist mit der Salzzugabe etwas zurückhaltender. Auch hat sich beim Einlegen von Frühgemüse im Sommer, wenn die Außentemperaturen hoch sind, eine etwas großzügigere Zugabe von Salz als gut für den Gärprozess erwiesen und eine etwas geringere Salzbeigabe im Winter.
Aber: Wird zu wenig Salz beigefügt, kann dies die Bildung von Hefen fördern, die dann möglicherweise zu einer alkoholischen Gärung und letztendlich zu Fäulnis führt. Eine zu starke Salzbeigabe wiederum verschlechtert natürlich das Aroma maßgeblich.
In manchen traditionellen Rezepten wird sogar ein Salzzusatz von 5% (bezogen auf das Gemüsegewicht) und mehr empfohlen. Da in früheren Zeiten das Gemüse in großen

2.16
Reines Meersalz aus einem Salzgarten auf La Palma/Kanarische Inseln.

2.17
Salz beeinflusst die Konsistenz von Gemüse: Bei einer großzügigen Salzzugabe bleibt das Gemüse knackiger, wenig Salz lässt es etwas weicher werden.

2.18
Lauch und Zwiebeln in Salzlake

Behältern eingelegt wurde, machte das Sinn, denn der hohe Salzgehalt verminderte die Fäulnisgefahr und bewahrte davor, dass große Mengen wertvoller Nahrung verdorben und nicht mehr genießbar waren. Zudem wurde damals noch nicht so viel Wert auf Hygiene gelegt, und Sauerkraut beispielsweise in großen Fässern oftmals nicht nur mit Händen, sondern auch mit den Füßen eingestampft. Das Konservierte war dadurch sehr salzig und musste vor dem Verzehr lange und sorgfältig gewässert werden. Da wir heute tendenziell eher zu viel Salz mit der Nahrung zu uns nehmen, macht es Sinn, dessen Verwendung so gut es geht einzuschränken. Werden die Behälter vor Gebrauch sorgfältig gereinigt, so dass Keimarmut gesichert ist, ist eine geringe Salzzugabe ausreichend, insbesondere, wenn Starterkulturen zugesetzt werden. Dann kann die Salzzugabe womöglich sogar auf weniger als 1% (10 g pro kg Gemüse) gesenkt werden.

Jodsalz, Meersalz, Himalayasalz?

Zum Salzen kann gewöhnliches Salz verwendet werden, bevorzugt wird unbehandeltes Meer- oder Bergsalz. Was die Verwendung von jodiertem Salz betrifft, so scheiden sich die Geister (siehe auch S. 91). Sandor Katz (Lit. 19 und 20) vertritt die Meinung, dass Milchsäurebakterien nicht sonderlich anspruchsvoll sind, was die Beschaffenheit des Salzes betrifft, so dass durchaus jodhaltiges Tafelsalz zugegeben werden kann. In der Literatur ist dagegen die Meinung vorherrschend, dass das Salz unbedingt jodfrei sein müsse, da Milchsäurebakterien durch Jod abgetötet werden würden.

Neben Salz wurden für das Gelingen der Milchsäuregärung traditionell Eichenfässer oder Eichenblätter aufgrund der enthaltenen Gerbstoffe benutzt. Ebenso ist die Zugabe von Meerrettich- und Johannisbeerblättern hilfreich, die aseptische Bestandteile haben.

Salz und Zucker

Um den Milchsäurebakterien Nahrung zu geben, bevor die Glukose aus dem Gemüse verfügbar ist, wird in manchen Rezepten als Zutat auch Zucker genannt. Die Erfahrung hat gezeigt, dass Zucker als Zusatz nicht erforderlich ist. Je nach Dosis kann der Zuckerzusatz auch zu einer alkoholischen Gärung führen.

Sauerkraut (fast) ohne Salz herstellen?

Kohl, dessen Blätter von Natur aus reich an Milchsäurebakterien sind, gilt als das einzige Gemüse, das mit sehr wenig oder ohne Salz eingelegt werden kann.

Maria Lingenfelder (Lit. 25, S.16) beschreibt ihren Versuch, sehr fein gehobeltes Weißkraut mit Wacholderbeeren und Kümmel sowie handwarmem Wasser im Vakuumglas vergären zu lassen, im Ergebnis aber als nicht zufriedenstellend. Der Inhalt habe sich zwar einwandfrei fast ein

Jahr gehalten, hatte jedoch zu wenig Säure und kein Aroma. Sie rät daher, statt Wasser Molke zuzusetzen. Auch Sandor Katz (Lit. 19, S.43) ist der Meinung, dass Kohl, mit Salz angesetzt, ein besseres Sauerkraut ergibt. Ohne Salzzugabe ist der Kohl zudem nicht so lange haltbar und wird schnell weich. Wer dennoch (fast) ohne Salz experimentieren möchte, dem empfiehlt er die Zugabe von Weißwein statt Salzlake oder, was er besonders schätzt, eine großzügige Zugabe von Bohnenkrautsamen, die das Kraut ähnlich wie Salz knackig erhalten.

Wasser

Eine der wichtigsten Regeln beim Fermentieren ist, dass das Eingelegte, besonders im offenen Gärtopf, immer mit Flüssigkeit bedeckt ist. Wenn klein geschnittenes oder geraspeltes Gemüse mit Salz bestreut und dann gestampft wird, zieht das Salz so viel Zellsaft aus dem Gemüse, dass meist keine weitere Flüssigkeit notwendig ist. Anders verhält es sich, wenn Gemüse im Ganzen oder in großen Stücken eingelegt werden soll. Dann muss Wasser (oder Salzlake) zuzugeben werden.
Ob Quellwasser oder Wasser aus der Leitung verwendet wird, spielt keine Rolle: Wichtig ist nur, kein gechlortes Wasser zu nehmen, denn Chlor wird Wasser beigefügt, um Mikroorganismen abzutöten. Deshalb können sich auch Milchsäurebakterien in gechlortem Wasser nicht entwickeln. Unabhängig davon, ob das Trinkwasser nun gechlort ist oder nicht, ist es allgemein üblich, das Leitungswasser in einem offenen Topf aufzukochen, damit eventuell vorhandenes Chlor entweichen kann, die benötigte Salzmenge einzurühren und die Lake dann abgekühlt zum Gemüse zu geben. Die Lake sollte höchstens noch handwarm sein, denn Hitze schadet den Milchsäurebakterien (als lebende Kulturen) im und auf dem Gemüse.
Was nach dem Verzehr des milchsauren Gemüses an Flüssigkeit übrig bleibt, sollte nicht einfach weggeschüttet werden. Es wäre schade, denn die Gärlake enthält viele Vitalstoffe und ist deshalb als „Verdauungscocktail" wertvoll (pur oder mit Wasser verdünnt, falls zu salzig). Alternativ kann die Lake als Zugabe zu einem Smoothie, als Starter für neu Einzulegendes oder als würzige Sauce im Salat verwendet werden.

2.19
Gewürzstand auf dem Markt

Gewürze und aromatische Beigaben

Gewürze sind nicht nur Duft- und Geschmacksträger, sondern enthalten auch wertvolle Mineralien und Spurenelemente, insbesondere wenn sie zu den Heilpflanzen gehören. Traditionell werden den Gemüsen Gewürze wie Pfefferkörner, Kümmel, Chili, Wacholderbeeren, Dill, Lorbeer, Estragon etc. beigegeben. Auch Zusätze wie Obststücke (z.B. Apfel, Weintrauben) oder Weißwein (z.B. für Weinsauerkraut) bzw. Apfel-

2.20 - 2.23
Gewürze im Glas

saft sind üblich. Doch Vorsicht: Zwar sehen die Gewürze im Glas meist hübsch aus, wer sich bei der Zugabe von Gewürzen aber zurückhält, ist später beim Abschmecken der Speise flexibler. Und nicht zu vergessen: Der eigentliche feine Geschmack von milchsauer eingelegtem Gemüse kommt von der Milchsäure selbst. Um den wäre es schade, würde er überdeckt werden. Natürlich können in Bezug auf Gewürze eigene geschmackliche Vorlieben verwirklicht werden – auch hier ist (fast) alles möglich.

Meine Vorlieben: Ich gehe recht großzügig mit Chili und Pfefferkörnern um, weil ich die Schärfe dieser Gewürze liebe, wenn sie sich mit dem Milchsäurearoma vermischen. Und für mein Empfinden entsteht auch noch ein anderer, vollerer Geschmack, wenn ich Pfeffer oder Chili schon vor der Gärung und nicht erst kurz vor dem Verzehr zugebe.

Fertig gekauftes Einmachgewürz (manchmal auch Gurkengewürz genannt) wird gewöhnlich aus Gewürzen wie Senf- und Dillsaat, Koriander, Pfeffer, Lorbeerblatt, Wacholder, Kümmel, Bohnenkraut, Nelken, Chili, Piment gemischt. Je nach Gemüseart (und Vorliebe) sind auch Zugaben von Knoblauch, Ingwer, Fenchelsamen etc. üblich.
Wer fertiges Einmachgewürz verwendet, sollte darauf achten, dass keine weiteren Zutaten wie Geschmacksverstärker etc. enthalten sind.

Beispiel einer selbst zusammengestellten Gewürzmischung für 1 kg Gewürzgurken:
1 TL Senfkörner,
½ TL schwarze Pfefferkörner,
1 Messerspitze Korianderpulver,
1 Lorbeerblatt,
1 Messerspitze Ingwerpulver,
5 Wacholderbeeren,
1 Messerspitze Piment,
2 Nelken,
2 EL getrockneten Dill oder
1-2 Zweige frischer Dill.

Wer es scharf mag, fügt noch eine kleine Chilischote dazu.

Beim Herstellen von Sauerkraut werden traditionell immer Wacholderbeeren mit in das Gefäß gegeben. Diese verbessern nicht nur den Geschmack, sondern helfen – wie auch Kümmel - das Kraut leichter zu verdauen. Gewürze wie Knoblauch, Wacholderbeeren, Gewürznelken, Meerrettich etc. erschweren zudem die Fäulnis- und Schimmelbildung.

Als Gewürze für milchsauer eingelegte Gemüse sind immer passend (bezogen auf 700 g Einlegemenge):

zu Weißkohl: ½ EL Wacholderbeeren, ½ TL Kümmel, evtl. Dillsamen
zu Rotkohl: 1 Zwiebel, 2 Knoblauchzehen, 1 Lorbeerblatt, 1 Messerspitze gem. Piment, 1 Gewürznelke
zu Karotten: Knoblauch und Koriander, Ingwer
zu Bohnen: 2-3 EL Bohnenkraut, 1 Zwiebel, evtl. noch Dillblüten, ein paar dünne Scheibchen Meerrettich,
zu Gurken: 1-2 Knoblauchzehen, ½ TL Senfkörner, ½ TL Koriander, 1 Lorbeerblatt, sowie evtl. etwas Dill, Estragon, Meerrettich
zu Kürbis: 1 Zwiebel, 2-3 Knoblauchzehen, ½ TL Senfkörner, 1 Messerspitze gem. Piment, ½ kleines Lor-

beerblatt, evtl. etwas Ingwer
zu Selleriewurzel: ½ TL Dill, 1 Lorbeerblatt, ½ TL Estragon
zu Rote Bete: 1 Zwiebel, 1 Gewürznelke, ½ Lorbeerblatt, ½ TL Senfkörner
zu Kohlrabi: 1 TL Koriander, 1 TL Pfefferkörner, 1 Lorbeerblatt

Kräuter sind frisch ebenso wie getrocknet geeignet. Estragon mit seinem zurückhaltenden Aroma verfeinert alles Wurzelgemüse. Knoblauch, Zwiebeln und Chili können je nach Vorliebe (fast allem) Gemüse zugegeben werden. Piment, Koriander und Gewürznelken sind geschmacklich etwas dominant, hier empfiehlt sich Zurückhaltung, nicht aber bei der Zugabe von Senfkörnern. Ingwer wurde traditionell nicht verwendet, ist aber nicht nur ein Gewürz mit wertvollen Inhaltsstoffen, sondern gibt einigen milden Gemüsen (wie z.B. Karotten) eine interessante Geschmacksnote.

Himbeer-, schwarze Johannisbeer- und Sauerkirschblätter verfeinern nicht nur das Aroma von milchsaurer Eingelegtem, sondern sind auch reich an Milchsäurebakterien. Traditionell werden auch frische Blätter von Weinreben oder Eichen zugegeben, deren Gehalt an Gerbsäure (Tannin) den Gärungsverlauf positiv beeinflusst und das Gemüse knackiger bleiben lässt. Dies soll auch bei der Zugabe von Teebeuteln mit Schwarztee der Fall sein.

2.24
Blätter von (ungespritzten!) Weinreben werden traditionell zum milchsauren Einlegen verwendet. Wer eine Weinrebe so nah am Haus hat, kann sich glücklich schätzen.

Starterkulturen

Starter sind Milchsäure-Bakterienkulturen, die helfen sollen, die Fermentierung rascher in Gang zu bringen. In der Literatur und im Internet sind sich (fast) alle einig: Ohne Starter geht es auch und für eine gelingende Fermentation sind außer Salz und Wasser keine weiteren Zusatzstoffe nötig.

Jahrtausendelang haben unsere Vorfahren ihr Gemüse für den Winter ohne Starterkulturen konserviert und es hat funktioniert. Bei diesen Spontanfermentationen (im amerikanischen Sprachraum auch „wild fermentation" genannt) haben sich die Altvorderen ausschließlich auf die am und im Gemüse vorhandenen Mikroorganismen verlassen. Die Gärung kam auf ganz natürliche Weise in Gang – und das funktioniert auch heute noch.

Warum also Starterkulturen zugeben? Hauptgrund dafür ist, dass sie helfen können, die Gärung zuverlässiger und schneller in Gang zu bringen, insbesondere wenn die zugesetzte Salzmenge minimiert ist. Ob es allerdings stimmt, dass durch die Zugabe von Starterkulturen Fehl- oder Fremdgärungen verhindert werden können, ist nicht verlässlich belegt.

Was ist als Starterkultur geeignet? Eine gute Möglichkeit, an eine Starterkultur zu kommen, besteht darin, die Gärflüssigkeit von einem bereits milchsauer vergorenen Gemüse zu verwenden. Auch ein paar Löffel Brottrunk oder Sauerkrautsaft (beides in Naturkostläden erhältlich) sind übliche Starthilfen.

In der älteren deutschen und der neueren amerikanischen Literatur

2.25
Sollen die Gärung besser in Gang bringen: Selbstgewonnene Molke im Becher, Sauerkrautsaft und Brottrunk.

Brottrunk

Brot mit Wasser zu vergären und daraus *Kwas*, ein schwach alkoholisches Brotbier herzustellen, hat in Russland eine sehr lange Tradition. Dieses *Brotbier* soll dort auch als Starthilfe zum milchsauren Konservieren benutzt werden. Bäckermeister Kanne aus Westfalen brachte 1981 den *Brottrunk* auf den Markt, ein nichtalkoholisches, kohlenstofffreies Getränk aus Vollkornsauerteigbrot. Brottrunk enthält u.a. je Milliliter etwa 10 Millionen Milchsäurebakterien, die durch das Gären des Brotes entstehen.

wird oftmals auf Molke als typische Starterkultur verwiesen.

Annelies Schöneck (Lit. 36, S.22) schreibt: „Ein gutes Hilfsmittel bei der Säuerung ist Molke. Sie gibt einen wertvollen Zusatz in Form von Milchzucker und verschiedenen Vitaminen und Mineralstoffen. Besonders wenn Sie nährstoffarmes Gemüse verwenden, wie z.B. Gurken, kann dies von Bedeutung sein".

Dagegen führen Ingrid und Annette Früchtel auf (Lit. 12, S. 23): „Versuchsweise haben wir Molke, die reichlich Milchsäurebakterien enthält, beim Einsäuern zugegeben, konnten aber damit keine besseren Ergebnisse erzielen". Und Karin Bojs (Lit. 4, S.110) schreibt: „... Ebenso sinnlos ist es, Sauermilch oder Molke zu verwenden. Sicherlich gibt es einige traditionelle Rezepte, die Molke enthalten, und es ist auch denkbar, dass die Bauern früher bessere Resultate erzielten, wenn sie ihren Kulturen Molke, die vom Käsen übrig geblieben war, zufügten. Dieser Effekt beruhte jedoch sehr wahrscheinlich auf dem Zuckergehalt der Molke und nicht auf den darin enthaltenen Bakterien."

Wer es also „ganz natürlich" mag, vertraut darauf, dass sich genug Milchsäurebakterien im und auf dem Frischgemüse befinden, gibt nur etwas Salz bzw. Salzlake dazu und wartet ab, was passiert. Wir sollten beim Einlegen nicht vergessen, dass die Milchsäuregärung ein lebendiger Prozess ist, der sich aus sich selbst heraus entwickelt, wenn ein paar wenige Regeln eingehalten werden.

Meine Erfahrung: Menschen wie ich, die der Meinung sind, dass die Zugabe von geringen Mengen Starterkulturen ja nun wirklich nicht schaden kann und sich dadurch mit weniger Salz auskommen lässt, geben zum Schluss einfach noch ein paar Löffel Brottrunk, Molke oder übrig gebliebenen Gärsaft aus einer abgeschlossenen Fermentierung auf das Gemüse im Glas. Eine flexible Lösung kann auch darin bestehen, beim Ansetzen von geschältem oder blanchiertem Gemüse etwas Starter zuzugeben und auf den Starter zu verzichten, wenn das Schälen oder Blanchieren des Gemüses nicht nötig ist; denn die meisten Milchsäurebakterien befinden sich ja auf der Oberfläche der Gemüse, so heißt es.

Molke selbst herstellen

„Buttermilch (aus dem Reformhaus oder Naturkostladen) wird im Wasserbad auf 30°C erwärmt und ab und zu umgerührt. Auch Dickmilch kann man verwenden, aber nicht Kefir und Joghurt. Ein dünnes Tuch wird in einen Durchschlag gelegt und die Flüssigkeit abgeseiht. Die Molke wird zum Säuern benutzt, die Käsemasse findet in der Küche vielseitige Verwendung."

Aus: Annelies Schöneck (Lit. 35, S.35)

Beschweren des Gemüses?

Beim Fermentieren nach traditioneller Art im offenen Behälter ist ein Herunterdrücken des Gemüses mithilfe eines Gewichtes (Holzbrettchen, Teller, Stein etc.) unbedingt nötig, damit möglichst wenig Sauerstoff an das Gemüse kommt. Und auch bei den käuflichen Gärtöpfen, die mit einer Wasserrinne ausgestattet sind, werden gewöhnlich zweigeteilte runde Beschwerungsgewichte mitgeliefert (siehe Abb. 2.10). Wie verhält es sich nun mit dem milchsauren Einlegen kleiner Mengen in Gläsern mit Schraubverschluss (z.B. wiederverwendete Twist-Off-Gläser), oder in den Einmachgläsern mit Gummiring und Drahtbügel? Vorausgesetzt, die Gläser schließen wirklich dicht, ist es wohl nicht unbedingt nötig, das Gemüse vollständig mit Lake bedeckt zu halten. Dazu schreibt Maria Lingenfelder (Lit. 25, S.9): „Das Gemüse braucht im Glas nicht beschwert zu werden, da es nach der Gärung voll geschützt ist durch den luftdichten Verschluss. Durch die Gärung wird der im Glas enthaltene Sauerstoff verbraucht, und das entstehende Kohlendioxid liegt als Schutzschicht über dem Gemüse, das sich nach der abgeschlossenen Gärung, solange das Glas geschlossen bleibt, einwandfrei hält bis zur nächsten Ernte. Versuchsweise ließen wir ein Glas Karotten zwei Jahre stehen. Sie waren geschmacklich noch erstaunlich gut, jedoch die Zwiebeln schmeckten alt. Die Karotten waren mürbe, als ob sie leicht gekocht wären. Wir verwendeten sie als Würze zu frischem Salat, dem sie eine angenehme Säure gaben."

Meine Erfahrung mit dem Einlegen in Einmachgläsern: Verunsichert durch die Vielzahl der Literaturhinweise, dass auch beim Fermentieren in kleineren Gläsern das Gemüse mit Gewichten ständig unter die Lake gedrückt sein muss, habe ich eine Zeit lang alles Mögliche probiert: Ich habe gesäuberte Joghurtbecher abgeschnitten und mit dem Boden nach unten als Abstandshalter zwischen dem untergetauchten Gemüse und dem Deckel gesetzt, ich habe Tieffrierbeutel mit Lake gefüllt und als Gewicht benutzt, ich habe Gemüse mit einem großen Kohlblatt abgedeckt und das Blatt mit 2 über Kreuz gelegten Holzspateln fixiert, damit das Gemüse unter der Flüssigkeit blieb (Abb. 2.27). Holzspatel sind

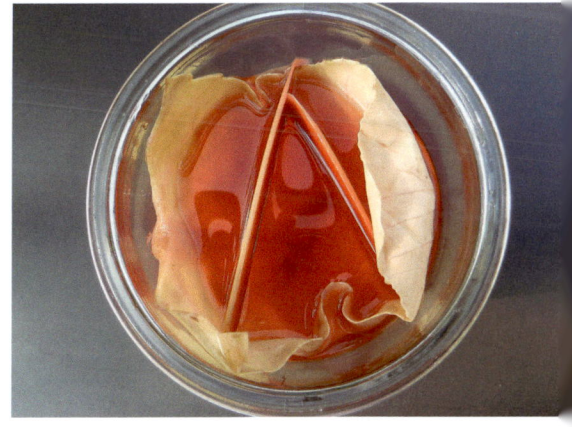

2.26 und 2.27
Links: Hier wird das Gemüse mit einem heruntergedrückten Kohlblatt unter Wasser gehalten, rechts zusätzlich mit Holzspatel (hier: zerbrochen, aber hält trotzdem).

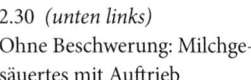
2.28 und 2.29
Im Vergleich zum Abdecken nur mit einem Kohlblatt *(links)* nimmt das Abdecken mit einem lakegefüllten Tiefkühlbeutel *(rechts)* viel Raum ein.

2.30 *(unten links)*
Ohne Beschwerung: Milchgesäuertes mit Auftrieb

2.31 *(unten rechts)*
Ohne Beschwerung: Fenchel mit Braunfärbung (keine Geschmackseinbuße)

für wenig Geld in der Apotheke erhältlich. Wenn sie in heißes Wasser gelegt werden, lassen sie sich ganz gut in Form biegen, ohne zu brechen. Das funktioniert ohne Probleme und nimmt im Glas nicht so viel Raum ein wie z.B. die lakegefüllten Tiefkühlbeutel (Abb. 2.29). Irgendwann habe ich dann aber auf das Herunterdrücken des Gemüses unter die Lake verzichtet und mich darauf beschränkt, obenauf meist ein großes Kohlblatt zu legen, um eine Braunfärbung der oberen Gemüseschicht zu vermeiden. Denn ohne diese Beschwerung schwammen Gemüsestücke wie auch Gewürze schnell nach oben (Abb. 2.30), die Gemüse bekamen „Auftrieb" und unten im Glas bildete sich eine 2 - 3 cm hohe milchige Lakeschicht ohne Gemüsestückchen. Die hätten idealerweise oben sein müssen.

Obwohl die Gemüse im Glas also nicht vollständig von Lake umgeben waren, konnte ich dennoch (auch nach einem Jahr!) weder Schimmel noch Fäulnis entdecken. Bei manchem Gemüse, bei dem ich auf das Abdecken mit einem Kohlblatt verzichtet hatte, war die obere Schicht leicht braun verfärbt, wie z.B. bei dem geraspelten Fenchel (Abb. 2.31). Die braune Färbung zeigt an, dass das Gemüse mit Sauerstoff in Kontakt war und der Fäulnisprozess tendenziell begonnen hatte. Da der Sauerstoffkontakt aber nur kurz war, kam es nicht zu Geschmackseinbußen. Ich erkläre mir das so, dass der wenige Sauerstoff, der sich im Luftraum zwischen Gemüse und Deckel von kleinen Gläsern befindet, von den Bakterien und Pilzen, die Sauerstoff zum Wachstum brauchen, so schnell in Kohlendioxid umgewandelt wird, dass die (aeroben) Hefen, Schimmelpilze und Bakterien gegen die sich rasch entwickelnden (anaeroben) Milchsäurebakterien keine Chance haben und ihr Wachstum in kürzester Zeit einstellen (siehe Kap. 1, S. 13 ff.). Denn Luft besteht hauptsächlich aus den Gasen Stickstoff (ca. 78 Vol.%) der Sauerstoffanteil beträgt nur etwa 21 Vol.%).
Auch wenn es vielleicht unnötig ist, gebe ich bei dieser Einlegetechnik, d.h., wenn die Lake nicht über dem Gemüse steht, vor dem Schließen des Glases vorsichtshalber immer 2-3 EL Starter (beim 1 l-Einmachglas) in Form von Brottrunk oder Sauerkrautsaft zu.

Tipp: Kohlrouladen einmal anders: Die großen Kohlblätter, die das Gemüse abgedeckt haben (Abb.2.32), werden im Glas mit der Zeit weich und können, aufgerollt und mit Füllung versehen, als bunter kleiner Snack Verwendung finden.

2.32
Gefärbte Kohlblätter,
gelb = gefärbt von eingelegtem Kürbis
rot = von Radieschen
braun = von Pilzen
weiß = von Zwiebeln

Gär- und Lagertemperaturen

Die Umgebungstemperatur hat einen Einfluss auf den Gärungsverlauf und die Haltbarkeit des Gemüses. So gärt im Sommer angesetztes Gemüse gewöhnlich schneller und ist auch nicht so lange haltbar wie im Herbst eingelegte Spätsorten. Das Fermentieren ist ein Lebensprozess, der nicht nach einer Weile aufhört, aber durch niedrigere Umgebungstemperaturen verlangsamt wird.

Allgemein heißt es, dass zu Beginn einer Gärung eine Umgebungstemperatur von 18°C nicht unterschritten und von 23°C nicht überschritten werden soll. Steht jedoch das Eingelegte nach Gärungsbeginn zu lange im Warmen, wird aller Zucker zu Milchsäure abgebaut, was dazu führt, dass das Produkt zu wenig Aroma ausbildet und dann zwar lange haltbar, aber zu sauer wird.

Karin Bojs bemerkt dazu in ihrem Buch (Lit. 4, S.110): „Für die Herstellung von kleineren Mengen kann es von Vorteil sein, bei 20-22°C zu beginnen, damit die Gärung überhaupt erst in Gang kommt, und den Gärbehälter danach an einen kälteren Ort (rund 15°C) zu bringen. Selbst bei 7,5°C kann noch eine Milchsäuregärung stattfinden, dann dauert sie allerdings mehrere Monate." Das klingt einleuchtend. Die Altvorderen haben ihre großen „Sauerkrautstanden" ja wahrscheinlich wegen der erheblichen Gewichte auch nicht hin und her transportiert, sondern gleich in den kühlen Keller gebracht.

Zu Beginn sind höhere Umgebungstemperaturen erwünscht, damit

Ideale Temperatur für die Milchsäuregärung

Frage von Karin: „Was ist die ideale Temperatur für Milchsäuregärung? Ich habe jetzt mehrere Koch- und Einmachbücher durch, die meisten lassen sich dazu gar nicht aus, die anderen widersprechen sich, indem sie entweder Wärme oder Kühle empfehlen. Und ausgerechnet die Encyclopedia Britannica wurde konkret und empfiehlt eine Temperatur von unter 15,5°C für die Sauerkrautgärung (wobei sich da natürlich die Frage stellt, wie weit die Temperatur unter diese 15,5°C fallen darf – spätestens ab 0°C hat man dann nach 3 Wochen wohl weniger Sauerkraut, sondern eher eine Art grobes Weißkohlsorbet). Also, wer von Euch weiß Genaueres?"

Antwort von Harald: „In der ersten Woche 20,3°C, danach unter 15°C, ich würde 13,5°C nehmen."

Karin: „Harald, wo bekommst Du diese genauen Zahlen her?"

Harald: „Ganz einfach, das waren die Temperaturen, bei denen unser diesjähriges Sauerkraut gärte. Die erste die Zimmertemperatur, die zweite, die der Speisekammer, in die ich den Steinguttopf nach einer Woche verfrachtete. Natürlich mit ein paar Schwankungen, das war so der Mittelwert. Es ist das beste Sauerkraut, das wir je hatten."

Internet-Fund aus einem Forum

durch die schnelle Vermehrung von Milchsäurebakterien die entstehende Säure unerwünschte aerobe Bakterien in ihrer Entwicklung hemmt. Manches Gemüse (z.B. Rote Bete) gärt zu Beginn recht heftig, und es ist gut möglich, dass Flüssigkeit oben aus dem Glas entweicht. Deshalb empfiehlt es sich, die Gläser immer in einen Untersatz zu stellen, bis sich die Gärung abgeschwächt hat.
Wie lange das Eingelegte im Warmen stehen sollte, weiß eigentlich keiner so genau. In der Literatur sind Angaben zwischen 3 Tagen und 2 Wochen zu finden. Vermutlich ist es besser, die Gemüse eher kürzer als zu lange in der Wärme stehen zu lassen, damit sich die aromatische Vielfalt ganz gemächlich entwickeln kann. Hier sind eigene Beobachtungen gefragt, um herauszufinden, ob das Gemüse nun besser 7 oder 14 Tage lang bei Raumtemperatur aufbewahrt werden soll. Der Gärungsverlauf ist in den ersten Tagen am heftigsten (siehe Tab. 1.4, S. 15) und flacht dann schnell ab. Einen Hinweis auf eine verlangsamte Gärung gibt die Zahl der Luftblasen im Glas; geht sie zurück, sollte das Eingemachte kühler gelagert werden. Aber: Sollten sich keine sichtbaren Luftblasen entwickeln, heißt das noch nicht, dass keine Gärung stattfindet.

Meine Erfahrung: Persönlich habe ich keine Vergleichsmöglichkeiten, ich beobachte mein Eingelegtes, freue mich, wenn kräftige Bläschen aufsteigen (Abb. 2.34 und 2.35) und bringe die Gläser nach 5 bis 10 Tagen ins Kühle, wenn sich die Bläschenbildung verringert hat. Auch hier gilt: Probieren geht über Studieren. Und wer den jeweils optimalen Zeitpunkt (sofern es einen geben sollte) herausfinden möchte, dem bleibt nichts übrig, als eigene Beobachtungen anzustellen. Denn zu welchem Zeitpunkt das Gemüse am schmackhaftesten ist, hängt von einer ganzen Reihe Faktoren ab - auch von individuellen. Wir wissen ja nun, die Milchsäuregärung ist eben eher eine Kunst als eine Wissenschaft...

Kühler Lagerplatz
Das feine Aroma milchgesäuerten Gemüses entwickelt sich nicht während der Säurebildung, sondern hauptsächlich im Verlauf der Lagerung. Biologische Prozesse benötigen Zeit, deshalb ist es so wichtig, dass das Gemüse vor dem Verzehr noch eine Weile kühl gelagert wird. Gurken sind recht schnell, d.h. etwa

2.33 Im Herbst eingelegtes Gemüse behält seinen Wohlgeschmack oftmals länger.

3 Wochen nach dem Einlegen wohlschmeckend, Sauerkraut braucht mindestens 4-6 Wochen zum Reifen, Wurzelgemüse 6-8 Wochen. Traditionell wurde Milchsaures im kühlen Keller aufbewahrt. Wer nur kleine Mengen einlegen möchte und viel Platz im Kühlschrank hat, kann natürlich dort ein paar Gläser lagern. Bei Gläsern ist es wichtig, dass sie dunkel aufbewahrt werden. Solange keine Frostgefahr besteht, ist der Vorrat aber auch z.B. in einer wärmegedämmten Kiste auf dem Balkon, im Gartenhäuschen, in der Garage oder in einem anderen unbeheizten Raum gut untergebracht.

Meine Erfahrung: Wir selbst haben keinen Keller, aber einen unbeheizten Windfang, der halb im Hang liegt. Dort bewahre ich unsere milchgesäuerten Gemüse in einem geräumigen Vorratsschrank auf. Im Winter/Frühjahr ist der Windfang recht kalt, mit Temperaturen bis ca. +5°C, im Hochsommer heizt sich der Vorraum wegen der Hanglage nicht so schnell und stark auf, erreicht aber letztlich Temperaturen bis ca. +20°C. Das milchsauer Konservierte war dort bisher immer gut aufgehoben.

Haltbarkeit

Mit Hilfe von Milchsäurebakterien konserviertes Gemüse ist ebenso wie alles andere konservierte Gemüse nicht unbeschränkt haltbar. Im allgemeinen lässt sich Milchgesäuertes im Topf mindestens 8 Monate aufbewahren, vorausgesetzt, beim Entnehmen des Gemüses wird auf peinliche Sauberkeit geachtet. Gemüse in gut verschlossenen Gläsern ist bis zu 1½ Jahre haltbar. Im Laufe der Lagerzeit schmecken die Gemüse je nach „Reifegrad" unterschiedlich, da die Nachgärung auch das Aroma verändert. Es empfiehlt sich, Versuche mit unterschiedlich langen Aufbewahrungszeiten zu machen, um herauszufinden, welcher Reifegrad individuell am meisten zusagt.

Meine Erfahrung mit Langzeit-Gesäuertem: Bei dem milchsauer Eingelegten, das ich etwa 1 ½ Jahre ungeöffnet in unserem unbeheizten Windfang (siehe oben) aufbewahrt hatte, waren die Karotten (in Scheiben geschnitten) noch knackig und mild, die grünen Bohnen etwas blass, aber ebenfalls wohlschmeckend und nicht übersäuert, ebenso das Sauerkraut. Richtig delikat und überraschend knackig fein schmeckte Spitz-

Wie lange säuern?

„Als man früher den ganzen Winter über seinen Sauerkohl oder sein Rübenkraut aus dem Fass holte, wurde das so eingelegte Gemüse immer saurer. Das hat man hingenommen, hat es zum Teil gewässert und endlos lange gekocht. Das widerstrebt dem, was wir von sauer eingelegtem Gemüse gesundheitlich und geschmacklich erwarten. Für unser eingelegtes Kraut ist der Gärungsprozess beendet, wenn Kohl oder Rüben durch und durch glasig sind. Doch in der Natur geht die Gärung immer weiter, macht das Eingelegte immer saurer, zum Schluss sogar schmierig und übelriechend."

aus: Eva u. Ulrich Klever (Lit. 22, S.42)

2.34 und 2.35
Es gärt im Glas! Karotten und Pastinaken (links), Weißkohl, Rote Bete und Schwarzer Rettich (rechts)

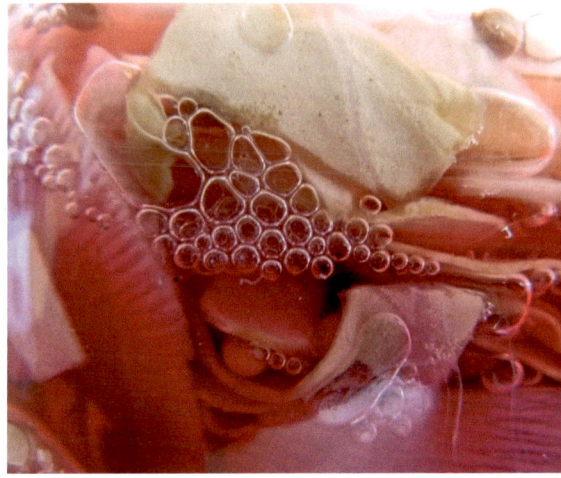

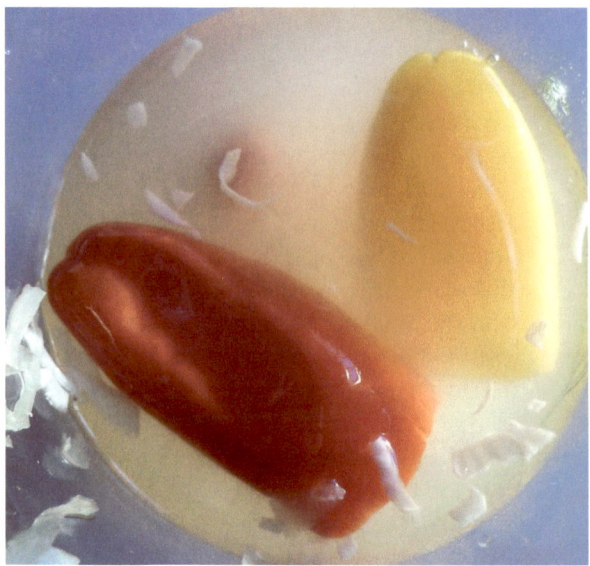

2.36 und 2.37
Mit Weißkohl gefüllte kleine Spitzpaprikaschoten, 1½ Jahre aufbewahrt und immer noch fein im Geschmack!

2.38 und 2.39
Paprika und Gurken, frisch eingelegt im Herbst (links), blass und weich 18 Monate später (rechts).

paprika, den ich mit Weißkohl gefüllt hatte (Abb. 2.36 und 2.37). Lediglich die Mischung aus klein geschnittenen Paprika- und dünnen Salatgurkenscheiben (Abb. 2.38 und 2.39) war so weich geworden, dass ich es vorzog, sie püriert für Smoothies und als Salatsauce zu verwenden. Eingelegt hatte ich all diese Gemüse jeweils in 1 l-Einmachgläsern und sie mit abgekühlter Salzlake (15 g Salz pro Liter Wasser) sowie 3 EL Brottrunk übergossen.

Überlagerte Gemüse haben die Tendenz, sehr sauer zu werden. Anders als Wurzelgemüse bekommen Gemüse mit nicht sehr fester Struktur (Tomaten, Gurken, Paprika etc.) leicht auch eine etwas unangenehm weiche, womöglich fadenziehende Konsistenz. Hier gilt die einfache Regel, was nicht gut aussieht, riecht oder schmeckt, sollte auch nicht gegessen werden!

Fehlgärungen

Wie ist herauszufinden, ob und wann das milchsauer Eingelegte fertig und geschmacklich gelungen ist? Gradmesser sind unsere Sinne. In jedem Fall sollte der Duft angenehm sein und das Gemüse ein leicht säuerliches, vielfältiges Aroma haben. Vorausgesetzt, es wurde sauber gearbeitet, das Gemüse ist (im offenen Topf) stets mit Flüssigkeit bedeckt und der Behälter wird kühl gelagert, sollte eigentlich nichts schief gehen. Kommt es dennoch zu Befall mit Hefe (Kahm-Hefe), so ist diese

unschädlich, wie mehrfach erwähnt. Sie kann einfach abgehoben werden, allerdings kann sich durch die Kahmhefe der Geschmack des Gemüses zum Schlechteren verändern. Kahmhefe ist nicht zu verwechseln mit Schimmelbildung. Bei der hilft nur eines: Ab auf den Kompost. Schimmel bzw. der großzügige Umgang mit demselben (von Marmelade nur die schimmlige Schicht entfernen, von Brot nur die verschimmelte Scheibe abschneiden etc.) war früher oftmals Ursache für das Entstehen von Krebs.
Beim Fermentieren in geschlossenen, luftdichten Gefäßen wie Einmachgläsern kann keine Kahmhefe entstehen, wenn sauber gearbeitet wurde.

Warum bleibt das Gemüse nicht knackig? Ohne ausreichenden Salzzusatz kann es bei längerer Lagerzeit weich und etwas schleimig werden. Auch zu hohe Umgebungstemperaturen bei der Gärung können dazu führen, dass das Eingelegte zu weich wird. Wenn es geschmacklich noch in Ordnung ist, kann es immer noch im Mixer zermust und Salaten als Würze oder für angemachten Käse benutzt werden. Bei chemiegedüngtem Gemüse soll es vorkommen, dass es fault, statt dass eine Gärung in Gang kommt, da sich keine ausreichende Anzahl an Milchsäurebakterien entwickeln kann. Bei einer ungenügenden Säurebildung, d.h. wenn das Gärgemüse zu alkalisch bleibt, kann Buttersäure entstehen, was sich an einem unangenehmen Geruch und Geschmack zeigt. Buttersäurebakterien im Gärgemüse können bei einem pH-Wert von über 4,1 auskeimen. Dann wird die Milchsäure zu Buttersäure vergoren und sobald ein pH-Wert von 5,0 erreicht ist, entwickeln sich auch Fäulnisbakterien. Sichtbarer Schimmel und bitterer Geschmack sind Warnzeichen.

2.40
Dunkle Stellen im Kürbisglas: Der Glasinhalt ist auf dem Kompost gut aufgehoben.

2.41
Dieser weiße Belag, der sich manchmal am Boden eines Behälters absetzt, ist Hefe, bekannt auch aus der Bierherstellung (dort: Ober- und Unterhefe).

2.42
Auch dieser Glasinhalt wandert auf den Kompost.

2.43 und 2.44
Eingelegte Pflaumen: ups, das sieht nicht wirklich appetitlich aus (links). Viel Leben im Glas nicht lange danach (rechts).

3 Welches Gemüse ist geeignet?

Zum milchsauren Einlegen sollte vorzugsweise Gemüse aus ökologischem Anbau verwendet werden. Das ist nicht nur wegen der möglicherweise höheren Schadstoffbelastung von konventionell erzeugtem Gemüse sinnvoll, sondern auch, weil gespritztes und chemisch gedüngtes Gemüse, wie es heißt, mit weniger Milchsäurebakterien besiedelt ist. Das kann sich ungünstig auf den Gärprozess auswirken.

Wer Gemüse frisch aus dem Garten einlegen möchte, sollte es nicht an einem verregneten Tag ernten, da sich während einer längeren Regenphase nicht nur die Anzahl der Milchsäurebakterien verringert, die sich natürlicherweise auf dem Gemüse befinden, sondern es auch Einbußen bezüglich des Zuckergehaltes und der Geschmacksstoffe der Gemüse gibt. Wichtig ist, dass das Gemüse am besten erntefrisch, frei von welken Pflanzenteilen und Erdresten ist. Überaltertes Gemüse wird durch milchsaures Einlegen nicht besser. Auch Gemüse mit weichen oder gar faulen Stellen bzw. Verletzungen sollten nicht verwendet werden. Menschen, die sich nach dem Aussaatkalender von Maria Thun richten, nehmen das Einlegen an Blüten- oder Fruchttagen vor.

Generell sind bei allen Gemüsen bei längerem Aufbewahren eher die festeren Herbstsorten zu empfehlen. Frühgemüse hält sich in der Regel nicht so lange, gärt schneller und wird schneller weich.

Muss das Gemüse geschält werden?

Gemüse aus ökologischem Anbau sollte möglichst mit Schale/Haut verwendet werden, da die Schale/Haut des Gemüses in der Regel die meisten Wertstoffe enthält. Hartschaliges Gemüse lässt sich oftmals mit der Schale raspeln.

Das Gemüse wird je nach Art im Ganzen, in mundgroßen Stücken, in dünnen Scheiben/Stiften oder geraspelt eingelegt. Traditionell werden z.B. Einlegegurken möglichst nicht zerteilt, aber mit kleinen Einstichen versehen, damit die Salzlake besser eindringen kann. In den Balkanländern ist es auch heute noch üblich, Kohlköpfe unzerteilt milchsauer einzulegen. Da hierbei während des Gärvorgangs nicht so viel Zucker freigesetzt wird, ist solches Gemüse meist eher mild im Aroma. Je kleiner die Gemüsestücke sind,

3.1
Zum milchsauren Einlegen ist frisch geerntetes Gemüse am besten.

Gemüse	Verwendung	
(Auswahl)	alleine	gemischt
Blumenkohl	••	••
Bohnen	••	•
Brokkoli	•	••
Champignons	•	••
Chinakohl	••	••
Fenchel	••	••
Gurken	••	•
Kohlrabi	••	••
Meerrettich	•	••
Mohrrüben	••	••
Paprika	••	••
Petersilienwurzel	•	••
Porree	•	••
Rettich	••	••
Rote Bete	••	••
Rotkohl	••	••
Sellerie	••	••
Spargel	••	•
Weißkohl	••	••
Wirsing	••	••
Zucchini	•	••
Zwiebeln	•	••

Tabelle 3.2
Was vergärt gut (•) und was besonders gut (••)?
nach: Johanna Handschmann (Lit. 13, S. 35)

desto rascher fermentieren sie gewöhnlich.

Tab. 3.2 zeigt, welche Gemüsearten sich zum Fermentieren allein oder als Mischgemüse in Kombination besonders gut eignen. Das soll aber überhaupt nicht davon abhalten, auch mal andere Mischungen zusammenzustellen! Auch das Experimentieren mit Gewürzen und ungewöhnlichen Zutaten kann überraschend wohlschmeckende Ergebnisse bringen. Nur zu! Fermentieren ist eher eine Kunst als eine Wissenschaft …

Prinzipiell sind alle Gemüsearten (außer z.B. Blattsalate, Spinat, Chicorée etc.) zum milchsauren Einlegen geeignet, wie die nachfolgenden Seiten zeigen. Ausnahmen bestätigen aber auch hier die Regel. So berichtet Anneliese Schöneck (Lit. 35) von einer Leserin, die gute Erfahrungen mit dem milchsauren Einlegen von dunkelgrünem, vollherzigem Wintersalat gemacht hat.

Da Probieren über Studieren geht, hier ihr Rezept für ein 2 l-Glas:

800 g gewaschenen und gut abgetropften Salat in 1 cm breite Streifen schneiden,
800 g Karotten raspeln, gut feststampfen und zusammen mit dem Salat,
2-3 klein geschnittenen Zwiebeln,
3-4 Knoblauchzehen,
1 Esslöffel Senfkörner und
25 g Salz in das Glas fest eindrücken. Mit abgekochtem, erkaltetem Wasser auffüllen.

Gemüsemischungen bringen mehr Farbe ins Glas. Gut sind z.B. Mischungen von Weißkohl mit Paprika (Rezept siehe S. 70), Tomaten, Zucchini, Gurken, Karotten und Kürbis. Bewährte Mischungen nach Hermine Hofbauer (Lit. 15) bestehen aus $2/3$ Weißkraut und $1/3$ Gemüse anderer Farben. Zuckerreiche Gemüsearten wie Karotten und Kürbis säuern stark. Hier wirkt die Zugabe von Weißkohl ausgleichend. Nachteil bei den Gemüsemischungen ist, dass der charakteristische Geschmack der einzelnen Gemüse oftmals verloren geht.

Meine Erfahrung: Ich habe so gut wie alle der folgenden Gemüsearten nach dem einen oder anderen Rezept milchsauer eingelegt. Von manchem eingelegte Gemüse war ich begeistert: Rote Bete, Mangoldstiele, Bärlauchknospen und geviertelte Zwiebeln, um nur einige zu nennen, erhielten durch das Fermentieren einen sehr runden, aromatischen Geschmack. Manche Gemüse, wie z.B. mit geraspeltem Kohl gefüllte Spitzpaprikaschoten oder auch die grünen Bohnen, schmeckten nicht nur fein, sondern waren auch nach einer Lagerzeit von 18 Monaten noch äußerst lecker. Sehr gut hielten sich – auch über einen längeren Zeitraum – größere Stücke von Zwiebeln, Kürbis, sowie härtere Gemüse wie Porree, Weiß- und Rotkohl, Wirsing und Selleriestauden. Mit manchen anderen Gemüsen hatte ich nicht so viel Glück, wie z.B. mit Salatgurke, Tomate, geraspelter Zucchini oder auch mit Champignons. Diese Gemüse und Pilze wurden verhältnismäßig schnell weich.

In den Gläsern entwickelte sich dann oftmals auch recht bald eine milchige Ablagerung am Glasboden (Hefepilze, siehe Abb. 2.40). Ob neben der weichen Struktur auch zu wenig Salz in der Lake oder eine zu hohe Lagertemperatur der Grund dafür waren, kann ich nicht sagen. Hatte sich genügend Hefe am Glasboden gebildet, war auch der Gärsaft milchig und dickflüssiger. Auch wenn es mich beim ersten Mal etwas Überwindung kostete, die mit dem zähflüssigen, fädenziehenen Gärsaft umgebenen Gemüseteile zu essen, so merkte ich doch, dass es dem Aroma nicht schadete, der Gärsaft sogar interessanter, weil gehaltvoller, schmeckte. Früher war es üblich, das Gemüse abzuwaschen, um den viskosen Gärsaft zu entfernen.

Hefe am Glasboden ist nicht schädlich (aus der Bierherstellung wohlbekannt), doch ist sie ein Zeichen, dass das milchsaure Gemüse nicht mehr allzu lange gelagert werden sollte.

Da mich die Haltbarkeit von fermentiertem Gemüse interessierte und ich neugierig war, wie sich die eingelegten Gemüsearten bei längerer Lagerzeit verhielten, kann ich hier wenig Aussagen darüber treffen, wie nur kurzzeitig eingelegtes Gemüse schmeckt. Wie erwähnt, verändert sich das Aroma im Laufe der Lagerung, deshalb macht es Sinn, selbst herauszufinden, welcher Reifegrad geschmacklich jeweils am angenehmsten ist.

Die nachfolgenden Rezepte beziehen sich, wenn nicht anders angegeben, auf Einmachgläser bzw. Gläser mit Schraubverschluss mit 1 l Inhalt. Bei den Angaben zur jeweiligen Gemüsemenge ist das Gewicht des geputzten Gemüses aufgeführt. Anhaltspunkte über den Abfall, der bei den verschiedenen Gemüsepflanzen vor dem Einlegen anfällt, sind auf S. 30 zu finden.

> **Aubergine** *Solanum melongena*
>
> Auberginen sollten nicht milchsauer eingelegt, also roh verzehrt werden. Auch wenn keine schweren Vergiftungen zu erwarten sind, enthalten besonders die noch nicht so ganz reifen Früchte viel Bitterstoff und das Alkoloid Solanin, weshalb Auberginen auch als „mela insana" (Wahnsinnsapfel) oder Dollapfel bezeichnet werden.
>
> Auberginen sind Nachtschattengewächse und eng mit Kartoffeln und Tomaten verwandt. Auch Tomaten enthalten Solanin, mit zunehmender Reife nimmt die Konzentration aber erheblich ab, weshalb rote Tomaten (siehe S. 84) im Gegensatz zu unreifen grünen Tomaten bedenkenlos in Mengen verzehrt werden können.

3.3 Blumenkohl
(*Brassica oleracea var. botrytis L.*)

3.4 Romanesco
(*Romanesco brassica oleracea*)

Blumenkohl
Brassica oleracea var. botrytis L.

Von Blumenkohl werden die weißen, fleischig verdickten, aber noch nicht ausgebildeten Blüten verzehrt. Diese haben meist eine weiße Farbe, es gibt aber auch Sorten mit einer grünen, violetten oder cremefarbenen Blume. Eine auffällige Blumenkohlsorte ist der gelbgrüne Romanesco (Abb. 3.4), dessen einzelne Röschen zu kleinen Spitzkegeln geformt sind. Grüner und violetter Blumenkohl ist besser haltbar, hat mehr Vitalstoffe und einen kräftigeren Geschmack. An sich hat Blumenkohl einen milden, wenig ausgeprägten Kohlgeschmack. Sowohl der Strunk als auch die besonders nährstoffreichen kleinen Herzblätter können mitverzehrt werden. Blumenkohl, der winzige schwarze Pünktchen auf dem weißen Kopf hat, sollte nicht eingelegt werden, da die Pünktchen auf eine Pilzerkrankung (*Alternaria*) hinweisen. Blumenkohl ist auch eine dankbare Zutat für milchsaure Mixed Pickles, z.B. zusammen mit Zwiebeln, Möhren und kleinen Einlegegurken.

Anbau und Ernte: Blumenkohl kann ab März zur Vorkultur gesät werden, Pflanzung von Mai bis Juli, Ernte 8 bis 12 Wochen danach. Aus heimischem Freilandanbau ist Blumenkohl auf dem Markt von etwa Mai bis November erhältlich.

3.5
z.B. Zutaten

3.6
Mischgemüse
mit Blumenkohl

Curry-Blumenkohl

ca. 700 g Blumenkohl (Einlegegewicht)
1 Knoblauchzehe
½ TL Currypulver
½ TL Kurkuma (Gelbwurz)
1 Prise Cayennepfeffer
Salzlake (siehe S. 31) und
evtl. 2-3 EL Starter (siehe S. 35)

Blumenkohl waschen, schadhafte Stellen entfernen, raspeln oder feinschneiden, Knoblauchzehe schälen und kleinhacken. Alles mit den Gewürzen vermischt dicht in ein 1 l-Weckglas einschichten und mit den Fingern/der Faust/einem Stampfer gut nachdrücken (Glas nur bis zu ¾ seines Fassungsvermögens füllen). Mit Salzlake und Starter (optional) auffüllen, bis die Flüssigkeit das Gemüse bedeckt. Evtl. mit einem Gewicht beschweren oder ein Kohlblatt oben auflegen (siehe S. 37). Das Glas verschließen und etwa eine Woche bei Raumtemperatur vor Licht geschützt fermentieren lassen. Dann kühl und dunkel lagern.
Alternativ den Blumenkohl in kleine Röschen teilen, dann 2-3 Minuten blanchieren, das Kochwasser auffangen, das Salz einrühren, die Lake abkühlen lassen und zum Fermentieren benutzen.
Variante: Ein Teil des Blumenkohls durch Weißkohl und/oder rote Paprikaschoten ersetzen.

Blumenkohl und Gurken

ca. 300 g Blumenkohl (Einlegegewicht)
ca. 300 g Gurken (Einlegegewicht)
ca. 100 g Schalotten
1 TL Meerrettichwurzel
1 Lorbeerblatt
etwas Estragon
Salzlake (siehe S. 31) und
evtl. 2-3 EL Starter (siehe S. 35)

Blumenkohl in Röschen teilen, kleinere Gurken in ca. 1 cm dicke Scheiben schneiden, Schalotten schälen und grob in Stücke teilen. Alles mit den Gewürzen vermischt in ein 1 l-Weckglas möglichst dicht einschichten (Glas nur ¾ hoch füllen). Mit Salzlake und evtl. Starter bedecken. Mit einem Gewicht beschweren oder ein Kohlblatt oben auflegen (optional, siehe S. 37). Das Glas verschließen und etwa eine Woche bei Raumtemperatur vor Licht geschützt fermentieren lassen. Dann kühl und dunkel lagern.

Meine Erfahrung: Das eingelegte Mischgemüse (Blumenkohl, Brokkoli, Paprika, Zwiebel, Knoblauch, Meerrettichscheiben, Dill, mit einer Lake aus 25 g Salz /l Wasser und 2 EL Brottrunk/1 l-Einmachglas) hatte sich nach 18 Monaten Lagerzeit als noch sehr wohlschmeckend erwiesen. Die Blumenkohlstücke waren angenehm knackig, die kleinen Brokkoli-Röschen eine Spur derber in ihrer Struktur, nur die Paprikastreifen erwiesen sich – wie so oft – als sehr weich. Der Saft war transparent, würzig mit einem vielfältigen Aroma und nicht zu salzig.

Bohnen (Busch- und Stangenbohnen)
Phaseolus vulgaris

Nach der Wuchsform wird zwischen Buschbohnen (*Phaseolus vulgaris ssp. vulgaris var. nanus*) und Stangenbohnen (*Phaseolus vulgaris ssp. vulgaris var. vulgaris*) unterschieden. Buschbohnen sind strauchartig wachsende niedrige Pflanzen. Stangenbohnen sind Schlingpflanzen und benötigen eine Stützhilfe (Stangen, Drähte, Schnüre).

Anbau und Ernte: Buschbohnen sind sehr frostempfindlich, Aussaat deshalb nur von ca. Mai bis Mitte Juli, Ernte 6 bis 7 Wochen danach. Die Samen von Stangenbohnen werden frühestens nach den Eisheiligen bis ca. Ende Juni ins Beet gebracht, Erntezeit von Juli bis Oktober bzw. ca. 10 Wochen nach der Aussaat.

3.7 Bohnen (*Phaseolus vulgaris*)

Je nach Hülsenform, -farbe und -länge werden unterschieden: Grüne Bohnen (grünblau- bzw. violettfarben), Prinzessbohnen (kurze Hülsen mit kleinen Samen), Delikatessbohnen (etwas größere Hülsen), Brechbohnen (rundhülsig und dickfleischig), Wachsbohnen (gelbfarbig durch einen höheren Karotingehalt). Qualitätskriterien für den Einkauf: Frische Bohnen haben eine feste Struktur und brechen beim Umbiegen glatt und knackig ab. Aus heimischem Freilandanbau sind Bohnen von Ende Juni bis Anfang Oktober erhältlich, aus dem Gewächshaus ab Mai im Handel.

Besonderheit: Rohe Bohnen enthalten Phasin, eine giftige Eiweißverbindung, die zu heftigen Magen-Darm-Beschwerden führen kann. Phasin wird durch Erhitzen der Bohnen unschädlich gemacht. Auch Säuren können das Phasin prinzipiell zerstören, die bei der Milchsäuregärung entstehende Säure gilt aber als nicht ausreichend stark. Sollen vergorene Bohnen als Salat verzehrt werden, empfiehlt es sich deshalb, sie vor dem milchsauren Einlegen ca. 6-8 Minuten zu kochen, um das Phasin zu zerstören. Die Zugabe verdauungsfördernder Gewürze wie Bohnenkraut helfen, Blähungen bei empfindlichen Personen zu vermeiden. Als Salat schmecken die milchsauren Bohnen gut, wenn sie mit Öl, gehackter Zwiebel und Petersilie serviert werden. Milchsauer eingelegte Bohnen haben hierzulande eine lange Tradition. „Saure Bohnen" (auch rheinische Schneidebohnen oder Fitzebohnen genannt) wurden früher im Steinguttopf wie Sauerkraut eingelegt und mit Zwiebeln, Stampfkartoffeln, Wurst, Fleisch oder Speck als Eintopf zubereitet. Da sie bei diesem Gericht längere Zeit mitgekocht werden (wobei dann allerdings die gesundheitsfördernden milchsauren Eigenschaften verloren gehen), war/ist es nicht nötig, sie vorher abzukochen, um das Phasin zu zerstören.

Bohnen (Grundrezept)

ca. 600 g junge, zarte Bohnen (Einlegegewicht)
100 g Zwiebeln
2 Zweige Bohnenkraut
1 Zehe Knoblauch
½ TL Senfkörner
Salzlake (siehe S. 31) und
evtl. 2-3 EL Starter (siehe S. 35)

Bohnen 6-8 Minuten kochen lassen, um das Phasin unschädlich zu machen. Während die Bohnen abkühlen, die Zwiebel in feine Ringe

3.8 Bohnen für milchsaure Salate sollten vor dem Einlegen einige Minuten lang gekocht werden.

3.9
Bohnen, milchsauer eingelegt

schneiden, die Knoblauchzehe schälen und in feine Scheiben schneiden. Alles mit den Gewürzen vermengen und in ein 1 l-Weckglas dicht einschichten, gut nachdrücken (Glas nur ca. ¾ hoch füllen). Das Gemüse mit Salzlake und 2-3 EL Starter bedecken. Das Glas verschließen und etwa eine Woche bei Raumtemperatur vor Licht geschützt fermentieren lassen. Dann kühl und dunkel lagern.
Würz-Variante: Pfefferkörner und feine Chilischoten-Ringe.

Grün & Rot: Bohnen und Karotten

350 g Bohnen (Einlegegewicht)
350 g Karotten (Einlegegewicht)
1 TL Senfkörner
1 Lorbeerblatt
1 Zweig Bohnenkraut
Salzlake (siehe S. 31) und
evtl. 2-3 EL Starter (siehe S. 35)

Bohnen 6-8 Minuten kochen lassen, um das Phasin unschädlich zu machen. Während die Bohnen abkühlen, die Karotten putzen und in feine Scheiben schneiden. Die Bohnen in ca. 1 cm große Stücke schneiden, mit den Gewürzen vermengen und abwechselnd Bohnen und Karotten in ein 1 l-Weckglas dicht einschichten und nachdrücken (Glas nur ca. ¾ hoch füllen). Das Gemüse mit Salzlake und evtl. Starter bedecken. Mit einem Gewicht beschweren oder ein Kohlblatt oben auflegen (optional, siehe S. 37). Das Glas verschließen und etwa eine Woche bei Raumtemperatur vor Licht geschützt fermentieren lassen. Dann kühl und dunkel lagern.

Bohnen und Gurken

300 g Bohnen (Einlegegewicht)
300 Gurken ((Einlegegewicht)
100 g Schalotten
½ TL Dillsamen
½ TL Estragon
½ TL Koriander
Salzlake (S. 31) und 2-3 EL Starter
Wein- oder Meerrettichblätter (optional, siehe S. 35)

Bohnen 6-8 Minuten kochen lassen, um das Phasin unschädlich zu machen. Während die Bohnen abkühlen, die Gurken und die Schalotten in dünne Scheiben schneiden und alles zusammen abwechselnd mit den Gewürzen in ein 1 l-Einmachglas dicht einschichten. (Glas nur ca. ¾ hoch füllen). Das Gemüse mit Salzlake und Starter sowie mit Wein- oder Meerrettichblättern abdecken. Glas gut verschließen und etwa eine Woche bei Zimmertemperatur vor Licht geschützt fermentieren lassen. Dann kühl und dunkel lagern.

Meine Erfahrung: Die nur mit Senfkörnern eingelegten grünen ge-

Saure Bohnen im 10 l-Gärtopf

6 bis 7 kg Stangenbohnen
50 g Meersalz
Bohnenkraut
evtl. aufgekochtes, abgekühltes Wasser zum Auffüllen
ca. 0,1 l Starterflüssigkeit (Brottrunk, Molke etc.)

Die Bohnen in schräge Streifen schneiden, 10 Minuten in kochendes Wasser legen um das Phasin zu zerstören, abkühlen lassen und schichtweise in den Gärtopf füllen, dabei jede Schicht mit etwas Salz bestreuen und Bohnenkraut nach Geschmack zugeben. Den Gärtopf nicht voll füllen, die Starterflüssigkeit und so viel abgekochtes Wasser zugeben, bis die Bohnen bedeckt sind. Beschwerungsstein (Gärtopfzubehör) auf das Gemüse legen, bis das Wasser über dem Stein steht. Den Topfdeckel auflegen und die Wasserrinne mit Wasser füllen. Auch später nach dem Entnehmen von gesäuerten Bohnen immer darauf achten, dass die Flüssigkeit im Topf über dem Beschwerungsstein steht und die Wasserrinne gefüllt ist. Den Gärtopf einige Tage bei Raumtemperatur aufbewahren, um die Gärung zu beschleunigen, dann kühl aufbewahren. Nach 6 Wochen können die Bohnen verzehrt werden.

kochten Bohnen, im Glas weder beschwert noch abgedeckt, schmeckten auch noch nach 18 Monaten überraschend gut. Saft und Bohnen waren nicht sehr sauer und hatten ein im Nachgang pfeffriges Aroma. Die Bohnen waren auch nach dieser langen Zeit schön knackig, der Saft war transparent, es gab keine Hefeablagerungen.

3.10
Das schmeckt auch eingefleischten Nichtvegetariern: Gekochte Bohnen mit Gehacktem und Kartoffeln, garniert mit knackigen milchsauer eingelegten Bärlauchknospen und Spargelstange.

Brokkoli
Brassica oleracea var. italica

Bei Brokkoli werden wie bei Blumenkohl die Blütenknospen verzehrt. Unter den Kohlgemüsen gilt Brokkoli als Delikatesse und eignet sich durch seine milde Würze auch gut zum roh Essen. Sein Vitamin C-Gehalt ist doppelt so hoch wie der von Zitronen! Im Kühlschrank ist Brokkoli nur kurz lagerfähig, kann aber, wie auch die zarten Stiele, gut milchsauer konserviert werden.
Anbau und Ernte: Brokkoli kann bis Anfang August gepflanzt werden, Ernte ca. 8 Wochen nach Anpflanzung. Aus heimischem Freilandanbau ist Brokkoli von Mai bis Oktober erhältlich. Qualitätskriterien für den Einkauf: Frischer Brokkoli zeichnet sich durch frischgrüne Blumen mit geschlossenen Blüten aus, gelbgrüne Exemplare weisen auf eine falsche Lagerung hin.

3.11 Brokkoli
(Brassica oleracea var. italica)

Brokkoli grün-weiß

ca. 350 g Brokkoli (Einlegegewicht)
ca. 350 g Blumenkohl (Einlegegewicht)
1 Knoblauchzehe
½ TL Currypulver
½ TL Kurkuma (Gelbwurz)
1 Prise Cayennepfeffer
Salzlake (siehe S. 31) und
evtl. 2-3 EL Starter (siehe S. 35)

Brokkoli und Blumenkohl waschen, schadhafte Stellen entfernen, raspeln oder feinschneiden, Knoblauchzehe schälen und kleinhacken. Alles mit den Gewürzen vermischt in ein 1 l-Weckglas dicht einschichten und nachdrücken (Glas nur ¾ hoch füllen). Mit Lake und Starter (optional) auffüllen, bis das Gemüse bedeckt ist. Mit einem Gewicht beschweren oder ein Kohlblatt oben auflegen (optional, siehe S. 37). Das Glas verschließen und etwa eine Woche bei Raumtemperatur vor Licht geschützt fermentieren lassen. Dann kühl und dunkel lagern.

3.12 z.B. Zutaten

Variante I: Ein Teil des Blumenkohls durch Weißkohl und/oder rote Paprikastreifen ersetzen.

3.13
Milchsauer eingelegter Brokkoli mit Paprika, Kohl und Zwiebeln.

Variante II: Alternativ den Blumenkohl in kleine Röschen teilen, dann 2-3 Minuten blanchieren, das Kochwasser auffangen, das Salz einrühren, die Lake abkühlen lassen und zum Fermentieren benutzen.

Chinakohl

Brassica rapa subsp. pekinensis

Chinakohl, eine alte chinesische Kulturpflanze, wird erst seit Anfang des 20. Jahrhunderts in Europa angebaut. Die gelbgrünen, saftigen Blätter sind feiner im Geschmack als unsere Kohlsorten, weshalb Chinakohl inzwischen auch hierzulande sehr beliebt ist.

Anbau/Ernte: Je nach Sorte kann schon im Mai gepflanzt werden, üblich im Hausgarten ist aber der Herbstanbau ab ca. Mitte Juli bis Anfang August. Die Kulturzeit beträgt 10 Wochen. Ab Mai wird Chinakohl aus heimischem Freilandanbau angeboten. Mit dem Chinakohl nahe verwandt und ähnlich schmeckend ist Pak-Choi (*Brassica rapa subsp. chinensis*), der chinesische Senfkohl (Abb. 3.15).

Chinakohl hat, milchsauer eingelegt, in China eine lange Tradition als „Kimchi" (oder Gimchi, Kimtchi, Kim Chee o.ä.). Es heißt, dass die Koreaner pro Person und Jahr etwa 90 kg Kimchi verzehren. Inzwischen ist Kimchi zum immateriellen Kulturerbe erklärt worden (siehe S. 53).

Kimchi ist immer mehr oder weniger scharf und enthält neben dem Hauptbestandteil Chinakohl meist auch Gurken und Rettich sowie Gemüse der Saison. Kimchi ist in vielen Familien eine tägliche Beilage. Jede Familie hat ihr eigenes Rezept und es heißt, dass man anhand des Kimchis auch die Herkunft der Familie „herausschmecken" könne.

3.14 Chinakohl
(*Brassica rapa subsp. pekinensis*)

3.15 Pak Choi
(*Brassica rapa chinensis*)

Chinakohl, scharf eingelegt

ca. 600 g Chinakohl (Einlegegewicht)
½ Rettich
1 Bund Frühlingszwiebeln
2 getrocknete Chilischoten
2 Knoblauchzehen
schwarzer Pfeffer
Salzlake (siehe S. 31) und
evtl. 2-3 EL Starter (siehe S. 35)

Chinakohl waschen, der Länge nach durchschneiden, den Strunk entfernen und in schmale Streifen schneiden. Den Rettich schälen und in dünne Scheiben schneiden. Die Frühlingszwiebeln waschen, der Länge nach halbieren und mit dem Grün in ca. 3 cm große Stücke schneiden. Chilischoten aufschneiden, Kerne entfernen und das Fruchtfleisch in schmale Streifen schneiden. Die Knoblauchzehen schälen und fein hacken oder in feine Scheibchen schneiden. Das Gemüse mit den Gewürzen vermischt dicht in ein 1 l-Einmachglas einschichten und nachdrücken. Mit Lake und Starter (op-

tional) auffüllen, bis das Gemüse bedeckt ist. Mit einem Gewicht beschweren oder ein Kohlblatt oben auflegen (optional, siehe S. 37). 3 cm Luftraum bis zum Glasrand für den Gärprozess freihalten. Das Glas verschließen und etwa eine Woche bei Raumtemperatur vor Licht geschützt fermentieren lassen. Dann kühl und dunkel lagern.
Variante I: Chinakohl mit Karotten, Schalotten und buntem Pfeffer
Variante II: Chinakohl mit Ingwer, Senfkörnern und Koriander
Variante III: Chinakohl mit rotem Paprika, schwarzem Rettich, Knoblauch

Meine Erfahrung: Der mit rotem Paprika, schwarzem Rettich und Knoblauch eingelegte Chinakohl (in Streifen geschnitten), beschwert mit einem lakegefüllten Tiefkühl-Beutel, schmeckte nach einem halben Jahr Lagerzeit angenehm würzig. Der Gemüsesaft war mild salzig, Chinakohl und Rettich hatten eine eher weichere Konsistenz bekommen, die roten Paprikastreifen waren sehr weich. Der Rettichgeschmack war erhalten, der Chinakohl dagegen hatte wenig Aroma.
Chinakohl, in Streifen geschnitten, kräftig gewürzt mit Ingwer, Senfkörnern und Koriander, beschwert mit einem Tiefkühl-Beutel, war dagegen milchsauer eingelegt nach etwa 7 Monaten Lagerzeit durch die Gewürze gut aromatisch. Während der Saft oben klar war, hatte sich am Glasboden etwas Hefe gebildet.

Chinakohl „Kimchi-Art"

600 g Chinakohl (Einlegegewicht)
100 g Lauchzwiebeln
3 Knoblauchzehen
5 cm Ingwerwurzel
1 EL scharfer roter Pfeffer (oder weniger, falls milder erwünscht)
Salzlake (siehe S. 31) und evtl. 2-3 EL Starter (siehe S. 35)

Den Chinakohl putzen und in mundgroße Stücke teilen. Lauchzwiebel und Knoblauch kleinschneiden. Ingwerwurzel schälen und hacken. In einer Schüssel alles mit dem scharfen Pfeffer vermischen, dann so lange kneten und/oder stampfen, bis genügend Flüssigkeit aus dem Gemüse austritt. Alles in ein 1 l-Einmachglas dicht einschichten und nachdrücken. Mit Lake und Starter (optional) auffüllen, bis das Gemüse bedeckt ist. Mit einem Gewicht beschweren oder ein Kohlblatt oben auflegen (optional, siehe S. 37). 3 cm Luftraum bis zum Glasrand für den Gärprozess freihalten. Das Glas verschließen und etwa eine Woche bei Raumtemperatur vor Licht geschützt fermentieren lassen. Dann kühl und dunkel lagern.

Immaterielles Kulturerbe Kimchi

Der koreanischen Nationalspeise Kimchi wird Wunderkraft zugesprochen, was ihre heilsame Wirkung für den Menschen betrifft. So soll sie sogar eine vorbeugende Wirkung gegen durch Viren übertragene Infektionskrankheiten wie z.B. SARS und Vogelgrippe haben. 2013 hat die UNESCO Kimchi neben einigen weiteren kulturellen Bräuchen (wie z.B. die japanische Kochkunst des Washoku oder eine uralte georgische

3.16   z.B. Zutaten

3.17
Der eingelegte Chinakohl gärt.

Weinausbaumethode in Amphoren) auf ihre Liste des immateriellen Kulturerbes aufgenommen.

Kimchi ist unserem Sauerkraut vergleichbar und doch wieder nicht, denn der Geschmack ist viel komplexer (und auch schärfer). Kimchi passt als Beilage zu vielen Gerichten (z.B. auf Pizza, in Burger, in Pfannkuchen, zu Kurzgebratenem). Traditionell wird es zu ungewürztem Reis verzehrt. Es gibt unzählige Kimchi-Rezepte im Internet und anderswo. Die Zutaten- und entsprechend die Geschmacksvarianten sind beträchtlich, hier helfen nur eigene Erfahrungen. Entscheidend ist auch die Lagerzeit. Es soll in Korea Restaurants geben, die mit großen Werbeschildern darauf hinweisen, dass sie mindestens 2 Jahre alten Kimchi benutzen. Die wichtigsten Kimchi-Zutaten sind Chinakohl, Rettich, Chili und Knoblauch. Tierisches Eiweiß kann in Form von eingelegten Fischen, Austern oder Fischsauce beigegeben werden. Daneben gibt es aber auch Gurken-, Lauch- und andere Gemüse-Zusammensetzungen ebenso wie Zubereitungen, die Obst (Äpfel, Birnen etc.) enthalten. Die koreanische Künstlerin Sohyun Jung hat dem vielgeliebten Kimchi ein ganzes Buch gewidmet. In ihrer interessant illustrierten und mit surrealen Komponenten versehenen Graphic Novel „Vergiss nicht, das Salz auszuwaschen" (2014, mairisch Verlag) beschreibt sie die große Sehnsucht einer jungen Koreanerin nach Kimchi, die zum Studieren in eine deutsche Großstadt zieht. In ihrem Buch ist eine gezeichnete Anleitung zum Selbermachen zu finden.

Auch im Internet gibt es eine Reihe von bebilderten Schritt-für-Schritt-Anleitungen zur nicht ganz unaufwendigen Herstellung von Kimchi (um nur einige zu nennen, z.B. http://eintopfheimat.com oder www.beyondkimchee.com oder https://missboulette.wordpress.com/category/kimchi oder diverse Filme auf Youtube, z.B. von Maangchi „How to make Easy Kimchi").

Da es im Netz so viele wertvolle Informationen und unzählige Rezepte für die Menschen gibt, die vorhaben, das leckerste aller Kimchis herzustellen, habe ich mich hier darauf beschränkt, nur ein Rezept weiterzugeben, das als Einstieg für den europäi-

3.18 bis 3.20
Chinakohl dreimal anders eingelegt:
Links: Chinakohl und Ingwer, Mitte: mit Karotten, rechts: scharf eingelegt mit Chilischoten und viel Pfeffer

schen Geschmack nicht allzu gewöhnungsbedürftig sein dürfte:

1 Chinakohl, ca. 1,2 kg
1 kleine Karotte, 1 weißer Rettich
1 Birne
1 Stück Ingwerwurzel (ca. 2 cm)
½ Bund Frühlingszwiebeln mit Grün
½ Bund Schnittlauch
3 - 4 Zehen Knoblauch
1 EL koreanische Chiliflocken
½ rote Chilischote (oder weniger)
1 TL Klebreis- oder Stärkemehl
½ TL Zucker
1 TL Fischsauce (optional)
1 EL Sardellen- oder Anchovisfilets
Salzlake aus 100 g Salz pro 1 l Wasser

Vom Chinakohl die äußeren Blätter entfernen, ihn der Länge nach halbieren und in mundgroße Stücke schneiden. In eine Schüssel geben und mit der aufgekochten, abgekühlten Salzlake übergießen. Die Kohlstücke mit einem Teller o.ä. beschweren, so dass sie von Flüssigkeit bedeckt sind und 2-3 Stunden ziehen lassen, dabei ab und zu das Gemüse wenden, damit das Salz gleichmäßig in die Kohlstücke einzieht. Für die Paste in der Zwischenzeit das Reis- oder Stärkemehl mit etwas kochendem Wasser verrühren. Den Zucker dazugeben, Karotte, Rettich und Ingwerwurzel raspeln, Frühlingszwiebeln und Schnittlauch fein schneiden. Birne, Knoblauch, Chilischote, Sardellenfilets (optional) pürieren und alles zusammen mit der Fischsauce (optional), den Chiliflocken und dem Stärkemehl in einer großen Schüssel vermischen. Die Chinakohlstücke aus der Lake nehmen, mit kaltem Wasser dreimal sorgfältig das Salz ausspülen und dann kräftig zusammendrücken, um das Wasser zu entfernen. Nun die Kohlstücke mit der Paste verkneten (mit Handschuhen, kann höllisch brennen!), alles ¾ hoch in ein großes Einmachglas füllen und so verdichten, dass alle Luftblasen entweichen. Etwa 2-3 Tage bei Zimmertemperatur ohne direkte Sonneneinstrahlung fermentieren lassen, dann im Kühlschrank oder einem kühlen Ort aufbewahren.

3.21 Einlegegurken
(Cucumis sativus)

3.22 Salatgurke
(Cucumis sativus)

Gurken, Einlegegurken, Cornichons
Cucumis sativus

Kleine, feste Freilandgurken ohne Kerne (Einlege- oder Einmachgurken) sind zum milchsauren Einlegen am besten geeignet, da sie nicht so schnell weich werden. Um den Flüssigkeitsaustausch bei größeren Gurken zu verbessern, wird empfohlen, sie mit Hilfe einer dünnen Strick- oder Rouladennadel mit Löchern zu versehen. Große Gurken sollten in 1 - 2 cm große Stücke geschnitten werden.

Anbau/Ernte: Da Gurken sehr frostempfindlich sind, werden sie erst nach den Eisheiligen (Mitte Mai) gepflanzt, die Ernte beginnt nach ca. 10 Wochen, wenn die ersten Früchte 15 cm lang sind. Bei Einlegegurken ist die Ernte etwa 2 Wochen früher möglich, sie können ab einer Größe von 3 cm geerntet werden. Qualitätskriterien für den Einkauf: Frische Gurken haben eine feste Struktur, eine dunkelgrüne Farbe, eine glatte Schale und lassen sich nicht leicht biegen.

3.23 z.B. Zutaten

3.24
Salatgurkenstücke im Glas

3.25
Gurkenstücke und Zwiebeln milchsauer eingelegt

Sandor Katz (Lit. 20 und 21) hält Gurken für ein schwieriges Gemüse zum milchsauren Einlegen. Sie enthalten viel Wasser und tendieren dazu, matschig zu werden. Er empfiehlt deshalb, die Salzmenge etwas großzügiger zu bemessen, die Gärzeit kurz zu halten und frische Weinblätter mit einzulegen, da das darin enthaltene Tannin dafür sorgt, dass die Zellwände länger stabil bleiben. In Finnland und Russland ist es üblich, Eichenblätter (ebenfalls tanninhaltig) mit einzulegen. Auch eingelegte Meerrettichblätter bzw. feingeschnittene Meerrettichscheiben oder eine Lage Johannisbeerblätter sollen helfen, dass die Gurken knackig bleiben.

Milchsaure Gurken

ca. 700 g Gurken (Einlegegewicht)
je ½ TL Dill, Senfkörner, Koriander
1 Zwiebel
1 Lorbeerblatt
1 Knoblauchzehe
Salzlake (siehe S. 31) und
evtl. 2-3 EL Starter (siehe S. 35)
evtl. Wein-, Meerrettich-, Eichen- oder Johannisbeerblätter

Gurken (kleine Einlegegurken oder mittellange, feste Freilandgurken, die noch keine Kerne gebildet haben) waschen und bürsten. Kleine Gurken so belassen, Freilandgurken in Stücke schneiden. Die Gurken mit den Gewürzen in ein 1 l-Einmachglas möglichst dicht einschichten. Mit Lake und Starter (optional) auffüllen, bis das Gemüse bedeckt ist (3 cm Luftraum bis zum Glasrand für den Gärprozess freilassen). Wenn möglich, das Gemüse mit tanninhaltigen Blättern abdecken (siehe oben). Das Glas verschließen und etwa eine Woche bei Raumtemperatur lichtgeschützt fermentieren lassen. Gurken gären sehr rasch. Dann kühl und dunkel lagern.

Variante: Kleine Salatgurke in grobe Stücke schneiden, Knoblauch, rote Zwiebelringe, Cocktailtomaten und feine Chilischeibchen zugeben.

Würz-Variante: ½ TL Senfkörner, ½ TL Piment, ½ TL Ingwerwurzel, ½ TL Chilischote

Meine Erfahrung: Da ich Langzeiterfahrungen gewinnen wollte, habe ich ein Glas Gurken mit Meerrettichscheiben und Zwiebeln erst nach 18 monatiger Lagerzeit geöffnet. Die Gurkenstücke sahen im geschlossenen Glas gut aus, geöffnet fielen sie fast auseinander. Im Geschmack waren sie immer noch aromatisch, nicht sehr salzig und der Gurkengeschmack war ausgeprägt. Mit der weichen Konsistenz konnte ich mich aber dennoch nicht anfreunden und pürierte den Inhalt des Glases als Beigabe für Smoothies bzw. für Salatsaucen.
Zur gleichen Zeit hatte ich Salatgurkenscheiben mit roten Paprikastreifen, Zwiebeln und frischem Dill eingelegt (siehe die Abb. 2.38 und 2.39). Ihr Geruch nach 18 monatiger Lagerung war sehr feinwürzig, der Saft klar und aromatisch. Das Gemüse hatte allerdings auch in dieser Mischung eine butterweiche Konsistenz.
Fazit: Püriert eine sehr leckere Kombination für Salatsaucen und als Beigabe für Smoothies.

Dillgurken, gesäuert auf traditionelle polnische Art

Kleine, feste Gurken,
unzerschnittenes Dillgrün,
frischer grüner Estragon,
Salz (etwa 30 g pro Liter Wasser),
nach Belieben einige Knoblauchzehen,
Blätter von Weichseln, Quitten
oder Reben

„Die Gurken müssen klein und fest sein. Rundlich Aufgebähte enthalten zu viel Hohlraum und werden beim Einsäuern sehr schnell weich und matschig. Die Gurken werden abwechselnd mit dem Dillgrün und Estragon sehr dicht in die Krüge hineingeschichtet. Die Knoblauchzehen sind nur in der jüdischen Küche Osteuropas üblich, sie machen die Dillgurken aber pikanter. Man schält die Zehen und zerdrückt sie mit etwas grobem Salz. Zuoberst legen wir, als Schicht oder in Form eines dicken Kranzes, die Blätter der Quitten, Weichseln und Reben. Es müssen nicht alle drei Blattsorten sein. Sie würzen nicht, tragen nur durch ihren Gehalt an Gerbsäure zur längeren Haltbarkeit der Gurken bei. Zuletzt kommt Salzwasser darüber, das mindestens eine Hand breit über den Gurken stehen muss. Die Krüge werden mit einem sauberen weißen Tüchlein überdeckt und bleiben 3-4 Wochen in einem nicht zu warmen Raum stehen. Während der Gärung bildet sich an der Oberfläche immer wieder eine helle Schimmelschicht, der „Kam", den man von Zeit zu Zeit abnimmt.
Ob die Gurken fertig gegoren sind, erkennt man erstens an ihrem Geruch: Er muss angenehm säuerlich und sehr appetitanregend sein. Zweitens an der Konsistenz und Farbe: Die Gurken sind jetzt nicht mehr weiß-grün und undurchsichtig, sondern sumpfgrün und halb durchscheinend wie mittelalterliches Butzenglas; sie sind auch nicht mehr ganz hart. Riechen sie faulig, dann ist die Fermentation misslungen. Dies scheint manchmal in Großstädten vorzukommen, wo das Trinkwasser verschmutzt oder mit zu vielen Chemikalien versetzt ist. In solchen Fällen hilft es auch nichts, das Wasser abzukochen, ehe man es den Gurken zusetzt. Echte Dillgurken sind aber an Wohlgeschmack und Bekömmlichkeit allem Essiggemüse so unendlich überlegen, dass es in jedem Fall lohnt, den Versuch zu riskieren. Auch die Lake schmeckt angenehm sauer und wird im slawischen Osten gern als Zusatz zu Suppen und Saucen verwendet."

Quelle: Salcia Landmann (Lit. 23, S. 22)

Milchsaure Gurken im 10 l-Gärtopf

ca. 5-6 kg Gurken,
ca. 4 Liter Salzwasser (25 g Salz für 1 Liter),
Zwiebeln, Meerrettichscheibchen, Dill,
Estragon, Senfkörner, Koriander,
Piment, Nelken,
2-3 Knoblauchzehen nach Geschmack
zum Bedecken Wein- oder Meerrettichblätter,
$^{1}/_{10}$ Liter klare Molke

„Sehr bewährt hat sich die mittelgroße Freilandgurke „verbesserte Delikatess", aber auch die kleinen Traubengurken können eingesäuert werden und Stücke von festen Schlangengurken, die man ungeschält einlegt. Die Gurken wähle man mittellang und fest, sie sollen noch keine Kerne gebildet haben, die reifen werden sehr rasch weich und innen hohl. Gurken müssen gut gewaschen, gebürstet und mit einem reinen Tuch abgetrocknet werden. Größere Gurken sollten mit einem spitzen Messerchen oder einem Zahnstocherhölzchen durchstochen werden. Das Salzwasser muss abgekocht und auf Handwärme abgekühlt sein.
Der Stein auf den Gurken soll nicht zu schwer sein, damit sie nicht zerdrückt werden. Das Salzwasser soll auf jeden Fall die Steine vollkommen bedecken. 8 Tage bei Zimmertemperatur gären lassen, dann kühl stellen. Topf 4 Wochen geschlossen halten."

Quelle: Maria Lingenfelder Lit. 25, S. 19

Karotten (Möhren)
Daucus carota ssp. sativus

Karotten, auch Möhren, Mohrrüben oder Gelbe Rüben genannt, sind in Deutschland das beliebteste Wurzelgemüse. Sie haben ein feines, süßliches Aroma und sind vielseitig roh oder gekocht verwendbar, auch in Kombination mit anderen Gemüsearten.

Aus heimischem Freilandanbau kommen sie ab Mai auf den Markt, geerntet wird bis Oktober. Zum milchsauren Einlegen sind die Herbst- und Winterkarotten besser geeignet als die Frühkarotten.

3.26 und 2.27 Karotten (*Daucus carota ssp. sativus*) können so aussehen (oben) ... oder auch so (unten)

Karotten traditionell

ca. 700 g Karotten (Einlegegewicht)
2 kleine Zwiebeln oder Schalotten
2-3 Nelken
½ Knoblauchzehe
½ Lorbeerblatt
1 ½ TL Dillsamen oder Kümmel
½ TL Senfkörner
etwas Dill oder Estragon, frisch oder getrocknet
Salzlake (siehe S. 31) und evtl. 2-3 EL Starter (siehe S. 35)

Karotten in etwa 1 mm dicke Scheiben raspeln, Zwiebeln kleinschneiden und zusammen mit den Gewürzen in ein 1 l-Einmachglas dicht einschichten. Mit Lake und Starter (optional) auffüllen, bis das Gemüse bedeckt ist. Mit einem Gewicht beschweren oder ein Kohlblatt oben auflegen (optional, siehe S. 37). 3 cm Luftraum bis zum Glasrand für den Gärprozess freihalten. Das Glas verschließen und etwa eine Woche bei Raumtemperatur lichtgeschützt fermentieren lassen. Dann kühl und dunkel lagern.

Dill-Karotten

ca. 700 g Karotten (Einlegegewicht)
3 Knoblauchzehen
2 EL frische Dillblätter
1 EL Dillsamen
Salzlake (siehe S. 31) und evtl. 2-3 EL Starter (siehe S. 35)

Karotten schälen und in schmale Stücke schneiden, Knoblauch schälen, kleinhacken und mit den Karotten, den Dillblättern und –samen gut mischen. Alles in ein 1 l-Einmachglas dicht einschichten. Mit Lake und Starter (optional) auffüllen, bis das Gemüse bedeckt ist. Mit einem Gewicht beschweren oder ein Kohlblatt oben auflegen (optional, siehe S. 37). 3 cm Luftraum bis zum Glasrand für den Gärprozess freihalten. Das Glas verschließen und etwa eine Woche bei Raumtemperatur lichtgeschützt fermentieren lassen. Dann kühl und dunkel lagern.

Variante: Karottenstücke mit in schmale Stifte geschnittenem Ingwer einlegen.

Meine Erfahrung: Die nach diesem Rezept hergestellten Karotten hatte ich etwa 18 Monate lang zusammen mit ein paar anderen milchsauren Gemüsen in unserem Vorratsschrank im unbeheizten Windfang aufbewahrt. Welche Überraschung beim Probieren: Die Karotten waren noch immer knackig, wohlschmeckend aromatisch und nicht zu sauer!

3.28 z.B. Zutaten

Karotten mit Knollenfenchel

ca. 350 g Karotten (Einlegegewicht)
ca. 350 g Fenchel (Einlegegewicht)
2 TL Fenchelsamen (optional)
Salzlake (siehe S. 31) und
evtl. 2-3 EL Starter (siehe S. 35)

Karotten und Fenchel putzen, in feine Scheiben hobeln und mit etwas Fenchelsamen (optional) vermischt in ein 1 l-Einmachglas dicht einschichten und mit der Faust gut festdrücken. Mit Lake und Starter (optional) auffüllen, bis das Gemüse bedeckt ist. Mit einem Gewicht beschweren oder ein Kohlblatt oben auflegen (optional, siehe S. 37).
3 cm Luftraum bis zum Glasrand für den Gärprozess freihalten. Das Glas verschließen und etwa eine Woche bei Raumtemperatur lichtgeschützt fermentieren lassen. Dann kühl und dunkel lagern.

Meine Erfahrung: Die nach diesem Rezept hergestellte Gemüsemischung aus in Streifen gehobelten Karotten und Pastinaken, eingelegt in ein 1 l-Einmachglas mit 3 EL Brottrunk und Salzlake, hatte nach 6-monatiger Lagerzeit am Glasboden etwas Hefe angesetzt, der Gemüsesaft war milchig, recht dickflüssig und schmeckte etwas sauer. Die Karotten- und Paprikastreifen waren noch knackig, das Aroma der Biozitronenschale hatte sich stark auf das Gemüse übertragen (etwas weniger Schale als oben angegeben würde m.E. nicht schaden).

3.29
Milchsauer eingelegte Karotten in Scheiben

Wurzeln rot-weiß

ca. 350 g Karotten (Einlegegewicht)
ca. 350 g Pastinaken (Einlegegewicht)
ca. 2 cm Ingwerwurzel
2 TL bunte Pfefferkörner
Schale einer halben Bio-Zitrone
Salzlake (siehe S. 31) und
evtl. 2-3 EL Starter (siehe S. 35)

Die Karotten und Pastinaken putzen bzw. schälen, längs in Streifen hobeln und mit in schmale Stifte geschnittenem Ingwer, dem bunten Pfeffer und der kleingeschnittenen Zitronenschale vermischt in ein 1 l-Einmachglas dicht einschichten. Mit Lake und Starter (optional) auffüllen, bis das Gemüse bedeckt ist. Mit einem Gewicht beschweren oder ein Kohlblatt oben auflegen (optional, siehe S. 37).
3 cm Luftraum bis zum Glasrand für den Gärprozess freihalten. Das Glas verschließen und etwa eine Woche

3.30
Wurzeln rot-weiß in der Verkostung (Karotten und Pastinaken)

Milchsaure Karotten im 10 l-Gärtopf

ca. 7,5 kg Karotten,
einige Schalottenzwiebelchen,
3 Knoblauchzehen, in die man je 1 Nelke steckt,
viel Dill und Estragon,
Lorbeerblätter und Meerrettichscheiben,
abgekochtes Salzwasser (auf 1 l Wasser 15 g Salz),
je nach Bedarf 1/10 l Molke,
falls vorhanden, Gurkenbrühe aus dem Gärtopf.

„Die Karotten werden nach dem Waschen und Putzen geraffelt (mittlere Scheibe der Gemüsereibe) und mit den Gewürzen und der Flüssigkeit fest in den Topf eingestampft. Hat man im Gärtopf Gurkenbrühe übrig (siehe S. 57), so genügt ein Übergießen mit dieser Brühe, ohne weitere Salzzugabe. Andernfalls hilft man sich mit abgekochtem Salzwasser und impft mit etwa 1/10 l Molke."

Aus: Maria Lingenfelder (Lit. 25, S. 23)

Kohlrabi

Brassica oleracea var. gongylodes L.

Kohlrabi-Knollen haben roh einen angenehm süßlichen, leicht nussartigen, knackigen Geschmack. Zarte Knollen können mit der Schale verzehrt werden, denn sowohl in den Schalen als auch in den Blättern (die sich wie Spinat verarbeiten lassen) ist der Anteil an wertvollen pflanzlichen Inhaltsstoffen besonders hoch. Kohlrabiknollen aus heimischem Freilandanbau werden ab etwa April angeboten. Qualitätskriterien für den Einkauf: Frische Knollen sind an den grünen, straffen Blättern zu erkennen.
Es empfiehlt sich, milchsauer eingelegten Kohlrabi nicht allzu lange zu lagern, das Gemüse wird verhältnismäßig schnell weich.

3.31 Kohlrabi (*Brassica oleracea var. gongylodes L.*)

3.32 Kohlrabi im Glas

Kohlrabi

ca. 700 g Kohlrabi (Einlegegewicht)
etwas frisches Estragonkraut
1 Lorbeerblatt
2 TL Dillsamen
Salzlake (siehe S. 31) und
evtl. 2-3 EL Starter (siehe S. 35)

Kohlrabi schälen, grob raspeln oder in dünne Stifte schneiden und zusammen mit den Gewürzen in ein 1 l-Einmachglas lagenweise dicht einschichten und jeweils nochmals festdrücken. Mit Lake und Starter (optional) auffüllen, bis das Gemüse bedeckt ist. Mit einem Gewicht beschweren oder ein Kohlblatt oben auflegen (optional, siehe S. 37).
3 cm Luftraum bis zum Glasrand für den Gärprozess freihalten. Das Glas verschließen und etwa eine Woche bei Raumtemperatur lichtgeschützt fermentieren lassen. Dann kühl und dunkel lagern.
Das Gemüse ist sehr wohlschmeckend mit kleingehackten Zwiebeln und Öl als Salat bzw. als Beigabe zu Salat.

Kohlrabi-Mixed Pickles

300 g Kohlrabi (Einlegegewicht)
200 g Karotten (Einlegegewicht)
200 g Weißkohl (Einlegegewicht)
2 Knoblauchzehen
Salzlake (siehe S. 31) und
evtl. 2-3 EL Starter (siehe S. 35)

Kohlrabi schälen und in dünne Stifte schneiden, ebenso die Karotten. Weißkohl putzen und hobeln. Die Knoblauchzehen klein hacken. Alles gut vermischen und in ein 1 l-Einmachglas dicht einschichten. Mit Lake und Starter (optional) auffüllen, bis das Gemüse bedeckt ist. Mit einem Gewicht beschweren oder ein Kohlblatt oben auflegen (optional, siehe S. 37). 3 cm Luftraum bis zum Glasrand für den Gärprozess freihalten. Das Glas verschließen und etwa eine Woche bei Raumtemperatur lichtgeschützt fermentieren lassen. Dann kühl und dunkel lagern.

3.33 Kohlrabi, milchsauer eingelegt

Kohlrübe (Steckrübe)

Brassica napus subsp. rapifera

Die Kohlrübe, auch Steckrübe oder Unterkohlrabi genannt, ist eine alte Kulturpflanze, die in Notzeiten für die menschliche Ernährung immer sehr wichtig war (historisch bekannt: der deutsche „Steckrübenwinter" während des ersten Weltkrieges 1916/1917).

Kohl- oder Steckrüben gehören zur Familie der Kreuzblütler (bot. *Cruciferae*). Sie haben immer blaugrüne Blätter, die Blätter der ihnen sehr ähnlichen Speiserüben (S. 83) sind dagegen grasgrün.

Kohlrüben schmecken ähnlich wie Karotten und sind roh oder gekocht genießbar. Sie können kopfgroß und bis zu 1,5 kg schwer werden, sind aber am besten, wenn sie einen Durchmesser zwischen 8 und 12 cm haben. Ihre dicke Schale ist weißlich-gelb bis braun-rötlich. Gelbfleischige Sorten haben einen hohen Anteil an Provitamin A und werden bevorzugt in der Küche verwendet. Haupterntezeit ist Oktober bis November. Aus heimischem Anbau werden Kohlrüben, frisch oder eingelagert, von September bis Mai auf dem Markt angeboten. Qualitätskriterien für den Einkauf: Sie sollten keine Flecken oder Risse haben. Die Kohlrüben werden gewaschen, gebürstet/geschält und dann geraspelt oder in dünnen Scheiben/Streifen eingelegt.

3.34
Kohlrübe (Steckrübe)
(*Brassica napus subsp. rapifera*)

Kohlrüben milchsauer

ca. 700 g Kohlrüben (Einlegegewicht)

12 g Salz

Salzlake (siehe S. 31) und

evtl. 2-3 EL Starter (siehe S. 35)

Die Kohlrüben schälen, raspeln, mit Salz vermischen und mindestens 30 Minuten ruhen lassen, bis Zellsaft austritt. Dann in ein 1 l-Glas einfüllen, festdrücken, bis der Zellsaft etwas über dem Gemüse steht, evtl. mit etwas Salzlake auffüllen und Starter zugeben. Mit einem Gewicht beschweren oder ein Kohlblatt oben auflegen (optional, siehe S. 37).
3 cm Luftraum bis zum Glasrand für den Gärprozess freihalten. Das Glas verschließen und etwa eine Woche bei Raumtemperatur lichtgeschützt fermentieren lassen. Dann kühl und dunkel lagern.

Mischgemüse (Buntes Allerlei) im 10 l-Topf

Maria Lingenfelder (Lit 25, S. 28) empfiehlt Gartenbesitzern mit ungleich anfallenden Erntemengen das milchsaure Einlegen von Mischgemüse:

„Mit seinem bunten Allerlei entwickelt es einen besonderen Wohlgeschmack und man kann damit rasch einen 10-Liter-Topf füllen. Man nehme dazu alles Gemüse, das sich gerade im Hausgarten anbietet, mit Ausnahme der stark färbenden roten Rüben, die sich nicht so gut zum Mischen eignen, also:

Gurken, junge Bohnen (15 Minuten gekocht), Kohlrabi in Scheibchen oder gerafelt, Karotten, gerafelt, in Scheibchen oder die kleinen auch im Ganzen, Blumenkohlröschen, in Stücke zerteilten Wirsing, dessen härtere Blätter man zum Kochen beiseite tun sollte. Schalottenzwiebelchen, Paprika, auch einige noch nicht reife Tomaten. Reife Tomaten bewährten sich nicht beim Einsäuern. Sie wurden weich und unansehnlich. Dagegen hielten sich die halbreifen noch festen Tomaten gut und bereicherten das bunte Allerlei. Man lege viel Dill und Estragon dazwischen, Meerrettichscheibchen, Lorbeerblätter, Senfkörner, Koriander und Piment, je nach Geschmack auch einige Knoblauchzehen und Nelken.

Man drückt das Gemüse von unten her möglichst dicht hinein, deckt Wein- oder Meerrettichblätter darüber oder Weißkraut und Wirsingblätter und übergießt das Ganze nun mit der abgekochten Lake, die handwarm abgekühlt sein soll (25 g Salz auf 1 l Wasser). Je zarter das Gemüse ist, umso köstlicher ist das Ergebnis. Beim Anrichten wird das Gemüse nur mit kaltgeschlagenem Öl übergossen, und eine der schönsten und gehaltvollsten Rohkostplatten ist fertig."

Kohlrüben-Rote Bete-Pickles

ca. 350 g Kohlrüben (Einlegegewicht)
ca. 350 g Rote Bete (Einlegegewicht)
3 Knoblauchzehen, zerkleinert
1 Stück Ingwerwurzel, zerkleinert
1 EL Senfkörner
Salzlake (siehe S. 31) und
evtl. 2-3 EL Starter (siehe S. 35)

Kohlrüben und Rote Bete schälen und in dünne Scheiben hobeln. Mit den Gewürzen mischen, in ein 1 l-Glas einfüllen und festdrücken. Mit Lake und Starter (optional) auffüllen, bis das Gemüse bedeckt ist. Mit einem Gewicht beschweren oder ein Kohlblatt oben auflegen (optional, siehe S. 37).
3 cm Luftraum bis zum Glasrand für den Gärprozess freihalten. Das Glas verschließen und etwa eine Woche bei Raumtemperatur lichtgeschützt fermentieren lassen. Dann kühl und dunkel lagern.

Kohlrüben-Karotten-Zwiebel-Pickles

ca. 300 g Kohlrüben (Einlegegewicht)
ca. 300 g Karotten (Einlegegewicht)
100 g Zwiebeln, gehackt
1 Lorbeerblatt
1 Gewürznelke (Piment)
1 Knoblauchzehe (oder mehr)
1 EL Meerrettich
etwas getrockneter Dill und Estragon
Salzlake (siehe S. 31) und
evtl. 2-3 EL Starter (siehe S. 35)

Kohlrübe und Karotte schälen/bürsten und raspeln. Zwiebel und Knoblauch schälen und zerkleinern. Mit den Gewürzen vermischen, in ein 1 l-Glas geben und gut festdrücken. Mit Lake und Starter (optional) auffüllen, bis das Gemüse bedeckt ist. Mit einem Gewicht beschweren oder ein Kohlblatt oben auflegen (optional, siehe S. 37). 3 cm Luftraum bis zum Glasrand für den Gärprozess freihalten. Das Glas verschließen und etwa eine Woche bei Raumtemperatur lichtgeschützt fermentieren lassen. Dann kühl und dunkel lagern.

3.35 Knoblauch
(Allium sativum)

3.36 z.B. Zutaten

3.37 Milchsauer eingelegter Knoblauch

Knoblauch
Allium sativum

Knoblauch wird hauptsächlich zum Würzen von Salatmarinaden, Suppen, Fleisch- und Gemüsegerichten verwendet. Auf dem Markt wird er frisch vor allem im Sommer und Herbst angeboten, trockener Knoblauch ganzjährig. Gut getrockneter Knoblauch hat eine perlmuttartig glänzende helle Haut, braune durchschimmernde Flecken deuten auf Fäule hin. Nicht nur die Knollen, auch das Laub, d.h. die grünen Blätter sind zum Verzehr geeignet. Qualitätskriterien für den Einkauf: Zum milchsauren Einlegen sollten die Knollen fest sein und keine grünen Triebe haben, da dann schon wertvolle Inhaltsstoffe abgebaut sind.
Milchsauer eingelegter Knoblauch ist in allen Gerichten einsetzbar, in denen Knoblauch als Zutat angenehm ist. Er ist bekömmlicher als roher Knoblauch, den nicht jeder Mensch verträgt. Durch das Fermentieren erhalten die Zehen ein nussartiges, feines Aroma, verlieren viel von ihrem Geruch und sollten vorzugsweise nicht erhitzt werden, damit die guten Eigenschaften der Milchsäurebakterien erhalten bleiben.

Milchsauer eingelegter Knoblauch (kleines Glas)

ca. 4 Knoblauchknollen
2 Wacholderbeeren
¼ TL Senfkörner
¼ TL roter Pfeffer
2 Scheibchen Ingwer
¼ TL Koriander
¼ Lorbeerblatt
1 Prise Dill
Salzlake (siehe S. 31) und
evtl. 1 EL Starter (siehe S. 35)

Von den Knoblauchknollen die Zehen herauslösen, schälen und etwas zerteilen. Mit den Gewürzen vermischen und das kleine Glas zu ¾ damit füllen. Salzlake dazugeben, bis die Knoblauchzehen bedeckt sind, und evtl. Starter darüber gießen (3 cm Luftraum bis zum Glasrand für den Gärprozess freihalten). Das Glas fest verschließen und bei Raumtemperatur, vor Licht geschützt, etwa eine Woche fermentieren lassen, dann kühl und dunkel lagern. Nach etwa 6 Wochen ist der fermentierte Knoblauch genussfertig.

Meine Erfahrung: Die milchsauer eingelegten Knoblauchzehen waren nach einem halben Jahr Lagerzeit noch angenehm knackig. hatten aber nur wenig Knoblaucharoma.

Knollenfenchel
Foeniculum vulgare var. azoricum

Fenchel hat einen sehr intensiven, anisähnlichen Geschmack. Verwendet werden am besten nur unversehrte weiße Knollen. Die hellgrünen, dillähnlichen Blättchen können als Gewürz mitvergoren werden. Die Stängel werden eingekürzt, dunkle Stellen entfernt, die Wurzelscheibe abgeschnitten, die Knolle halbiert, in Streifen geschnitten und gewaschen, da oftmals Sand an der Gemüsefrucht haftet.
Anbau und Ernte: Fenchel ist sehr frostempfindlich, wird deshalb erst ab Anfang Mai bis Anfang Juli gepflanzt und kann ca. 70 Tage später geerntet werden. Aus heimischem Anbau ist Fenchel von Juni bis Oktober erhältlich. Qualitätskriterien für den Einkauf: Frische Fenchelknollen sind zartweiß, wenig faserig und fest, ihre Blättchen frischgrün.

3.38 Knollenfenchel
(Foeniculum vulgare var. azoricum)

3.39 z.B. Zutaten

3.40 Milchsauer eingelegter Knollenfenchel

Milchsauer eingelegter Fenchel

ca. 700 g Fenchel (Einlegegewicht)
1 mittelgroße Zwiebel
1 ca. 1 x 1 cm großes Stück Zitronenschale, unbehandelt
Salzlake (siehe S. 31) und
evtl. 2-3 EL Starter (siehe S. 35)

Fenchelknolle putzen und in feine Scheiben schneiden. Die Zitronenschale in hauchdünne Streifen schneiden und mit den Fenchelscheiben in ein 1 l-Einmachglas geben und fest zusammendrücken. Mit Lake und Starter (optional) auffüllen, bis das Gemüse bedeckt ist. Mit einem Gewicht beschweren oder ein Kohlblatt oben auflegen (optional, siehe S. 37). 3 cm Luftraum bis zum Glasrand für den Gärprozess freihalten. Das Glas verschließen und etwa eine Woche bei Raumtemperatur lichtgeschützt fermentieren lassen. Dann kühl und dunkel lagern.

Variante: Nur Fenchelknollen und -kraut einlegen, später würzen.

Meine Erfahrung: Die nach diesem Rezept eingelegten Fenchelraspeln hatten sich oben im Glas nach kurzer Zeit etwas braun verfärbt (siehe Abb. 2.31), da das Gemüse nicht vollständig von Flüssigkeit bedeckt war (ich hatte das Gemüse weder beschwert noch mit einem Kohlblatt abgedeckt). Beim Verkosten, etwa 4 Monate später, konnte ich aber keine Geschmackseinbuße im Vergleich zu den unteren Gemüseteilen feststellen. Der Fenchel hatte eine zarte Konsistenz mit einem feinen Anisgeschmack.

Kürbis

Cucurbita ssp.

Wie auch Salatgurken und Zucchini gehören Kürbisse zur Familie der Kürbisgewächse (*cucurbitaceae*). Sie bestehen zu einem Großteil aus Wasser, haben aber einen hohen Gehalt an Mineralien. Kürbisse sind sehr unterschiedlich in Form, Farbe, Größe und Geschmack. Reife Kürbisse klingen beim Klopfen auf die Schale hohl. Zierkürbisse sind nicht zum Verzehr geeignet, sie enthalten Bitterstoffe (*Cucurbitacine*), die Magenbeschwerden hervorrufen können. Zum milchsauren Einlegen sollten die Kürbisse nicht zu reif sein, sonst werden sie beim Fermentieren zu weich und lösen sich auf. Da Kürbisse relativ geschmacksneutral sind, vertragen sie reichlich Gewürze. Püriert schmeckt milchsauer eingelegter Kürbis gut als Salatsauce oder, zusammen mit frischen Kräutern und etwas Ingwer, als interessanter Dip.

Milchsaures Kürbisgemüse im 10 l-Topf

2500 g Kürbis (Einlegemenge)
1000 g Zucchini
1000 g Tomaten
1000 g säuerliche Äpfel
700 g bunte Paprika
500 g Zwiebeln
2 EL Senfkörner
4 Lorbeerblätter
einige Scheiben Meerrettichwurzel
1 TL schwarzer Pfeffe
4 EL gehackter Dill
½ l Starter (Sauerkrautsaft/Brottrunk/Molke)
ca. 60 –65 g Salz (pro kg Gemüse 8-10 g Salz)
Salzlake (15 g/Liter Wasser) zum Auffüllen, falls nötig

„Kürbis schälen, teilen und das Fruchtfleisch hobeln oder in Scheiben schneiden, Zucchini, Äpfel, Tomaten in mundgerechte Stücke schneiden und mit Salz und Gewürzen vermischen. Schichtweise in den 10 l - Topf füllen, jeweils mit etwas Starter übergießen und alles mit einem Kartoffelstampfer stark verdichten, damit das Gemüse gut gepresst wird, viel Gemüsesaft abgibt und so wenig Hohlräume wie möglich verbleiben. Das Gemüse sollte von Flüssigkeit bedeckt sein, wenn nicht, mit Starter und Salzlake auffüllen. Die Beschwerungssteine aus dem Gärtopfzubehör auf das Gemüse legen und mit Lake/Starter auffüllen bis das Wasser über dem Stein steht (genügend Raum für den Gärprozess lassen), dann den Deckel auflegen und die Wasserrinne mit Wasser füllen. Auch nach dem Entnehmen von Gemüse sollte die Gärflüssigkeit immer über dem Beschwerungsstein stehen."

Nach Obermair/Schneider (Lit 30, S.106)

Kürbis mit Ingwer

ca. 500 g Hokkaidokürbis (Einlegegewicht)
200 g säuerlicher Apfel
½ Bio-Zitrone
3 cm Ingwerwurzel
1 TL Piment
1 kleine Messerspitze Zimt
Salzlake (siehe S. 31) und
evtl. 2-3 EL Starter (siehe S. 35)

Hokkaidokürbis teilen, Kerne entfernen, waschen und raspeln. Vom Ap-

fel das Kerngehäuse entfernen, raspeln, die halbe Zitrone waschen, Kerne entfernen und in Scheiben schneiden. Alles zusammen mit den Gewürzen schichtweise in ein 1 l-Einmachglas geben und fest zusammendrücken. Mit Lake und Starter (optional) auffüllen, bis das Gemüse bedeckt ist. Mit einem Gewicht beschweren oder ein Kohlblatt oben auflegen (optional, siehe S. 37).
3 cm Luftraum bis zum Glasrand für den Gärprozess freihalten. Das Glas verschließen und etwa eine Woche bei Raumtemperatur lichtgeschützt fermentieren lassen. Dann kühl und dunkel lagern.

Kürbis-Mixed Pickles

300 g Kürbis, geschält (Einlegegewicht)
100 g grüner Paprika
100 g Zwiebeln
100 g Tomaten
1 Knoblauchzehe
100 g säuerlicher Apfel
½ TL Senfkörner
1 Knoblauchzehe
¼ Lorbeerblatt
Lake aus abgekühltem Gemüsesud (ausgekochte Kürbisschalen) und Salz (siehe S. 31)
evtl. 3 EL Starter (siehe S. 35)

Kürbis schälen, die Schalen ½ Stunde in Wasser auskochen, das Salz darin auflösen und abgekühlt als Lake verwenden. Das Kürbisfleisch in Würfel und die Zwiebeln in feine Ringe schneiden, Paprika entkernen und in feine Streifen, Tomaten und Äpfel in kleine Stücke schneiden und alles zusammen mit den Gewürzen schichtweise in ein 1 l-Einmachglas füllen. Alles gut festdrücken, damit so wenig Hohlräume wie möglich entstehen. So viel Lake und Starter (optional) zugeben, dass das Gemüse gut bedeckt ist. Mit einem Gewicht beschweren oder ein Kohlblatt oben auflegen (optional, siehe S. 37).
3 cm Luftraum bis zum Glasrand für den Gärprozess freihalten. Das Glas verschließen und etwa eine Woche bei Raumtemperatur lichtgeschützt fermentieren lassen. Dann kühl und dunkel lagern.

Meine Erfahrung: Der in Würfel geschnittene milchsauer eingelegte Hokkaido-Kürbis (mit Schale), gewürzt mit Knoblauch und Senfkörner schmeckte sehr angenehm und ist sicherlich fein zum Aperitif. Mit geraspeltem Kürbis (siehe Abb. 2.40), gewürzt mit Ingwer, hatte ich weniger Glück. Er hatte beim Öffnen des Glases einen etwas stechenden, metallisch anmutenden Geruch und zeigte Schimmel. Dagegen war der in dünne Scheiben geschnittene Kürbis (ungeschält), gewürzt mit Chili und abgedeckt mit einem Kohlblatt, auch 6 Monate später noch gut erhalten. Der Saft hatte einen angenehm fruchtig-säuerlichen Geruch und Geschmack, die Kürbisscheiben waren noch knackig, mit einem etwas säuerlich neutralen Aroma. Das Chili brachte leichte „Nachschärfe" im Saft und Gemüse.

3.41 Kürbis (Cucurbita ssp.)

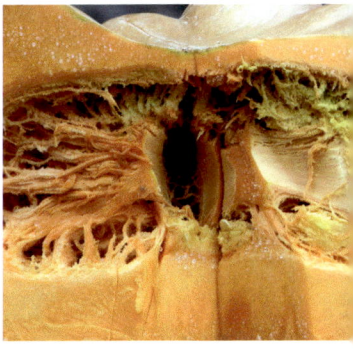

3.42 Ein Kürbis, aufgeschnitten

3.43 Milchsauer eingelegter Kürbis, abgedeckt mit einem Kohlblatt.

3.44 Mangoldstiele
(Beta vulgaris var. cicla)

Mangold

Beta vulgaris var. cicla

Noch bis Anfang des 20. Jahrhunderts wurde Mangold häufiger als Spinat verzehrt, sein Geschmack ist kräftiger und würziger. Botanisch gesehen stammt Mangold von der Wilden Rübe *(Beta maritima)* ab und ist mit Roten Beten und Zuckerrüben verwandt. Es gibt 2 Mangoldarten: Blattmangold wird wie Spinat verwendet, Rippenmangold, bei dem die weißen Blattrippen in der Mitte besonders stark ausgebildet sind, kann wie Spargel zubereitet werden, weshalb Rippenmangold früher auch als „Spargel des armen Mannes" bezeichnet wurde. Für das milchsaure Einlegen ist nur Rippenmangold (auch Stiel- oder Stängelmangold genannt) interessant.

Aussaat/Ernte: Aussaat ab Ende März/Anfang April, Ernte ca. 10 bis 12 Wochen später. Heimischer Mangold aus dem Freiland wird von etwa Juni bis Oktober angeboten.

Nicht vorgegarte milchsauer eingelegte Mangoldstiele brauchen lange (bis zu einem Jahr), bis sie genießbar sind, dann aber schmecken sie fast wie Spargel. Sie können auch gut zusammen mit anderen Gemüsen eingelegt werden, in diesem Fall ist es sinnvoll, sie vorher einige Minuten lang zu kochen.

Meine Erfahrung: Die mit reichlich schwarzen Pfefferkörnern in einer Salzlake (15 g Salz/ l Wasser) und 3 EL Sauerkrautsaft in einem 1 l-Einmachglas eingelegten Mangoldstiele waren schon nach 3 Monaten Lagerzeit gut genießbar, das Mangoldaroma kam delikat durch, die Stiele schmeckten knackig, mit einer angenehmen Schärfe (war's der Pfeffer?) im Nachgang. Gut zum Aperitif.

3.45
Milchsauer eingelegter Mangold

Mangold Mixed Pickles

400 g Mangoldstiele (Einlegegewicht)
150 g Karotten
150 g Zwiebeln
1 TL Senfkörner
Lake: Sud aus Mangold-Kochwasser mit Salz (siehe S. 31)
evtl. 3 EL Starter zugeben (siehe S. 35)

Mangoldstiele in ca. 1 cm lange Stücke schneiden, etwa 3-5 Minuten lang in Salzwasser (15-25 g Salz pro Liter Wasser) kochen. Das Kochwasser aufbewahren. Inzwischen die Karotten putzen und in Stifte, die Zwiebeln schälen und in feine Ringe schneiden. Alles mit den Senfkörnern in ein 1 l-Einmachglas schichten und mit dem erkalteten Salz-Mangold-Sud aufgießen, bis das Gemüse bedeckt ist. 3 EL Starter zugeben. Das Glas verschließen und etwa eine Woche bei Raumtemperatur lichtgeschützt fermentieren lassen. Dann kühl und dunkel lagern.

Nachfolgend zwei traditionelle Rezepte für milchsauer vergorene Mangoldrippen (Lit. 39, S. 74), die mit sehr wenig bzw. ohne Salz eingelegt werden. Die Rezepte stammen aus der Gegend von Monts du Forez in Frankreich. Vor dem Verzehr werden die Mangoldrippen gekocht.

Das erste Rezept stammt von Martine Georges und Francois Barbe, Leser der französischen Bio-Zeitschrift „Terre Vivante". Sie konservieren Mangold ohne Probleme in Flaschen (z.B. in Fruchtnektarflaschen mit weitem Hals und Bajonettverschluss).

Mangoldrippen
1 TL Salz (entspricht ca. 5 g)
auf 1 Literflasche Wasser

„Zwischen dem ersten und dem dritten Tag „arbeitet" der Mangold: Er verliert Volumen und sondert einen herben Geruch ab. Wir verwenden grünen Mangold mit weißen Rippen, die den Gärungsprozess etwas besser vertragen. Die Blätter wandern meist auf den Kompost, denn als Spinat ist römischer Rippenkohl viel besser. Unsere Kinder verziehen das Gesicht, wenn sie grüne, sauer eingelegte Bohnen sehen. Sie essen aber Mangoldrippen sehr gern, denn sie sind sehr mild.

Die relative Enge der Flaschenhälse mag vielleicht zuerst etwas abschrecken, mit etwas Übung ist das Einfüllen und Leeren der Flaschen aber viel einfacher als es den Anschein hat. Dieses Konservierungsverfahren verlangt außerdem nur wenig zeitlichen Einsatz, wichtig ist nur, die Flaschen vorher sehr sauber mit möglichst heißem Wasser auszuspülen. Wir verlesen die Mangoldrippen und schneiden sie in 1 bis 2,5 cm große Stücke, sodass sie durch den Hals von 1 l-Flaschen passen. Während des Füllens stampfen wir die Rippenstücke immer wieder gut ein, denn Mangold hat die Tendenz, an Volumen zu verlieren.

Am ersten Tag füllen wir dann die Flaschen mit Wasser auf; am zweiten Tag (24 Stunden danach) wird das Wasser gewechselt; am dritten Tag geben wir einen gestrichenen Teelöffel feines Salz in die Flasche. Vor dem Verschließen der Flasche achten wir darauf, dass sich so wenig Luft wie möglich in der Flasche befindet: die noch eingelagerten Luftbläschen lassen sich entfernen, indem man die Flasche schnell um sich selbst dreht. Die Flaschen entweder mit einem kräftigen Korken oder einem gut sitzenden Deckel sorgfältig verschließen. Danach bewahren wir sie liegend im Keller auf.

Frühestens nach einem Monat sind die Mangoldrippen verbrauchsfertig, sie halten sich, in den Flaschen aufbewahrt, aber bis zum nächsten Sommer. Die Flaschen zu leeren ist kein Problem. Wir halten den Flaschenhals über einen Durchschlag und ziehen den Mangold mithilfe eines Hakens aus rostfreiem Draht heraus. Beim Öffnen der Flasche strömt der Mangold einen leichten, angenehmen Duft aus. Eine Flasche voll ergibt 3 Portionen für Erwachsene. Die Kochzeit ist etwas kürzer als bei nicht sauer eingelegtem Mangold und die Rippen schmecken ganz leicht säuerlich."

André Foex, ein anderer Leser der französischen Biozeitschrift „Terre Vivante" (Lit. 39, S. 76) konserviert Mangoldrippen in Gläsern gänzlich ohne Salz:

Er entfernt die Fäden der Mangoldrippen (das Mangold-Grün verbraucht er frisch), schneidet die Rippen in 3 bis 4 cm lange Stücke, füllt sie in luftdicht verschließbare Gläser mit großer Öffnung ein, stampft die Stücke im Glas gut ein und füllt mit frischem, kalten Wasser auf. An den nächsten 4 Tagen braust er die Mangoldrippen jeweils ab und wechselt das Wasser. So konserviert, schreibt er, überstehen die Mangoldrippen leicht das ganze Jahr und lassen sich kochen wie frische.

Meerrettich
Amoracia rusticana

Meerrettich, in Österreich auch Kren genannt, enthält ätherische Senföle und hat dadurch seinen sehr scharfen charakteristischen Geschmack. Er wird hauptsächlich als Gewürz verwendet, z.B. zum Würzen von Gemüse und Saucen, oder, vermischt mit Sahne, zu geräuchertem Fisch und gekochtem Fleisch. Die weißlichen Wurzeln sind ca. 30 cm lang, haben einen Durchmesser von 3 bis 4 cm und sind auf dem Markt von Oktober bis April erhältlich.

Milchsauer eingelegter Meerrettich (Grundrezept)

Meerrettichwurzel
Salzlake (siehe S. 31)
evtl. Starter (siehe S. 35)

Die Meerrettichwurzel schälen und fein reiben. In ein Glas füllen, gut festdrücken, mit Salzlake bedecken und je nach Glasgröße evtl. 1-3 EL Starter dazugeben (2-3 cm bis zum Glasrand für den Gärprozess freilassen). Das Glas fest verschließen. Bei Raumtemperatur lichtgeschützt etwa eine Woche fermentieren lassen, dann kühl und dunkel lagern. Auch Meerrettich verliert beim Milchsäuern viel von seiner Schärfe. Etwas davon unter abgekühltes Gemüse gemischt, gibt dem Gericht eine würzige Note.

Meine Erfahrung: Bei dem nach dem Grundrezept eingelegten geraspelten Meerrettich in ein kleines Glas mit 2 EL Brottrunk und wenig Salzlake (15 g Salz/1 l Wasser) hatte sich nach einer Lagerzeit von 7 Monaten die obere Gemüseschicht leicht bräunlich verfärbt (das Gemüse war weder beschwert noch mit einem Kohlblatt abgedeckt), die Raspeln schmeckten aber nicht anders als die darunter liegende weißlichere Meerrettichschicht. Beim Öffnen des Glases stieg ein angenehm starker Meerrettichgeruch auf. Der Geschmack der Raspeln war jedoch wenig würzig, holzig, eher etwas bitter, ohne das typische Meerrettich-Aroma.

3.46 Meerrettich (*Amoracia rusticana*)

3.47 Meerrettich sollte sehr fein gerieben werden.

3.48 Milchsauer eingelegter Meerrettich

Paprika (Gemüsepaprika)
Capsicum annuum

Gemüsepaprika wie auch Gewürzpaprika (Peperoni- und Chilipflanzen, siehe unten) gehören zur Familie der Nachtschattengewächse *(Solanaceae)*. Die wärme- und lichtliebenden Gemüsepaprikaschoten sind in Form (länglich spitz, würfelig rund, flach…) und Farbe (grün, gelb, orange, rot…) recht unterschiedlich. Gemüsepaprika hat einen saftig-süßlichen, fruchtigen Geschmack, besonders die roten Schoten. Die grünweißen Spitzpaprikaschoten sind eher mild-aromatisch. Paprikafrüchte sind reich an Vitaminen (A, B, C und E), Folsäure und Kalium.

Qualitätskriterien für den Einkauf: Frische Früchte sind fest, glatt und glänzend. Die späten, festfleischigen Paprikasorten eignen sich zum Fermentieren besser als die frühen, die recht schnell weich werden. Besonders die roten Paprikaschoten haben einen feinen Geschmack, die grünen Schoten schmecken herber, sind aber ebenso wie die gelben zum Fermentieren geeignet.

Milchsauer eingelegte Paprikastreifen schmecken gut auf Butter- oder Käsebrot, weich gewordenes Gemüse ist püriert eine aromatische Zugabe in Suppen und Saucen.

3.49 Gemüsepaprika

3.50 Roter und gelber Paprika, sowie Gewürze

3.51 Paprika im Glas

Milchsaure Paprika-Pickles

ca. 700 g Paprikaschoten, rot, gelb und grün (Einlegegewicht)

1 Zwiebel

½ Chilischote

2 Knoblauchzehen

1 Lorbeerblatt

1 TL Senfkörner

1 TL schwarze Pfefferkörner

Salzlake (siehe S. 31)

evtl. Starter (siehe S. 35)

Paprikaschoten halbieren und entkernen; Zwiebel schälen und zusammen mit der Paprikaschote in schmale Streifen schneiden. Alles mit dem Knoblauch und den Gewürzen in das 1 l-Einmachglas ca. ¾ hoch einschichten und gut festdrücken, damit wenig Zwischenräume bleiben. Mit der Salzlake auffüllen, bis das Gemüse gut bedeckt ist. Mit einem Gewicht beschweren oder ein Kohlblatt oben auflegen (optional, siehe S. 37). 3 cm Luftraum bis zum Glasrand für den Gärprozess freihalten. Das Glas fest verschließen und die Paprika-Pickles lichtgeschützt bei Raumtemperatur etwa eine Woche lang fermentieren lassen, dann kühl und dunkel aufbewahren.

Meine Erfahrung: Ein Glas milchsauer eingelegte rote Paprikastreifen, mit Salatgurkenscheiben vermischt, gewürzt mit Zwiebel und Dill, angesetzt mit einer Lake aus 15 g Salz/l Wasser und 2 EL Brottrunk, habe ich nach einer Lagerzeit von mehr als 18 Monaten geöffnet. Der Paprikageschmack war gut erhalten, die Gurkenscheiben fielen aber schnell zusammen. Lake und Gemüse waren nicht zu sauer. Da das Gemüse aber sehr weich war, zog ich es vor, alles zu pürieren und zusammen mit frischem Blattgemüse als herzhaften Smoothie zu verwenden.

Paprika mit Weißkohl gefüllt

ca. 500 g kleine Spitzpaprikaschoten
150-200 g Weißkohl, geraspelt
3 Wacholderbeeren
2 Knoblauchzehen
1 Lorbeerblatt
Salzlake (siehe S. 31) und evtl. Starter (siehe S. 35)

Paprika von oben her aushöhlen, Weißkohl fein hobeln, dicht in die Paprikaschoten einfüllen. Mit den Gewürzen zusammen in ein 1 l-Einmachglas schichten (Glas nur ca. ¾ hoch füllen). So viel Lake zugeben, dass die Flüssigkeit über dem Inhalt steht und alles gut bedeckt ist (nur bis ca. 3 cm unter den Glasrand füllen). Glas verschließen und etwa eine Woche bei Raumtemperatur vor Licht geschützt fermentieren lassen. Dann kühl und dunkel lagern. Nach 4 bis 6 Wochen ist die Fermentierung gewöhnlich abgeschlossen.

Meine Erfahrung: Ein Glas mit milchsauren, mit geraspeltem Kohl gefüllten kleine Spitzpaprikaschoten, hergestellt nach dem oben aufgeführten Rezept, habe ich nach mehr als einem Jahr Lagerzeit in unserem Vorratsschrank geöffnet. Die gefüllten Paprika hatten einen sehr frischen, angenehmen Geschmack und waren noch so knackig, dass ich kaum glauben konnte, dass sie schon so „alt" waren (Abb. 3.53). Ein hervorragendes Ergebnis!

3.52 Milchsauer eingelegte Paprikastreifen und Zwiebeln

3.53 Die milchsauer eingelegten kleinen Spitzpaprikaschoten hatten die 18 Monate lange Lagerzeit hervorragend überstanden!

Gewürzpaprika (Peperoni und Chili)

Botanisch gesehen gehören die meisten Peperoni- und Chilisorten ebenso zur Pflanzenart *Capsicum annuum* wie Gemüsepaprika. Als ihre ursprüngliche Heimat gilt Mexiko. Aussehen und Geschmack der Gewürzpaprikasorten sind sehr unterschiedlich. Peperoni sind milder im Geschmack als die scharfen bis sehr scharfen Chilis. Die schärfsten Chilis sind 'Habanero' *(Capsicum xchinen)*. Früher wurden Chilipflanzen in Europa vorwiegend als Zierpflanzen genutzt, heute werden Gemüsepaprika wie auch die scharfen Chilipflanzen in großen Mengen sowohl gewerblich wie privat angebaut.
Wer das Internet durchstöbert, wird feststellen, dass es eine glühende Gemeinde von Chili-Verehrern jeder Schärfe gibt. Im Folgenden ein einfaches Grundrezept, das beliebig erweitert/verändert werden kann.
Chilischoten (Schärfe je nach Chilisorte sehr stark) putzen, mit den Kernen grob zerkleinern und mit ca. 3% Meersalz und ggf. 2-3 Esslöffeln Starter (Brottrunk, Molke, Sauerkrautsaft) fein pürieren und in ein Schraubglas einfüllen. Etwa eine Woche im Warmen fermentieren lassen, dann etwa 4 bis 6 Wochen vor Genuss kühl stellen.
Die käufliche Tabasco-Sauce soll übrigens auf ähnliche Weise hergestellt werden, wobei die feinen Milchsäurebakterien allerdings nicht erhalten bleiben: Pürierte Chilischoten (*Capsicum frutescens*) werden mit Salz bis zu 3 Jahre in Eichenfässern fermentiert und dann mit Essig gemischt. Nach etwa einem Monat wird der Chilibrei durch ein Sieb gegeben, die Flüssigkeit aufgefangen und in die bekannten kleinen Flaschen abgefüllt. Wer Tabasco-Sauce selbst

3.54 Frische Chilischoten

herstellen möchte, findet unter www.chefkoch.de mehrere Rezepte. Originell: Um die Reifung im Eichenfass zu imitieren, werden von den Hobbyköchen teilweise angerauchte Eichenholzspäne mit in den Chilibrei gegeben.

3.55 Chilischoten, getrocknet

Milchsauer eingelegte Chilischoten

Für ein 500 ml Glas:
12-15 scharfe Peperonischoten
3 kleine Zweige Thymian, frisch
Salzlake (siehe S. 31)
Starter (siehe S. 35)

Chilischoten längs aufschneiden, entkernen, den Stiel entfernen und mit den 3 Thymianzweigen dicht nebeneinander senkrecht in das Glas stellen. Mit abgekochter und erkalteter Salzlake sowie evtl. Starter bis ca. 3 cm unter den Glasrand auffüllen, so dass die Schoten gut bedeckt sind. Das Glas fest verschließen und die Chilischoten bei Raumtemperatur, vor Licht geschützt, etwa eine Woche lang fermentieren lassen, dann kühl und dunkel lagern.

Einfache Chilisauce

600 g Chilischoten
18 g Salz
6 g Zucker
ca. 3 EL Starter (Brottrunk)

Chilischoten ohne Kerne (wer es extra scharf mag, auch mit den Kernen) zerkleinern, mit Salz und Zucker sehr fein pürieren, in ein Einmachglas mit Bügelverschluss füllen und mit 3 EL Brottrunk begießen. 3 cm Luftraum bis zum Glasrand für den Gärprozess freilassen. 3 Tage bis 1 Woche bei Raumtemperatur ohne direkte Sonneneinstrahlung fermentieren lassen, dann 2-3 Wochen etwas kühler (15-18°C) stellen, danach kühl und dunkel aufbewahren. Nach 4-6 Wochen ist die Chilisauce genussfertig.

> **Internetfund**
> **Milchsaure Chilisauce in Flaschen**
> „... wer Chilisauce mag, sollte diese ebenfalls milchsauer vergären. Funktioniert einwandfrei und schmeckt nach mehr. Einfach Chilis und gewünschte Zutaten (Tomaten, Obst jeder Art usw.) pürieren und in Flaschen füllen. Oben über die Flaschenöffnung einen Luftballon stülpen. Die Gärgase können so entweichen. Oder man kauft halt 'nen Gärspund –
> wie man möchte.
> *Cobo in https://nanu-magazin.org/wer-wird-denn-gleich-sauer-werden*

Pastinake
Pastinaca sativa

Pastinaken, auch Moorwurzeln oder Hammelmöhren genannt, gehören in die Familie der Doldenblütler. Die gelblichen Pastinaken sind im Aussehen leicht mit Wurzelpetersilie zu verwechseln. Sie sind aber größer, bis zu 40 cm lang und können bis zu 1,5 kg schwer werden. Unterschiedlich sind ihre Enden: Die Pastinakenwurzel ist an der Stelle, an der das Kraut ansetzt, eingestülpt, bei Petersilienwurzeln ist diese Stelle erhaben (Abb. 3.60).
Bis in das 18. Jahrhundert hinein war Pastinake ein Grundnahrungsmittel und geriet dann in Vergessenheit, wurde aber bei uns durch die Biolandwirtschaft wieder entdeckt und zunehmend angebaut. Der Geschmack der Pflanze ist leicht süßlich-nussig mit einem würzigen Aroma. Pastinaken sind nicht frostempfindlich und können lange im Boden bleiben. Im Volksmund heisst es „Frost macht die Pastinake erst richtig aromatisch". Zum Einlegen sind Wurzeln bis ca. 20 cm Länge zu bevorzugen, längere Wurzeln sind oftmals holzig. Qualitätskriterien für den Einkauf: Frische Pastinaken geben bei Druck auf die harte Schale nicht nach.
Pastinaken werden von Oktober bis November erntefrisch auf dem Markt angeboten, danach als Lagerware bis April.

3.56
Pastinaken, am Krautansatz eingestülpt

3.57   z.B. Zutaten

3.58
Geraspelte Pastinaken und Karotten im Glas

Milchsauer eingelegt harmonieren Pastinaken gut mit Zwiebeln und/oder Karotten bzw. Petersilienwurzel. Ihr Kraut kann wie Petersilie zum Würzen verwendet werden.

Pastinake und Karotte

ca. 350 g Pastinakenwurzel (Einlegegewicht)
ca. 350 g Karotten (Einlegegewicht)
1-2 TL frische Ingwerwurzel, kleingehackt
Salzlake (siehe S. 31)
evtl. 3 EL Starter (siehe S. 35)

Pastinaken und Karotten schälen oder putzen und raspeln. Ingwerstück schälen und fein hacken. Alles gut vermischt schichtweise in ein 1 l-Einmachglas geben und festdrücken, damit so wenig Hohlräume wie möglich entstehen. Mit so viel Lake und evtl. 3 EL Starter auffüllen, dass das Gemüse gut bedeckt ist. Mit einem Gewicht beschweren oder ein Kohlblatt oben auflegen (optional, siehe S. 37). Zum Glasrand hin ca. 3 cm Raum für den Gärprozess freihalten. Das Glas gut schließen und etwa 10 Tage bei Raumtemperatur ohne direkte Sonneneinstrahlung fermentieren lassen, dann kühl und dunkel aufbewahren.

Meine Erfahrung: Die nach diesem Rezept hergestellte milchsaure Mischung aus Pastinaken und Karotten, abgedeckt mit einem lakegefüllten TK-Beutel, fand ich beim Kosten nach einem halbem Jahr Lagerzeit etwas nichtssagend im Geschmack. Der Geruch beim Öffnen des Glases war zwar angenehm fruchtig, die Pastinaken und Karotten hatten auch eine recht feste Konsistenz, waren allerdings weit weniger aromatisch als der Gemüsesaft (Abb. 3.59). Als Salat mit feinem Öl und etwas Gemüsesaft angemacht, verträgt die Pastinaken-Karotten-Mischung sicherlich reichlich frische Kräuter als Gewürz.

3.59
Pastinaken und Karotten nach einem halben Jahr Lagerung. Konsistenz des Gemüses gut, Geschmack wenig aromatisch.

3.60   Petersilienwurzel

Petersilienwurzel

Petroselinum crispum ssp. tuberosum

Im Unterschied zu den sehr ähnlich aussehenden Pastinaken (siehe oben) sind die würzig schmeckenden Petersilienwurzeln (auch Wurzelpetersilie genannt) an der Stelle, an der das Kraut ansetzt, ausgestülpt. Die fleischigen, spindelförmigen Rüben sind gelblich-weiß und meist auch kleiner, dünner, etwas härter und aromatischer als Pastinaken. Frisch geerntet sind sie auf dem Markt von September bis März erhältlich. Das Kraut der Wurzelpetersilie kann fein geschnitten, frisch oder getrocknet, zum Würzen wie Blattpetersilie verwendet werden. Die Wurzel ist, als alleiniges Gemüse eingelegt, zu kräftig im Geschmack. Gemischt mit anderem Gemüse ist sie jedoch eine feine Zutat.

Petersilienwurzel-Mixed-Pickles

ca. 200 g Petersilienwurzel (Einlegegewicht)
ca. 300 g Karotten (Einlegegewicht)
ca. 200 g Porree (Einlegegewicht)
2 cm frische Ingwerwurzel
Salzlake (siehe S. 31)
3 EL Starter (siehe S. 35)

Petersilienwurzeln und Karotten putzen und raspeln. Porreestangen längs halbieren, waschen und quer in dünne Streifen schneiden. Das Ingwerstück schälen und fein hacken. Alles gut vermischt schichtweise in ein 1 l-Einmachglas geben und mit etwas abgekühlter Lake festdrücken, damit so wenig Hohlräume wie möglich entstehen. Das Glas mit der Gemüsemischung füllen und so viel Lake sowie 3 EL Starter dazugeben, dass das Gemüse gut bedeckt ist. Mit einem Gewicht beschweren oder ein Kohlblatt oben auflegen (optional, siehe S. 37). Bis zum Glasrand ca. 3 cm Raum für den Gärprozess freihalten. Etwa 10 Tage bei Raumtemperatur ohne direkte Sonneneinstrahlung fermentieren lassen, dann kühl und dunkel aufbewahren.

Porree / Lauch
Allium porrum var. porrum

Porree/Lauch zählt zwar zu den Zwiebelgemüsen, seine Stangen bilden aber keine Zwiebeln aus, sondern einen weißen Schaft, der oben in grüne Blätter ausläuft. Porree hat einen milden Zwiebelgeschmack und ist aus heimischem Freilandanbau von Juni bis April auf dem Markt erhältlich. Sommerlauch ist weicher und feiner als Winterlauch. Qualitätskriterien für den Einkauf: Frischer Porree/Lauch hat weiße, feste Stangen und grüne, straffe Blätter.

3.61 Porree/Lauch
3.62 z.B. Zutaten
3.63 Milchsauer eingelegte Porreescheiben

Porree mit roter Zwiebel

ca. 350 g Porree (Einlegegewicht)
ca. 350 g rote Zwiebeln (Einlegegewicht)
Salzlake (siehe S. 31) und
evtl. 3 EL Starter (siehe S. 35)

Porreestangen putzen, der Länge nach aufschneiden, quer in schmale Streifen schneiden, Zwiebeln schälen, in feine Scheiben schneiden und zusammen mit dem Porree schichtweise in ein 1 l-Einmachglas füllen. Mit etwas abgekühlter Lake festdrücken, damit so wenig Hohlräume wie möglich entstehen. Das Glas mit so viel Lake und evtl. 3 EL Starter auffüllen, dass das Gemüse gut bedeckt ist. Mit einem Gewicht beschweren oder ein Kohlblatt oben auflegen (optional, siehe S. 37). Bis zum Glasrand ca. 3 cm Raum für den Gärprozess freihalten. Etwa eine Woche bei Raumtemperatur ohne direkte Sonneneinstrahlung fermentieren lassen, dann kühl und dunkel aufbewahren.

Meine Erfahrung: Die nach dem obenstehenden Rezept eingelegte Porree-Zwiebel-Mischung hatte einen recht starken Lauch-Geruch. Lauchstücke und Zwiebeln waren nach 7 Monaten Lagerzeit noch sehr knackig und schmeckten ziemlich säuerlich. Der Saft war klar, es hatte sich keine Hefe im Glas gebildet.

Radieschen
Raphanus sativus var. sativus

Radieschen gibt es in mehreren Farben (rosa, leuchtend rot, weiß, violett) und Formen (rund, länglich, eiförmig). Aufgrund der enthaltenen ätherischen Senföle haben sie einen würzig-scharfen Geschmack und sind ganzjährig erhältlich. Qualitätskriterien für den Einkauf: Frische Radieschen haben grüne, straffe Blätter, ihre Knollen sind knackig und geben bei Druck nicht nach. Fermentierte Radieschen werden rosarot, so färbt sich auch der Gärsaft. Ihre Konsistenz ist nach wie vor knackig, sie schmecken aber viel milder als rohe Radieschen.

Milchsaure Radieschen passen gut zu grünem Salat, zu Ei, zu kaltem Fleisch oder als Snack auf Spießen abwechselnd mit Käsewürfeln.

Einfache Radieschen-Pickles

ca. 400 g Radieschen
2 cm Ingwer
1 kleine rote Zwiebel
1 mittelgroße Zehe Knoblauch
1 kleines Lorbeerblatt
Salzlake (siehe S. 31) und
evtl. 2 EL Starter (siehe S. 35)

3.64 Radieschen

3.65 z.B. Zutaten

3.66 Milchsauer eingelegte Radieschen

Die Radieschen putzen und in Viertel schneiden, Knoblauchzehe und Ingwer schälen und feinhacken. Mit der feingeschnittenen Zwiebel und dem Lorbeerblatt in ein ¾ l-Glas geben. Mit Salzlake und evtl. 2 EL Starter bis max. 3 cm zum Glasrand auffüllen, so dass das Gemüse gut bedeckt ist. Gut verschließen und bei Raumtemperatur ohne direkte Sonneneinstrahlung 3-5 Tage fermentieren lassen, dann kühl und dunkel aufbewahren.

Meine Erfahrung: Die nach dem obenstehenden Rezept eingelegten Radieschen färbten den Saft nach und nach in ein schönes Altrosa. Sie selbst verloren ihre rote Haut (Abb. 3.68). Ihr Aroma war nach einer Lagerzeit von 4 Monaten mildwürzig, nicht zu sauer, mit einer erdigen Note.

3.67 Es gärt im Radieschen-Glas.

3.68 Eingelegte Radieschen nach 4 Monaten: Gut im Salat oder zum Aperitif.

Im Folgenden ein Rezept von Roger Hombeline aus Souvigny (Frankreich), eingeschickt an die französische Biozeitschrift „Terre Vivante" (Lit. 39, S. 78):

Radieschen, Rettich und Winterrettich

Radieschen
Rettich
Salz (10-15 g/kg Radieschen/Rettich)
Salzwasser

„Zuerst entferne ich die Blätter. Die Winterrettiche (rot oder schwarz) schneide ich in dicke Scheiben, die Radieschen in zwei oder, wenn sie dick sind, in mehrere Teile. Ich fülle damit meine Gläser (Einmachgläser mit Gummidichtung), füge nach und nach das Salz hinzu und verdichte alles, so gut es geht. Die Gläser bewahre ich dunkel und kühl auf. Drei bis 4 Tage später fülle ich die Gläser mit abgekochtem Salzwasser (10 g/l) auf und verschließe sie wieder sorgfältig. Die Radieschen und Rettiche verwende ich zum Aperitif als köstliches Amuse-Gueule oder mische sie mit Winterrettichsalat oder anderen Salaten. Der Saft kann in meinen Salatsaucen den Essig ersetzen, oder wir trinken ihn mit Wasser verdünnt."

3.69 Weißer und roter Rettich

Rettich
Raphanus sativus

Der typische Rettich ist weiß und hat eine längliche Rübenform. Daneben gibt es eine Vielzahl anderer Sorten mit runden, ovalen und kegelförmigen Formen und einem Farbenspektrum von rosa, rot-braun bis violett und schwarz. Rettiche sind im Geschmack, ähnlich wie Radieschen, je nach Sorte herzhaft würzig-scharf bis relativ mild.
Qualitätskriterien für den Einkauf: Frische Rettiche haben eine glatte, straffe Schale. Sie sind ganzjährig erhältlich, aus heimischem Freilandanbau kommen sie ab April auf den Markt.

Rettich mit Karotten

ca. 400 g weißer Rettich (Einlegegewicht)
ca. 300 g Karotten (Einlegegewicht)
Salzlake (siehe S. 31) und
evtl. Starter (siehe S. 35)

Rettich und Karotten putzen, fein raspeln und in einer Schüssel kräftig einstampfen, um die Zellen weiter aufzubrechen. In ein 1 l - Einmachglas füllen, festdrücken, mit Salzlake bedecken und evtl. 3 EL Starter zugeben. Mit einem Gewicht beschweren oder ein Kohlblatt oben auflegen (optional, siehe S. 37). 3 cm Luftraum bis zum Glasrand für den Gärprozess freihalten. Etwa 8 Tage bei Zimmertemperatur ohne direkte Sonneneinstrahlung fermentieren lassen und, sobald die Flüssigkeit im Glas wieder klar ist, kühl und dunkel aufbewahren.
Variante: Rettich getrennt oder zusammen mit Karotten in Würfelform einlegen und für Spieße zusammen mit Käsewürfeln und Salami verwenden.

Meine Erfahrung: Die milchsauer eingelegten Würfel (für Spieße) von schwarzem und weißem Rettich hat-

> **Restauration**
>
> Das süße Zeug ohne Saft und Kraft!
>
> Es hat mir all mein Gedärm erschlafft.
>
> Es roch, ich will des Henkers sein,
>
> wie lauter welke Rosen und Kamilleblümlein.
>
> Mir ward ganz übel, mauserig, dumm,
>
> ich sah mich schnell nach was Tüchtigem um,
>
> lief in den Garten hinterm Haus,
>
> zog einen herzhaften Rettich aus,
>
> fraß ihn auch auf bis auf den Schwanz,
>
> da war ich wieder frisch und genesen ganz.
>
> *Eduard Mörike (1804-1875)*

3.70
Viele Formen und Farben: weißer und schwarzer Rettich

ten nach 6 Monaten Lagerzeit eine mildknackige Konsistenz mit einem nicht mehr sehr ausgeprägten Retticharoma (Abb. 3.72). Die Farbe der Würfel war etwas grau, der Saft hatte einen angenehmen Geruch und war nicht sehr salzig.

Abb. 3.73: Das milchsauer eingelegte Mischgemüse aus schwarzem Rettich, Chinakohl, Frühlingszwiebeln (mit Grün), Chilischote, Pfefferkörnern und Knoblauch war nach einer Lagerzeit von 7 Monaten noch gut knackig. Am Boden des Glases hatte sich ein leichter Hefebelag gebildet, der Gärsaft war klarflüssig. Die Schärfe der Chilischeiben und der Pfefferkörner waren unterschiedlich in das Gemüse eingedrungen, besonders der Rettich schmeckte pfeffrigscharf.

Abb. 3.75: Bei dem Mischgemüse aus Rettich, Filderkohl und Roter Bete war der Saft nach einer Lagerzeit von

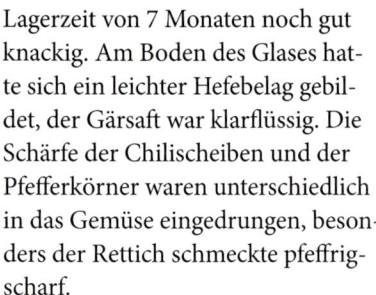

3.71 *(oben links)*
Weißer Rettich in Scheiben

3.72 *(oben Mitte)*
Rettichwürfel sind gut für Spieße oder zum Aperitif.

3.74 *(links)*
Milchsauer eingelegte Rettichwürfel

3.73
Mischgemüse aus Rettich, Chinakohl und Frühlingszwiebeln nach 7 Monaten Lagerzeit.

mehr als einem halben Jahr milchig und recht dickflüssig geworden (Hefe hatte sich am Boden des Glases abgesetzt). Der Filderohl hatte eine feinknackige Konsistenz, die Rettichscheiben waren noch ziemlich hart, aber hatten durch die Rote Bete eine sehr hübsche Farbe angenommen.

3.75 *(links)*
Mischgemüse aus Rettich, Filderkohl und Roter Bete nach einer Lagerzeit von mehr als einem halben Jahr.

Rosenkohl

Brassica oleracea var. gemmifera

Die Röschen von Rosenkohl haben einen herzhaft-würzigen Kohlgeschmack. Üblicherweise wird Rosenkohl gekocht oder gedünstet, die abgezupften Blättchen eignen sich auch zum Rohverzehr. Aus heimischem Freilandanbau ist Rosenkohl von September bis März erhältlich. Qualitätskriterien für den Einkauf: Frischer Rosenkohl ist an festen, glatten, grünen Röschen zu erkennen, überlagerter Kohl hat gelbe oder welke Blätter.

3.77 Rosenkohl

Rosenkohl-Grundrezept

700 g Rosenkohl (Einlegegewicht)
2 Nelken
1 EL Kümmel
Salzlake (siehe S. 31) und
evtl. Starter (siehe S. 35)

3.78 z.B. Zutaten

3.79 Rosenkohl im Glas

Den Rosenkohl putzen, in der Mitte durchschneiden und mit den Gewürzen vermischt dicht in ein 1 l-Einmachglas geben. Mit Salzlake und evtl. Starter auffüllen. Mit einem Gewicht beschweren oder ein Kohlblatt oben auflegen (optional, siehe S. 37). 2-3 cm Luftraum für den Gärvorgang freihalten. Lichtgeschützt ca. 1 Woche bei Raumtemperatur fermentieren lassen, dann kühl und dunkel aufbewahren.

Meine Erfahrung: Der nach dem obenstehenden Rezept hergestellte milchsaure Rosenkohl, abgedeckt mit einem Kohlblatt, war nach einem halben Jahr Lagerzeit noch fast zu hart, die Gewürze waren nicht herauszuschmecken, die Lake war mild aromatisch und erinnerte an Sauerkrautsaft.

> Internetfund
>
> **Rosenkohl**
>
> „... eine Bekannte von mir hat auch Rosenkohl, Karotten und wer weiß was noch alles angesetzt. Gemüse geputzt, mit Salzwasser aufgegossen und einige Wochen bei Wind und Wetter auf dem Balkon gelassen. Als er fertig war, fein geschnitten, etwas milden Paprika und Olivenöl darüber – sehr fein."
>
> *Michaela in*
> *http://gesundheitsforum-mw.de*

3.80
Milchsaurer Rosenkohl,
6 Monate gelagert, abgedeckt mit Kohlblatt

Rote Bete
Beta vulgaris subsp. vulgaris

Die meist dunkelrote, dickfleischige Knolle der Roten Rübe, auch Rote Bete genannt, enthält den blutroten, stark färbenden Saft Betanin. Bezüglich ihres Nähr- und Heilwertes gilt Rote Bete als harntreibend, kochsalz- und harnsäureausschwemmend, blutreinigend und blutbildend, außerdem anregend für Magen, Darm, Leber und Gallenblase.

Der Geschmack von Roter Bete ist etwas süßlich und erdig, manchmal auch leicht bitter. Die Blätter können wie Spinat zubereitet werden. Frische Knollen sind fest und prall, ihr Fleisch ist gleichmäßig durchgefärbt und saftig, sie werden von Juni bis November, Lagerware bis ca. März angeboten. Besonders junge Knollen sind zart und aromatisch. Sie eignen sich bevorzugt zum Einsäuern.

Rote Bete-Knollen sind sehr zuckerhaltig und fermentieren recht lang und heftig. Damit möglicherweise überlaufender roter Saft keinen Schaden anrichtet, sollten die Gläser in eine Auffangschale gesetzt werden.

Da Rote Bete durch längeres Fermentieren recht sauer werden, empfiehlt sich, immer nur kleinere Mengen anzusetzen und diese nicht so lange aufzubewahren, die Gläser aber mindestens 6 Wochen verschlossen zu lassen. (Maria Lingenfelder schreibt, dass der Saft wie aus einer Sektflasche herausschießen kann, wenn das Glas zu früh und nicht langsam genug geöffnet wird). Rote Bete kann gut zusammen mit Weißkohl, Zwiebeln und Äpfeln fermentiert werden.

Rote Bete-Knollen zum Einlegen sollten sehr fein geraspelt werden, da sie recht hart sind.

3.81 Rote Bete

3.82 z.B. Zutaten (mit Meerrettichscheiben)

3.83 und 3.84 Rote Bete pur (links) und mit Weißkohl vermischt (rechts)

Meine Erfahrungen: Das nach dem untenstehenden Rezept hergestellte Rote Bete-Gemüse, 6 Monate gelagert, schmeckte sehr aromatisch mit einer etwas erdig-süßlichen Note. Es hatte genau die richtige Konsistenz zwischen knackig und weich (Abb. 3.85). Die Flüssigkeit war beim Gären zum großen Teil ausgetreten, sodass sich oben im Glas keine mehr befand. Das Gemüse hatte ich nicht mit einem Kohlblatt abgedeckt gehabt und auch nicht beschwert. Dennoch war der Inhalt einwandfrei und die Rote Bete saftig und auf eine angenehme Art säuerlich. Für mich – ich bin geschmacklich eher eine Puristin – hätten es weniger Gewürze sein können, nach einem halben Jahr Aufbewahrung haben sie sich doch recht stark entfaltet. Im Glas war, wie gewöhnlich, ein Vakuum entstanden, aber es ließ sich problemlos mit einem leisen „Plopp" öffnen.

Rote Bete

600 g Rote Bete (Einlegegewicht)
ca. 50 g Zwiebel
1 EL Meerrettich
1 TL Senfsamen
¼ TL Koriandersamen
Salzlake (siehe S. 31) und
3 EL Starter (siehe S. 35)

Rote Bete schälen, von Schadstellen befreien und raspeln; Zwiebel hacken und mit den Gewürzen zusammen in ein 1 l-Einmachglas einschichten, das höchstens zu ¾ gefüllt werden sollte (Rote Bete schäumt stark beim Gären), und festdrücken. So viel Lake zugeben, dass die Flüssigkeit zusammen mit 3 EL Starter etwas über dem Gemüse steht (mindestens 3 cm Luftraum bis zum Glasrand für den Gärprozess freilassen). Glas gut verschließen. Für den Fall, dass Flüssigkeit austreten sollte, auf einen Untersatz stellen und lichtgeschützt bei Raumtemperatur ca. 10 Tage fermentieren lassen, dann kühl und dunkel aufbewahren.

Rote Bete mit Meerrettich

600 g Rote Bete (Einlegegewicht)
100 g frischer Meerrettich
Salzlake (siehe S. 31) und
3 EL Starter (siehe S. 35)

Rote Bete und Meerrettich schälen und feinraspeln. Miteinander vermengen, ein 1 l-Einmachglas höchstens zu ¾ damit füllen und fest zusammendrücken. Soviel Lake zugeben, dass die Flüssigkeit zusammen mit 3 EL Starter etwas über dem Gemüse steht (mindestens 3 cm Luftraum bis zum Glasrand für den Gärprozess freilassen). Das Glas gut verschließen. Für den Fall, dass Flüssigkeit austreten sollte, auf einen Untersatz stellen und lichtgeschützt bei Raumtemperatur ca. 10 Tage fermentieren lassen, dann kühl und dunkel aufbewahren.

3.85
Milchsauer eingelegte Rote Bete nach 6 Monaten Lagerzeit

3.86
Das kann passieren: Fehlgärung mit Schimmelbildung

Rotkohl
Brassica oleracea var. capitata f. rubra

Rotkohl, auch Rot- oder Blaukraut genannt, hat einen milden, etwas süßlichen Kohlgeschmack. Seine typisch blauviolette Färbung verdankt er dem Gehalt an gesundheitlich wertvollen Antioxidantien *(Anthocyanen)*. Rotkohl hat eine festere Pflanzenstruktur als Weißkohl. Deshalb empfehlen sich zum Fermentieren besonders die frühen bis mittelfrühen Sorten (die allerdings etwas schneller verbraucht werden sollten als die späten Sorten). Die harten Spätsorten müssen besonders fein gehobelt werden, bleiben aber dennoch nach dem Fermentieren kautechnisch eine Herausforderung. Aufgrund des hohen Ballaststoffgehaltes und seiner festen Zellstruktur ist Rotkohl (wie auch Weißkohl und Wirsing) nicht leicht verdaulich und kann bei magen- und darmempfindlichen Personen Probleme (Blähungen) hervorrufen.
Aus heimischem Freilandanbau ist Rotkohl von etwa Juni bis November erhältlich. Qualitätskriterien für den Einkauf: Frischer Rotkohl hat einen festen Kopf, eine glatte, nicht ausgetrocknete Schnittstelle am Strunk und frische Außenblätter.

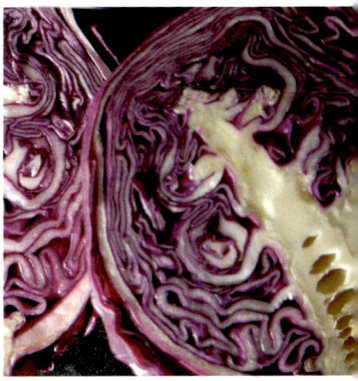

3.87 Rotkohl

3.88 Säuerliche Apfelsorten wie z.B. Boskop passen sehr gut zu Kohl.

3.89 Rotkohl im Glas

3.90 Er leuchtet fast, der milchsauer eingelegte Rotkohl!

Milchsauer eingelegter Rotkohl bekommt eine leuchtend rote, appetitfördernde Farbe und schmeckt delikat, angemacht als Salat mit feinem Öl und geraspeltem Apfel oder frischen Ananasstücken. Alternativ passt milchsaurer Rotkohl, mit Öl, etwas gehackter Schalotte und mit Knoblauch und Thymian abgeschmeckt, auch gut zu gekochten Kartoffeln.

Apfel-Rotkohl

600 g Rotkraut (Einlegegewicht)
100 g Apfel (säuerlich, z.B. Boskop)
½ TL Koriandersamen
½ TL Wacholderbeeren
1 Lorbeerblatt
Salzlake (siehe S. 31) und
evtl. Starter (siehe S. 35)

Rotkohl waschen, von schadhaften Stellen befreien, vierteln, den harten Strunk keilförmig herauslösen, fein hobeln oder raspeln. Vom Apfel das Kerngehäuse entfernen und das Fruchtfleisch mit der Schale in feine Stücke hobeln. Rotkrautraspeln und Apfelstücke mit den Gewürzen in einer Schüssel vermengen und, um die Zellstruktur weiter aufzubrechen, fest stampfen, bis Flüssigkeit austritt. Alles lagenweise in ein 1 l-Einmachglas dicht einschichten und jede Lage nochmals nachdrücken. So viel Lake und evtl. Starter zugeben, bis Flüssigkeit über dem Gemüse steht (3 cm Luftraum bis zum Glasrand für den Gärprozess freihalten). Das Glas gut

3.91 Milchsauer eingelegter Kohl nach 18 Monaten Lagerzeit

verschließen und etwa eine Woche bei Raumtemperatur vor Licht geschützt fermentieren lassen. Dann kühl und dunkel aufbewahren. Nach 4 bis 6 Wochen ist die Fermentierung gewöhnlich abgeschlossen.

Meine Erfahrung: Das nach dem obenstehenden Rezept eingelegte Rotkraut hatte nach einer Lagerzeit von 18 Monaten eine gute Konsistenz, war knackig, ohne dass es die Kaumuskeln übermäßig beansprucht hätte. Das Rotkraut hatte einen sanften Kohlgeschmack, lieblicher als Sauerkraut und war nicht sehr salzig. Die Apfelstücke hatten sich aufgelöst. Der Saft fing an sich zu verdicken und Fäden zu ziehen, unten im Glas hatte sich etwas Hefe gebildet (Abb. 3.91).

Rotkohl mit Sellerie

500 g Rotkohl (Einlegegewicht)
150-200 g Knollensellerie
  (Einlegegewicht)
4 Pfefferkörner
½ TL Kümmel
Salzlake (siehe S. 31) und
evtl. Starter (siehe S. 35)

Rotkohl waschen, von schadhaften Stellen befreien, vierteln, den harten Strunk keilförmig herauslösen, fein hobeln oder raspeln. Die Sellerieknolle schälen, fein raspeln und mit den Gewürzen in einer Schüssel vermengen und, um die Zellstruktur weiter aufzubrechen, fest stampfen, bis Flüssigkeit austritt. Alles lagenweise dicht in ein 1 l-Einmachglas dicht einschichten und jede Lage nochmals nachdrücken. Soviel Lake und evtl. Starter zugeben, bis die Flüssigkeit über dem Gemüse steht (3 cm Luftraum bis zum Glasrand für den Gärprozess freihalten). Das Glas gut verschließen und etwa eine Woche bei Raumtemperatur vor Licht geschützt fermentieren lassen. Dann kühl und dunkel aufbewahren.

Sellerie (Knollensellerie)
Apium graveolens var. rapaceum

Knollensellerie, eine sehr alte Kulturpflanze, enthält ätherische Öle, die ihr den würzigen, ganz eigenen Geschmack verleihen. Knollensellerie wird als Jungpflanze eingesetzt und kann ab August geerntet werden. Ihr Laub lässt sich frisch oder getrocknet als Gewürz verwenden. Aus heimischem Freilandanbau ist Knollensellerie ab Juli erhältlich. Qualitätskriterien für den Einkauf: Frische Knollen haben eine feste Struktur, sie geben bei leichtem Druck nicht nach. Geschälte Sellerieteile verfärben sich an der Luft leicht, sollten deshalb recht schnell verarbeitet werden.

Sellerieknollen sind sehr aromatisch und lassen sich dadurch gut mit milder schmeckendem Gemüse (Karotten etc.) einlegen, sind aber auch nur zusammen mit Zwiebeln und Kräutern sehr schmackhaft.

Sellerie Grundrezept

700 g Sellerie (Einlegegewicht)
½ TL Dill
½ TL Estragon
1 Lorbeerblatt
1 TL Pfefferkörner
Salzlake (siehe S. 31) und
evtl. Starter (siehe S. 35)

Die Sellerieknolle schälen, fein raspeln und mit den Gewürzen in einer Schüssel vermengen. In ein 1 l-Einmachglas dicht einschichten und fest zusammendrücken. Soviel Lake und evtl. Starter zugeben, dass die Flüssigkeit das Gemüse gut bedeckt. Mit einem Gewicht beschweren oder ein Kohlblatt oben auflegen (optional, siehe S. 37). 3 cm Luftraum bis zum Glasrand für den Gärprozess freihalten. Das Glas gut verschließen und etwa eine Woche bei Raumtemperatur vor Licht geschützt fermentieren lassen. Dann vor Verzehr mindestens 4 Wochen kühl und dunkel aufbewahren. Schmeckt fein als Salat nur mit Öl oder etwas Crème fraîche angerührt und frischen roten Paprikastückchen dazwischen.

Sellerie-Apfel-Karotten

300 g Sellerie (Einlegegewicht)
200 g säuerliche Äpfel (z.B. Boskop)
200 g Karotten
1 Lorbeerblatt
½ TL Senfkörner
½ TL Koriander
1 Gewürznelke
Salzlake (siehe S. 31) und
evtl. Starter (siehe S. 35)

Die Sellerieknolle schälen, Apfel und Karotte säubern, alles fein raspeln. Mit den Gewürzen in einer Schüssel vermengen. In ein 1 l- Einmachglas dicht einschichten und fest zusam-

3.92 Knollensellerie

3.93 z.B. Zutaten

3.94
Milchsauer eingelegte
Sellerieknolle, geraspelt.

mendrücken. So viel Lake und evtl. Starter zugeben, dass die Flüssigkeit das Gemüse gut bedeckt. Mit einem Gewicht beschweren oder ein Kohlblatt oben auflegen (optional, siehe S. 37). 3 cm Luftraum bis zum Glasrand für den Gärprozess freihalten. Das Glas gut verschließen und etwa eine Woche bei Raumtemperatur vor Licht geschützt fermentieren lassen. Dann vor Verzehr mindestens 4 Wochen kühl und dunkel lagern.

Stangensellerie

Apium graveolens var. dulce

Stangensellerie, auch Staudensellerie oder Bleichsellerie genannt, ein in den USA und England schon lange sehr beliebtes Gemüse, wird hier erst seit wenigen Jahren angebaut. Die knackigen Stängel erinnern geschmacklich an Sellerieknollen, sind aber saftiger und milder. Frisch sind sie als Gesundkost zu Dips jeder Art beliebt. Aus heimischem Freilandanbau sind sie von Juni bis Oktober erhältlich.

Anbau/Ernte: Stangensellerie ist sehr kälteempfindlich, die Pflänzchen sollten nicht vor den Eisheiligen ins Beet gesetzt werden. Qualitätskriterien für den Einkauf: Frische Stangensellerie haben straffe, grüne Blätter ohne bräunliche Verfärbungen, die Selleriestangen sind knackig fest.

Stangensellerie mit roten Beeren

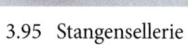

3.95 Stangensellerie
3.96 z.B. Zutaten

| 700 g Selleriestangen (Einlegegewicht) |
| ½ Zwiebel |
| 3 Knoblauchzehen |
| 1 Dillzweig |
| 1 TL Rote Beeren (= roter, d.h. falscher Pfeffer) |
| Salzlake (siehe S. 31) und evtl. Starter (siehe S. 35) |

Die Selleriestangen putzen und in kleine Stücke schneiden. Zwiebel und Knoblauchzehen schälen und kleinhacken. Den Dillzweig zerkleinert zwischen die Sellerie geben. Alles zusammen mit den Roten Beeren in ein 1 l-Einmachglas dicht einschichten und fest zusammendrücken. So viel Lake und evtl. Starter zugeben, dass die Flüssigkeit das Gemüse bedeckt (3 cm Luftraum bis zum Glasrand für den Gärprozess freihalten). Das Glas gut verschließen und etwa eine Woche bei Raumtemperatur vor Licht geschützt fermentieren lassen, dann kühl und dunkel lagern.

Meine Erfahrung: Die nach dem obenstehenden Rezept eingelegten Selleriestangenstücke waren nach 6 Monaten Lagerzeit noch sehr knackig. Der Selleriegeschmack war gut erhalten, auch der Saft hatte einen angenehmen Selleriegeruch. Die Roten Beeren hätte ich besser zurückhaltender dosiert, sie beeinflussten das Aroma recht dominant.

3.97
Milchsauer eingelegter Stangensellerie, mit Kohlblatt abgedeckt.

Spargel
Asparagus officinalis

Spargel gilt seit dem Altertum als königliches Gemüse. Der in Deutschland übliche weiße, zartaromatische Spargel gedeiht, vor Sonnenlicht geschützt, in aufgeschütteten niedrigen Erdwällen, während die eher in Frankreich verbreiteten, im Geschmack kräftigeren grünen Spargelsprossen über der Erde wachsen. Spargel aus heimischem Anbau wird von Mitte April bis zum Johannistag (24. Juni) angeboten. Qualitätskriterien für den Einkauf: Erntefrischer weißer Spargel hat keine Flecken, ist im Anschnitt nicht trocken und faserig, sondern saftig und feinporig, die Köpfe sind fest und geschlossen. Auch Spargel lassen sich gut milchsauer einlegen. Empfehlenswert sind natürlich die zarten Spargelspitzen, die es oftmals schon nach kurzer Zeit recht preisgünstig gibt, wenn die Spargelsaison angelaufen ist. Ein paar Stücke milchsauren Spargels im Salat bringen eine spezielle, erfrischend säuerliche Note. Milchsaurer Spargel passt auch gut zu hartgekochten Eiern. Oder ganz retromäßig in „Schinkenröllchen" (gekochten oder milden rohen Schinken mit etwas Frischkäse bestreichen, Spargelstücke einlegen und den Schinken zu Röllchen formen).

3.98 Spargel

3.99
Milchsauer eingelegte Spargelstangen

Spargel milchsauer

700 g Spargel (Einlegegewicht)
½ Zwiebel
1 Zehe Knoblauch
Salzlake (siehe S. 31) und evtl. Starter (siehe S. 35)

Spargel schälen, harte untere Abschnitte abschneiden und die Stangen in ca. 3 cm lange Stücke schneiden. Zwiebel wie Knoblauchzehe schälen und kleinhacken. Die Spargelstücke mit Zwiebel und Knoblauch vermischt in ein 1 l-Einmachglas schichten und so viel Lake und evtl. Starter zugeben, dass die Flüssigkeit die Spargelstücke bedeckt (3 cm Luftraum bis zum Glasrand für den Gärprozess freihalten). Das Glas gut verschließen und etwa eine Woche bei Raumtemperatur vor Licht geschützt fermentieren lassen, dann kühl und dunkel lagern.

Meine Erfahrung: Die im April eingelegten Spargelstangen (nur untere Enden abgeschnitten) schmeckten drei Monate später sehr lecker, knackig und würzig, aber nicht zu roh.

3.100 Speiserüben

Speiserübe
Brasserica rapa subsp. rapa

Speiserübe ist der Sammelbegriff für Mairübchen, Teltower Rübchen, Herbstrüben usw. Im Mittelalter galt die Speiserübe als Hauptnahrungsmittel, wurde dann aber von der Kartoffel verdrängt. Die Speiserübe ist eine Unterart innerhalb der Familie der Kreuzblütengewächse *(Brassicaceae)*. Sie erscheint in sehr unterschiedlichen Formen und Farben. Mairüben (Weiße Rüben), aus heimischem Anbau von Mai bis Juni erhältlich, können roh Salaten beigefügt werden. Herbstrüben (auch Weiße Rüben oder Wasserrüben

genannt) sind im Geschmack herber als Mairüben und traditionell Bestandteil von Eintopfgerichten. Sie wurden früher oftmals als Nachfrucht nach der Getreideernte ausgesät, weshalb sie manchmal auch als „Stoppelfrucht" bezeichnet werden. Sie benötigen etwa 8 Wochen bis zur Reife.
Zum milchsauren Einlegen sind besonders die Herbstrüben geeignet.

Speiserüben mit Karotten

ca. 500 g Speiserübe (Einlegegewicht)
ca. 200 g Karotten (Einlegegewicht)
7 Pfefferkörner
2 Knoblauchzehen
Lake (siehe S. 31) und
evtl. Starter (siehe S. 35)

Die Speiserüben putzen, waschen, nicht zu fein raspeln oder streifig hobeln, die Karotten ebenfalls, den Knoblauch hacken und alles zusammen mit den Pfefferkörnern in ein 1 l-Einmachglas dicht einschichten und festdrücken. So viel Lake zugeben, dass die Flüssigkeit über dem Inhalt steht und alles gut bedeckt ist. Mit einem Gewicht beschweren oder ein Kohlblatt oben auflegen (optional, siehe S. 37). 3 cm Luftraum bis zum Glasrand für den Gärprozess freihalten. Das Glas gut verschließen und etwa eine Woche bei Raumtemperatur vor Licht geschützt fermentieren lassen. Vor Verzehr mindestens 4 Wochen kühl und dunkel lagern.
Variante: 700 g Speiserüben (Einlegegewicht), ca. ½ TL Kümmel

3.101   Tomaten

3.102   z.B. Zutaten

Tomaten
Lycopersicon esculentum

Tomaten sind das mit Abstand am meisten verzehrte Gemüse in Deutschland. Da inzwischen wieder viele, auch alte Tomatensorten kultiviert werden, sind ihre Größe, Formen, Farben und Geschmacksrichtungen sehr unterschiedlich. Zum milchsauren Einlegen sind besonders die Kirsch-, Cocktail- oder Cherrytomaten geeignet, die klein und süß sind.
Aus heimischem Anbau sind Tomaten von März bis November erhältlich.

Tomaten und Schalotten

300 - 400 g kleine Tomaten
50 g Schalotten
ein paar Basilikumblätter
Salzlake (siehe S. 31) und
Starter (siehe S. 35)

Schalotten halbieren und mit den kleinen Tomaten und den Basilikumblättern in ein 1 l-Einmachglas geben. Mit Salzlake auffüllen und evtl. Starter zugeben, bis die Tomaten bedeckt sind (3 cm Luftraum bis zum Glasrand für den Gärprozess freihalten). Das Glas fest verschließen und bei Zimmertemperatur ohne direkte Sonneneinstrahlung ca. 8 Tage fermentieren lassen. Dann kühl und dunkel aufbewahren.

Tomatensalsa

ca. 600 - 700 g Tomaten
2 feingeschnittene kleine Zwiebeln
½ Chilischote (oder mehr)
6 Knoblauchzehen
1 TL Koriander, feingehackt
1 TL getrocknetes Oregano
Salzlake (siehe S. 31) und
Starter (siehe S. 35)

Tomaten waschen und in Stücke schneiden, Zwiebeln und Chilischote feinschneiden, alles mit den Gewürzen vermischen, in ein 1 l-Einmachglas dicht einschichten und festdrücken. Lake zugeben bis die Flüssigkeit über dem Inhalt steht und alles gut bedeckt ist. Mit einem Gewicht beschweren oder ein Kohlblatt oben auflegen (optional, siehe S. 37). 3 cm Luftraum bis zum Glasrand für den Gärprozess freihalten. Das Glas gut verschließen und etwa eine Woche bei Raumtemperatur vor Licht geschützt fermentieren lassen. Dann kühl und dunkel lagern.
Gut als Dip, als Belag auf Fisch oder Hähnchenbrust etc.
Variante: Je nach Vorliebe ganz eigene Geschmacksrichtungen herstellen, z.B. mit Stückchen von Paprika, Äpfeln, Ingwer und dergleichen.

Meine Erfahrung: Das Tomatensalsa war für meinen Geschmack nach ca. 9 Monaten Lagerung dünn und ziemlich sauer. Mit Frischkäse angedickt und mit etwas Feigensenf vermischt aber zu Nachos sehr fein (Abb. 3.106).
Insgesamt hatte ich mit milchsauren Tomaten wenig Glück. Bei mehreren Gläsern mit eingelegten Tomaten (größere Tomaten geviertelt, bzw. kleine unzerteilte Tomaten mit Gurkenstücken gemischt) hatte sich nach 7 Monaten Lagerzeit reichlich Hefe am Boden abgesetzt. Im Geschmack eher säuerlich und im Aussehen nicht wirklich appetitanregend, weil sehr weich geworden (Abb. 3.107), zog ich es vor, das Gemüse zu pürieren und als Saucengrundlage zu verwenden.

Nachfolgendes Rezept zur Herstellung von Tomatensauce stammt von Jacqueline Magne, einer Leserin der französischen Biozeitschrift „Terre Vivante" (Lit. 39, S. 79):

Tomatensauce

Tomaten, Salz, Pfeffer, Öl

„Dieses traditionelle Rezept stammt von meiner Großmutter, die es von ihren Vorfahren bekommen hat. Sehr reife Tomaten in einer großen Steingutschüssel mit Haut und Kernen zerdrücken. Von Beginn der Gärung an (das heißt nach 1 oder 2 Tagen) mit einem Holzlöffel oder einem einfachen Stock kräftig umrühren, und zwar zweimal am Tag, wenn die Gärung so stark ist, dass etwas überlaufen könnte, sonst reicht einmal am Tag.
Sobald die Gärung abgeschlossen ist, die Masse durch ein feines Sieb oder ein locker gewebtes Tuch filtern. Nur den durchgesiebten Saft verwenden. Er soll dick sein und das Fruchtfleisch vollständig enthalten (das Durchsieben dient nur dazu, die Kerne, Haut und einige feste Fasern zurückzuhalten). Dieser Sauce pro Liter 1 bis 2 Esslöffel Salz und –

3.103 Die Tomaten gären.

3.104 und 3.105
Milchsauer eingelegte Tomaten in Stücke zerteilt, abgedeckt mit einem Kohlblatt (links); Cocktailtomaten unzerteilt mit Salatgurkenstücken, abgedeckt mit einem lakegefüllten TK-Beutel (rechts).

je nach Geschmack – 1 bis 2 Esslöffel feingemahlenen Pfeffer zufügen. Gut vermengen und in die Flaschen füllen. Die Sauce im Flaschenhals mit 2 cm Öl bedecken, um den Luftabschluss zu gewährleisten. Nicht fest verschließen, sondern lose mit einer Kappe bedecken.

Diese Sauce ist gut geeignet zum Würzen von Teigwaren, Suppen und anderen Gerichten. Sie hält sich im Vorratsschrank, vor Licht und Wärme geschützt, etwa ein Jahr in tadellosem Zustand. Vor Gebrauch die Ölschicht entfernen und die Sauce jedes Mal kräftig schütteln."

Grüne (unreife) Tomaten

Grüne Tomaten sind nicht zwangsläufig unreif, es gibt Sorten, die ausgereift grün bleiben. Inzwischen werden auch in unseren Gärten hier und da diese grün reifenden Tomaten angepflanzt, wie z.B. die Sorten 'Green Bell Pepper', 'Green Grape', 'Green Pear' etc. Früher wurden grüne Tomaten häufiger kultiviert, da sie robust sind, also für das mitteleuropäische Klima gut geeignet und gut schmecken.

Es gibt aber auch eine ganze Reihe von Konservierungs-Rezepten, deren Bestandteil unreife grüne Tomaten sind. Das Konservieren unreifer Tomaten ist natürlich von Bedeutung, denn oftmals reifen Tomaten in unseren Breiten nicht mehr richtig aus, wenn die Sonneneinstrahlung schwächer wird. Unreife Tomaten enthalten allerdings wie alle Nachtschattengewächse das giftige Alkaloid Solanin. Dieses Alkaloid kann in hohen Dosen tödlich sein, in größeren Mengen verspeist können sich Brechreiz, Kopf- und Magenschmerzen, Durchfall und Sehstörungen einstellen. Aus diesem Grund sollten bei Tomaten immer der Stielansatz sowie alle grünen Stellen großzügig entfernt werden.

Die übliche Methode, unreife Tomaten im Küchenregal nachreifen zu lassen, vermindert ihren Gehalt an Solanin im Gegensatz zum Reifen an der Pflanze übrigens nicht wesentlich. Solanin ist außerdem hitzebeständig, d.h. durch Kochen der Tomaten wird das Solanin nicht zerstört.

Die gute Botschaft: Milchsäurebakterien können das Solanin in grünen (unreifen) Tomaten zum Teil abbauen, die Gärflüssigkeit (Lake) sollte allerdings nicht weiter verwendet werden, da sie mit Solanin angereichert ist. Durch die Milchsäuregärung, so heißt es, wird der Solaningehalt in unreifen Tomaten um etwa ein Drittel verringert. In der Literatur wird empfohlen, nicht mehr als 100 g milchsauer eingelegte unreife Tomaten am Tag zu sich zu nehmen. Kinder sollten vorsichtshalber keine eingelegten unreifen Tomaten verzehren, auch nicht in Form von Marmeladen oder Chutneys.

3.106
Tomatensalsa, mit Frischkäse angedickt, lecker als Dip.

3.107
Cocktailtomaten und Gurkenstücke nach 7 Monaten Lagerzeit.

Milchsaure grüne (unreife) Tomaten

Ein 1 l-Einmachglas mit 300-400 g grünen Tomaten füllen (kleine Tomaten im Ganzen einlegen, vorher mit einem Holzstäbchen Löcher anbringen, größere Tomaten halbieren), mit einem Estragonzweig und abgekühltem Salzwasser (15 g Meersalz/l Wasser) sowie 3 EL Starter (Brottrunk, Molke etc.) aufgießen, bis die Tomaten bedeckt sind, und – wenn vorhanden – mit einem frischen, ungespritzten Weinblatt abdecken. Etwa eine Woche im Warmen (20-25°C) stehen lassen, dann kühl aufbewahren. Etwa 2 bis 3 Wochen später sind die grünen Tomaten zum Verzehr geeignet.

Weitere Gewürze zum Einlegen sind z.B. Dill, Basilikum, Kerbel, Thymian. Alternativ können unreife Tomaten auch mit Kohl vermischt werden. Dazu den Kohl fein hobeln, stampfen und schichtweise mit halbierten Tomaten so in ein Glas geben, dass möglichst keine Hohlräume entstehen. Mit Lake auffüllen.

Topinambur
Helianthus tuberosus

Topinambur, auch Jerusalem-Artischocke oder Erdbirne genannt, gehört zur Familie der Korbblütler *(Asteraceae)* und war früher ein wichtiges Nahrungsmittel, das in Europa Mitte des 18. Jahrhunderts von der Kartoffel verdrängt wurde. Im 17. Jahrhundert galt Topinambur in der Pariser Haute Cuisine als Delikatesse. Heute wird fast die gesamte Ernte in Deutschland zu Branntwein (Verdauungsschnaps) verarbeitet. Die im Aussehen oftmals etwas bizarr geformten rosa bis beigefarbenen, etwas nussähnlich schmeckenden Knollen sind roh verzehrbar und hauptsächlich auf Wochenmärkten und in Bioläden von November bis März/April zu finden. Topinambur kann auch ohne Probleme selbst angebaut werden. Die mehrjährige Pflanze wird bis zu 3 m hoch, wuchert allerdings leicht. Sie verträgt Temperaturen bis unter den Gefrierpunkt und ist mit einem humosen, leicht sandigen Boden zufrieden. Topinambur enthält keine Stärke, sondern Inulin, ein stärkeähnliches Kohlehydrat, das auch von Diabetikern gut vertragen wird. Deshalb ist Topinambur auch als „Kartoffel der Diabetiker" bekannt. Sie ist im Gegensatz zur Kartoffel allerdings nicht lange lagerfähig – ihr einziger Nachteil. Die Knollen sind sättigend, haben aber nicht viele Kalorien. Zum milchsauren Einlegen wenn möglich feste, zarte Wurzeln mit hauchdünner Schale (nicht schälen) verwenden, raspeln oder in feine Scheiben schneiden. Topinambur wird am besten mit anderem Gemüse zusammen eingelegt.

3.108 Topinambur

Amerikanische Blogger haben nach dem folgenden Rezept Kohl wie auch Steckrüben (Kohlrüben) und Topinambur milchsauer eingelegt. Sie schrieben, die eingelegten Topinamburknollen hätten ihnen am besten geschmeckt.

Ihr Rezept:

ca. 700 g *Topinambur*
etwa 10 *Wacholderbeeren*
1 – 2 *Lorbeerblätter*
1 EL *grobes Meersalz*
etw. *abgekochtes handwarmes Wasser*

Die zarten Topinamburknollen mit Schale raspeln. Während des Einfüllens in ein 1 l-Einmachglas das Gemüse immer wieder gut festdrücken und dazwischen Lorbeerblätter und Wacholderbeeren einlegen. Obenauf einen Esslöffel grobes Meersalz und etwas Wasser geben. Wenn das Gemüse schön saftig ist, genügen einige Esslöffel Wasser. Das Glas schließen und 2 oder 3 Tage in der Küche ruhen lassen und dann kühl aufbewahren. Einen Monat bis zum Verzehr warten.

Nachfolgend ein Kimchi-Rezept (siehe S. 53) mit Topinambur für ein 1 l-Einmachglas von Sandor Ellix Katz (Lit. 20, S. 48) und einigen nicht alltäglichen Zutaten.

Wurzel-Kimchi

Einige Topinambur-Knollen
1-2 Daikon (japanischer Rettich)
1 kleine Wurzel der Großen Klette
1-2 Kohlrüben
2 Karotten
Ein paar kleine Radieschen
1 EL frische Meerrettichwurzel
3 EL frisch geraspelte Ingwerwurzel
3-4 (oder mehr!) Knoblauchzehen
1-2 Zwiebeln/einige Lauchstücke oder Frühlingszwiebeln oder Schalotten
3-4 (oder mehr) scharfe Chilischoten
Salzlake (3 EL Salz auf 1 l Wasser)

Die Wurzeln der Großen Klette (*Arctium lappa*) wurden im Mittelalter ähnlich wie die Schwarzwurzel als Gemüse verzehrt. Die Große Klette, eine Wildpflanze, wächst z.B. an Wegrändern und in Auwäldern und wurde auch als Volksarzneipflanze verwendet. In der japanischen Küche hat die Wurzel Bedeutung (dort bekannt als *gobo*) und wird in Naturkostläden angeboten. Gemäß Sandor Katz hat die junge Wurzel ein erdiges Aroma.

Topinambur, Rettich, Klettenwurzeln und Kohlrüben säubern (wenn Bio-Qualität, nicht schälen), in feine Scheiben schneiden und mit den unzerteilten kleinen Radieschen ein paar Stunden oder über Nacht in der Salzlake einlegen. Ingwer, Knoblauch, Zwiebeln, Chili, Meerrettich zu einer Paste zermusen. Die Wurzelteile aus der Lake nehmen und auf ihren Salzgehalt prüfen. Die Salzlake aufbewahren. Die Wurzelteile sollen ein angenehm salziges Aroma haben. Schmecken sie zu salzig, in Wasser spülen, sind sie nicht salzig genug, etwas Salz dazugeben. Die Wurzelteile sorgfältig mit der Gewürzpaste mischen, alles in ein 1 l-Glas einfüllen und gut festdrücken, bis Saft aufsteigt. Mit der Salzlake auffüllen, bis die Wurzelteile bedeckt sind. Etwa eine Woche bei Raumtemperatur fermentieren lassen, dann kühl stellen.

3.109 Weißkohl

3.110 Spitzkohl

Weißkohl
Brassica oleracea convar. capitata var. alba

Kohl, auch Kappes genannt, wird als „der Arzt des kleinen Mannes" bezeichnet und gilt als das älteste und populärste Blattgemüse der Welt. Seine Heilkraft ist seit Urzeiten bekannt. Der Anteil an Vitaminen und Mineralstoffen, sein großer Gehalt an Ballaststoffen und sekundären Pflanzenstoffen machen den Gesundheitswert aller blättrigen Kohlsorten (Weiß-, Rot- und Grünkohl, Wirsing, Rosen- und Chinakohl sowie Pak Choi) und der essbaren Blüten wie Brokkoli und Blumenkohl aus.

Weißkohl wird von allen Kohlarten am häufigsten verzehrt und ist besonders in Form von Sauerkraut beliebt. Der manchmal mehrere Kilogramm schwere runde Kohlkopf hat grünlich-weiße, glatte Blätter und ist aus heimischem Freilandanbau von Mai bis November erhältlich. Eine Variante bildet der kegelförmige Spitzkohl, die früheste Weißkohlsorte, der zarter und knackiger ist und besonders schnell zu Sauerkraut fermentiert (Abb. 3.110).

Im Sommer geernteter Weißkohl schmeckt fermentiert köstlich, ist aber nicht so haltbar wie der im Spätherbst geerntete. Nur reifen, gesunden Kohl verwenden. Die grünen Blätter enthalten besonders viel Vitamin C, weshalb am besten außer den weißen Innenteilen auch ein paar der äußeren Blätter mit eingelegt werden.

Wer sich am Mondkalender orientiert, könnte folgende Empfehlung interessant finden (Lit. 40, S. 421): „Für knackiges, festes und lang andauerndes Sauerkraut ernte die Krautköpfe von den Feldern vor dem ersten Frost und bewahre sie im Keller bis zum folgenden Neumond auf. Am Tag des Neumondes, zerteile und säure das Kraut ein."

Es gibt viele Varianten, Sauerkraut herzustellen und wer damit einige Erfahrung gesammelt hat, schwört irgendwann auf „sein" Rezept (siehe S. 90/91). Im Folgenden ein Rezept für ein mildes Sauerkraut mit einem feinen Aroma:

Weinsauerkraut mit Apfel

ca. 600 g Weißkohl (Einlegegewicht)
ca. 100 g säuerlicher Apfel (z.B. Boskop)
½ TL Wacholderbeeren
10 g Salz
½ TL Kümmel
großes Kohlblatt zum Abdecken
50 ml trockener Weißwein
evtl. Salzlake (siehe S. 31)

Den Weißkohl putzen, vierteln, den Strunk herausschneiden und fein reiben, den Kohl in feine Streifen hobeln, den Apfel in dünne Scheiben schneiden. Alles mit dem Salz und den Gewürzen in einer Schüssel vermischen und so lange kräftig kneten, bis Saft austritt, dann schichtweise in ein 1 l-Glas füllen, jede Schicht gut nachverdichten und etwas Wein zugeben. Das Glas nur zu ¾ füllen. Die Flüssigkeit sollte über dem Kohl stehen, evtl. mit Salzlake ergänzen (3 cm Luftraum bis zum Glasrand für den Gärprozess freihalten). Mit einem großem Kohlblatt abdecken. Das Glas gut verschließen und etwa eine Woche bei Raumtemperatur vor Licht geschützt fermentieren lassen. Dann kühl und dunkel aufbewahren.

Aus dem Buch „Alles hausgemacht – in der Stadt und auf dem Lande" von Eva und Ulrich Klever (Lit. 22, S. 41) stammt folgendes Rezept:

Sauerkraut am Stück

4 junge Weißkohlköpfe oder 3 kg Winterkohl
3 l Wasser
60 g Salz
1 Scheibe Graubrot

„Die Köpfe von lockeren Außenblättern befreien. Köpfe und Blätter etwa

3.111
Um größere Mengen Kohl zu raspeln braucht es etwas Geduld und gutes Werkzeug.

3.112
Weißkohl kann mit recht unterschiedlichen Zutaten eingelegt werden: Hier nur mit Lorbeerblatt und Wacholderbeeren.

3.113
Weißkohl, milchsauer eingelegt im 1 l-Einmachglas.

Internetfunde zum Thema Sauerkrautherstellung

Sauerkraut in Twist-Off-Gläsern

„… ich mache schon seit Jahren Sauerkraut in Twist-off-Gläsern oder Einmachgläsern ein. Ich hobele das Kraut, stampfe es ins Glas (bei uns auf der Kirchweih kann man noch kleine Holzstampfer kaufen. Alternativ könnte man auch eine Limettenpresse aus Holz nehmen). Gebe ins gehobelte Kraut Salz, Kümmel und etwas Zucker und ins Glas selbst noch 3 Wacholderbeeren. Dann stampfe ich das Kraut im Glas ein und stelle die Gläser in eine Schüssel, lasse sie 2 Wochen an einem warmen Ort stehen, es fängt das Gären an und wenn es aufhört, dann wische ich die Gläser außen ab und stelle sie in den Keller. Ich gebe weder Wasser noch Krautsaft vom Vorjahr dazu. Klappt immer super."

Heidi in https://nanu-magazin.org

Gemeinsam Krautstampfen

„Bei uns in der Nähe gibt es einen Obst- und Gartenbauverein. Dort ist an zwei Tagen im Herbst Krautstampfen angesagt. Man nimmt sein Steingutgefäß mit und geht an diesem Termin dort hin. Dort gibt es alles, was man braucht, auch die hölzernen Krautstampfer. Die Leute vom Verein hobeln das Kraut auf ihren großen Krauthobeln und du nimmst dir so viel du willst. Es wird gewogen und das bezahlst du dann. Leider weiss ich nicht mehr, wieviel es kostet, doch sind es Peanuts. Du nimmst Dir also das Kraut und Deinen Topf und trollst Dich von dem Nebenraum zu den anderen „Krautstampfern" und bearbeitest Deinen Weißkohl. Die Leute vom Verein stehen für Hilfe und Fragen zur Verfügung. Z.B. gaben sie uns den Tipp, Most dazuzugeben, was wir dann auch getan haben. Das Kraut schmeckt jedes Mal toll. Leider weiß ich nicht mehr, wie viele Zentner an diesen zwei Tagen verarbeitet wurden. Jedenfalls eine ganze Menge. Die Krautköpfe liegen immer auf einem großen Anhänger, der bestimmt mehrmals befüllt wird. Vielleicht gibt es so eine Einrichtung auch in Deiner Nähe. Erkundige Dich doch mal. Ist wirklich eine tolle Sache. Vor allem hat man zu Hause keinen Dreck. Und das Beste daran ist, es handelt sich um Demeter-Kraut. Außerdem gibt es nach der anstrengenden Stampferei dann noch aus der vereinseigenen Küche Sauerkrautgerichte."

Renate in
http://gesundheitsforum-mw.de

40 Jahre Erfahrung

„Ich verfüge über 40 Jahre Erfahrung auf dem Gebiet der Sauerkrautherstellung und habe alles von meinem Vater, einem alten Schlesier, übernommen und bereits an meine Kinder weitergegeben.
Ich habe mir im letzten Jahr ein 50 l-Steingutfass gekauft, einen Zylinder, nachdem mein altes Fass beim Stampfen auseinandergebrochen ist. Mit den üblichen Gärfässern habe ich schlechte Erfahrungen gemacht, weil die enge Öffnung zum einen das Stampfen und Verdichten erschwert, aber auch das Sauberhalten. Nach dem Hobeln schichte ich das Kraut in Lagen von ca. 20 cm und streue eine Handvoll Salz darüber. Als ich noch mit den Fäusten gestampft habe, folgte darüber noch eine Schicht Kraut, um die Knöchel vor dem Salz zu schonen. Da das Fass eine weite Öffnung hat, stampfe ich jetzt mit dem ganzen Körpergewicht. Ich ziehe peinlich gesäuberte Gummistiefel an. Damit erreiche ich eine optimale Verdichtung. Wenn das Kraut zu locker ist, schimmelt und fault es leicht. Ich habe es auch mit Stampfwerkzeugen versucht. Das ist alles nicht optimal. Mit den Fäusten und Handflächen kann man es auch gut andrücken. Zum Schluss lege ich eine etwa 5 cm dicke runde Granitscheibe mit einem Loch in der Mitte auf das Kraut (ohne Tuch), die einen etwa 2 cm kleineren Durchmesser als das Fass hat (habe ich beim Steinmetz anfertigen lassen). Dann kommt das Kraut auch nicht wieder hoch. Während des Stampfens füge ich neben dem Salz noch eine Flasche Kanne Brottrunk bei. Das ist der Turbo für die Milchsäuregärung. Das Fass steht von Anfang an im Keller und bleibt auch da. Wichtig ist dann, das Kraut sauber zu halten, also den Schaum abzunehmen und überschüssigen Saft abzuschöpfen. Den Stein und die Fassränder reinige ich mit einem mit Essig befeuchteten Tuch."

Wolfgang in www.hobby-garten-blog.de

Vom Salzgehalt in Sauerkraut

„.... In klassischen Rezepten zur Herstellung von Sauerkraut wird ein Salzzusatz von ca. 6% empfohlen. Das entstehende Produkt ist versalzen und muss vor dem Verzehr gründlich gewässert werden. Allerdings hemmt der hohe Salzgehalt die Gefahr von Fäulnis. ...Als Idealwert bei natürlichen Bedingungen, d.h. auch ohne künstlichen Starter, gilt ein Salzgehalt von 2,25% und eine Anfangstemperatur im Bereich von 18-21°C. In diesem Fall wird ohne Starterkulturen oft zuerst ein Bakterium namens *Leuconostoc mesenteroides* wirksam und setzt Milchsäure frei, bis ein Säuregehalt von etwa 1% erreicht ist, dann übernimmt *Lactobacillus plantarum*. Dieses Bakterium stellt seine Tätigkeit bei einem pH-Wert von etwa 3,6 ein. Da Fäulnisbakterien schon bei wesentlich höherem pH-Wert, das heißt weniger saurem Milieu unwirksam werden, ist ein für längere Zeit stabiler Zustand erreicht. Dies geschieht 1 bis 3 Wochen nach dem Einstampfen."

Aus: https://www.lebensmittellexikon.de/s0001190.php

Salz

„... In den Texten wird ja ausgiebig über die Salzmenge diskutiert. Von Null bis 300 g pro 10 kg Kraut ist alles dabei. Meine Erfahrungen darüber liegen bei ca. 10 g pro 1 kg gehobeltem Kraut, Ich verwende kein jodiertes Salz und auch keine anderen Beigaben und Gewürze mehr für den Ansatz. Diese setze ich dann erst bei der Zubereitung zu (z.B. Möhren, Apfel, Zwiebel, Kümmel, Wacholderbeeren und Pfeffer sowie Lorbeer).

... Aber nochmal zur Sauerkrautherstellung: Ich hatte bei meinem ersten Versuch ebenfalls Probleme mit Kahmhefe und Schimmel und musste das Kraut kompostieren. Der Grund hierfür war, dass ich für den ersten Test nur 2 kleine Kohlköpfe verwendete. Somit war sehr viel verbleibende Luft im 20 l-Gärtopf – das musste schiefgehen. Also immer alles Kraut an einem Tag einstampfen und den Topf möglichst zu 2/3 füllen."

Rüdiger in www.hobby-garten-blog.de

Jodsalz pro und kontra

„.... Bitte kein Jodsalz nehmen, davon wird das Kraut schlecht. Warum, kann ich Euch nicht sagen, aber ich habe schon zwei Mal ein ganzes Fass (100 l-Fass mit ganzen Kohlköpfen) wegwerfen müssen. Die Kohlköpfe hatte ich mit Jodsalz angesetzt."

bärenmama in http://www.chefkoch.de

„.... Was ich zur Sache mit dem Jodsalz sagen will: Ich kenne es nicht anders, und bei uns ist das Kraut nie gekippt. Mein Vater legte mir damals immer nahe, dass ich meine Hände nur mit Wasser und einer Wurzelbürste waschen solle, da sonst das Kraut kippen könnte. Vielleicht liegt da der Hund begraben? Es könnte ja sein, dass sich Jod mit Seife(nresten) nicht verträgt."

Martin in http://www.chefkoch.de

Krautsorte

„Wichtig ist die Krautsorte, es sollte kein zu frühes Kraut sein und nicht zu feucht. Zu feuchtes Kraut wird weicher als trockeneres. Hängt aber vor allem am Wetter, kann man also nicht so sehr beeinflussen. Luftdichtheit nach der 3.-4. Woche ist wichtig, sonst „kippts um".

Wir machen seit 15 Jahren Kraut, geschmacklich ist es immer gut, die Konsistenz aber recht wechselhaft. Letztes Jahr (viel Nässe bei uns in der Oberlausitz) wurde das Kraut sehr weich."

Ecke in www.hobby-garten-blog.de

Ohne Starter

„... inzwischen sind 6 Wochen (bei Küchentemperatur) ins Land gegangen und was soll ich sagen? Das Sauerkraut ist wieder prima geworden. Eben auch das, wo ich die Köpfe beim Discounter gekauft habe. Wie eigentlich immer habe ich ohne Gewürz und Möhren eingestampft und die Salzmenge auf ca. 16 g pro 1 kg geschnittenes Kraut bemessen. Dieses Jahr habe ich auf einen „Starter" verzichtet und es funktionierte auch ohne perfekt."

Rüdiger in www.hobby-garten-blog.de

3.114
Nicht nur ein deutsches Lieblingsessen – Bratwurst mit Sauerkraut.

15 Minuten in Wasser sieden lassen. Herausnehmen und die Köpfe mit dem Strunk nach oben austropfen lassen. Die Strünke keilförmig herausschneiden. Inzwischen das Wasser mit dem Salz kochen, bis dieses sich gelöst hat. Die Köpfe wieder mit der herausgeschnittenen Strunkseite nach oben in einen glasierten Steinguttopf stellen, mit lauwarmer Salzlake übergießen, dann die losen Blätter und das Graubrot darauf geben, eventuell etwas Lake nachgießen. Mit einem größeren sauberen Leinenlappen abdecken. Ein passendes Holzbrettchen oder einen flachen Teller darauflegen und mit einem großen Stein beschweren. Je nach Größe der Köpfe 3-6 Wochen in der Küche warm stellen und gären lassen. Den Topf alle 8-10 Tage öffnen, den Leinenlappen abspülen, in klarem Wasser kurz auskochen und auswringen. Zum Gebrauch werden die Kohlblätter abgelöst und für Kohlrouladen verwendet.

Wer nicht 3-6 Wochen warten will, kann den Kohl bereits in Blättern einlegen:

| 2 kg Weißkohl |
| ½ l Wasser |
| 30 g Salz |
| 10 Wacholderbeeren |
| 1 TL Kümmel |

Den Kohlkopf oder die Köpfe 15 Minuten in Wasser kochen, abtropfen lassen und in Blätter zerlegen. Jedes Blatt zunächst am Strunk abschneiden und vorsichtig ablösen. Dicke Rippen gleich abschneiden. Fangen die Blätter an zu reißen, den Kopf nochmals einige Minuten kochen lassen. Inzwischen die Salzlake mit den Gewürzen kochen und abgießen. Die Blätter in einen Steinguttopf schichten und weiterarbeiten, wie im vorherigen Rezept beschrieben. Bei Zimmertemperatur sind die Blätter nach 14 Tagen schön sauer."

Russisches Kraut (5 l-Topf)

| ca. 4 kg Gemüse: Weißkohl, Sellerieknollen, Pastinaken, Zwiebel, rote Paprika, Blumenkohl |
| Salzlake (25 g Salz / l Wasser) |
| 20 Pfefferkörner, evtl. Sellerieblätter |
| 4 Knoblauchzehen (oder mehr) in Scheiben geschnitten |
| evtl. ein paar EL Starter |

Feste, kleine Weißkrautköpfe vierteln und den Strunk entfernen, Sellerieknollen, Pastinaken, Zwiebeln in Stücke schneiden, rote Paprika in Streifen und Blumenkohl in Röschen. Gemüse mit den Pfefferkörnern, dem Knoblauch, den Sellerieblättern vermischen und in den Gärtopf schichten. Mit Salzlake und Starter übergießen und das Beschwerungsgewicht auf das Gemüse drücken bis die Lake über dem Gemüse steht (evtl. Lake nachfüllen). Dann den Deckel auf den Gärtopf auflegen und die Wasserrinne mit Wasser auffüllen. Ein paar Tage bei Raumtemperatur stehen lassen, um die Gärung zu beschleunigen, dann kühl aufbewahren. Nach etwa 3 bis 4 Wochen ist das Kraut verzehrfertig.

Weinkraut im 10 l Gärtopf

| 10 kg Weißkohl, 200 g Weißwein (naturrein) |
| 60 –100 g Salz, 3 EL Wacholderbeeren, |
| 1½ EL Kümmel, 2-3 Äpfel, |
| große Kohlblätter zum Abdecken |

Kohlköpfe putzen, von den äußeren Blättern befreien (einige gute, nicht zähe zum Abdecken aufbewahren), vierteln, den Strunk entfernen, fein hobeln und lageweise in den Gärtopf schichten (ca. 20 cm dicke Lagen) und mit Salz bestreuen. Alles gut mit einem Holzstampfer feststampfen, bis Saft austritt. Äpfel vom Kerngehäuse befreien, in dünne Scheiben schneiden und eine dünne Lage Apfelscheiben sowie Gewürze in den Gärtopf geben. Nun wieder eine Schicht Kohl einfüllen, salzen und feststampfen, dann dünne Apfelscheiben und Gewürze zugeben und von dem Weißwein zugießen. So weiter verfahren bis der Gärtopf zu ca ¾ hoch gefüllt ist. Den Kohl mit großen Kohlblättern abdecken und den Beschwerungsstein auflegen. Die Gemüseflüssigkeit muss über dem Beschwerungsstein sein, sonst mit abgekochter, erkalteter Salzlake (10 g Salz/l Wasser) auffüllen. Nun den Tauchdeckel auflegen und die Rinne am Topf mit Wasser füllen. Nach etwa 6 bis 8 Wochen ist das Kraut genussreif.

Wirsing

Brassica oleracea convar. capitata var. sabauda L.

Wirsing hat ein mildes Kohlaroma, ist je nach Sorte hell bis dunkelgrün und hat gekräuselte Blätter. Wirsingköpfe sind etwas kleiner und lockerer als die von Weißkohl. Aus heimischem Anbau ist Wirsing ab Ende Mai erhältlich. Milchsauer eingelegter Wirsing hat einen feinen Geschmack, wird allerdings recht schnell weich. Deshalb empfiehlt es sich, Wirsing eher in kleineren Mengen und dafür öfter milchsauer einzulegen.
Als Mischgemüse eingelegt passt Wirsing auch gut zu Zwiebeln oder Lauch.

Milchsaurer Wirsing mit Ingwer

ca. 700 g Wirsing (Einlegegewicht)
ca. 2 cm Ingwerwurzel
2 Knoblauchzehen
1 TL Chilischote
Salzlake (siehe S. 31) und
evtl. Starter (siehe S. 35)
evtl. Wirsingblatt zum Abdecken

Wirsing putzen, halbieren und in schmale Streifen schneiden. Ingwer und Knoblauchzehen schälen und fein schneiden, Chilischote längs halbieren, Kerne entfernen und dünn schneiden. Alles in einer Schüssel vermischen und fest drücken, bis sich Saft bildet. Das Gemüse in ein 1 l-Einmachgas füllen, zusammenpressen, und so viel Salzlake und evtl. Starter dazugeben, bis die Flüssigkeit über dem Gemüse steht. 3 cm Luftraum bis zum Glasrand für den Gärprozess freihalten. Evtl. mit einem großem Wirsingblatt abdecken. Das Glas fest verschließen und, vor direkter Sonneneinstrahlung geschützt, 5 bis 6 Tage bei Zimmertemperatur fermentieren lassen. Dann kühl und dunkel aufbewahren.
Variante: Statt Ingwer Kreuzkümmel zugeben.

Meine Erfahrung: Nach dem nebenstehenden Rezept hergestellter milchsaurer Wirsing hatte sich gut gehalten und schmeckte nach einem halben Jahr Lagerzeit fein und knackig. Der Saft war transparent, nicht zu salzig und hatte Wirsing-Aroma. Das als Abdeckung benutzte Wirsingblatt war etwas weicher und im Aussehen etwas glasig geworden. Von der Schärfe der Chilischote und von den anderen Gewürzen war wenig zu spüren (Abb. 3.118).

3.115 Wirsing

3.116 z.B. Zutaten

3.117
Milchsauer eingelegter Wirsing im Glas.

Milchsaurer Wirsing mit Karotten

ca. 600 g Wirsing (Einlegegewicht)
150 g Karotten
3 schwarze Pfefferkörner
je ¼ TL Senfkörner, Koriander u. Dill
Salzlake (siehe S. 31) und
evtl. Starter (siehe S. 35)
Wirsingblatt zum Abdecken

Wirsing und Karotten putzen. Wirsing halbieren und in schmale Streifen schneiden (den Strunk entfernen), die Karotten in dünne Scheibchen schneiden. Alle Zutaten in eine Schüssel geben, vermischen und so lange zusammendrücken, bis sich Saft bildet. Das Gemüse schichtweise in ein 1 l-Einmachglas füllen, zusammenpressen und so viel Salzlake und

3.118
Wirsing nach 6 Monaten Lagerzeit.

evtl. Starter dazugeben, bis die Flüssigkeit über dem Gemüse steht (3 cm Luftraum bis zum Glasrand für den Gärprozess freihalten). Mit einem Wirsingblatt abdecken. Das Glas fest verschließen und, vor direkter Sonneneinstrahlung geschützt, 5 bis 6 Tage bei Zimmertemperatur fermentieren lassen. Dann kühl und dunkel aufbewahren. Nach etwa 4 Wochen ist der Inhalt verzehrfertig und schmeckt gut als Salat nur mit etwas Öl angemacht oder z.B. unter Endivien- oder Chinakohlsalat gemischt.

Variante: Porree (auch die zarten grünen Teile, ca. 50 g auf ein 1 l-Glas) wie Zwiebelstücke passen ebenfalls gut zum Wirsing. Eine interessante Gewürzvariante liefert 1 TL Kreuzkümmel.

Zucchini

Cucurpita pepo subsp. pepo convar.giromontiina

Zucchini gehören botanisch zur Familie der Kürbisgewächse *(Cucurbitaceae)*. Die meist gurkenförmig geformten Früchte sind grünlich oder gelb gefärbt, manchmal auch gestreift oder hell gesprenkelt. Zucchini enthalten mehr Vitamine und Mineralstoffe als Gurken und haben ein recht neutrales, mildes bis leicht nussartiges Aroma. Ihre Erntezeit liegt zwischen Juni und Oktober. Sie können im Garten zu einer ansehnlichen Größe heranwachsen. Doch auch hier gilt: je kleiner, desto feiner. Am besten schmecken die kleineren, noch unreifen Früchte mit einer Länge von etwa 15 cm. Dann sind sie noch sehr zart und können mit Schale und Kernen milchsauer eingelegt werden. Qualitätskriterien für den Einkauf: Frische Zucchini zeichnen sich dadurch aus, dass sie weder fleckig sind, noch weiche Stellen haben. Bitter schmeckende Zucchini sollten nicht verzehrt werden, sie könnten den Giftstoff Cucurbitacin enthalten, der Magen- und Darmprobleme verursacht. Milchsauer eingelegt passen Zucchini im Geschmack gut zu einer Kombination aus Tomaten und Paprika.

3.119   Zucchini

3.120   z.B. Zutaten

Zucchini (Grundrezept)

ca. 700 g Zucchini (Einlegegewicht)
Salzlake (siehe S. 31)
evtl. Starter (siehe S. 35)

Junge (oder auch etwas ältere Zucchini, deren Schale noch weich ist), raspeln, schichtweise in ein 1 l-Einmachglas geben, gut verdichten und mit Salzlake sowie evtl. Starter auffüllen, bis das Gemüse bedeckt ist. Mit einem Gewicht beschweren oder ein Kohlblatt oben auflegen (optional, siehe S. 37). 3 cm Luftraum bis zum Glasrand für den Gärprozess freihalten. Das Glas fest verschließen und vor direkter Sonneneinstrahlung geschützt 5 bis 6 Tage bei Zimmertemperatur fermentieren lassen. Dann kühl und dunkel aufbewahren. Die milchsauren Zucchiniraspeln schmecken gut in einem Salat aus Tomaten, Zwiebeln und frischen Zucchini.

Zucchini-Pickles

700 g kleine Zucchini (Einlegemenge)
4 Dillzweige
1 Knoblauchzehe
½ TL Koriander
1 TL Dillsaat
Salzlake (siehe S. 31) und Starter (siehe S. 35)

Die Zucchini säubern und längs in Viertel schneiden. In ein 1 l-Einmachglas dicht einschichten, Dillzweige und die Gewürze dazwischen geben. Mit Salzlake und evtl. Starter auffüllen, bis das Gemüse bedeckt ist (3 cm Luftraum bis zum Glasrand für den Gärprozess freihalten). Das Glas fest verschließen und bei Zimmertemperatur ohne direkte Sonneneinstrahlung ca. 8 Tage fermentieren lassen. Dann kühl und dunkel aufbewahren.

3.121
Milchsauer eingelegte Zucchinischeiben mit Dillzweigen, beschwert mit lakegefülltem Tiefkühl-Beutel.

3.122 Zwiebeln

3.123 Schalotten

Zwiebel, Perlzwiebel
Allium sp.

Zwiebeln, zur Familie der Narzissengewächse *(Amaryllidaceae)* gehörend, gibt es in vielen Sorten, Farben, Größen und mit Geschmacksnuancen von mild-süßlich bis scharf. Sie sind nach Tomaten und Gurken das am häufigsten verzehrte Gemüse in Deutschland. Die in der Küche gebräuchlichsten Sorten sind weiße und rote Zwiebeln mit kräftigem Aroma. Die großen Gemüsezwiebeln schmecken dagegen eher mild, die kleinen Perl- und Silberzwiebeln zart, Schalotten fein-würzig. Frühlings- und Lauchzwiebeln haben nur einen geringen Knollenansatz, hier sind die grünen Stängel mitverwendbar. Zwiebeln sind ganzjährig erhältlich (Haupternte etwa Mitte Juni bis Mitte November). Sie enthalten viele sekundäre Pflanzenstoffe und werden seit alters her in der Volksmedizin als pflanzliches Antibiotikum bei diversen Krankheiten eingesetzt. In der Küche sind Zwiebeln bei vielen Gerichten unverzichtbarer Bestandteil. Zum milchsauren Einlegen sind sie gut geeignet, sie verlieren dadurch ihre Schärfe. Milchsauer eingelegte Zwiebeln sind leichter verdaulich als rohe Zwiebeln (die bei empfindlichen Personen Sodbrennen hervorrufen können) und vielseitig verwendbar, nicht nur zu belegten Broten oder harten Eiern. Zwiebeln mit austreibenden Keimen sind zum Einlegen nicht gut geeignet, sie haben schon an Geschmack und wertvollen Inhaltsstoffen verloren. Eingelegte Zwiebeln ausreichend lange fermentieren lassen, sonst können sie einen etwas bitteren Geschmack haben.

Würz-Zwiebeln

ca. 700 g kleine Zwiebeln oder Schalotten (Einlegegewicht)
1 halbes Lorbeerblatt, 2 Nelken
½ TL Koriandersamen
½ TL roter Pfeffer
4 Scheibchen Chilischote
4 Wacholderbeeren
Salzlake (siehe S. 31) und evtl. Starter (siehe S. 35)

Zwiebeln schälen, achteln, mit den Gewürzen in ein 1 l-Einmachglas geben. Fest einschichten, damit wenig Zwischenräume bleiben. Mit Salzlake und evtl. Starter auffüllen, bis die Zwiebeln gut bedeckt sind. Mit einem Gewicht beschweren oder ein Kohlblatt oben auflegen (optional, siehe S. 37). 3 cm Luftraum bis zum

3.124 z.B. Zutaten

Glasrand für den Gärprozess freihalten. Das Glas fest verschließen und die Zwiebeln bei Raumtemperatur ohne direkte Sonneneinstrahlung ca. 8 bis 10 Tage fermentieren lassen, dann kühl und dunkel lagern.

Meine Erfahrung: Die nach dem obenstehenden Rezept eingelegten Zwiebelstücke, abgedeckt mit einem lakegefüllten Tiefkühl-Beutel, 7 Monate aufbewahrt, hatten eine angenehm knackige aber nicht zu feste Konsistenz (etwas weicher als es die käuflichen eingelegten Perlzwiebelchen sind). Der Saft war würzig, mit einem kräftigen Zwiebelgeruch und –aroma. Unten am Glasboden hatte sich Oberhefe gebildet, der Gärsaft war aber nicht dickflüssig.

Blätter

Im Folgenden zwei interessante Rezepte von Roger Hombeline, Leser der französischen Biogarten-Zeitschrift „Terre Vivante" (Lit. 39, S. 80).

Würzgemüse

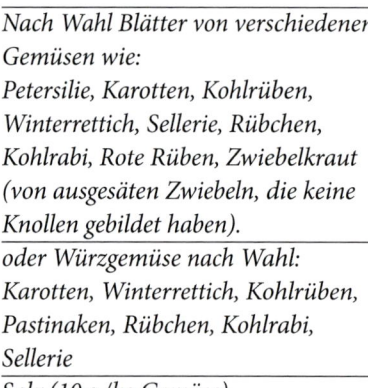

Nach Wahl Blätter von verschiedenen Gemüsen wie:
Petersilie, Karotten, Kohlrüben, Winterrettich, Sellerie, Rübchen, Kohlrabi, Rote Rüben, Zwiebelkraut (von ausgesäten Zwiebeln, die keine Knollen gebildet haben).

oder Würzgemüse nach Wahl:
Karotten, Winterrettich, Kohlrüben, Pastinaken, Rübchen, Kohlrabi, Sellerie

Salz (10 g /kg Gemüse)

evtl. Wasser

„Auf diese Art konserviere ich alle Arten von Gemüsewurzeln und -blätter, die mir später dazu dienen, Salate, Getreide oder manchmal sogar gekochtes Gemüse zu würzen. Wenn ich mein Wintergemüse ernte, behalte ich nur die schön zarten Herzblätter. Ihre häufig faserige Hauptader entferne ich. Zu schwache Gemüsewurzeln lege ich auch zur Seite, sie welken zu schnell. Ich wasche mein Gemüse und trockne es. Dann hacke ich es mit einem alten Universal-Wiegemesser (wie man sie manchmal noch auf Flohmärkten oder Haushaltsauflösungen finden kann) klein. Mein Prinzip ist, die verschiedenen Gemüse nicht zu vermischen, um den jeweiligen Eigengeschmack zu erhalten.

So kann ich jeweils die Würze wählen, die am besten zu einem Gericht passt. Ich fülle das kleingehackte Gemüse in meine Gläser (0,5 oder 0,7 l, je nach der gewünschten Menge), drücke es in Schichten fest zusammen und füge jeweils etwas Salz hinzu. Ich höre bei der üblichen Füllmenge auf (d.h. 1,5 bis 2 cm unterhalb vom Glasrand oder, wenn das Gemüse sehr saftig ist, ein wenig darunter), damit der Saft während des Gärens nicht überläuft. Zuoberst streue ich etwas Salz. Dann reinige ich die Ränder, schließe die Gläser

3.125 Milchsauer eingelegte Zwiebeln

3.126 Milchsaure Zwiebeln nach 7 Monaten Lagerzeit

und bewahre sie an einem kühlen, dunklen Platz auf.
Der Geschmack der Roten Rüben erinnert ein wenig an das Gewürz Tamarinde. Sie halten sich allerdings nicht lange, wenn das Glas erst einmal geöffnet ist. Deshalb konserviere ich sie in recht kleinen Gläsern. Mohrrübenblätter verwende ich zum Würzen, aber auch als Zutat in Getreidekuchen."
Ein weiteres Rezept von Roger Hombelin (Lit. 39, S. 70):

Gemischtes Blattgemüse

200 g Zwiebelgrün
200 g Porreeblätter
100 g Sellerieblätter
100 g Petersilie
400-600 g Karotten (mildern den Geschmack der anderen Zutaten etwas)
Salz (10 g/kg Gemüse)

„Ich mische die geputzten und geschnittenen Zutaten und fülle sie in Gläser, wie oben im Rezept Würzgemüse beschrieben. Diese Mischung ist köstlich, um Körnerküchlein oder Suppen zu würzen! Für Suppen verwende ich pro Liter Wasser 1 bis 2 Esslöffel davon. Ich koche das gesäuerte Blattgemüse mit Kartoffeln oder dicke es nach dem Kochen mit Getreideflocken oder geschrotetem Getreide an."

Eingelegte Weinblätter

50 - 60 zarte Weinblätter (Bio-Qual.)
5-6 Thymianzweige
5 Zweige Zitronenthymian (optional)
Salzlake: 10 g Salz auf 0,75 l Wasser

„In der griechischen und türkischen Küche sind mit Reis und/oder Hackfleisch o.ä. gefüllte Weinblätterröllchen eine beliebte Speise, z.B. mit einer Knoblauchsauce angerichtet. Vor dem Sommerschnitt im Weinberg Ende Juni sind die Weinblätter noch so zart, dass sie gut auf Vorrat eingelegt werden können. Nur Blätter aus dem biologischen Weinanbau verwenden.

Weinblätter waschen, die Stiele abschneiden, dicht in ein 1 l-Einmachglas einschichten, die Kräuter dazwischen legen und alles gut festdrücken. So viel Lake zugeben, dass die Flüssigkeit über dem Inhalt steht (3 cm Luftraum bis zum Glasrand freihalten). Das Glas gut verschließen und den Inhalt etwa eine Woche bei Raumtemperatur vor Licht geschützt fermentieren lassen. Dann kühl und dunkel lagern. Nach 6-8 Wochen ist die Fermentierung gewöhnlich abgeschlossen. Vor dem Füllen sollten die Blätter für ca. 5 Minuten in Wasser oder Gemüsebrühe blanchiert werden, sie bleiben sonst hart."

Quelle: Ingrid und Annette Früchtel (Lit. 12, S. 30)

3.127
Eine Bärlauch-Weide im Wald

3.128
Junge Bärlauchknospen

Bärlauch

Tscheremscha - Bärlauch nach russischer Art

Eine Spezialität aus dem Kaukasus sind milchsauer eingelegte Stängel der Blüten von Bergknoblauch (*Allium victorialis*), bei uns auch Allemannsharnisch genannt.
Da diese Pflanze in Deutschland auf der Roten Liste steht, behelfen wir uns mit den Blütenstängeln von Bärlauch (*Allium ursinum*). Die sind nicht so fleischig, schmecken aber auch gut. Noch besser schmecken allerdings die Blütenknospen an den Bärlauchstängeln. Das Rezept:

Bärlauchkapern

Bärlauchknospen
Salzlake (siehe S. 31) und
evtl. Starter (siehe S. 35)

Bärlauchblütenstängel (Knospen noch geschlossen oder nur ganz leicht geöffnet) waschen und von den Stielen schneiden, es können ruhig einige Stielteile daran bleiben. Ein Glas zu ¾ mit den Knospen füllen und sie mit Salzlake und evtl. Starter bedecken. Bei Zimmertemperatur ohne direkte Sonneneinstrahlung ca. 12 Tage fermentieren lassen, dann kühl stellen.

Variante: Auch die Knospen von Löwenzahn sollen auf diese Art milchsauer eingelegt werden können.

Meine Erfahrung: Auch wenn das Pflücken der kleinen Knospen etwas zeitaufwendig ist, bei schönem Wetter und fröhlichem Vogelgesang ist solch ein netter Ausflug in den Wald immer lohnenswert. Ich hatte die Knospen ohne Beschwerung in kleine Gläser gefüllt. Sie trieben schon nach kurzer Zeit stark auf (Abb. 3.130), und ich war gespannt, ob sie genießbar sein würden. Nach 6 Wochen probierte ich die Knospen zum ersten Mal und war begeistert. Sie schmeckten sehr lecker, ganz leicht knoblauchig, wenig salzig und noch ziemlich knackig, aber nicht hart. Ein Genuss auf Käsebrot, kleingeschnitten zu Spaghetti mit Reibkäse oder als interessante Garnierung! Zustand nach 3 Monaten (Abb. 3.131): Die Bärlauchknospen sind immer noch lecker, beginnen, etwas faseriger zu schmecken und an Aroma zu verlieren. Der Gärsaft ist feinwürzig, immer noch mit einem Hauch von Knoblauch.

3.129
Zum Pflücken der kleinen Knospen ist etwas Zeit nötig.

3.130
Milchsauer eingelegte Bärlauchknospen, nicht beschwert: Schon nach kurzer Zeit trieben sie stark auf.

3.131
Milchgesäuerte Bärlauchknospen nach 3 Monaten Lagerzeit.

Pilze

Sandor Ellix Katz (Lit. 20 und 21) berichtet, dass er mit gutem Erfolg Shiitake-Pilze zusammen mit Gemüse milchsauer vergoren hat, nicht jedoch Pilze als alleiniges Gärprodukt. In Polen war es traditionell üblich, milchsauer eingelegte Pilze vor dem Essen als kleinen pikanten Imbiss (genannt *Sakuska*) zusammen mit Schnaps zu reichen (Lit. 23, S. 14):
„Man isst sie gern, die naturgesäuerten Pilze, genau wie saure Gurken mit oder ohne ein Stücklein Roggenbrot zum klaren Schnaps. Für ausgebrannte Säuferseelen ein Hochgenuss! Natürlich nimmt man dazu nicht den edlen Steinpilz oder junge Champignons. Erstens, weil der feine Pilzduft beim Säuern ohnehin verlorenginge. Und zweitens, weil der Steinpilz ein viel zu

weiches Fleisch für solche Zwecke hat. Man mariniert daher am liebsten die Edel- und Fichtenreizker, zwei hübsche, orangenfarbene Pilze, die im feuchten Oktober im Wald in rauen Mengen wachsen. Sie riechen und schmecken beide nicht „nach Pilz". Dafür bleibt ihre Konsistenz beim Kochen wie beim Marinieren knackig, wie die einer festen Gurke. Eingelegt werden auch Brätlinge (große, feste Pilze mit bräunlichem Hut), die festen, schneeweißen Pfeffermilchlinge und die Pfifferlinge, die beim Kochen ebenfalls schön fest bleiben".

Polen:
Natürlich gesäuerte Pilze

Beliebige junge, sehr feste Pilze,
40 bis 60 g Salz pro Liter Wasser
Zur Beschleunigung der Gärung
nach Belieben etwas Sauermilch oder
Sauerteigbrot und etwas Zucker zugeben.

„Die Pilze vom Stiel befreien und, wenn sie sehr groß sind, vierteln. Die Stiele nur verwenden, wenn die Pilzernte knapp ist. Die Pilze in Salzwasser aufkochen, bis sie zu Boden sinken. Abschäumen. Die Pilze in passende Krüge oder große Einmachgläser füllen, mit Hilfe eines Brettchens oder Tellerchens fest niederpressen, mit einer Mischung aus dem Kochwasser und den angegebenen Zutaten zur Beschleunigung der Gärung so übergießen, dass die Flüssigkeit einige Zentimeter über den Pilzen steht. Mit einem weißen, porösen Tuch bedeckt 14-21 Tage stehen lassen. Dann sollte die Gärung abgeschlossen sein. Die Pilze halten sich bei kühler Lagerung einige Monate lang."
Quelle: Salcia Landmann (Lit. 23, S. 22).

Russland: Milchsaure Pilze

Anne Volokh (Lit. 40, S. 429) schreibt:
„In einem Dorf nördlich von Moskau konnte ich dabei sein, als die Vorbereitungen zum Einlegen milchgesäuerter Pilze getroffen wurden. Wacholderzweige wurden in ein 10 Gallonen-Eichenfass (ca. 40 l-Fass) eingefüllt und dann halbhoch mit kochendem Wasser übergossen. Das Fass wurde dann abgedeckt, damit der Wacholder-Duft in das Holz eindringen und das Wasser das Holz sterilisieren konnte. Ab und zu wurden auch in einem Ofen erhitze Steine in das Fass geworfen, um einen stärkeren Dampf zu erzeugen. Wenn das Fass dann geleert wurde, roch es köstlich.

Die nachfolgende Menge ergibt 2 bis 2,5 Tassen

500 g kleine Pilze (Köpfe nicht größer
*   als knapp 4 cm Durchmesser),*
2 EL nicht jodiertes Salz,
½ TL schwarze Pfefferkörner,
½ TL Kümmel,
2 zerteilte Knoblauchzehen,
etwas frischer Dill, grob gehackt,
sowie evtl. Blätter von Meerrettich,
schwarzen Johannisbeeren oder
Sauerkirschen

Die festen kleinen Pilze sorgfältig waschen, trocknen und die Stiele auf etwa 1 cm einkürzen. Die Pfefferkörner, den Kümmel, die Knoblauchstücke und den Dill vermischen. Die Pilze schichtweise eng mit den Köpfen nach oben in einen weithalsigen Behälter aus Ton, Glas oder unbehandeltem Holz einfüllen und auf

3.132 Champignons

3.133 Shiitake-Pilze

3.134
Champignons im Glas

3.135
Milchsauer eingelegte Champignons, mit Kohlblatt abgedeckt.

jede Schicht abwechselnd etwas Salz bzw. von der Gewürzmischung geben. Die letzte Schicht sollte aus Pilzen bestehen. Nun ein rundes Holzstück oder einen Teller direkt auf die Pilze legen und mit einem Stein oder einem wassergefüllten Glas bedecken. Bei Raumtemperatur 1-2 Tage stehen lassen, dann kühl stellen. Die Pilze werden ihren Saft abgeben, der sich mit dem Salz vermischt. Nach einigen Tagen haben sich die Pilze im Behälter abgesetzt und es ist möglich, weitere Schichten einzufügen. Nach ca. 10 bis 14 Tagen sind die Pilze verzehrfertig, passen perfekt zu Wodka und können im Kühlschrank oder anderswo kaltgestellt bis zu 2 Wochen aufbewahrt werden.
Übrigens: Wer keinen Zugang zu Schwarzen Johannisbeer- oder Sauerkirschblättern hat, kann auch darauf verzichten.
Eine Variation des Rezeptes sind Pilze mit Zwiebeln: Statt Kümmel, Pfefferkörner, Knoblauch und Dill eine Mischung aus einer mittelgroßen, feingehackten Zwiebel und ½ TL frischgemahlenem schwarzen Pfeffer abwechselnd mit 2 EL Salz wie oben auf die Pilzschichten streuen."

Milchgesäuerte Pilze – einfaches Rezept

500 g Pilze
100 g Möhren
100 g Zwiebeln
1 Knoblauchzehe
1 EL Senfkörner
Salzwasser (15 g Salz pro l Wasser)
3 EL Starter

Kleine, feste Pilze putzen, 3-5 Minuten in Salzwasser (15 g Salz/1 l Wasser) abkochen, über einem Sieb abtropfen lassen und das Kochwasser auffangen. Inzwischen die Karotten putzen und in Scheiben schneiden, die Zwiebeln schälen und klein hacken. Mit der geschälten, kleingehackten Knoblauchzehe und den Senfkörnern in ein 1 l-Einmachglas schichten. Mit dem erkalteten Salz-Pilz-Sud aufgießen, bis die Pilze gut bedeckt sind und 3 EL Starter zugeben.

Meine Erfahrung: Ich hatte ein kleines Glas mit frischen, mittelgroßen Champignons mit etwas Chili, roten Pfefferkörnern, Senfkörnern, und Knoblauch milchsauer eingelegt und mit einem Kohlblatt abgedeckt. Nach 4 Monaten Lagerung waren die Champignons sehr weich, die Pilzlake aber schmackhaft, so dass ich kurzerhand alles pürierte und als Marinade für Salat benutzte. Besser scheint mir, festere Pilzsorten als Champignons zum Einlegen zu nehmen (oder auch sehr kleine Champignons) und diese dann nicht lange aufzubewahren.

Milchsauer eingelegte Hallimasche

„Geputzte und gewaschene Pilze in dicke Scheiben schneiden, einmal in Wasser aufkochen, das Wasser wegschütten. Pilze fingerdick in einen Steintopf füllen. Auf 1 kg Pilze etwa 15 g Meersalz mit etwa 10 g Honig vermischt darüber verteilen, wieder eine Schicht Pilze draufgeben, dann Honig und Salz, und so fort, bis alle Pilze aufgebraucht sind. 1 Tasse saure Milch darüber gießen, ein sauberes Tuch über die Pilze legen, darauf einen umgestülpten Teller und diesen mit einem sauberen Stein beschweren.
Die Lake muss über den Pilzen stehen, etwa 5 cm hoch, sonst etwas abgekochtes Salzwasser zugießen. Der Topf muss 10 Tage bei Zimmertemperatur gären, dann möglichst im kühlen Keller aufbewahrt werden: das Tuch wird gelegentlich in heißem Wasser ausgewaschen (etwa alle 4 Wochen).
Möglichst kleine Töpfe verwenden, den Inhalt angebrochener Töpfe zügig aufessen. Die Pilze entwickeln eine schleimige Substanz: Ich spüle sie vor Gebrauch unter fließendem Wasser ab.
Die milchsauren Hallimasche sind super zur Frischkost und als Beilage zu Bratkartoffeln."

Quelle: Barbara Rütting (Lit. 33, S. 367)

Früchte

Milchsauer eingelegtes Obst ist wahrscheinlich nicht unbedingt ein Geschmackserlebnis, das jede(r) gehabt haben möchte, wird aber dennoch in manchen Ländern als Beilage zu Fleischgerichten geschätzt. Im Folgenden ein paar Rezepte für alle, die gerne experimentieren.

Russland: Eingelegte Äpfel
(Motschjonyje jabloki genannt)

ca. 1,5 kg feste, süßsaure, reife, unbeschädigte Spätäpfel (z.B. Boskop)
knapp 3 l Wasser
3,5 EL Zucker
1¾ EL Salz
6 EL Roggenmehl
½ Bund Estragon
50 bis 60 g Sauerkirschenblätter (optional)

„Das Wasser aufkochen lassen, Zucker und Salz zugeben, gut verrühren, dann vom Herd nehmen. Das Roggenmehl in einer Schüssel mit 1 Tasse kaltem Wasser glatt anrühren, dann in das Salz-Zucker-Wasser einrühren, bis alles es gut vermischt ist. Die Mischung abkühlen lassen. Einige Estragon- und Sauerkirschblätter in das Gärgefäß geben und eine Schicht Äpfel (mit dem Stiel zur Seite) einlegen. Abwechselnd Blätter und Äpfel einschichten, mit einer Lage Estragon- und Sauerkirschblättern abschließen. So viel von dem Roggen-Zucker-Salz-Wasser zugießen, dass die Früchte gut bedeckt sind, die restliche Flüssigkeit im Kühlschrank aufbewahren. Den Gärinhalt mit einem Teller oder Holzbrett abdecken und mit einem Gewicht beschweren. Das Gärgefäß mit einem Leinen- oder Baumwolltuch als Fliegenschutz bedecken. In den ersten Tagen saugen die Äpfel viel von der Flüssigkeit auf, deshalb täglich von der aufbewahrten Flüssigkeit nachgießen.

5 bis 6 Tage bei Zimmertemperatur gären lassen (oder so lange, bis die Gärung stark nachgelassen hat), am besten in einem Untersatz, um überlaufende Gärflüssigkeit aufzufangen, danach kühl lagern. Nach 30 bis 40 Tagen sind die Äpfel verzehrfertig, schmecken exquisit, besonders als feine Beilage zu gebratenem Fleisch."
Quelle: Anne Volokh (Lit. 40, S. 432)

Milchsauer eingelegte Pflaumen/Mirabellen

Pflaumen, Mirabellen
Salzlake (15 g Salz/l Wasser)
2 EL Starter

Ein Glas (mit Schraubverschluss oder ein Einweckglas) mit nicht zu großen Pflaumen füllen (kleine blaue Pflaumen, Mirabellen o.ä.). Mit Salzlake und Starter auffüllen. Das Glas schließen und einige Tage bei Raumtemperatur ohne direkte Sonneneinstrahlung gären lassen. Dann kühl und dunkel aufbewahren. Die Pflaumen halten sich mehrere Monate.

Meine Erfahrung: Die nach dem obenstehenden Rezept milchsauer mit Kern eingelegten Pflaumen, im Glas mit einem lakegefüllten Tiefkühl-Beutel beschwert, hatten nach 8 Monaten Lagerzeit eine noch sehr festfleischige Konsistenz und ein pralles Aussehen (Abb. 3.139). Beim Öffnen des Glases entströmte ein kräftiger Pflaumengeruch, die Früch-

3.136   Pflaumen

3.137 und 3.138
Milchsauer eingelegte Pflaumen, mit abgeschnittenem Kunststoffbecher abgedeckt *(Mitte)* bzw. mit lakegefülltem Tiefkühl-Beutel *(unten)*.

Vergorene Pflaumen

„Etwas außergewöhnlicher (als Eifeloliven, siehe unten) schmecken da schon vergorene Pflaumen. Einfach kleine Pflaumen oder Mirabellen in einer Salzlake (30 g pro Liter Wasser) oder in Käsemolke (ob das auch mit Tofumolke funktioniert?) luftdicht verschlossen gären lassen. Ein nicht alltäglicher Snack, aber zumindest die Hälfte des hier anwesenden Haushaltes ist davon begeistert."

Steffen in www.lebensmittelwissen.de/blog

Schlehen („Eifel-Oliven")

„Auch die Eifeloliven, in Salzwasser (50 g/Liter Wasser) konservierte, unreife Schlehen sind gelungen, Die Schlehen kommen dem Geschmack von echten Oliven jedenfalls sehr nahe und werden in Zukunft fässerweise hergestellt. Ihr einziger Nachteil ist der große Kern im Vergleich zum Rest der „Olive" – also Vorsicht beim Abbeißen."

Steffen in www.lebensmittelwissen.de/blog

te selbst waren angenehm säuerlich im Geschmack, allerdings ohne Pflaumenaroma. Milchsauer eingelegte Pflaumen passen sicherlich gut zu Käse auf Spießchen oder zum Aperitif – vorausgesetzt, man kann sich vorstellungsmäßig davon lösen, dass Pflaumen eher süß schmecken müssen.

3.139
Eingelegte Pflaumen nach 8 Monaten Lagerzeit, knackig und würzig.

Saft

Saft aus Karotten oder roten Rüben

Karotten oder Rote Rüben
10 g Salz pro Liter Saft

„Das Gemüse in einer elektrischen Zentrifuge entsaften. Auf einen Liter Saft 10 g Meersalz hinzufügen und gut umrühren. In Flaschen oder Gläser füllen, die dicht geschlossen werden. Eine Woche an einem wohltemperierten Ort stehen lassen, dann im kühlen Keller aufbewahren. Nach 4 Wochen leichter Gärung ist der Saft fertig und gut zu trinken; er ist sehr nahrhaft. Das biologische Gemüse, das am Ende des Winters noch übrig ist, kann auf diese Art noch gut zu Saft vergoren werden; das gelingt immer. Kranken und Rekonvaleszenten wird geraten, vor den Mahlzeiten schluckweise von dem Saft zu trinken." *Quelle: Lit. 39, S. 74*

3.140 und 3.141 Im Herbst einlegen – im Frühling genießen

4 Wozu passt milchsauer eingelegtes Gemüse?

Milchsaure Gemüse angerichtet

Milchsaures Gemüse ist schnell angerichtet, da es schon geputzt und zerkleinert ist. 3 bis 4 Esslöffel davon am Tag als Zugabe zu Salat, als Garnierung auf Butter- oder Käsebrot, als Vorspeise oder in gekochten, abgekühlten Speisen genügen, um die gesundheitlichen und verdauungsfördernden Vorteile zu haben. Milchsaures kann blitzschnell als wohlschmeckender Salat zubereitet werden, wird doch noch nicht einmal eine Marinade benötigt, da schon genug Säure vorhanden ist. Im einfachsten Fall wird es nur mit etwas feinem Öl, mit Sahne, Crème fraîche oder Joghurt vermischt.

Milchsauer eingelegtes Gemüse schmeckt aber nicht nur gut im Salat, als Brotbelag oder vermischt mit Quark als Dip oder Aufstrich, sondern kann auch zu Käsefondue und Raclette, zu kurzgebratenem Fleisch und zu Würstchen gereicht werden.

Milchsauer eingelegte Bohnen, Rote Bete, Paprika und Gurken sind eine herzhafte Beilage zu gekochten Pellkartoffeln und geben Salaten aus Kartoffeln, Reis, Hirse, Quinoa, Bulgur oder Buchweizen eine schmackhafte Note. Solche sättigenden Salate sind z.B. auch gut geeignet, um sie zur Arbeit oder für unterwegs mitzunehmen.

Auch auf Pizza oder untergemischt zu Spaghetti mit Tomatensauce ist fermentiertes Gemüse eine schnelle, unkomplizierte Beigabe. Und natürlich passen ein paar Löffel milchsauer Eingelegtes in Suppen, Eintöpfe und zu gekochtem Gemüse – sie geben den Gerichten eine feine Säure.

Da die hitzeempfindlichen Bakterien, Vitamine und Enzyme durch Wärme (ab ca. 45°C) zerstört werden, sollten milchgesäuerte Gemüse am besten unerhitzt verzehrt oder gekochten Speisen erst nach dem Abkühlen zugegeben werden. Ist das Fermentierte mal zu weich geworden, lässt es sich immer noch püriert für Salatsaucen, in Quarkspeisen oder verdünnt mit einem Schuss Mineralwasser für feine Smoothies verwenden.

Übrigens: Milchgesäuertes Gemüse ist leichter verdaulich als gekochtes – allerdings nicht für Kinder unter einem Jahr, ihr noch nicht voll entwickelter Stoffwechsel kann Milchsäure nur langsam abbauen.

> **Die folgenden Rezepte beziehen sich, wenn nicht anders angegeben, auf 4 Portionen.**

4.1 *(linke Seite)* Milchsauer und farbenfroh: (jeweils von links nach rechts) oben: Lauch, Karotten, Knoblauch; Mitte: Chinakohl, Bärlauch, Pastinaken und Karotten; unten: Rosenkohl, Radieschen, Zwiebeln

4.2 und 4.3 Milchsaures Gemüse ist eine passende Ergänzung zu Salat und Käse aller Art. Hier: Endiviensalat mit milchsauren Paprikaringen (links), Blattsalat mit Sauerkraut und Radieschen (rechts).

Salate

Blumenkohlsalat

300 g milchsauer eingelegte Blumenkohlröschen
300 g Cocktailtomaten
125 g Crème fraîche
1 EL süßer Senf, z.B. Feigensenf
Pfeffer aus der Mühle, evtl. Salz
Sonnenblumenkerne oder Salatkernmix (Fertigmischung)

Crème fraîche mit dem Senf mischen, Blumenkohlröschen und halbierte Cocktailtomaten dazugeben. Mit Pfeffer abschmecken.
Den Salat etwa eine halbe Stunde ziehen lassen, dann mit Sonnenblumenkernen oder Salatkernmix bestreuen.

Brokkoli-Fruchtsalat

ca. 400 g milchsauer eingelegte Brokkoli-Röschen
1 Banane
1 Apfel
1 Birne
Geröstete Mandelstifte
4 EL Crème fraîche
2 EL Joghurt
1 EL flüssiger Honig
1 Prise Zimt

Brokkoliröschen zerteilen, Banane schälen, und in dünne Scheiben schneiden, Apfel und Birne waschen und stifteln. Aus Crème fraîche, Joghurt, Honig und Zimt eine Sauce rühren und mit dem Brokkoli und dem Obst vermengen. Eine halbe Stunde ziehen lassen, dann mit den Mandelstiften garniert servieren.

Blumenkohl-Fruchtsalat

ca. 400 g milchsauer eingelegte Blumenkohlröschen
1 Apfel
1 Orange
1 Stange Staudensellerie
2 EL Nüsse (z.B. Walnüsse oder Cashews)
1 EL kaltgepresstes Öl
Saft einer ½ Orange
1 EL flüssiger Honig

Blumenkohlröschen zerkleinern, Staudensellerie kleinschneiden, Apfel waschen, Orange schälen, beide in kleine Stücke schneiden, alles vermischen.
Aus dem Orangensaft, Öl und Honig eine Marinade rühren und unter den Salat heben. Mit den Nüssen bestreut servieren.

Chinakohl-Paprika-Salat

ca. 300 g milchsauer eingelegter Chinakohl
ca. 300 g rote Paprikaschoten
3 EL Olivenöl
Pfeffer aus der Mühle, evtl. Salz
evtl. Chilipulver

Paprikaschoten halbieren, entkernen, in Streifen schneiden, in Öl bei mittlerer Hitze braten, auf 4 Portionen verteilen, mit Pfeffer (und, wer mag, mit Chilipulver) abschmecken und den abgetropften Chinakohl darüber geben.

4.4 *(linke Seite)*
Gehaltvolle Rohkostplatte

4.5
Für Kinder: Ein Schiff wird kommen ...
Tomatenhälfte mit Käsewürfeln, milchsauren Bärlauchknospen, Radieschen und Karottenstücken

4.6
Mit milchsauren Gemüseteilchen gespickter Käse-Igel im Garten.

Karotten-Apfel-Rohkost

ca. 400 g milchsaure Karotten
2 Äpfel
2 EL Öl
2 EL Sonnenblumenkerne
3 EL Crème fraîche

Die milchsauren Karotten leicht abtropfen lassen, die Äpfel vierteln, ohne Kerngehäuse raspeln und mit den Karotten und dem Öl vermischen. Jede Portion mit Sonnenblumenkernen bestreuen und mit etwas Crème fraîche garnieren.

Schneller Salat: Milchsauer eingelegte Karotten nur mit Öl vermischen und kleingehackte Schalotten zugeben. Mit Pfeffer und evtl. Salz abschmecken.
Auch fein: Milchsaure Karottenscheiben als Dekoration auf Brotaufstrichen aller Art.

Karotten-Paprika-Gurken-Salat mit Hüttenkäse

200 g milchsaure Karotten
200 g Salatgurke
1 gelbe Paprika
250 g Hütten- oder Frischkäse
1-2 TL Feigensenf
Pfeffer aus der Mühle
evtl. Salz
2 EL Schnittlauch oder
  geröstete Sonnenblumenkerne

Gurke in kleine Würfel, Paprikaschote in feine Streifen schneiden. Feigensenf in den Hütten- oder Frischkäse einrühren, mit Pfeffer und evtl. Salz abschmecken; dann die abgetropften milchsauren Karotten, die Gurkenwürfel und Paprikastreifen dazugeben. Mit Schnittlauch oder gerösteten Sonnenblumenkernen bestreut servieren.

Fenchelsalat mit Birnen

ca. 300 g milchsaurer Fenchel
2 Birnen
50 g Salatblätter
1 EL süßer Senf
2 EL Öl
1 EL milchsaure Fenchelflüssigkeit
2 EL Kürbiskerne
Pfeffer aus der Mühle, evtl. Salz
Salatkernmix, Sonnenblumen- oder Kürbiskerne zum Bestreuen

Birnen ohne Fruchtgehäuse in dünne Scheiben schneiden, mit dem Fenchel vermischen, ebenso mit den mundgerecht zerteilten Salatblättern. Aus Öl, Senf und der milchsauren Fenchelflüssigkeit eine Marinade rühren und mit Pfeffer und evtl. etwas Salz abschmecken. Die Marinade über den Salat geben, etwas ziehen lassen und die Kerne darüber streuen.

Feine Vorspeise für Nichtvegetarier: Mit dünn geschnittenen Scheiben von luftgetrockneter Salami oder rohem Schinken servieren…

4.7 bis 4.9
Milchsaures kann auch dekorativ sein … Luftschaschlik (oben) Bohnen/Sauerkraut/Radieschen/Zwiebel (Abb. 4.7); Rettich- und-Kürbis-Spieß (Abb. 4.8); vegetabiler Baumschmuck: Die mit eingelegte Rote Bete gab den weißen Rettichscheiben einen wundervollen Farbton.

Rote Bete-Salat mit Salatgurke

400 g milchsauer eingelegte Rote Bete
100 g Crème fraîche
½ Salatgurke
4 EL Cashews
Pfeffer aus der Mühle, evtl. Salz
1 TL geriebener Meerrettich
½ bis 1 TL flüssiger Honig

Die Salatgurke in dünne Scheiben schneiden, Nüsse grob hacken und alles mit dem abgetropften Rote Bete-Gemüse mischen. Aus der Creme fraîche, dem Meerrettich und dem Honig eine Marinade rühren, mit Pfeffer aus der Mühle und evtl. einer Prise Salz abschmecken und unter das Gemüse heben.

Rosenkohl-Salat mit Parmesan

400 g milchsaurer Rosenkohl
1 Grapefruit
100 g Parmesan, gerieben
3-4 EL Olivenöl
1 Knoblauchzehe, Größe nach Belieben
Pfeffer aus der Mühle
evtl. Salz
zum Garnieren:
50 g Parmesan, gehobelt und
1 Handvoll fettlos geröstete Cashews oder Mandeln, grob zerkleinert

Den Rosenkohl abtropfen lassen. Die Grapefruit schälen, die Spalten gut von der weißen Haut befreien und in Stücke schneiden. Knoblauch, die Grapefruitstücke, Olivenöl und den geriebenen Parmesan miteinander verrühren, mit Pfeffer und evtl. Salz abschmecken. Den Rosenkohl untermischen und den Salat eine halbe Stunde lang ziehen lassen. Als Vorspeise mit Nüssen und dem gehobelten Parmesan bestreut servieren.

Wirsing-Karottensalat

300 g milchsaurer Wirsing
300 g milchsaure Karotten
100 g milchsaure Zwiebel
4 EL Öl
1-2 TL flüssiger Honig
2 EL feingehackte frische Kräuter
Pfeffer aus der Mühle, evtl. Salz
4 EL Salatkernmix

Die milchsauren Wirsing- Karotten- und Zwiebelstücke feinschneiden und miteinander vermischen. Eine Marinade aus Öl, Honig und Kräutern herstellen, mit Pfeffer und evtl. Salz würzen, unterheben und den Salat mit dem Salatkernmix garnieren.

4.10 und 4.11
Schnell gemacht: Zwiebel-Orangen-Salat und Rotkrautsalat mit Apfelstücken

Zwiebel-Orangen-Salat

200 g milchsaure Zwiebel
4 Orangen
1-2 TL süßer Senf
3 EL Öl
Pfeffer aus der Mühle

Orangen sorgfältig schälen, quer in dünnere Scheiben schneiden und auf 4 Portionen verteilen. Die Zwiebelstücke, wenn nötig, etwas zerkleinern, auf den Orangenscheiben verteilen und pfeffern. Aus 1 EL milchsaurer Zwiebel-Lake, dem Öl und dem Senf eine Marinade rühren und über die Zwiebelstücke geben.

Rotkrautsalat mit Äpfeln

400 g milchsaures Rotkraut
150 g säuerliche Äpfel
1 Schalotte
1-2 Thymianzweige
4 EL Öl
Pfeffer aus der Mühle, evtl. Salz

Äpfel entkernen und in feine Scheiben schneiden. Schalotte schälen und feinwürfeln, mit dem gerebelten Thymian und dem Öl verrühren. Die Marinade mit dem Rotkraut und den Apfelscheiben vermischen, pfeffern und evtl. Salz zugeben. Vor dem Servieren den Salat etwas ziehen lassen.

Sauerkraut-Salate

Salatvariationen auf der Grundlage von milchsauer eingelegtem Weißkohl (Sauerkraut) gibt es unendlich viele, denn fast alles ist möglich. Nachfolgend 5 Salatrezepte, die als Anregung für eigene Salatkreationen dienen mögen.

Sauerkrautsalat mit Ananas

400 g milchsaurer Weißkohl
2 Äpfel
200 g frische Ananas
Saft einer Orange
Pfeffer aus der Mühle, evtl. Salz
2-3 EL Salatkernmix

Sauerkraut mit der Schere kleiner schneiden, in eine Schüssel geben und mit einer Gabel auflockern. Äpfel in feine Scheiben, Ananas schälen und in kleine Stücke schneiden. Alles mit dem Salatkernmix und dem Saft der Orange unter das Sauerkraut mischen, mit Pfeffer und evtl. Salz abschmecken und den Salat etwas ziehen lassen.

Fruchtsalat mit Sauerkraut

400 g milchsaurer Weißkohl
2 Äpfel
2 Handvoll Trauben
5 EL gehackte Nüsse (Walnüsse, Mandeln, Cashews)
200 g Sahne
1 TL gemahlener Kümmel
Pfeffer aus der Mühle, evtl. Salz

Äpfel in kleine Würfel schneiden, Trauben längs halbieren. Zusammen mit den Nüssen unter das gut abgetropfte und etwas zerkleinerte Sauerkraut mengen.
Aus Sahne, Kümmel, Salz und Pfeffer eine Marinade bereiten und unter den Krautsalat rühren. 20 Minuten ruhen lassen, vor dem Servieren den Salat nochmals durchmischen.

Sauerkraut mit Aprikosen

400 g milchsaurer Weißkohl
5 EL Apfelsaft, naturtrüb
100 g Joghurt
10 getrocknete Aprikosen (Bio-Qual.)
1 TL flüssiger Honig
Pfeffer aus der Mühle, evtl. Salz
Zum Bestreuen, Sonnenblumen- oder Kürbiskerne

Aprikosen kleinschneiden und im Apfelsaft mindestens eine Stunde lang quellen lassen. Die Aprikosen mit dem Joghurt und dem Honig pürieren und mit Cayennepfeffer und evtl. einer Prise Salz abschmecken. Das Sauerkraut mit der Marinade mischen und etwas ziehen lassen. Mit Sonnenblumenkernen oder Kürbiskernen (ohne Fett geröstet) und Schnittlauchröllchen garniert servieren.

4.12 und 4.13
Fruchtsalate mit Sauerkraut

Schafskäse-Sauerkraut-Salat

400 g milchsaurer Weißkohl
250 g Schafskäse
Grün von Frühlingszwiebeln
6 EL Olivenöl
1 EL Feigensenf
½ TL Kümmel
Salz, Pfeffer, Paprikapulver
evtl. Chilipulver

Sauerkraut abtropfen lassen und mit der Schere etwas zerkleinern. Das Grün von Frühlingszwiebeln in dünne Ringe und den Schafskäse in kleine Würfel schneiden. Beides unter das Sauerkraut mengen.
Aus Olivenöl und Senf eine Marinade rühren, mit Kümmel, Paprikapulver, Pfeffer, evtl. Salz und Chilipulver abschmecken und unter den Krautsalat heben. Den Salat 20 Minuten ziehen lassen, vor dem Servieren nochmals vorsichtig (damit die Schafskäsewürfel am Stück bleiben) durchmischen.

4.14
Schafskäse-Sauerkraut-Salat

Sauerkraut-Salat mit Chorizo

400 g milchsaurer Weißkohl
300 g Chorizowurst (scharfe spanische Wurst)
1 Zwiebel
5 EL Olivenöl
3 EL Balsamico
1-2 EL süßen Senf
Pfeffer aus der Mühle, evtl. Salz

Das Sauerkraut abtropfen lassen und zerkleinern. Chorizowurst in schmale Streifen schneiden, die Zwiebel in hauchdünne Ringe hobeln und alles mit dem Sauerkraut vermischen. Aus Öl, Balsamico und Senf eine Marinade rühren, mit Pfeffer und Salz abschmecken und über das Gemüse geben. Den Salat ein bis zwei Stunden ziehen lassen. Als kleine Speise mit Bauernbaguette oder Laugenbretzeln servieren.

4,15
Mixed Pickles (Zwiebel, Kürbis, Bohnen, Radieschen) mit französischem Ziegenweichkäse und frischen Tomaten.

Käsesalat
mit Radieschen und Kürbis

200 g Käse (Gouda, Emmentaler o.ä.)
6 EL milchsaure Radieschen
2 Äpfel (säuerlich)
4 EL milchsaurer Kürbis
3 - 4 EL Öl
Pfeffer aus der Mühle
evtl. Salz

Den Käse in kleine Würfel schneiden. Die Äpfel vom Kernhaus befreien und in Stifte schneiden. Mit den milchsauren Radieschen- und Kürbisstücken und dem Käse vermengen, Öl unterheben und mit Pfeffer und ggf. Salz abschmecken.

Pilzsalat
mit milchsaurem Gemüse

400 g Champignons
4 Tassen milchsaures Mischgemüse
4 EL Olivenöl
1 TL milchsaurer Knoblauch, gehackt
1 EL Petersilie, gehackt
Pfeffer aus der Mühle, evtl. Salz
3 Schalotten in feine Ringe geschnitten
Pinienkerne (optional),
ohne Fett geröstet

Die Champignons putzen, in ca. ½ cm dicke Scheiben schneiden. Olivenöl in der Pfanne erhitzen und mit den Champignons und den Schalotten unter Rühren gut anbraten. In einer Schüssel mit dem milchsauren Gemüse vermischen, den Knoblauch, die Petersilie und evtl. Pinienkerne zugeben, mit Pfeffer und evtl. Salz würzen und mindestens 1 Stunde vor dem Servieren ziehen lassen.

Variante: Schmeckt auch gut mit gekochtem kaltem Vollkornreis bzw. mit Bulgur oder Quinoa vermischt.

4.17
Milchsaures Gemüse mit weißen Bohnen

Milchsaures Mischgemüse
mit weißen Bohnen

ca. 450 g dicke weiße Bohnen
  (selbst kochen oder Dose)
6-8 EL milchsaures Mischgemüse
3 EL schwarze Oliven,
  entsteint und geviertelt
4 EL Olivenöl
2 Knoblauchzehen
4 Salbeiblätter
Pfeffer aus der Mühle,
evtl. Salz

Salbeiblätter in feine Streifen schneiden, Knoblauch hacken und in der Pfanne in Öl anbraten. Abgetropfte Bohnen zugeben und alles einige Minuten schmoren lassen. Das kleingeschnittene, abgetropfte Mischgemüse unter die abgekühlten Bohnen mischen, das restliche Öl und die Olivenstücke zugeben und den Salat mit Pfeffer und evtl. Salz abschmecken.

Variante: Statt Mischgemüse z.B. 120 g milchsauer eingelegten Paprika oder Brokkoli und 80 g milchsaure Zwiebeln zugeben.

4.16
Pilzsalat

Linsensalat
mit milchsaurem Gemüse

2 Tassen schwarze Linsen
2 Tassen milchsaures Mischgemüse
4 EL Olivenöl
2-3 Lauchzwiebeln
1 TL Kurkuma
Pfeffer aus der Mühle, evtl. Salz
2 EL gehackte Petersilie, Dill oder Koriander

Die bissfest gekochten Linsen etwas abkühlen lassen, die Lauchzwiebeln mit dem Grün in feine Ringe schneiden, das kleingeschnittene Mischgemüse, die Kräuter und das Öl zugeben und alles mit den Linsen mischen. Mit den Gewürzen abschmecken. Vor dem Servieren mindestens eine Stunde ziehen lassen.

Nudelsalat
mit milchsaurem Gemüse

400 g Nudeln (z.B. Penne oder Schmetterlingsnudeln)
150 g milchsaures Mischgemüse
200 g Schafskäse
2 EL milchsaure Zwiebeln, gehackt
1 TL milchsaurer Knoblauch, gehackt
4-6 EL Olivenöl
1 EL süßer Senf
Pfeffer aus der Mühle, evtl. Salz
1 Chilischote (optional)
1 EL Bärlauchknospen, gehackt (opt.)

Die Nudeln bissfest kochen und etwas abkühlen lassen. Den Schafskäse in kleine Stücke schneiden. Aus Olivenöl, Senf, Pfeffer und evtl. Salz eine Marinade rühren. Das Mischgemüse, den Schafskäse, die Zwiebel- und Knoblauchstücke mit den Nudeln vermischen und die Marinade unterheben. Einige Stunden lang ziehen lassen. Mit gehackten Bärlauchknospen bestreut (z.B.) servieren.

Variante: Wer es scharf mag, gibt in den Salat feingeschnittene Chilischotenstücke dazu.

4.18 und 4.19 Gesundes Fastfood:
Rigatoni mit milchsaurem Mischgemüse und Salamischeiben (4.18);
Belugalinsen mit milchsaurem Mischgemüse und Frühlingszwiebeln (4.19), dazu gehobelter Pecorino

4.20
Rigatoni mit milchsaurem Mischgemüse, Schafskäse und Olivenringen.

Milchsaure Cremes

Alle im folgenden aufgelisteten Quarks/Dips/Aufstriche vertragen sich gut mit frischen Gemüsesticks (Stangensellerie, Paprikastreifen, Karotten etc.) sind aber auch fein zu Pellkartoffeln und Brot aller Art und in jeder Form.

Gemüse-Creme (Grundrezept)

250 g Quark (20%) oder Frischkäse
(für Kalorienbewusste: Joghurt)
4 EL milchsaures Gemüse
   (zerkleinertes Sauerkraut,
   rote Paprika, Rote Bete, Brokkoli,
   Mischgemüse etc.)
2-3 EL gehackte Kräuter (Petersilie,
   Schnittlauch, Kerbel, Rucola,
   Koriander etc.)
1-2 Zehen milchsaurer Knoblauch
   (optional)
Pfeffer aus der Mühle, evtl. Salz
1-2 TL süßer Senf (optional)
etwas Tomatenmark (optional)

Quark/Frischkäse oder Joghurt mit den Kräutern, dem feingeschnittenen milchsauren Gemüse und evtl. mit Knoblauch, Senf und/oder Tomatenmark mischen und mit Pfeffer und Salz würzen.

Variante: Thunfisch oder geräucherten Lachs pürieren und mit dem Quark/Frischkäse und etwas milchsaurem Gemüse vermengen.

Paprika-Frischkäsecreme

250 g milchsaure Paprika
200 g Frischkäse (Doppelrahmstufe)
Pfeffer aus der Mühle
evtl. Salz
Als Garnitur: z.B. Kresse,
frische rote Paprikawürfelchen,
fettlos geröstete Kerne oder Nüsse

Paprika abtropfen lassen, zusammen mit dem Frischkäse pürieren und mit Pfeffer und evtl. Salz würzen. Als Dip zu frischen Selleriestangen, Chicoréeblättern, Karotten- oder Zucchinistreifen servieren.

4.21 bis 4.23
Schnell gemacht: Herzhafte Dips aus püriertem milchsaurem Gemüse, vermischt mit Quark, Frischkäse oder Crème fraîche.

Quark mit milchsaurem und frischem Gemüse

400 g milchsauer eingelegter Weißkohl
100 g geraspelte frische Karotten
100 g geraspelte frische Zucchini
100 g geraspelter Apfel
2 EL gehackter Schnittlauch
3 Schalotten, fein geschnitten
250 Speisequark (20% oder 40% Fettanteil)
Pfeffer aus der Mühle, evtl. Salz

Sauerkraut abtropfen lassen und mit der Schere fein schneiden, mit den geraspelten Karotten und Zucchini, dem Schnittlauch, den Schalotten, dem geraspelten Apfel und dem Quark vermischen. Mit Pfeffer und evtl. Salz abschmecken. Zu gekochten Pellkartoffeln oder auf Toastbrot/Baguette servieren.

4.24 und 4.25 Milchsaures Tomatensalsa (püriert, mit Frischkäse und Feigensenf) zu Pellkartoffeln oder als Snack mit Nachos *(unten)*.

Sellerie-Paprika-Quark

200 g milchsaurer Stangensellerie
100 g milchsaure Zwiebeln
2 rote, frische Paprikaschoten (mittelgroß)
250 g Speisequark (20% oder 40 %Fettanteil)
1TL Kurkuma
Selleriesalz
4 EL frische Kräuter, gehackt

Paprikaschoten waschen, entkernen und in feine Streifen schneiden. Die milchsauren Zwiebelstücke abtropfen lassen, fein schneiden, ebenso die Selleriestücke. Alles zusammen in den Quark rühren, die gehackten Kräuter dazugeben und mit den Gewürzen abschmecken. Mit Vollkornbaguette oder Pellkartoffeln servieren.

Gefülltes Frischgemüse

Als Fingerfood kann Gemüsecreme mit einem Spritzbeutel in ausgehöhltes Frischgemüse (Salatgurke, Paprika, Tomate, Chicoréeblätter etc.) aber auch z.B. in Mini-Blätterteig-Pasteten gefüllt werden. Mit einer Garnitur aus Radieschenscheibchen, gehackten grünen Kräutern oder Nüssen und Kernen sind solche cremegefüllten Teile, z.B. auf Salatblättern angerichtet, als Vorspeise ein hübscher Blickfang.

Gefüllte Tomaten / Avocados

2 große Tomaten oder Avocados
Füllung:
75 g Sauerkraut
50 g Mozzarella
1 TL Olivenöl
Pfeffer aus der Mühle

Große Tomaten oder Avocados aushöhlen, das Fruchtfleisch sehr kleinschneiden, Mozzarella in Würfel schneiden, Sauerkraut abtropfen lassen und etwas zerkleinern, mit dem Fruchtfleisch und den Mozzarellawürfeln mischen, das Öl dazugeben und mit Pfeffer abschmecken. In die Tomaten oder Avocados füllen.

Gefüllte Paprikaschoten

125 g Sauerkraut
2 rote Paprika, mittlere Größe
100 g Knollensellerie
100 g Apfel
200 g Frischkäse (Doppelrahmstufe)
Pfeffer aus der Mühle, evtl. Salz
Garnitur: Schnittlauch oder Kresse

Sauerkraut mit der Schere zerkleinern, Sellerieknolle putzen, die harten Stellen entfernen und feinraspeln, ebenso den entkernten Apfel. Mit dem Frischkäse vermengen und mit Salz und Pfeffer abschmecken. Die Paprikaschoten längs halbieren, aushöhlen und mit der Frischkäsemischung füllen. Mit Schnittlauch oder Kresse garnieren.

Gefüllte Salatgurke

150 g milchsaure Karotten
150 g milchsaurer Knollensellerie
1 Salatgurke, ca 500 g
200 g Crème fraîche
1–2 EL süßer Senf
Pfeffer aus der Mühle
evtl. Selleriesalz
Cashews, gehackt (Garnitur)
Petersilie gehackt (Garnitur)

Creme fraîche mit dem Senf verrühren, mit Pfeffer und evtl. Salz abschmecken, Karotten und Sellerie mit je einer Hälfte der gewürzten Creme fraîche getrennt mischen. Die Gurke in ca. 8 cm lange Stücke schneiden, längs halbieren, etwas aushöhlen und die Kerne entfernen. Die Gurkenschiffchen mit der Karotten- bzw. der Selleriemischung füllen und mit gehackter Petersilie (Karottenschiffchen) bzw. gehackten Cashews (Sellerieschiffchen) garnieren.

Gefüllte Salzgurken

„Man schäle mittelgroße milchgesäuerte Gurken, die recht gerade sein müssen, schneide sie der Länge nach durch und nehmen die Kerne heraus; fülle sie dann mit feingeschnittenem kalten Braten beliebiger Art, bestreue ihn mit ein wenig feingestoßenem Pfeffer, beträpfele es mit Senf, den man mit etwas feinem Öl und Essig angerührt hat, und gebe etliche Kapern darauf."

Aus: Eva und Ulrich Klever (Lit. 22, S. 40). Das Rezept stammt ursprünglich aus dem Jahre 1884 und wurde von den Klevers übernommen. Sie schälen die Gurken allerdings nicht.

4.26
Gefülltes Frischgemüse

Feine Sandwiches

Als vitaminreiche Beilage passt ein wenig milchsaures Gemüse auf jedes (Pausen-)Brot: Einfach Weiß- oder Vollkornbrot, getoastet oder auch nicht, mit (süßem) Senf, Meerrettichsahne o.ä. bestreichen, mit Käse, Schinken, Lachs o.ä. belegen, eine dünne Schicht zerkleinertes milchsaures Gemüse darüber geben, evtl. noch Scheiben von frischer Tomate, Gurke oder von hartgekochtem Ei. Eine zweite Brotscheibe z.B. mit Ketchup (oder wieder Senf) bestreichen und die erste Brotscheibe damit bedecken – fertig ist ein vollwertiger Snack (Abb. 4.27 bis 4.30). Nachfolgend 2 Rezepte, die nach eigenem Geschmack großzügig abgewandelt werden können.

Sauerkraut-Lachs-Toast

Für 2 Scheiben Vollkorntoast:
100 g milchsaures Sauerkraut
2 kleinere Scheiben mild geräucherter Lachs
1 EL feingehackte Zwiebel
2 Scheiben hartgekochtes Ei
1 TL Öl
etwas Butter
Pfeffer aus der Mühle
Evtl. 1 TL gehackte milchsaure Bärlauchknospen oder Kapern

Sauerkraut abtropfen lassen und mit der Küchenschere in kleine Stücke schneiden. Mit den gehackten Zwiebeln und dem Öl mischen, eine Stunde ziehen lassen und mit Pfeffer abschmecken. 2 Scheiben Vollkornbrot toasten, mit Butter bestreichen, mit dem Sauerkraut und je einer Scheibe Lachs und Ei belegen, evtl. mit milchsauren gehackten Bärlauchknospen oder Kapern bestreuen.

Schinkenbaguette mit Mischgemüse

1 Baguettebrötchen
1 Scheibe gekochter Schinken
1-2 EL. milchsaures Mischgemüse
Butter
Senf
2 Scheiben hartgekochtes Ei

Das Baguettebrötchen halbieren, jede Hälfte etwas buttern und mit Senf bestreichen. Die Schinkenscheibe zusammengeklappt mit 2 Scheiben hartgekochtem Ei auf eine der Baguettehälften legen, das Mischgemüse abtropfen lassen, auf den Eierscheiben verteilen und die zweite Baguettehäfte auflegen.
Variante: Statt Schinken Hartkäsescheiben oder würzigen Frischkäse verwenden.

4.27 *(linke Seite oben)* Sauerkraut-Lachs-Toast

4.28 *(linke Seite unten)* Getoastetes Vollkornbrot, mit Feigensenf bestrichen und einem Belag aus Frikadelle, Sauerkraut und Hartkäse.

4.29 *(links)* Knackig und weich zugleich: Pitabrot mit eingelegten Spargelstangen und Creme aus Frischkäse, milchsauren Mixed Pickles (Chinakohl, Rettich, Paprikastreifen), kleingeschnitten und verfeinert mit Pfeffer, Rosenpaprika, Tomatenmark und etwas Honig.

4.30 Vollkornbrotscheibe, mit scharfem Tomatenpesto bestrichen, als Belag milchsaure Zwiebel-, Kürbis- und Schafskäsewürfel.

Warme Gerichte mit milchsaurem Gemüse

Es gibt viele Gerichte, deren Bestandteil gekochtes milchsaures Gemüse ist, z.B. Schnippelbohnen mit Speck, Kartoffeleintopf mit Sauerkraut, Szegediner Gulasch, Rote Bete-Suppe, um nur einige zu nennen. Wird den abgekühlten Speisen ein paar Löffel unerhitztes milchsaures Gemüse zugegeben, bleiben dessen Vital- und Aromastoffe erhalten.

Nun könnten hier eine Vielfalt interessanter Rezepte aufgeführt werden, aber irgendwann ist Schluss und so möchte ich am Ende dieses Buches nur meine Lieblingssuppe (und die vieler meiner Freundinnen und Freunde im Winter) vorstellen:

Chili-Suppe „con Sauerkraut"

Zubereitungszeit ca. 1 Stunde; die Menge reicht für 8 bis 10 Personen.

ca. 800 g milchsaurer Weißkohl (Sauerkraut)
2-3 Bund Lauchzwiebeln
1 Chilischote (oder etwas Chilipulver)
4 EL Öl
800 g gemischtes Hackfleisch
ca. 400 g scharf gewürzte Würstchen („Pfefferbeißer")
1 Döschen Tomatenmark
2 TL Edelsüß-Paprika
Pfeffer, Salz
4 EL Gemüsebrühe (Pulver)
½ Bund Petersilie
150 g Crème fraîche
2-4 Knoblauchzehen (oder mehr)
½ Bio-Zitronenschale
1 TL Kümmel
evtl. 1-2 rote Paprikaschoten

Öl im Schmortopf erhitzen, Hackfleisch darin krümelig braten, Lauchzwiebeln putzen, Chilischote entkernen, in Ringe schneiden, Knoblauchzehen hacken, alles zum Hackfleisch geben, mit Pfeffer, Salz und Edelsüß-Paprika würzen, Tomatenmark unterrühren und anschwitzen.
Das Sauerkraut etwas zerkleinern (ca. 100 g zurückhalten), zum Hack geben und alles etwa 5 Min. schmoren. In Streifen geschnittene Paprika, die fein geschnittene Schale der Bio-Paprika und den Kümmel, zerstoßenen, zugeben. Mit ca. 1,5 - 2 l Wasser ablöschen und alles aufkochen. Das Gemüsebrühenpulver einrühren. Die Suppe 20 bis 30 Minuten köcheln lassen und kurz vor Ende die kleingeschnittenen Pfefferbeißer zugeben. Crème fraîche einrühren, Suppe evtl. mit Salz, Paprika und Pfeffer nachwürzen, Petersilie waschen und feinhacken und zusammen mit dem zurückgehaltenen Sauerkraut zur abgekühlten Suppe geben.

4.31 Chili-Suppe „con Sauerkraut"

Literatur

[1] Anderson, Morgan: Fermented Foods: How to Ferment Vegetables. 2013, Leipzig, Amazon Distributions

[2] Aubert, C. und Garreau, J.-J.: Des aliments aux mille vertus. 2011, Mens/Frankreich, Verlag terre vivante

[3] Bohlmann, Friedrich: Sauer macht gesund. 1999, München, GU

[4] Bojs, Karin: Einmachen. 2014, Potsdam, h.f.ullmann Verlag

[5] Bustorf-Hirsch, Maren: Haltbarmachen in der Öko-Küche. 2002, München, Bassermann Verlag

[6] Carl, Irina: Russisch kochen. 1993, Göttingen, Verlag Die Werkstatt

[7] Carrolata, Kelly: Pickled. 2012, Avon/Massachussets/USA, F+W Media

[8] Ciciarelli, Jill: Fermented. 2013, Las Vegas, Victory Belt Publishing

[9] Eichholtz, Fritz: Sauerkraut und ähnliche Gärerzeugnisse. 1941, Braunschweig, Friedr. Vieweg Verlag

[10] Eichholtz, Fritz: Die biologische Milchsäure. 1975, Heidelberg, Eden-Stiftung

[11] FAO Agricultural Services Bulletin 134: Fermented fruits and vegetables. 2001, Delhi/India, Daya Publishing House

[12] Früchtel, Ingrid und Annette: Natürliche Vorratshaltung in der Vollwertküche. 1988, München, Gräfe und Unzer

[13] Handschmann, Johanna: Das Immunsystem stärken mit Milchsäure. 1999 München, Südwest Verlag

[14] Harmon, Wardeh: Complete Idiot's Guide to Fermenting Foods. 2012, New York, Alpha Books

[15] Hofbauer, Hermine: Die Verwertung von Obst und Gemüse aus dem Garten. 2003, München, Obst- und Gartenbauverlag

[16] Jenß, Ulrike: Die Herstellung und Veredelung von Lebensmitteln durch Mikroorganismen. 2008, GRIN-Verlag

[17] Johnson, Rashelle: Fermenting; vol.1: How to Ferment Vegetables. 2013, Leipzig, Amazon Distributions

[18] Jung, Sohyun: Vergiss nicht das Salz auszuwaschen. 2014, mairisch Verlag

[19] Karlin, Mary: Mastering Fermentation. 2013, Berkely/USA, Ten Speed Press

[20] Katz, Sandor Ellix: Wild Fermentation. 2003, Vermont/USA, Chelsea Green Publishing

[21] Katz, Sandor Ellix: The Art of Fermentation. 2012, Vermont/USA, Chelsea Green Publishing

[22] Klever, Eva und Ulrich: Alles hausgemacht. 1990, München, Gräfe und Unzer

[23] Landmann, Salcia: Die echte polnische Küche. 1970, Stuttgart, Steingrüben Verlag

[24] Lewin, Alex: Real Food Fermentation. 2012, Beverly, MA, Quarry Books

[25] Lingenfelder, Maria: Die Milchsäuregärung. 4. Aufl. o.J., Mannheim, Waerland-Verlag

[26] Marianski, Stanley; Marianski, Adam: Sauerkraut, Kimchi, Pickles & Relishes. 2012, Bookmagic LLC, USA

[27] Martin, Susanne: Sauerkraut. 2004, Stuttgart, Ulmer Verlag

[28] Mollison, Bill: The Permaculture Book of Ferment and Human Nutrition. 1993, Tyalgum/Australien, Tagari Publications

[29] Neuhold, Manfred: Sauerkraut macht gesund und schön. 2002, Leoben/Österreich, Kneipp Verlag

[30] Obermair, M. u. Schneider R.: Haltbar machen. 2003, Graz, Stocker Verlag

[31] Rawlings, Deidre: Fermented Foods for Health. 2013, Beverly, MA, Fair Winds Press

[32] Rüeggs, Kathrin: Pikante Einmachküche. 1994, Cham/Schweiz, Müller Rüschlikon Verlag

[33] Rütting, Barbara: Mein neues Kochbuch. 1999, München, Goldmann Verlag

[34] Schneider, Ernst: Nutze die Heilkraft unserer Nahrung, Bd 1 und 2. 1985, Hamburg, Saatkorn-Verlag

[35] Schöneck, Annelies: Sauer macht lustig. 1990, Stuttgart, Verlag Freies Geistesleben

[36] Schöneck, Annelies: Milchsäuregärung zuhause. 1981, Karlsruhe, G.E. Harsch Verlag

[37] Schwenk, Donna: Cultured Food for Life. 2013, Carlsbad/Californien, USA, Hay House Inc.

[38] Spreng, A. und Bühler M.: Natürlich einmachen. 2002, Weil der Stadt, Hädecke Verlag

[39] Terre Vivante (Hrsg.): Natürlich konservieren. Staufen, 2005, ökobuch Verlag

[40] Volokh, A. u. Manus M.: The Art of Russian Cuisine. 1983 New York, Collier Books

Weitere Bücher im ökobuch Verlag

Anders gärtnern
Permakultur-Elemente im Hausgarten. Ob Kräuterspirale, Krater- bzw. Hochbeet, Kartoffelturm, Wurmfarm oder Erdgewächshaus mit Hühnerstall, bei allem dient die Natur als Vorbild. Mit vielen Anleitungen für einen Hausgarten, in dem die Bereiche harmonisch zusammenwirken und sich gegenseitig fördern. Von Margit Rusch. 96 Seiten, mit vielen farbigen Abbildungen, 16,95 €

Mein kleiner Permakultur-Garten
300 kg Ernte auf 150 m^2 Fläche mitten in der Stadt. Der Autor Josef Chauffrey beschreibt die Kultivierung eines Reihenhausgartens nach Permakultur-Prinzipien und zeigt, wie sich beachtliche Ernteerfolge an Obst u. Gemüse erzielen lassen. 110 Seiten, mit vielen farbigen Abbildungen, 16,95 €

Das Biogarten-Praxisbuch
Anleitung zum naturgemäßen Gärtnern in Bildern. Hier wird das notwendige Wissen vermittelt, um erfolgreich den Boden zu bestellen und reichhaltig gesundes Obst und Gemüse zu ernten. Susanne Bruns. 224 Seiten, viele Abbildungen, 18,95 €

Permakultur im Hausgarten
Mit diesem Buch gibt der Autor einen Leitfaden an die Hand, wie ein Hausgarten Stück für Stück zum persönlichen und vielseitigen Permakultur-Garten gestaltet oder umgestaltet werden kann. Jonas Gampe. 144 Seiten, mit vielen Abbildungen, 16,95 €

Auf 300 qm Gemüseland
… den Bedarf eines Haushalts ziehen. Wie man auf kleinstem Raum einen Nutzgarten anlegt und erfolgreich bewirtschaftet, können wir von unseren Vorfahren lernen. Mit schnellen, praktischen, alphabetisch geordneten Infos über die wesentlichen Pflanzen, über Anbau- und Arbeitsmethoden. Von Arthur Janson. Neugestalteter Nachdruck der Erstausgabe von 1926. 170 Seiten, 16,95 €

Saatgut aus dem Hausgarten
Nach einer Einführung in die Saatgutgewinnung und in die Praxis der Vermehrung werden die nötigen Hilfsmittel, Ernte, Reinigung und Lagerung der Samen sowie Aussaat und Aufzucht beschrieben. Mit kurzen Pflanzenporträts aller im Hausgarten üblichen Kräuter, Gemüse und Blumen. Von Marlies Ortner. 138 Seiten, mit vielen farbigen Abbildungen, 19,90 €

Trocknen und Dörren mit der Sonne
Bau & Betrieb von Solartrocknern. Ein Buch für alle, die einen funktionstüchtigen Solartrockner kostengünstig selbst bauen möchten, um Obst, Gemüse und Kräuter natürlich und hochwertig haltbar zu machen. Außerdem: Praxis des Trocknens mit vielen Tipps aus langjähriger Erfahrung. Herausgegeben von Claudia Lorenz-Ladener. 96 Seiten, mit vielen farbigen Abbildungen, 16,95 €

Terrassen und Decks aus Holz selbst gebaut
Planungsüberlegungen, sinnvolle Konstruktionen, Materialempfehlungen. Viele Beispiele und Schritt-für-Schritt-Bilder vermitteln das Wissen zum Bau schöner Holzdecks. Von Peter Himmelhuber. 102 Seiten, mit vielen farbigen Abbildungen, 16,95 €

Mein Garten lebt
Vögel, Schmetterlinge, Igel, Wildbienen und andere nützliche Tiere ansiedeln. Mit Bauanleitungen und Gestaltungsideen, um durch Nisthilfen, Schlafquartiere u.ä., Gärten tierfreundlich zu gestalten. Von Peter Himmelhuber. 96 Seiten, mit vielen farbigen Abbildungen, 16,95 €

Natürlich konservieren
Die 250 besten Rezepte, um Gemüse und Obst möglichst naturbelassen haltbar zu machen und ein maximum an Vitaminen, Nährstoffen und Geschmack zu erhalten. Herausgegeben von Terre Vivante. 160 Seiten, mit vielen Abbildungen, 16,95 €

Trockenmauern für den Garten
Bauanleitung & Gestaltungsideen. Ob Sitzplätze oder Hochbeete einzufassen, eine Hangfläche zu terrassieren oder das Grundstück einzugrenzen: Mit einfachen Werkzeugen kann jeder kostengünstig eine schöne und dauerhafte Trockenmauer selbst bauen. Von Jana Spitzer und Reiner Dittrich. 96 Seiten, mit vielen farbigen Abbildungen, 16,95 €

Hütten von Kindern selbst gebaut
Das Buch zeigt schön illustriert, wie Kinder ohne großen Aufwand ihr eigenes kleines Reich erschaffen können, mit Baumaterialien, die fast alle draußen zu finden sind: Spielhäuschen, Kuppelbau, Schlupfwinkel, Beobachtungsversteck. Ab 8 Jahre. Von Louis Espinassous. 58 Seiten, mit vielen Abbildungen, 16,95 €

Kleine Baumhäuser und Hütten
… kinderleicht gebaut. Hier wird gezeigt, wie Baum- und Stelzenhäuser gebaut werden können. Mit Anleitungen für verschiedene Konstruktionen und Bildern von realisierten Beispielen. Von David Stiles. 96 Seiten, mit vielen farbigen Abbildungen, 16,95 €

Holzbacköfen im Garten
Detaillierte Bauanleitungen vom einfachen Lehmofen bis zum gemauerten Brotbackhäuschen. Mit vielen Erfahrungen und Ratschlägen sowie pfiffigen Tipps und Rezepten. Herausgegeben von Claudia Lorenz-Ladener. 138 Seiten, mit vielen Abbildungen, 17,95 €

Gestalten mit Stein im Garten
Pflastern von Wegen, Terrassen und Zufahrten, Anlegen von Treppen und das Errichten von Mauern und Hangbefestigungen, mit Hinweisen zur Materialwahl, zu Aufwand und Kosten, und mit Anregungen für eigenes Schaffen. Von Peter Himmelhuber. 126 Seiten, mit vielen farbigen Abbildungen, 16,95 €

Naturkeller
Grundlagen der Kühllagerung und Anleitungen für Planung und Bau naturgekühlter Lagerräume im Haus und Freiland. Von Claudia Lorenz-Ladener. 140 Seiten, mit vielen Abbildungen, 19,90 €

Gestalten mit Holz im Garten
Bodenbeläge, Holzdecks, Zäune, Rankgerüste, Lauben. Bauanleitungen und Gestaltungsideen für Nützliches und Dekoratives aus Schnittholz und aus grünem Holz. Von Heidi Howcroft. 136 Seiten, mit vielen Abbildungen, 18,95 €

Einfache Lauben und Hütten selbst gebaut
Einfache Paradiese zum Selbstbauen. Bauanleitungen für schnell zu errichtende Behausungen (Tipi, Baumhaus, Kuppelbau, Hogan etc.), sowie für schöne Lauben für den Garten oder die freie Natur. Von Claudia Lorenz-Ladener. 160 Seiten, mit vielen farbigen Abbildungen, 16,95 €

Kleine grüne Archen
Passivsolare Gewächshäuser als Alternative zum transparenten Standard-Gewächshaus. Das Buch zeigt, wie Solargewächshäuser freistehend, angelehnt oder teilweise in der Erde versenkt auch selbst gebaut werden können. Von Claudia Lorenz-Ladener. 128 Seiten, mit vielen farbigen Abbildungen, 22,90 €

Mit Weiden bauen
Anleitungen für Zäune, Laubengänge, Wigwams, Sitzplätze und grüne Kuppeln. Arbeiten mit lebendem Material, aus dem sich viele schöne, nützliche Dinge herstellen lassen. Von Jon Warnes. 60 Seiten, mit vielen farbigen Abbildungen, 16,95 €

Färben mit Pflanzen
Färbepflanzen - Rezepte - Anwendung. Aufbereitung und Anwendung heimischer Färbepflanzen zum Färben von Wolle und Stoffen werden in zahlreichen Rezepten detailliert beschrieben. Von Dorit Berger. 96 Seiten, mit vielen farbigen Abbildungen, 16,95 €

Bauen mit Frischholz
Vom Spalier bis zur Laube – frisches grünes Holz ist ein ausgezeichnetes Material, um daraus nützliche Gartenobjekte herzustellen. Mit Schritt-für-Schritt-Anleitungen für Pflanzbehälter, Spaliere, Bänke, Lauben usw. Von Alan und Gill Bridgewater. 80 Seiten, mit vielen Abbildungen, 16,95 €

Essbare Wildpflanzen aus dem Hausgarten
150 Arten: Obst, Kräuter, Gemüse. Wie eine dauerhafte Pflanzenlandschaft aus fruchttragenden Bäumen und Sträuchern, wilden Stauden sowie Kräutern und essbaren Bodendeckern geschaffen werden kann. Mit mehr als 70 Pflanzenporträts essbarer Wildfrüchte, Wildkräuter und Wildgemüse und Tipps zu deren Verwertung. Von Marlies Ortner. 126 Seiten, mit vielen Abbildungen, 16,95 €

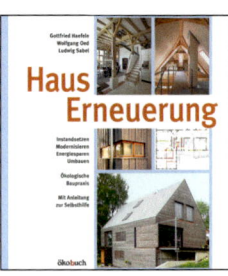

Bunte Körbe aus Gräsern und Kräutern
Die Technik des Korbwickelns neu entdeckt. Anleitungen zur Herstellung von bunten Körben durch Wickeln und Vernähen von Strängen aus heimischen Faserpflanzen. Mit vielen Schritt-für-Schritt-Anleitungen. Von Walter Friedl. 96 Seiten, mit vielen farbigen Abbildungen, 17,95 €

Hauserneuerung
Instandsetzen - Modernisieren - Energiesparen - Umbauen: mit Anleitung zur Selbsthilfe. Das Buch beschreibt ausführlich den behutsamen, handwerklich sachgerechten und umweltverträglichen Umgang mit alter Bausubstanz. Von G. Haefele, W. Oed und L. Sabel. 256 Seiten, mit vielen Abbildungen, 36,- €

Vom Altbau zum Effizienzhaus
Energietechnische Gebäudesanierung in der Praxis: Nachträgliche Wärmedämmung der Gebäudehülle, Fenstererneuerung, sowie Sanierung der Haustechnik einschließlich Lüftung, Heizung, Sanitär und Elektro. Hrsg. von Ingo Gabriel und Heinz Ladener. 200 Seiten, mit vielen farbigen Abbildungen, 28,90 €

Praxis: Holzfassaden
Material, Planung, Ausführung. Das Buch zeigt nicht nur die gestalterischen Möglichkeiten moderner Holzfassaden, sondern stellt zahlreiche vorbildliche Beispiele und Detaillösungen mit Ecken, Sockel, Dach- und Fensteranschlüssen vor. Von Ingo Gabriel. 112 Seiten, mit vielen farbigen Abbildungen, 28,- €

Handbuch Lehmbau
Umfassendes Lehrbuch und Nachschlagewerk: Es zeigt Einsatzmöglichkeiten, Eigenschaften und Verarbeitungstechniken des Baustoffes Lehm. Mit Forschungsergebnissen und Beschreibungen ausgeführter Lehmhäuser. Von Gernot Minke. 222 Seiten, mit vielen Abbildungen, 38,- €

Neues Bauen mit Stroh in Europa
Bauen mit großformatigen Quadern aus gepresstem Stroh: gebaute Beispiele, erprobte Bauformen und Konstruktionen, Besonderheiten, neue Projekte und Forschungen. Von H. u. A. Gruber u. H. Santler. 112 Seiten, mit vielen Abbildungen, 16,95 €

Handbuch Strohballenbau
Ein Konstruktions-Handbuch, das Konzeption, Bautechnik und alle Details beschreibt, um aus Strohballen gut gedämmte, dauerhafte Häuser zu bauen. Mit vielen Konstruktionsdetails und Beispielen. Von Gernot Minke und Benjamin Krick. 152 Seiten, mit vielen farbigen Abbildungen, 29,90 €

Haus der Zukunft
Ein Drittel aller Treibhausgase entsteht (noch) bei uns Zuhause. Das Buch möchte motivieren und zeigen, wie unser Zuhause in 20 bis 40 Jahren aussehen könnte und welche Wege dorthin führen. Von Simon Grieger. 196 Seiten, mit vielen farbigen Abbildungen, 24,90 €

Regenwasser für Garten und Haus
Ein kompetenter Ratgeber für Planung und Bau von Regenwassersammelanlagen nach dem Stand der Technik: Bemessung, Genehmigung, Speichertanks, Pumpen, Rohrleitungen, Zubehör. Von Karlheinz Böse. 96 Seiten, mit vielen Abbildungen, 16,95 €

Autonome Stromversorgung
Auslegung, Aufbau und Praxis autonomer Stromversorgungsanlagen mit Batteriespeicher für Beleuchtung und für netzferne Handwerks- u. Landwirtschaftsbetriebe. Von Philipp Brückmann und Georg Bopp. 126 Seiten, mit vielen Abbildungen, 22,90 €

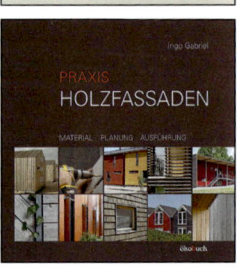

Unsere Bücher erhalten Sie in allen Buchhandlungen.
www.oekobuch.de · E-Mail: verlag@oekobuch.de

Bad Kissingen, Weinstube Schubert: Der „§ 11" rechts neben der Türe als Aufforderung zum Hierbleiben und Weitertrinken

an der Decke selber, aber auch in den Füllungen der Gaststubentüre sowie der Türen des Buffets. Die örtliche Geschichtsüberlieferung, hier der berühmte Rothenburger Meistertrunk, ist in den reliefartig als menschliche Halbfiguren ausgebildeten Stuhllehnen aufs Beste in Szene gesetzt.

Zu einer typischen Erscheinung des ausgehenden 19. Jahrhunderts wurden auch die Künstlerherbergen. Zwei solcher vor allem den Landschaftsmalern als vorübergehende Heimat dienende Gasthöfe haben sich, beide in entsprechender Umgebung, nahezu unverfälscht erhalten: der Gasthof Auzinger am Hintersee im Berchtesgadener Land (45),

Dinkelsbühl, Weißes Ross: Das Gasthaus als Herberge und Motiv: Ölgemälde „Am Ferkelmarkt" von A. Hacker, 1910

Zum charakteristischen Kennzeichen gerade der neuen Weinstuben wurde, oftmals hinterlegt von sinnfälligen Trinksprüchen, die dekorative Wandmalerei. Fröhliche Winzermotive, historische oder angeblich historische Begebenheiten aus der örtlichen Geschichte und Ansichten aus der näheren Umgebung bildeten, neben den unvermeidlichen humoristischen Zecher-Szenen, die beliebtesten Themen.

Der Historismus bezog in sein gestalterisches Gesamtkonzept gerade im Hinblick auf das umfassende Zech- und Gemütsprogramm gerne auch den Kachelofen mit ein. Beispiele hierfür stehen auch im Weinhaus Frey in Lindau (27), in der Heilig-Geist-Stiftschenke in Passau (49) oder in der Weinstube Schubert in Bad Kissingen (1).

Eine besonders schöne Spielart für die Umsetzung des Zecher-Sujets hängt in der Heilig-Geist-Stiftschenke in Passau: Hier wird der an der Wand des Hauptraums zu lesende Spruch „Heilig Geistwein heisst er, wer ihm traut den schmeisst er" auf einem die Raummitte beherrschenden Holzlüster in Form von sechs szenischen Darstellungen eines Zecher-Schicksals drastisch illustriert.

Als ein bemerkenswerter Einzelfall unter den altdeutschen Weinlokalen kann die Weinstube zum Pulverer in Rothenburg ob der Tauber (16) gelten. Hier sind die gängigsten Ansichten der Stadt unter Verzicht der üblichen Wandmalerei in Form unterschiedlicher Holztechniken dargestellt. Die auch farblich wechselnden Szenerien finden sich über die gesamte Gaststube verteilt, entlang des mächtigen Unterzugs der Holzdecke,

sche Bild eines ländlichen Gastraums der Zeit um 1800 hat sich das Wirtshaus Schönmühl bei Penzberg (37) bewahrt. Aber auch die Weinstube Zu den Drei Kronen in Bad Windsheim (15) trägt trotz späterer Veränderungen mit ihrer dunkel geschwärzten Wandverkleidung und der leicht durchhängenden Holzdecke noch den Charakter einer Wirtsstube am Ende der frühen Neuzeit.

Bemerkenswert dicht haben sich in Bayern Beispiele für die Wirtshauskultur des Klassizismus und der Biedermeierzeit erhalten. Ein herausragendes Beispiel für den Frühklassizismus ist der Gasthof Straub in Pfaffenhofen an der Zusam (26) mit seiner ganz außergewöhnlichen kunsthandwerklichen Ausstattung. Für Gasthausinterieure der Biedermeierzeit bieten das Weinhaus zum Goldenen Löwen in Memmingen (28) und das Gasthaus Zellerwand in Mettenham (43), beide aus der Mitte des 19. Jahrhunderts, aussagekräftige Beispiele.

In Mettenham weist der in doppelter Ausführung auf die Gaststubentüre gemalte „§ 11" den Gast bereits symbolisch darauf hin, was ihn in den nächsten Stunden erwarten wird. Der Paragraph 11 bezieht sich auf ein unter Studenten wie Handwerksgesellen gleichermaßen verbreitetes Gesetz zur Regelung des gemeinsamen Trinkgenusses und beinhaltet die ausdrückliche Aufforderung zum fortgesetzten, durch nichts zu unterbrechendes Trinken. Eine weitere Darstellung des Paragraphen 11 findet sich, als Detail der Ausmalung der Weinstube Schubert in Bad Kissingen (1), direkt neben der Türe, vielleicht, um den Gast vor einem zu frühen Heimgehen zu bewahren.

Der Historismus als Blütezeit des Gasthauses

Mit dem wirtschaftlichen Aufschwung der Jahre nach der Gründung des Deutschen Reiches 1871, der sog. Gründerzeit, begann auch für die bayerische Gastronomie eine regelrechte Blütezeit. Überall im Land baute man neue Gasthäuser, das Gasthaus wurde zu einer eigenständigen Bauaufgabe der Architektur; der historisierende Heimatstil galt hierfür – die Fischküche in Rosenheim (40) ist ein überzeugendes Beispiel – als besonders geeignet. Dort, wo man sich zu keinem Neubau entschließen wollte oder konnte, ersetzte man in vielen Fällen die bisherige Ausstattung durch eine neue. Auf dem Land sah man sich zumeist dem herkömmlichen, an eine Bauernstube angelehnten Stil verpflichtet und begnügte sich in der Regel mit der Neuanschaffung von Mobiliar, so geschehen etwa beim Goldenen Löwen in Kallmünz (22), beim Gasthaus Schönmühl bei Penzberg (37) oder beim Hirzinger in Söllhuben (41).

Im städtischen Umfeld dagegen entstanden gänzliche Neu- oder großzügige Umbauten. Feine Restaurants und altdeutsche Weinstuben, ausgestaltet in sämtlichen Spielarten des Historismus, zogen in die Zentren der großen und kleinen Städte ein: In München, Regensburg und Passau, in Bad Kissingen, Würzburg und Sommerach, in Bad Tölz und Lindau zeugen heute noch prächtig erhaltene Beispiele von dem ausgeprägten Wunsch der damaligen Zeit, gesellschaftlichen Anspruch mit wein- respektive bierseliger Gemütlichkeit zu verbinden.

Memmingen, Weinhaus zum Goldenen Löwen (links oben); Pfaffenhofen an der Zusam, Gasthof Straub (links unten): Biedermeierliche Schlichtheit und frühklassizistischer Zopfstil prägen die bayerischen Gaststuben aus der ersten Hälfte des 19. Jahrhunderts

Regensburg, Brandlbräu: Beeindruckende Balkendecke mit mächtigem Unterzug, wohl noch aus dem 16. Jahrhundert

Ein früher Beleg hierfür findet sich im ersten Bayerischen Landfrieden von 1244, der unter anderem den Weinausschank in den Tafernen regelte.

Innenräume eines bayerischen Gasthauses des frühen oder hohen Mittelalters haben sich gar nicht erhalten; es wird sich jedoch auch damals um stubenähnliche Räume mit Bretterboden und Holzdecke gehandelt haben. Eine annähernde Vorstellung, wie es in einem Gasthaus des Mittelalters ausgesehen haben könnte, gibt die ältere der beiden Gaststuben des Weinhauses Frey in Lindau (27): Im ersten Obergeschoss gelegen, besitzt die Stube eine gewölbte Holzdecke sowie einen die Fensterfront teilenden, kraftvollen Sandsteinpfeiler, beide datiert mit der Jahreszahl 1560. Ebenfalls in das 16. Jahrhundert zurückreichen dürfte die Balkendecke des Brandlbräu in Regensburg (25) sowie die 1936 restaurierte Kassettendecke des Gasthofs zur Schwane in Volkach (6).

Auch aus der Renaissance und dem Barock haben sich vor allem die auf Langlebigkeit ausgerichteten Stubendecken erhalten, so die im Zuge einer Renovierung wieder freigelegte Holzdecke des 17. Jahrhunderts im Goldenen Löwen in Marktredwitz (13), die Balkendecken des Roten Ochsen in Falkenberg (14) sowie des Gasthauses Huber in Münchham (48), beide noch aus dem 18. Jahrhundert, oder die in einfachen Barockformen gehaltene Stuckdecke im Rothen Ochsen in Rothenfels (3). Echte Raritäten der frühneuzeitlichen Wirtshauskultur sind der gusseiserne Ofen in Rothenfels (1676) sowie der prächtige Kachelofen in Falkenberg (1724) (14).

Den weitgehend einheitlichen Eindruck eines Hofmarksgasthauses des späten 18. Jahrhunderts erfährt der Besucher in Schmiechen, wo im Gasthof Heidinger (30) sogar die Holztüre zur Gaststube noch ursprünglich ist und damit die wohl älteste, noch in ständiger Benützung befindliche Gaststubentüre in Bayern sein dürfte. Das recht authenti-

Roßtal, Weißes Lamm: Parkettboden, Wirtshausmobiliar und Wandvertäfelung mit umlaufender Sitzbank – der ursprünglich erhaltene Raumeindruck einer Gaststube von 1930

Auch die alte Türe, die in die Stube hineinführt, und der – in noch überraschend vielen Gaststuben präsente – Kachelofen gehören dazu, sowie, im Idealfall, bewegliche Ausstattungsdetails wie Mobiliar, Lampen, Wand- oder Standuhren.

Natürlich hat uns nebenher auch die künstlerische Ausgestaltung der Räume interessiert, etwa dann, wenn originale Wandmalereien, bemalte Holz- oder Stuckdecken, bleiverglaste, farbige Fenster, kunstvoll geschnitzte Wand- oder Türvertäfelungen oder plastischer Schmuck in Form von aufwendig gestalteten Leuchtern, Heiligenfiguren, kartenspielenden Mönchen oder weintrinkenden Zechern zur Einrichtung gehören. Dass aber tatsächlich ausschließlich die Ursprünglichkeit den gültigen Maßstab setzte, zeigen die vielen ebenso schlichten wie in ihrer Authentizität beeindruckenden Gasthäuser, die sich in unserem Buch finden.

Entwicklung des Gastraums in Bayern

In Bayern reicht die Geschichte des Gasthauses in die Zeit der Römer zurück, die entlang ihrer Fernstraßen zur Verpflegung und Beherbergung der Reisenden und zum Pferdewechsel in regelmäßigen Abständen Straßenstationen eingerichtet hatten, gewissermaßen Vorläufer der heutigen Autobahnraststätten. Die römischen Gasthäuser jedoch scheinen nach dem Abzug der Römer nicht weiter betrieben worden zu sein; die Quellen des frühen Mittelalters jedenfalls lassen keine Rückschlüsse auf den Betrieb von Wirtschaften zu. Die für das mittelalterliche Bayern charakteristische Taferne (vom lateinischen Wort für Schenke „taberna") hat sich offensichtlich erst später entwickelt.

Genuss mit Geschichte –

eine Einführung in das historische Gasthaus

Das Gasthaus gehört zu den großen Errungenschaften der menschlichen Zivilisation. Es ist ein Ort, in dem sich der Reisende mit seinem Bedürfnis nach Speis und Trank gut aufgehoben weiß; ein Ort, wo der Einheimische die Gesellschaft unter seinesgleichen sucht, und wohin er aus der Enge seiner Wohnung sich flüchtet, um andere Gesichter zu sehen. An den Biertischen sind zahllose Freundschaften entstanden und nicht wenige zerbrochen. In den Gaststuben, mehr noch in den berüchtigten Hinterzimmern, wurde zu allen Zeiten Politik gemacht, wurden Parteien gegründet, Geschäfte abgeschlossen, Ehen verabredet und Ränke gesponnen. In den Gaststuben wurden sogar Konspirationen und Revolutionen geplant: Der Tiroler Revoluzzer bzw. Freiheitsheld Andreas Hofer war nicht umsonst ein Gastwirt.

Das Gasthaus ist also in vielerlei Hinsicht ein prägendes Element des menschlichen Zusammenlebens. Das gemeinsame Essen und Trinken unter einem Dach, Wesensmerkmal des familiären Zusammenhalts, vom Taufmahl über die Hochzeitsfeier bis zum Leichenschmaus, wird im Gasthaus öffentlich und erhält dadurch eine besondere Bedeutung im sozialen Gefüge jedes Gemeinwesens. Das Gasthaus, weit mehr noch der Gastraum wird dadurch zu einem wichtigen Element der Kulturgeschichte.

Die Auswahlkriterien der Gasthäuser

Unser Buch enthält ausschließlich Gasthäuser, die in der bayerischen Denkmalliste verzeichnet und in der Regel als Gasthaus erbaut worden sind; Schlösser, Burgen, Mühlen oder Bauernhöfe, die erst in jüngerer Zeit zu einem gastronomischen Betrieb umgebaut wurden, sind deshalb nicht berücksichtigt.

Das allein entscheidende Kriterium ist die Ursprünglichkeit im Inneren. Die Strukturen und die Ausstattung der Räume weisen bei sämtlichen Gasthäusern, die unser Buch beschreibt, einen Erhaltungsgrad auf, der außergewöhnlich authentisch ist und den historischen Zustand des jeweiligen Hauses deutlich vor Augen führt.

Zur Ursprünglichkeit eines Gastraums gehören zunächst Decke und Boden. Eingezogene oder abgehängte Decken stören den originalen Raumeindruck ebenso empfindlich wie der „pflegeleichte" Fliesen- oder PVC-Boden, der mittlerweile fast überall den in Jahrhunderten bewährten Holzboden verdrängt hat.

Neben den alten Decken und Böden hat sich bei der überwiegenden Mehrheit der beschriebenen Gasthäuser das klassische System der Wandvertäfelung mit umlaufender Sitzbank erhalten. Schon 1580 schreibt der französische Renaissanceliterat Michel de Montaigne: „Auf unserer ganzen Reise durch Deutschland haben wir ... keinen Speisesaal gesehen, der nicht getäfelt gewesen wäre."

Lindau, Weinhaus Frey: Dielenboden, Balkendecke und kräftiger Sandsteinpfeiler – so könnte eine bayerische Gaststube im Mittelalter ausgesehen haben

Vorwort

Das Wirtshaus in Bayern trägt wie sonst wohl nur der barocke Zwiebelturm das Klischee des Landes als „Paradies auf Erden" hinaus in die Welt. Das einladende Gasthaus, mit von Kastanienbäumen beschattetem Wirtsgarten davor, steht als Symbol für einen Landstrich, in dem eine unverfälschte, ja die wahre Lebensfreude zu Hause zu sein scheint.

Das Angebot an entsprechenden Gasthausführern ist mittlerweile groß. Trotzdem möchte das vorliegende Buch in eine neue, bisher wenig bekannte Welt hineinführen: in die historische, original erhaltene Gaststube. Das Buch präsentiert jene Gasthäuser in Bayern, die Geschichte nicht nur von außen suggerieren, sondern durch die Originalität ihrer Gaststube von innen heraus manifestieren. Das Buch versteht sich also weniger als Gasthaus-, sondern vielmehr als Gastraumführer.

Die ausgewählten Gasthäuser zeichnen sich durch Interieurs von besonderem Wert und Reiz aus. Solche Gasthäuser sind selten und setzen innerhalb der bayerischen Gasthauslandschaft außergewöhnliche Akzente. Es sind lebendige Vertreter einer in Jahrhunderten gewachsenen Wirtshauskultur; ihre charaktervolle Einrichtung steht wie ein Fels in der Brandung ständig wechselnder Zeitgeistströmungen. Neben diesem sinnlichen, Auge, Geist und Gemüt anregenden Genuss sorgen die Gasthäuser natürlich auch für das leibliche Wohl.

Bei der Suche nach den letzten derartigen Gasthäusern in Bayern wurden die Herausgeber von zahlreichen Institutionen und Personen unterstützt: Wir danken daher den Unteren Denkmalschutzbehörden der Landkreise und kreisfreien Städte, den Kreis- und Stadtheimatpflegern, der Bayerischen Landesanstalt für Weinbau und Gartenbau, dem Bayerischen Brauerbund sowie zahlreichen Tourismusämtern und -verbänden.

Das Bayerische Landesamt für Denkmalpflege übernahm mit Dr. Karlheinz Hemmeter und Sabine Tönnies die fachliche und redaktionelle Arbeit. Die Auswahl und Zusammenstellung der Gasthäuser und die Koordination der Autoren lagen in den Händen von Dr. Karl Gattinger. Die Amtsphotographen Michael Forstner, Eberhard Lantz und David Laudien sorgten für die reiche Bebilderung. Die gastronomischen Hinweise und Charakterisierungen der einzelnen Gasthäuser steuerte, im Auftrag des Bayerischen Hotel- und Gaststättenverbandes, Herr Andreas Türk bei.

Dank und Respekt schulden wir vor allem den Autoren. Der Volk Verlag München hat sich mit großem Engagement bereit gefunden, ein Thema, das abseits der üblichen „Mainstream-Gastronomie" liegt, einem breiten Publikum zugänglich zu machen.

Dieses Buch würde es nicht geben ohne die Wirtsleute der Gasthäuser, die es beschreibt. Ihrem persönlichen Gespür und unermüdlichen Einsatz ist es zu verdanken, dass sich die Gasthäuser so präsentieren, wie sie im vorliegenden Buch gewürdigt werden können.

Die Herausgeber

München, Gaststätte Fraunhofer: Die einheitlich überlieferte Gasthauseinrichtung – neubarocke Wirtshausuhr

inmitten einer imponierenden Gebirgslandschaft, sowie das Weiße Ross in Dinkelsbühl (19) am Schweinemarkt, einer wegen ihrer Mittelalter-Romantik damals sehr gefragten Kleinstadtidylle.

Zweite Erneuerungswelle in der Zwischenkriegszeit

Der Erste Weltkrieg brachte für die Entwicklung des bayerischen Gastgewerbes einen nur vorübergehenden Stillstand. In der folgenden Zwischenkriegszeit kam es zu einer regelrechten zweiten Erneuerungswelle; und wieder wurde in zahlreichen Gasthäusern die Inneneinrichtung ausgetauscht. Für viele der im Buch vorgestellten Häuser, wie zum Beispiel dem Kandlerwirt in Oberbiberg in der Nähe von München (39), bedeutete diese Neugestaltung die bis heute letzte wesentliche Veränderung ihres Gastraums.

Die markantesten Beispiele für eine Neueinrichtung der 1920/30er Jahre sind, beide in Bamberg, das Gasthaus Weierich (10) mit ausdrucksstarken Figuren von zechenden Mönchen oder vom Bamberger Reiter (1924) sowie die aufwendig neu gestaltete Dominikanerklause des Schlenkerla (1926) (9), des Weiteren das geschmackvoll-vornehme Interieur des Goldenen Ankers in Bayreuth (1927) (12), das Weiße Lamm in Roßtal (17) mit einem in seiner Originalität seltenen Schankeinbau (1930), das Gasthaus Waller in Reisach (42) mit besonders qualitätvoller Wandvertäfelung (1930/31), der außergewöhn-

◁◁ Bamberg, Schlenkerla: Aufwendige Neugestaltung im historisierenden Stil der 1920er Jahre in der Dominikanerklause

Lindau, Weinhaus Frey: Für den gehobenen Anspruch des Weingenießers – prächtiges Detail am Kachelofen einer Weinstube des Historismus

lich stilrein erhaltene Maierbräu in Altomünster (1931) (31) sowie, als letztes Beispiel vor dem Ausbruch des Zweiten Weltkriegs, das Weinhaus Mehling in Lohr am Main (1933) (2). Der repräsentative Kachelofen in der Gaststube des Goldenen Löwen in Memmingen (28) aus dem Jahr 1944 dürfte wohl eine der wenigen Umgestaltungsmaßnahmen eines bayerischen Gastraums in der Schlussphase des Zweiten Weltkriegs gewesen sein.

Mit der Fränkischen Bierstube in Forchheim (11) blieb der Vertreter eines besonders originell umgesetzten Heimatstils erhalten. Die Stube wurde in einem ausgeprägt alpen- ländischen Lokalkolorit ausgeführt, was nicht zuletzt in dem stark an gebirglerische Bauernstuben erinnernden Ofen zum Ausdruck kommt. Das im hinteren Bereich ein- gerichtete Bergsteiger-Eck, Treffpunkt der örtlichen Alpenvereinssektion, gibt die drin- gend notwendige Erklärung.

Der Wirt als Garant für den Erhalt seines Gasthauses

In den Jahrzehnten nach dem Zweiten Weltkrieg haben sich, gerade was die Ausstat- tung ihrer Galerie betrifft, nahezu alle bayerischen Gasthäuser jenem Veränder- ungsdruck unterworfen, der von einem wirtschaftlichen Rentabilitätsdenken, weitaus drängender jedoch vom Zeitgeschmack der Gesellschaft ausging.

Das bereuen heute manche Wirte und viele Gäste. Denn mittlerweile scheinen sich die Zeiten ein wenig geändert zu haben. Gastbetriebe von hohem historischen Wert gelten zunehmend als Anziehungspunkt. Gerade die ursprünglich erhaltene Gaststube kann mit ihrem unverwechselbaren Charakter den Anspruch eines echten Alleinstellungsmerkmals erheben. Von ihrer Attraktivität profitiert nicht nur der Wirt, sondern auch der Ort und die ganze Region. In diesem Zusammenhang ist die Erfahrung von Wirtsleuten mit zwei gänzlich unterschiedlichen Gaststuben – alte Stube und moderner Anbau – bezeichnend: Die Räume würden sich, so die Wirte übereinstimmend, grundsätzlich von alt nach neu füllen; also erst, wenn die originale Gaststube bis auf den letzten Platz besetzt sei, nähmen die Gäste auch die erweiterten Räumlichkeiten in Anspruch.

Die Mehrzahl der Wirte, die eines der im Buch vorgestellten Gasthäuser betreiben, steht in einer auffällig langen Familientradition. Viele der Gasthäuser sind seit dem 19. Jahrhundert, manche, wie der Rothe Ochse in Rothenfels (3), seit dem frühen 18. Jahrhundert in der Hand derselben Familie. Seit dem Ende des Dreißigjährigen Krieges und in elfter Generation wird der Röhrlbräu in Eilsbrunn (23) von derselben Familie geführt. Leider hat die zugehörige Brauerei inzwischen ihren Betrieb eingestellt.

Für die einfühlsame Pflege des überkommenen Erbes kann eine lange Familientradition zwar in vielen Fällen, zumal in Verbindung mit entsprechenden Übergabeklauseln, eine sichere Gewähr bieten, sie ist jedoch keine unabdingbare Voraussetzung. Dass es durchaus auch anders geht, bestätigen jene Jungwirte, die sich ganz bewusst auf das Wagnis eingelassen haben, ein altehrwürdiges, aber leerstehendes Gasthaus in eigener Regie zu übernehmen, in teilweise mühevoller und kostenintensiver Arbeit mit Begeisterung und Gespür instand zu setzen und als Gasthaus weiterzuführen. Der Schwan in Sommerach (5) oder auch der Goldene Adler in Mürsbach (7) sind dafür höchst verdienstvolle Beispiele. Beide Gastwirtstypen, Erben wie Neubegründer, besitzen ein ungewöhnlich hohes Maß an Traditions- und auch Verantwortungsbewusstsein – ihrem Haus, vor allem aber der bayerischen Gasthauskultur gegenüber.

Die traditionsbewussten Wirte und Denkmalpfleger sind entschiedene Verfechter des regionalen Prinzips, es geht ihnen darum, Qualitäten und Spezialitäten in der Region zu erhalten. Unter dem Einsatz regionaler Rohstoffe und regionaler Arbeitskräfte werden so schon seit Langem für die Region typische Produkte höchster Qualität hergestellt. Regionalität und regionale Unverwechselbarkeit sind der bewusste und zukunftsweisende Gegenentwurf zur Globalisierung. Ein Gegenentwurf, der auf den Werten Qualität, Nachhaltigkeit und Geschichtlichkeit beruht. Ein Gegenentwurf, der Selbstbewusstsein, Solidarität und Kooperation verlangt. In diesem größeren Zusammenhang stehen unsere historischen Gasthäuser.

Egon Johannes Greipl

PS: Niemand ist vollkommen: Trotz aller Sorgfalt haben wir ganz bestimmt Gastwirtschaften übersehen, die eigentlich in unser Buch hineingehören. Bitte geben Sie uns die entsprechenden Hinweise. Sie werden nicht vergeblich sein, denn: Wir sind sicher, dass unser Buch verbesserte und erweiterte Auflagen erlebt!

1 | Schubert's Weinstube in Bad Kissingen

Die Fränkische Saale schlängelt sich aus der Rhön dem Main in reizvollen Auen entgegen. An ihren Ufern liegen Bad Königshofen, Bad Neustadt und Bad Bocklet und schließlich einer der bekanntesten Kurorte Deutschlands Bad Kissingen. Bald nach der ersten Nennung Kissingens 801 werden 823 die Heilquellen erwähnt, die den Ort, der 1279 zur Stadt erhoben wurde, berühmt gemacht haben. Die quadratische Anlage der mittelalterlichen Stadt mit dem Marktplatz in der Mitte prägt noch heute den Altort.

Mit der zunehmenden Beliebtheit der seit 1565 auch ärztlich empfohlenen Kuren ließ Fürstbischof Friedrich Karl von Schönborn (reg. 1729–46) neue Kurbauten durch Balthasar Neumann errichten. Dessen Bauten wichen dem von König Ludwig I. (reg. 1825–48) geförderten Ausbau der Kuranlagen, mit dem sich Kissingen bis zum Ersten Weltkrieg zum europäischen „Fürstenbad" entwickelte. Die Gästeliste führen Kaiserin Elisabeth von Österreich und Zar Alexander II. an. König Ludwig II., der Kissingen 1883 zum Bad erhob, kurte hier und immerhin 14 Mal Fürst Otto von Bismarck, der als Reichskanzler 1874 „den Schwerpunkt des Deutschen Reiches nach Kissingen verlegt"

Die Wandmalereien, der Kachelofen, die Vertäfelung und der alte Ausschank schaffen ein behagliches Ambiente vom Ende des 19. Jahrhunderts

Die einladend leuchtenden Bleiglasfenster der Weinstube mit Malereien von 1893

hat und daher zum Ehrenbürger ernannt wurde.

Die Schriftsteller Theodor Fontane und Leo Tolstoi weilten hier ebenso wie der geniale Maler Adolph Menzel (1815–1905), der nicht die Sauerbrunnen, sondern ungestört den Frankenwein genießen wollte. Das tat er in Schubert's Weinstube, die 1893 neu ausstaffiert wurde, so ausgiebig, dass er auf dem Weg zum Abtritt durch die falsche Tür die Treppe in den Weinkeller hinunterstürzte: Gleichwohl wurde auch er Ehrenbürger und im Weinlokal pflegt man sein Andenken mit der nach ihm benannten Stube.

Schubert's Weinstube liegt in der Kirchgasse zwischen Pfarrkirche und Marktplatz, altem und neuem Rathaus. Den spätbarocken Mansarddachbau mit Fachwerkobergeschoss schmücken geohrte Fensterrahmen mit Klappläden. Der schmiedeeiserne Ausleger in Rokokoformen verrät das Erbauungs- und Gründungsjahr der Gaststätte 1801, die bis 1999 im Besitz der Familie Schubert blieb. Es handelte sich um ein Beck – eine Bäckerei mit Weinstube – wie sie im Würzburgischen verbreitet sind. Um 1960 wurde die Bäckerei aufgegeben, das Haus renoviert und das Lokal unter Bewahrung der alten Stube erweitert.

Vorbei an Bleiglasfenstern mit bäuerlichen Figuren tritt man durch die alte gerautete Haustüre mit geschnitzten Girlanden und wendet sich nach links in die Stube, deren Atmosphäre gleich in die Vergangenheit entführt: Dunkler Eichenboden, über der umlaufenden Bank eine hölzerne Wandverkleidung mit Pilastern und eisernen Garderobenhaken, auf dem Gesims Zinnteller und Flaschen, an den Tischen Bugholzstühle. Der ehemalige Ausschank mit dem alten Buffet neben der Türe wird von einer Holzbrüstung mit

▷ Der Kachelofen, ein Prachtstück des späten Historismus

◁ Landschaften und Veduten in den Fensterlaibungen erlauben den Blick in die Ferne

Balustrade geschützt. Den Raum bewacht der feine Kachelofen. Löwen tragen den Heizteil und sein Aufsatz mit einem reich reliefierten Kuppeldach ruht auf Balustern, die eine barbusige Schöne flankieren. Erst allmählich gibt sich aus dem Dunkel der Tabakpatina der Reichtum der Malereien über der Holzverkleidung zu erkennen: Rollwerkkartuschen im Stil der deutschen Renaissance mit Fruchtgebinden und Ranken, ein trommelnder Putto, ein anderer mit Spielkarten, ein Jüngling beim Zapfen eines 1893 bezeichneten Fasses, eine Maid und ein lautenschlagender Bursche mit Amouretten zuseiten eines Fasses mit Trinkgeschirr und Noten sowie dem flatternden Inschriftband: „Wer nicht liebt und wer nicht singt, Es nie zur wahren Freude bringt." Durch die Fenster mit der Glasmalerei kann man zwar nicht nach außen blicken, doch dafür auf die schönen Landschaften und Veduten in den Fensterlaibungen. Der Künstler war nicht Menzel, sondern der Magistratsrat Karl Gayde (1844–1928), der seit 1865 im Ort ein florierendes Malergeschäft betrieb – auch er wurde Ehrenbürger der Stadt.

Wer eine wunderbar erhaltene historistische Weinstube vom Ende des 19. Jahrhunderts erleben will, muss diese hier besuchen.

Rembrant Fiedler

Überwiegend fränkische Weine kommen in dieser Weinstube auf den Tisch – und die auch nur von ausgewählten Winzern. Dazu gibt es traditionell weinbegleitende Speisen – vom Schmalztöpfchen über den Gerupften bis hin zur Sülze. Eine Besonderheit ist die bodenständige Küche, geprägt von überwiegend regionalen Produkten. Die Speisekarte wechselt nach Saison und bietet neben fränkisch-bayerischen Klassikern auch Neuinterpretation von Altbewährtem. Vielerlei Fisch und gutbürgerliche Gerichte finden sich auf der Karte.

Weinstube Schubert

Kirchgasse 2
97688 Bad Kissingen (UFr.)

Öffnungszeiten:
Mi bis So 11.30h – 14.00 Uhr, 17.30 – 22.00 Uhr; Ruhetage: Mo, Di

Telefon: 0971-2624

2 | Weinhaus Mehling in Lohr am Main

Inmitten des Naturparks Bayerischer Spessart liegt, auf einem Bergsporn oberhalb des rechten Mainufers, das malerische Städtchen Lohr am Main. Sein fischgrätenartiger, im Mittelalter angelegter Grundriss wird der Länge nach von der Hauptstraße durchzogen. Im Zentrum des nur unmerklich gekrümmten Straßenzugs steht das stattliche Spätrenaissance-Rathaus, das eine seiner Schmalseiten einem kleinen, von einem neugotischen Sandsteinbrunnen gezierten Platz zuwendet.

Direkt hinter diesem Brunnen liegt, an der Einmündung der schmalen Brunnengasse, ein bescheidenes, zweigeschossiges Eckhaus mit schlichter, 1887 ausgeführter Neurenaissance-Fassade. Sie erfuhr eine Neugestaltung nach einem Besitzerwechsel, im Zuge dessen das Haus in die Hände des Müllers Richard Mehling, der neun Jahre zuvor die Wirtstochter vom „Grünen Baum" geehelicht hatte, übergegangen war. Die erheiratete Ausschankerlaubnis übertrug Mehling auf sein neu erworbenes Anwesen, dessen Ausleger seither ein grüner Baum ziert.

Mehling beließ die Räumlichkeiten der Weinwirtschaft, wie er sie vorfand; das Ne-

Das sog. Ratsstüble mit einer nahezu unveränderten klassizistischen Ausstattung

Der Hauptgastraum der 1930er Jahre, ehemals Verkaufsraum der Bäckerei

benzimmer, das sog. Ratsstüble, in das sich die Lokalpolitiker aus dem benachbarten Rathaus gerne zum Privatissimum zurückzogen, präsentiert sich als ein nahezu unveränderter Raum aus der ersten Hälfte des 19. Jahrhunderts: Eine dreiviertelhohe, klassizisierende Wandvertäfelung, hierzu farblich und stilistisch angepasste Türrahmen, eine dezent stuckierte Decke sowie ein Mobiliar, das noch ganz in der Tradition einer gehobenen Gaststättenausstattung des 19. Jahrhunderts steht, erzeugen einen gediegenen Raumeindruck. Von der ursprünglich den gesamten Wandbereich oberhalb der Vertäfelung bedeckenden Wandmalerei haben sich drei Ortsansichten erhalten; dass es sich hierbei neben Lohr um die anerkannten Weinorte Iphofen und Randersacker handelt, belegt die ursprüngliche Verwendung dieses Nebenzimmers als Weinstube.

Deutlich jünger als das Nebenzimmer, mitnichten jedoch weniger „atmosphärisch", zeigt sich der heutige Hauptraum. Dieser ursprünglich als Verkaufsgeschäft der Bäckerei dienende Raum wurde 1933 zur Weinstube umfunktioniert; die hierbei neu installierte Ausstattung ist weitgehend original erhalten. Eine die gesamte Höhe des Raumes einnehmende, rötlichbraune Holzvertäfelung, eine ebensolche Holzbalkendecke, deren Unterzug mit den für Gaststuben üblichen Symbolen wie Brezen oder Weintrauben verziert ist, und ein gediegenes Fischgrätenparkett (und eben nicht der in der Nachkriegszeit so beliebt gewordene kalte Fliesenboden) erzeugen eine Gemütlichkeit, wie sie sich gerade der empfindsame Weintrinker nur wünschen kann. Die ebenfalls aus dem Jahr 1933 stammenden Tische und Stühle, die geschnitzten Lampen, die in ihren

Motiven beliebte Zechermotive (Winzer, Wirt, Nachtwächter) aufgreifen, der Herrgottswinkel und der durchaus zeittypische Garderobenständer vervollständigen das Idealbild einer fränkischen Weinstube der 1930er Jahre.

Wie sehr im „Mehling" auf das einzelne Detail wert gelegt wird, zeigt ein Blick auf die Gestaltung der Weinkarte: Diese zeigt sich, sämtlichen Designer-Strömungen der letzten fünfzig Jahre zum Trotz, noch immer in jenem Gesicht, das ihr 1956 der im Spessart geborene und in Mainfranken bekannter Holzschnitt-Künstler Richard Rother (1890–1980) verlieh.

Das Weinhaus Mehling stellt in der Originalität und Authentizität seiner aus zwei gänzlich verschiedenen Stilrichtungen stammenden Galerieume eine wahre Rarität unter den bayerischen Gasthäusern dar; und wer ob der Zeitstellung des Hauptraums (1933!) ins Grübeln kommen sollte, findet an der Wand zum Nebenzimmer mahnende Spuren der Erinnerung: In der Holzvertäfelung sind noch deutlich jene Einschlaglöcher auszumachen, die der direkt vor dem Haus ausgefochtene Straßenkampf mit amerikanischen Panzern im Mai 1945 hinterließ.

Karl Gattinger

Das Fachwerkhaus mit der Neurenaissance-Fassade von 1887

Edler Wein und frische Backwaren – das war und ist das Erfolgsrezept des Weinhauses Mehling inmitten der idyllischen Altstadt von Lohr am Main. Zwar hat sich der Schwerpunkt über die Jahre von der Bäckerei zur Gastronomie verlagert, aber noch heute werden die ofenfrischen Mehlingsbrezeln, ein Hefeblätterteiggebäck, zum Wein serviert, den der Chef unter seiner Obhut ausbauen lässt. Neben einer Vielzahl von frischen Backwaren bietet die Speisekarte aber auch noch jede Menge Köstlichkeiten aus der Region. Nach und nach wurden neben der eigentlichen Gaststube weitere Räume ausgebaut, so dass nicht nur jeder einen gemütlichen Platz findet, sondern im Gewölbekeller sogar Theateraufführungen und Konzerte stattfinden können.

Weinhaus Mehling

Hauptstraße 30
97816 Lohr am Main
(Lkr. Main-Spessart, UFr.)

Öffnungszeiten:
Mo, Di, Mi, Fr ab 16.00 Uhr,
Do, Sa, Sonn-/Feiertage ab 11.00 Uhr

Telefon: 09352-2602
www.weinhaus-mehling.de

Hausbäckerei, Veranstaltungen im Gewölbekeller

3 | Weinhaus zum Rothen Ochsen in Rothenfels

Das an den Ausläufern des Spessarts auf einem schmalen Uferstreifen des Mains gelegene Rothenfels bezeichnet sich – mit derzeit 1.066 Einwohnern – gerne als die kleinste Stadt Bayerns. Malerische Straßenbilder aus der Blütezeit des Fachwerkbaus prägen das beschauliche Städtchen zu Füßen einer im 12. Jahrhundert gegründeten Burg. Die Hauptstraße des seit 1474 zum Hochstift Würzburg gehörenden Or-

Der stattliche Fachwerkbau zu Füßen der Burg Rothenfels

Die barocke Decke, die Biedermeiervertäfelung und der klassizistische Tisch als stimmungsvolle Einheit

tes säumen Giebelhäuser der Spätrenaissance und des Barock, unter denen das 1598/99 erbaute Rathaus und das etwa zur selben Zeit errichtete Juliusspital wirkungsvolle Akzente setzen. Beide Gebäude entstanden unter der Regierung des Würzburger Fürstbischofs Julius Echter, dessen Bruder Dietrich als Amtmann von Rothenfels fungierte.

In unmittelbarer Nachbarschaft des Spitals steht, durch das kräftige Rot seines Fachwerks und durch einen weit in die Straße hineinragenden Erker deutlich herausgehoben, das alte Weinhaus zum Rothen Ochsen. Erbauungsjahr und ursprüngliche Funktion dieses stattlichen, rückwärtig weit in den Hang hinein gebauten Giebelhauses sind ungeklärt, doch weisen die am Erker verzeichnete Jahreszahl 1585 und das Wappen des Fürstbischofs Julius Echter sowie die prominente Lage neben dem Spital und unterhalb der Kirche nach Würzburg. Gesichert dagegen ist eine bemerkenswerte Kontinuität in der Besitzerfolge: 1710 kam der Rothe Ochse in die Hände jener Wirtsfamilie, die das Gasthaus noch heute mit einem hohen Verantwortungsbewusstsein für dessen historisches Ambiente betreibt.

Die Gaststube liegt im ersten Stock, und schon der Weg hinauf gestaltet sich als Gang durch die Jahrhunderte: Eine eicherne Haustüre, flankiert von einem kleinen Sprossen-Schaufenster wohl des 19. Jahrhunderts (bis 1972 befand sich eine Bäckerei im Anwesen) und einer malerischen Sandstein-Sitzbank, führt in einen breiten Fletz, der mit seinem unregelmäßigen Steinquaderboden in Verbindung mit einer mächtigen Holzbalkendecke ein gehöriges Maß an Geschichtsträchtigkeit ausstrahlt. Eine einfache Holztüre mit Sand-

△ Ofenplatte von 1676 mit der Szene vom Tod Absaloms, Sohn König Davids („Absalom sein schmahlicher Tod im 2. Buch Samuel im 18 Cap 1676")

▷ Links im Fletz die Spindeltreppe zum Gastraum im ersten Stock

◁ Der Ausleger des Rothen Ochsen vor der prächtigen Fachwerkfassade

steineinfassung öffnet den Zutritt zu einem runden Spindeltreppenhaus, dessen flache, von den Jahrhunderten ausgetretene Steinstufen hinaufführen in das Obergeschoss.

Die Gaststube präsentiert sich als ein niedriger Raum, der – mit Holzboden, Sprossenfenstern und einer barocken Decke, die vor allem durch ihre altersbedingte Neigung beeindruckt – jeden Gast sofort für sich einnimmt; gestützt wird die Decke von einem in die Mitte der Stube gestellten Holzpfeiler mit hölzernen Garderobenhaken. Den gesamten Raum umfängt das für Wein- und Gasthäuser des 19. Jahrhunderts geradezu klassische System einer Wandvertäfelung aus warmem Holz mit umlaufender Sitzbank.

Kaum ein Stück der Ausstattung entstammt einem jüngeren als dem 19. Jahrhundert: Der Großteil der Holzstühle sowie die Sitzbank mit schwungvoll durchbrochener Rückenlehne weisen stilistisch in die Biedermeierzeit, und der wohl eigens hierfür eingepasste Tisch im Erker trägt klassizistische Züge. Die überwiegend vom Juliusspital in Würzburg bezogenen Weine werden aus einer im neugotischen Stil gehaltenen Schank gereicht. Höhepunkt aber ist zweifellos der gusseiserne Prunkofen neben der Schank, den alttestamentarische Motive der David-Geschichte (Absalom und Saul) zieren; bezeichnet mit der Jahreszahl 1676, dürfte es sich hierbei um das wohl älteste original am Platz verbliebene Ausstattungsstück eines bayerischen Wirtshauses überhaupt handeln.

Die in seltener Geschlossenheit erhaltene Ausstattung des Rothen Ochsen erreicht im Einzelnen durchaus Museumsqualität; dass die Wirtsstube jedoch nicht die museale Schaukasten-Stimmung einer längst abgeschlossenen Vergangenheit verströmt, sondern ganz im Gegenteil durch ihr historisches, gleichzeitig aber so lebendiges, weil vom Leben und Schicksal vieler Generationen durchtränktes und

Die neugotische Schank neben dem gusseisernen Ofen des 17. Jahrhunderts

eingesessenes Ambiente zum durchaus längeren Verweilen einlädt, darf als wahrer Glücksfall für die bayerische Gastronomie und die Denkmalpflege gleichermaßen bezeichnet werden.

Karl Gattinger

Es gibt einen Platz im Rothen Ochsen, der bei den Gästen besonders beliebt ist: Der Erker, der in die Rothenfelser Hauptstraße hineinragt. Dort zu sitzen und einen guten Wein, vorzugsweise aus den Kellern des Würzburger Juliusspitals, zu genießen, ist ein besonderes Erlebnis, das allerdings nur an den Wochenenden möglich ist. Die Brotzeiten, die die Familie Frank zum Wein serviert, sind auf den Genuss der Rebensäfte abgestimmt. Besonders bekannt ist „de Ochse", wie das Lokal im Volksmund genannt wird, für seinen hausgemachten Kochkäse.

Weinhaus zum Rothen Ochsen

Hauptstraße 67
97851 Rothenfels am Main
(Lkr. Main-Spessart, UFr.)

Öffnungszeiten:
Sa/So ab 18.00 Uhr
(Mai, Juni, Juli, August nur So)

Telefon: 09393-1305,
Telefon/Fax: 09391-81742
www.rother-ochsen.de

Seit 1710 in Familienbesitz, Brotzeiten, traditioneller Familienbetrieb mit Weinwirtschaft und Holzverkauf

4 | Weinhaus zum Stachel in Würzburg

Würzburg, das alte Zentrum Mainfrankens, zeigt bis heute das Bild der geistlichen Stadt: Auf der östlichen Seite die mächtige fürstbischöfliche Residenz, jenseits des Mains die Festung Marienberg, dazwischen die eng gebaute mittelalterliche Stadt, aus der die Türme der vielen Stifts-, Kloster- und Pfarrkirchen auf die nahen Weinberge blicken. Würzburg war seit jeher Mittelpunkt des fränkischen Weinbaus und Weinhandels, aus dem das städtische Bürgertum einen wichtigen Teil seines Wohlstandes erwarb und so zum Beispiel um 1440 das Geld zur Errichtung des Langhauses der Marienkapelle aufbringen konnte. Wenige Schritte vom Portal entfernt liegt das Weinhaus zum Stachel im ehemaligen hinteren Gressenhof.

Der Bau, dessen älteste Teile noch aus dem 12. Jahrhundert stammen, war 1303 Teil des Anwesens des bischöflichen Kämmerers Marquard Cresse und ist seit 1413 als Gasthof belegt. Im Bauernkrieg 1525 schlug der mit den Bürgern Würzburgs verbündete Bauernhauptmann Florian Geyer von Giebelstadt hier sein Hauptquartier auf. Ein am Erkerfenster als Erkennungszeichen befestigter Morgenstern dürfte

Der holzvertäfelte, 1913 als altdeutsche Stube gestaltete Hauptraum

◁ Der Stachel – seit 1413 Gasthaus
▷ Blick in den Renaissance-Innenhof

dem Stachel seinen heutigen Namen gegeben haben. 1676 ließ die Patrizierfamilie Hahn die Gebäude in den Formen der Spätrenaissance umgestalten. Unter den Stachelwirten Caspar und Josefine Burger wurde das Gasthaus 1913 durch den Bildhauer Heinrich Schiestl (1864–1940) im Stil einer altdeutschen Weinstube gestaltet. Bei der Zerstörung Würzburgs am 16. März 1945 war auch der Stachel schwer betroffen, die Wirtsräume blieben zwar erhalten, die nicht ausgelagerten Teile der Ausstattung jedoch durch Brand zerstört. Beim Wiederaufbau durch die Wirtsfamilie Hochrein wurden die erhaltenen Kunstwerke wieder integriert und der Charakter der alten Stachelstuben behutsam beibehalten. Man betritt den Stachel über eine enge Treppe und einen langen, durch das ganze Haus führenden Flur. Rechts sieht man durch bleiverglaste Scheiben in den holzvertäfelten Hauptraum, links öffnet sich eine Türe zu der kreuzgewölbten Florian-Geyer-Stube.

Die Atmosphäre des großen Hauptraumes ist vom kirschfarbenen Holz bestimmt. Die Balkendecke, der Parkettboden, die durchgehende Wandvertäfelung, Tische und lederbezogene Stühle bilden eine harmonische Einheit. Durch die Butzenscheiben der Fensternischen fällt tagsüber Licht in die Stachelstube. In jedes Fenster sind bunte Glasbilder von Heinrich Schiestl eingefügt. Sie zeigen fränkische Sprichwortmotive wie den „Most Göker" und Musikanten und wurden auch in Schiestls Druckgraphik verbreitet. Die Fensternischen und ein in Formen des Rokoko gestalteter Kachelofen gliedern den Raum und schaffen behagliche Ecken. In einer dieser Ecken hängt ein Holzkruzifix des Bildhauers Hans Schiestl, die zwei Büsten eines fränkischen Winzerpaares stammen von dessen Sohn Heinrich. Über drei Tischen sind Lampen mit Pergamentschirmen angebracht, die im Rahmen der Wiederherstellung nach 1950/51 vom Kirchenmaler Oskar Martin-Amorbach (1897–1987) mit Mittelalterphantasmen bemalt wurden.

Von dem Stuck-Schüler Martin-Amorbach stammen auch die Deckengemälde der Florian-Geyer-Stube. Hier bestimmen Mittelalterphantasien und surreale Szenen das Bild. Die rechte Wand ziert ein Wandgemälde im Stil der Historienmalerei um 1900/20 (Schiestl?): Im Zentrum steht der Bauernhauptmann Florian Geyer, dessen Becher die Stachelwirtin gerade mit Wein gefüllt hat. Unter dem Bild in gotischen Lettern das Motto: „Wir wöll'n vor kunftgen Werken mit edlem Wein uns sterken". Von der Holzvertäfelung blickt ein von Heinrich Schiestl geschnitzter hl. Urban auf die dunklen Tische und alten

Die kreuzgewölbte Florian-Geyer-Stube

Brettstühle des Raumes, von dem aus man über eine Stufe in einen holzvertäfelten Nebenraum mit großem Geweihleuchter mit Lüsterweibchen kommt, dessen bleiverglaste Fenster sich zum Stachelhof öffnen. Diesen pittoresken Innenhof betritt man durch romanische Bögen und findet sich in einem verwunschenen, reich ornamentierten Renaissancehof wieder, mit Treppen, Loggia und Balkonen und zahlreichen lauschigen Ecken.

Andreas Otto Weber

„Es geht um Genuss – und sonst gar nichts" – so markant bringt es Inhaber und Küchenchef Richard Huth auf den Punkt. Er verwöhnt die Gäste in seinem Weinhaus im Herzen von Würzburg, wo immer es geht. Aus dem Keller serviert er Weine von den besten Winzern aus Franken und dem Rest der Welt. Einmal in der Woche führt er interessierte Gäste in die Schatzkammer unter dem Haus und lädt zur Weinprobe. Seine Küche beschreibt der Chef als erdig-ehrlich mit luftig-leichten Akzenten. Bei den fränkischen und manchmal auch international angehauchten Spezialitäten werden regionale Produkte verwendet, wann immer es geht in Bio-Qualität. Aber auf jeden Fall ist das, was auf den Teller kommt, einfach gut. Denn: Es geht ja um den Genuss …

Restaurant und Weinhaus zum Stachel

Gressengasse 1
97070 Würzburg (UFr.)

Öffnungszeiten:
Di bis Sa 11.30 – 24.00 Uhr,
So 11.30 – 26.00 Uhr; Ruhetag: Mo

Telefon: 0931-52770, Fax: 0931-52777
www.weinhaus-stachel.de

5 | Gasthof zum Schwan in Sommerach am Main

Der am Ostufer des Mains gelegene mainfränkische Marktflecken Sommerach gilt mit seiner Ortsbefestigung aus dem Spätmittelalter, mit den stattlichen Winzerhöfen aus der Zeit des Barock sowie mit einer Vielzahl von Häckergehöften und Kleinhäusern aus dem 18. und 19. Jahrhundert als ein Ensemble von hohem denkmalpflegerischen Rang. Innerhalb dieses nahezu geschlossenen Ortsbildes setzt dort, wo sich die zentrale Hauptstraße zu einem breiten Platz öffnet, der Gasthof zum Schwan seit mehr als dreihundert Jahren einen wirkungsvollen Akzent.

An dem um das Jahr 1700 errichteten Eckbau, erkennbar an den schön geschwungenen, (neu)gotischen Schriftzügen an beiden Fassaden, fällt sogleich die prächtig gestaltete Portalanlage aus farbigem Sandstein auf; und auch an die Fassade an der Maintorstraße ließ der Bauherr, der Sommeracher Bürger und Ratsherr Hans Barthel Ulrich, ganz dem barocken Zeitgeist verpflichtet, eine Muschelnische mit vollplastischer Pietà setzen.

Barocke Zierfreude beherrscht auch die ehemaligen Wohnräume im Obergeschoss. Drei dieser Zimmer, mit jeweils unterschiedlichen Stuckmotiven an den Decken, werden heute als Gästezimmer genutzt, die beiden aufwendigsten Räume stehen der Gastronomie zur Verfügung. Den Höhepunkt bildet hier das sog. Vier-Jahreszeiten-Zimmer, dessen in kräftigen

Hauptgastraum mit Wandmalereien von 1951

Farben gefasster Deckenstuck als ein Werk des italienischen Wanderstuckateurs Giovanni Baierna gilt (Baierna war u. a. auch für das Augustiner-Chorherrenstift in Heidenfeld bei Schweinfurt tätig).

Die Gastwirtschaft selbst präsentiert sich im Gewand der Zeit um 1900. Der vordere Gastraum verströmt mit seinem Holzdielenboden, den Bleisprossenfenstern, der umlaufenden Sitzbank und einem massiven Holzmobiliar eine einnehmende Atmosphäre, in die sich die späteren Wandmalereien (bez. 1951), Szenen aus Sommerach und Umgebung darstellend, harmonisch einfügen. Der Nebenraum, ein kleines, intimes Eckzimmer mit historischer Ausstattung, strahlt in ungewöhnlicher Dichte das gemütliche Ambiente einer altfränkischen Weinstube aus. Den Boden bilden auch hier hölzerne Dielenbretter, das Mobiliar besteht aus rohen Holztischen. Zwischen der mit Architekturmotiven gegliederten Wandvertäfelung und der aufwendig gestalteten, bemalten Holzdecke mit weinseligen Sprüchen sind dekorative, in Wandölmalerei ausgeführte Szenen zum Weinbau angebracht. Die alte Füllungstüre und Bleiglasfenster sowie zeit-

Detail der Wandölmalerei in der um 1900 gestalteten altfränkischen Weinstube

genössische Hängelampen vervollständigen den Eindruck eines Gaststuben-Ensembles von besonderem Wert und Reiz.

Der große Tanzsaal im Obergeschoss ist das Ergebnis einer im Jahr 1900 durchgeführten Erweiterung; auch er steht ganz im Zeichen des Weinbaus: Die elliptisch geformte Holztonnendecke schafft die Illusion eines Weinfasses, und zarte Malereien zeigen Szenen aus dem Weinbau. Die dem Musikchor gegenüberliegende Wandfläche nimmt ein großformatiges Gemälde des Würzburger Kunstmalers Hans Sperlich ein, eine vielfigurige Allegorie auf die berühmteste Sommeracher Weinlage, den „Sommeracher Katzenkopf" (bez. 1900).

Ende der 1990er Jahre erschien der Fortbestand des zu dieser Zeit stark sanierungsbedürftigen Gasthauses akut gefährdet. Trotz dieses Zustands wurde der Gasthof aufgrund seiner ungewöhnlich reichen bauzeitlichen Ausstattung vom Bayerischen Landesamt für Denkmalpflege als „zu den außergewöhnlichsten und bedeutendsten Wirtshäusern Frankens" gehörend eingestuft. Die daraufhin eingeleiteten mehrjährigen Instandsetzungsarbeiten zielten neben dem Erhalt der Bausubstanz vor allem auf die Wahrung des authentischen Ambientes; erreicht wurde dies gerade auch durch den ausdrücklichen Beibehalt historischer Ausstattungsdetails wie Böden, Fenster, Türstöcke und Türen bis hin zum ausladenden Kronleuchter im Festsaal – ein im Ergebnis äußerst gelungenes, gleichwohl gerade in der Gastronomie viel zu selten durchgeführtes Konzept, dessen Auszeichnung mit der Bayerischen Denkmalschutzmedaille 2001 aufgrund seiner Vorbildlichkeit mehr als verdient erscheint.

Karl Gattinger

 Wer durch das reich verzierte Portal des Gasthofes zum Schwan eintritt, weiß gleich, dass er hier Besonderes zu erwarten hat. Denn Ruth und Klaus Münch verbinden die Tradition mit der Moderne. Regionale Spezialitäten werden hier, angepasst an die jeweilige Saison, den Gästen serviert – sowohl in der historischen Weinstube als auch im

△ Der um 1700 errichtete stattliche Eckbau

▽ Detail des Sandsteinportals mit Gottvater, Heilig-Geist-Taube und Hl. Familie

Festsaal oder der Scheune. Etwas Besonderes ist die Weinprobe im Weinkeller. Hier werden zwischen den hölzernen Weinfässern frische, edle Weine zusammen mit einer typischen Häckerbrotzeit serviert. Wer dann noch etwas länger bleiben will, kann in einem der liebevoll umgebauten Zimmer im historischen Teil des Gebäudes übernachten.

Gasthof zum Schwan

Hauptstraße 10
97334 Sommerach am Main
(Lkr. Kitzingen, UFr.)

Öffnungszeiten: Mo bis So 11.30–14.30 Uhr; Ruhetag: Mi

Telefon: 09381-847684, Fax: 09381-847685
www.schwan-sommerach.de

Barocke Gästezimmer

6 | Gasthof zur Schwane in Volkach

Volkach an der Mainschleife, schon 1258 als Stadt erwähnt, ist einer der bekanntesten Orte Mainfrankens. Den Reiz der Region bestimmt die Landschaft des bewegten Flusstals mit ihren eindrucksvollen Weinbergen. Der Volksmund behauptet, hier müsse einst das Paradies gewesen sein. Im Stadtbild hat die Barockzeit die stärksten Spuren hinterlassen. Im Mittelpunkt der Altstadt aber steht das spätgotische Rathaus von 1544; von der einstigen Stadtbefestigung künden noch zwei Stadttore aus der Renaissance.

Im Schatten des Sommeracher Torturms, der mit seinem geschweiften Volutengiebel den südlichen Eingang in die Stadt markiert, steht der Gasthof zur Schwane. Fest gefügt in die Häuserzeile liegt er traufseitig zur Straße – breit, behäbig und selbstbewusst. Die profilierten Fensterrahmungen lassen eine barocke Umgestaltung der Fassade im 18. Jahrhundert vermuten. Nicht aus dieser Zeit, wohl aber in barocker und stilgetreuer Manier ist der schmiedeeiserne Ausleger gestaltet: Am waagrecht verlaufenden Tragearm hängt

Wirtsstube mit der Kassettendecke des 16. Jahrhunderts

Kachelofen aus dem Biedermeier

das rechteckige Schild mit dem Schwan, umrankt von Weintrauben.

Der Name des Gasthofs rührt jedoch nicht vom Schwan, sondern vom alten Geschlecht der Familie Schwan, das schriftlich bereits für das Jahr 1404 belegt ist. Auch das Gasthaus bestand zu diesem Zeitpunkt und ist eines der ältesten Mainfrankens. In den folgenden Jahrzehnten sind die Schwan in den Protokollbüchern Volkachs mehrfach als angesehene Mitbürger verzeichnet. Heinrich Schwan wird 1504 als Mitglied der zwölf Gerichtsherren des Inneren Rats genannt. 1559 stiftet ein Johann Schwan den Taufbrunnen in der Stadtpfarrkirche St. Bartholomäus. In der ersten Hälfte des 18. Jahrhunderts gilt die Brauerei in der Schwane sogar als ernstzunehmende Konkurrenz für die Weinwirtschaft der Stadt. Unter wechselnden Besitzern und Pächtern verliert die bedeutende Gastwirtschaft im 19. Jahrhundert mehr und mehr an Ansehen. 1936 gelangt sie in die Hände der Familie Pfaff. Michael Pfaff II. gelingt es, seinem Restaurant einen überregionalen Ruf zu verleihen. Seit 1996 leiten Eva Pfaff-Düker und Ralph Düker Hotel und Restaurant. Um der Schwane auch einen besonderen Namen als Weinhaus zu verschaffen, entstand vor den Toren der Stadt ein Weingut.

Ein rundbogiges, geschosshohes Tor führt von der Straßenseite in einen langgestreckten Innenhof. Einst Wirtschaftshof des früheren landwirtschaftlichen Anwesens, ist er in den Sommermonaten ein angenehm kühler Restaurantplatz im Freien. Bei Regen sitzt man unter der von

Holzpfosten gestützten offenen Altane; sie wurde 1971 originalgetreu erneuert. Die früheren Wirtschaftsgebäude dienen heute als Gästezimmer. Bemerkenswert ist das ornamentale Fachwerk mit den Merkmalen mainfränkischer Renaissance. Moderne Bequemlichkeit geht mit der überlieferten, sorgsam renovierten Bausubstanz eine angenehme Synthese ein.

Die Wirtsstube ist dank der gelungenen Restaurierung von 1936 in ihrer altfränkischen Ausstrahlung erhalten. Rundum verlaufende Vertäfelungen aus rotbraunem Holz, die einzelnen Felder mit Pflanzenornamenten bemalt, eine ebenfalls farbig gefasste Kassettendecke, die in das 16. Jahrhundert datiert werden kann, Lüsterweibchen, bleiverglaste Fenster, Zinngeschirr und Mobiliar vermitteln einen authentischen Eindruck aus der Entstehungszeit des Gasthauses. Veränderungen späterer Zeiten fügen sich harmonisch in das Gesamtbild ein. Eine Kuriosität ist der Kachelofen aus der Biedermeierzeit: In Versform werden auf nachträglich eingefügten großflächigen Kacheln die 1936 bei der Restaurierung beteiligten Handwerker genannt und die Lebensfreuden von Speis' und Trank gerühmt: „Die Weise guter Zecher ist, zu früh' und später Stunde, daß alter Wein im Becher ist, und neuer Witz im Munde ... laßt uns das Glas erheben, Gott soll den Segen geben!"

Hans Bauer

Seit 1404 belegt und eines der ältesten Gasthäuser Frankens

„Mehr als guten Wein und fränkische Küche" – das versprechen die Familien Pfaff und Düker den Gästen in ihrem Romantik-Hotel im Herzen des Weinstädtchens Volkach. Denn hinter der historischen Fassade geht es modern zu. Aus der Küche kommen unter dem Motto „Zukunft hat Tradition" typische Klassiker der unterfränkischen Küche, aber auch neue, eigene Kreationen, die den Gaumen immer wieder überraschen. Absolute Frische und das klare Bekenntnis zu fränkischen Produkten stehen dabei an oberster Stelle. Besonders beliebt ist das Hotel zur Schwane bei den Tagungsgästen – und das nicht nur wegen der hellen, modern ausgestatteten Tagungsräume. Wer nach einem anstrengenden Seminartag bei einer, von der Chefin höchstpersönlich durchgeführten Weinprobe die edlen fränkischen Weine vom hauseigenen Weingut probiert hat, wird den Aufenthalt so schnell nicht vergessen.

Hotel zur Schwane

Hauptstraße 12, 97332 Volkach
(Lkr. Kitzingen, UFr.)

Öffnungszeiten:
12.00–14.00 Uhr, 18.00–22.00 Uhr
Ruhetag: Mo

Telefon: 09381-8066-0, Fax: 09381-8066-66
www.schwane.de

Gastgarten im Innenhof, hauseigenes Weingut

7 | Gasthof Goldener Adler in Mürsbach

Das Dorf Mürsbach liegt im Itzgrund etwa auf halber Strecke zwischen Bamberg und Coburg. Schon im 11. Jahrhundert bildete es eine eigenständige Großpfarrei mit damals 27 Orten. Mürsbach erfüllte somit über Jahrhunderte eine gewisse Mittelpunktsfunktion, zu der neben der Kirche auch die Wirtshäuser mit ihren Brauereien gehörten. Einer dieser Brauereigasthöfe war der „Goldene Adler". Die Hofanlage liegt seit dem Mittelalter im Zentrum des Dorfes an der wichtigen Straßenkreuzung, wo im 19. Jahrhundert auch Märkte abgehalten wurden.

Die heutige Gastwirtschaft wurde wohl 1758 unter Verwendung eines Vorgängerbaus errichtet. 1882 erwarb sie Johann Feiler, der das Gasthaus umbauen und den heute noch bestehenden Saalanbau im Obergeschoss errichten ließ. Der letzte Besitzer aus der Familie Feiler, wie seine Vorväter Johann getauft (1922–2002), führte das Brauereianwesen im traditionellen Sinne weiter. Dabei übte er die Berufe des Gastwirtes und Landwirtes, des Brauers, Mälzers und Schnapsbrenners aus. Während zahlreiche Landbrauereien im Bamberger Umland im großen Stil mo-

Die Hofanlage des Brauereigasthofs im Zentrum des Ortes

Eingang zum Gasthof Goldener Adler mit Wirtshausschild aus der Zeit, als die dazugehörige Brauerei noch in Betrieb war

dernisierten oder ganz aufgaben, behielt er die althergebrachte Betriebsform bei – natürlich mit den entsprechenden wirtschaftlichen Konsequenzen. Sanierung und Umbauten führte er nicht durch, weswegen das Anwesen und insbesondere die Governing den Zustand der Mitte des 20. Jahrhunderts konservierten. Dies zu bewahren war auch das Anliegen der Familie Andrea und Stefan Schneider, die 2003 die Hofanlage in einem stark schadhaften Zustand erwarb und mit großem Einsatz sanierte.

Das Gasthaus ist ein zweigeschossiger Walmdachbau aus der Mitte des 18. Jahrhunderts. Ursprünglich verputzt, ist sein schlichtes Fachwerk seit Beginn der 1950er Jahre freigelegt. Vom Grundriss unterscheidet sich ein derartiges Dorfgasthaus kaum von den gleichzeitigen Bauernhäusern der Region. Es folgt der üblichen Struktur der mittleren Erschließung auf der Traufseite, bei der man in den Hausplatz eintritt. In gerader Linie folgt die Küche, während man rechts in die Stube gelangt, von welcher aus die Kammer erschlossen wird. An der Stelle der üblichen Bauernstube befindet sich hier eben die Gaststube, die ehemalige, nun herausgenommene Wand der Kammer ist noch durch einen Unterzug ablesbar.

Der Gastraum besitzt noch den traditionellen, durch jahrzehntelanges Ölen und Wachsen dunkel gefärbten Weichholzdielenboden, die Wand umlaufen Holzpaneele, die mit Bierlasur gestrichen sind. Geheizt wird der Raum durch einen schlichten Kachelofen aus der ersten Hälfte des 20. Jahrhunderts. Der hintere Teil der Gaststube im Bereich der ehemaligen Kammer konnte vom vorderen Gästeraum abgetrennt werden, wenn er – was selten vorkam – als Wohnzimmer der Wirtsfamilie genutzt wurde. Zeugen dieser Mischfunktion sind noch das Familienklavier und ein altes Radio. Das Mobiliar besteht aus schlichten Stühlen und Tischen aus dem alten Bestand der Gastwirtschaft.

Genauso schlicht ist auch der Tanzsaal eingerichtet. Er besitzt ebenfalls einen Dielenboden, belichtet wird er durch hochstehende, recht filigrane Kastenfenster, die in ihren Außenfenstern großteils noch aus der Bauzeit stammen. Bemerkenswert ist auch das alte, grobschlächtige, aber mobile Musikpodium.

Im Keller des Gasthauses ist die alte Obstbrennerei mit ihrem Gerätebestand aus der ersten Hälfte des 20. Jahrhunderts untergebracht. Auch das Brauhaus aus

Die schlichte Gaststube mit dem traditionellen Dielenboden

dem frühen 19. Jahrhundert ist, mit einer Ausstattung aus der ersten Hälfte des 20. Jahrhunderts, einschließlich einer Malzdarre noch komplett erhalten. Nördlich der Scheune des Hofes erstreckt sich der Wirtshausgarten unter den Obstbäumen, die den Grundstoff für die Brennerei lieferten. Die Kegelbahn, die den Garten zur Straße hin abschloss, ist nicht mehr vorhanden.

Heute präsentiert sich die Gastwirtschaft mit ihrer gesamten Hofanlage und in ihren Galtäumen authentisch wie nur noch wenige fränkische Dorfwirtshäuser. Unumgängliche Neuerungen wurden behutsam und unaufdringlich eingefügt.

Thomas Gunzelmann

Der Goldene Adler in Mürsbach ist das klassische Dorfwirtshaus schlechthin. In der gemütlichen Wirtsstube treffen sich Einheimische zum Stammtisch und Fremde, die in der Gegend sind. Im Festsaal im ersten Stock wird gefeiert und im Sommer ruhen sich die Gäste im gemütlichen Biergarten aus. Auf den Tisch kommen fränkische Spezialitäten, stets frisch zubereitet aus regionalen Produkten, zum Teil auch aus biologischem Anbau. Das eigene Brauhaus ist zwar inzwischen geschlossen, dafür wird einheimisches Bier aus den vielen kleinen Brauereien der Umgebung angeboten. Und wer möchte, kann eine Führung durch die historischen Brauanlagen machen.

Gasthof Goldener Adler

Am Marktplatz 10/12
96179 Mürsbach (Lkr. Bamberg, OFr.)

Öffnungszeiten:
Fr und Sa ab 16.00 Uhr,
Sonn-/Feiertage ab 10.00 Uhr

Telefon: 09547-6459 oder 09533-982200
www.goldener-adler-muersbach.de

Biergarten, Führungen im historischen Brauhaus, Ferienwohnung

8 | Brauereigaststätte Mahr's-Bräu in Bamberg

Bamberg hat eine lange Tradition als Bierstadt. Bereits 1093 wurde hier Bier ausgeschenkt, gebraut wird spätestens seit 1154, als die Bierbrauer im Immunitätsgebiet des Klosters Michelsberg erstmals genannt werden. Da es in der Stadt nie ein Kommunbrauhaus gab, wuchs die Zahl der Brauereigaststätten rasch: 1788 arbeiteten in Bamberg 78 selbständige Büttner- und Braumeister, 1818 lagen allein 26 Braustätten entlang der die Stadt durchquerenden alten Fernhandelsstraße Nürnberg–Leipzig. Weit zurück reichen auch die Wurzeln der Brauerei Mahr's in der Wunderburg, einer ab dem 14. Jahrhundert entstandenen Vorstadt am Rande dieser Straße nach Nürnberg.

Hier wird 1602, auf dem Gelände einer aufgelassenen Ziegelhütte, ein Gasthof mit Brauhaus erwähnt; auf diese Hütte gehen der heutige Hausname „Zum Brenner" und die Bezeichnung eines Nebenzimmers als „Brenner-Stübla" zurück. Im Dreißigjährigen Krieg beschädigt, brannte das Anwesen 1650 ab; erst nach 33 Jahren konnte es wieder aufgebaut werden.

Schanktisch mit Eichenholzfässern und das Fenster zur Gassenschänke

Aus dieser Zeit stammt wohl im Kern noch die alte Gaststube. 1826 entstand das heutige zweigeschossige Hauptgebäude mit Mansardwalmdach an der Jägerstraße; 1835 folgte das kleine Gartenhaus zur Wunderburg. Ihren Namen erhielt die Brauerei durch Karl Mahr, Besitzer ab 1840. Die Ära der heutigen Eigentümerfamilie begann 1895 mit Johann Michel, der 1907 durch den renommierten Bamberger Architekten Gustav Haeberle das heutige Brauereigebäude mit Mälzerei errichten ließ, einen interessanten Backsteinbau des Jugendstils.

Hinter einer Windfangglastür der Zeit um 1900 liegt der lange Hausflur mit großen, unregelmäßigen Granitplatten und eigenartigen Schließfächern an den Schmalseiten. Hier werden die privaten Krüge der „Stehgammler" verwahrt, einer wohl einmaligen Form des Stammtischs: Angehörige unterschiedlichster Berufsgruppen treffen sich auf dem Nachhauseweg im Flur auf ein oder zwei Bier; die Krüge können auf schmalen Wandborden abgesetzt werden. Wird ein Platz in dieser Runde frei, kann nur ein alteingesessener Wunderburger in den begehrten Kreis nachrücken.

Die dämmrige, niedrige Gaststube empfängt den Besucher mit einer Ausstattung des späten 19. Jahrhunderts: Eine umlaufende, rotbraun gebeizte Holzvertäfelung, die gleichzeitig die Rückenlehne für die ebenfalls umlaufende Bank bildet, verleiht dem Raum eine gemütliche Atmosphäre, die noch verstärkt wird durch die Ton in Ton mit rotbrauner Ölfarbe gestrichenen Wände. Die ebenfalls rotbraune Zimmerdecke wird von zwei schweren, gebeilten Unterzügen getragen. Das Zentrum des Raums bildet ein von Bänken eingerahmter, dunkelgrün glasierter Kachelofen, entstanden kurz nach 1900. Auf dem als fränkisches Parkett verlegten Boden stehen lange, blank gescheuerte Biertische mit dunklen, gedrechselten Beinen und schlichte, dunkle Holzstühle. Der übereck angeordnete Schanktisch wurde bei der letzten Renovierung in der alten Form mit den charakteristischen Besteckschubläden an der Längsseite, den profilierten Felderungen und dem Glasvitrinenaufsatz erneuert. Gezapft wird aus Eichenholzfässern, über deren Ablage ein altes Hängebord die Glaskrüge bereithält. Praktischerweise gleich daneben liegt das Fenster zur Gassenschänke.

Über einen schmalen Durchgang gelangt man in das zweite Gastzimmer im Gartenhaus. Hier steht rechts in der Ecke ein Klavier des späten 19. Jahrhunderts im Neorenaissancestil, links ein Buffet in schlichten Art-déco-Formen. Die Wände sind mit fast schwarzen Paneelen getäfelt, die Decke zeigt jüngere Holzbalken, der Fußboden besteht aus fränkischem Par-

Das zweigeschossige Hauptgebäude mit Mansardwalmdach von 1826 (links) und der Kernbau des späten 17. Jahrhunderts (Mitte).

Der gemütliche Gastraum mit der Ausstattung um 1900

kett; Tische und Stühle entsprechen weitgehend denen im vorderen Raum.

Seit über 400 Jahren werden Brauerei, Mälzerei und Gaststätte am selben Ort betrieben, spätestens seit dem mittleren 19. Jahrhundert zusätzlich mit einem schattigen Biergarten. In dieser Gesamtheit ist das Ensemble selbst für Bamberger Verhältnisse ungewöhnlich authentisch erhalten.

Peter Ruderich

Wer das Mahr's-Bräu in Bamberg betritt, kann schon im Flur von den Gästen empfangen werden, den sog. Stehgammlern. Der alte Brauch, dass man auf ein schnelles Bier im Stehen einkehrt, wird in der Traditionsgaststätte noch hoch gehalten. Und nur ein alteingesessener Wunderburger kann im eingemauerten Schränkchen einen Platz für seinen Stammkrug beanspruchen. Die Küche liefert fränkische Braten und deftige, bodenständige Brotzeiten. Kein Wunder, dass sich hier alle Generationen treffen, dass Rentner und Studenten gleichermaßen einkehren. Ihnen allen ist gemeinsam, dass ihnen das Bier aus den Eichenholzfässern ganz besonders gut schmeckt.

Mahr's-Bräu

Wunderburg 10
96050 Bamberg (Ofr.)

Öffnungszeiten:
Di bis Sa 10.00–23.00 Uhr, So 10.00–15.00 Uhr, Mo 16.00–23.00 Uhr

Telefon: 0951-91517-0, Fax: 0951-91517-30
www.mahrs-braeu.de

Biergarten, Brauereiführungen, Ferienwohnung in der Brauerei

9 | Brauereigaststätte Heller, gen. Schlenkerla, in Bamberg

Die bekannteste der heute noch zwölf gewerblich gemeldeten Brauereien in der Stadt Bamberg ist das „Schlenkerla" in der Dominikanerstraße am Fuß des Dombergs im Sandgebiet, berühmt durch sein Rauchbier. Schon von Weitem macht der schmiedeeiserne Ausleger aus dem frühen 18. Jahrhundert auf die Gaststätte aufmerksam. Dieser besteht aus dem klassischen „Bierzeiger", dem goldenen Brauerstern, sowie aus einem aus Blech gestanzten blauen Löwen. Als Wirtshaus zum Blauen Löwen wird das Gebäude seit 1538 bezeichnet, doch schon 1485 werden mit den Brüdern Vogler erstmals Büttner – Fassmacher – als Besitzer genannt. Da in Bamberg die Fassmacher zu jener Zeit traditionell auch Brauer waren, dürfte schon damals hier gebraut worden sein. Der Ausleger zeigt unter dem Löwen, in einem Laubkranz, auch den namensgebenden Wirt der Gaststätte, den Brauer Andreas Graser, Eigentümer seit 1877: Wegen seiner Armbewegungen und seines schlenkernden Gangs wurde er spöttisch „das Schlenkerla" genannt, ein Name, der auf die Gaststätte überging, nicht jedoch auf die Brauerei, die spätestens 1677/78 in dem Anwesen eingerichtet worden war. Sie ist nach Johann Wolfgang Heller benannt, der das Haus in der Mitte des 18. Jahrhunderts erworben hatte. Eine um 1900 angebrachte Sandsteintafel links des Eingangs hält die Namen fest.

Durch die zweiflügelige klassizistische Tür des Gasthauses gelangt man zunächst

▷ Blick durch das Fenster der Gassenschänke in den Gastraum
▽ Gastraum mit dunkler Bohlenbalkendecke des 17. Jahrhunderts

in den breiten Hausplatz mit der traditionellen Gassenschänke, an der auch der alte Klingelzug nicht fehlt. Im Hintergrund führt eine zweiläufige Treppe mit Flachbalustergeländer aus der Zeit um 1730 zu den oberen Stockwerken; hier wohnt seit 1872 die heutige Eigentümerfamilie, die das Haus inzwischen in sechster Generation führt. Im Rückgebäude mit seinen massiv gewölbten Erdgeschossräumen befand sich bis 1936 die Brauerei, darüber bis 1971 die Mälzerei, bevor beide zum Stephansberg auf das Gelände des ehemaligen Sommerkellers der Brauerei ausgelagert wurden.

Die ursprünglichen Governmenträume mit dunklen Bohlenbalkendecken des 17. Jahrhunderts liegen links des Hausplatzes. Die Ecke neben der Tür nimmt der alte Schanktisch mit einer historistischen Anrichte ein. Erst 1926 kamen die Räume rechts des Hausplatzes im Nachbarhaus, das ab 1677 vom Dominikanerkloster adaptierte gotische „Haus zu den Störchen", hinzu. Noch im selben Jahr wurden die Räume in der bis heute bestehenden Form aus-

△ Hauptgebäude des 17. Jahrhunderts mit Zierfachwerk

◁ Die 1926 eingerichtete Dominikanerklause mit Kreuzrippengewölbe des 14. Jahrhunderts

mer" mit schlichter Balkendecke sowie ein kleines Nebenzimmer zum Hof mit grün glasiertem Kachelofen eingerichtet, die „Altdeutsche Stube".

Allen Räumen gemeinsam ist die fast vollständig auf den Umbau von 1926 zurückgehende „altdeutsche" Ausstattung. An den Wänden hängen Kupfer- und Stahlstiche mit Bamberger Ansichten, Hinterglasbilder, Ölgemälde mit Bischofsportraits sowie Heiligenskulpturen aus der Sammlung des Wirts Michael Graser. Die Räume sind geprägt vom Kontrast zwischen den hellen Kalksteinplattenböden und den hohen, fast schwarzen Wandvertäfelungen, die in der „Klause" mit flachen Rankenschnitzereien verziert sind, zwischen den Tischen mit hellen, blank gescheuerten Ahornplatten und den braun gebeizten Eichenstühlen mit unterschied-

gestaltet: Das Kreuzrippengewölbe des 14. Jahrhunderts (wohl die ehemalige Hauskapelle) ließ der Wirt Michael Graser nach alten Vorlagen mit Rankenmalereien versehen und als „Dominikanerklause" ausstatten; ein steinerner Wandkamin ist mit „A 1926 D" datiert. Der straßenseitige Teil, um mehrere Stufen erhöht, wird durch eine neugotische Maßwerkbalustrade abgegrenzt und trägt eine Holzbalkendecke mit Schablonenrankenmalereien. Gleichzeitig wurden auch der benachbarte Saal, das sogenannte „Bamberger Zim-

Rauchbier aus dem typischen Eichenholzfass, aus dem heute noch gezapft wird

lichsten Ornamentschnitzereien an den durchbrochenen Lehnen. Besonders phantasievoll sind die Lampen gestaltet: Radleuchter, Lüsterweibchen, ein aus einem Hirschgeweih herauswachsender, dreiköpfiger Drache.

Von den Zimmertüren über die Heizkörperverkleidungen bis zu den Garderobenständern und -haken hat sich im „Schlenkerla" eine Ausstattung aus der Zeit der Weimarer Republik in allen Räumen nahezu unverfälscht erhalten.

Peter Ruderich

Wer das „Aecht Schlenkerla Rauchbier" nicht probiert hat, darf nicht behaupten, in Bamberg gewesen zu sein. So sagt es zumindest der Volksmund. In der Tat gehört die traditionsreiche Rauchbierquelle zu den Touristenattraktionen in der Domstadt. Der unverwechselbare Geschmack nach frisch Geräuchertem ist zwar beim ersten „Seidla" noch ungewöhnlich – doch man kann sich daran gewöhnen … Und das „Aecht Schlenkerla Rauchbier" schmeckt besonders gut, wenn man die deftigen Brotzeiten und fränkischen Spezialitäten dazu genießt. Wenn dann auch noch das einzigartige Bier in der Küche zum Einsatz kommt, macht das einen Besuch im Schlenkerla zu einem runden Geschmackserlebnis.

Brauerei Schlenkerla

Dominikanerstraße 6
96049 Bamberg (OFr.)

Öffnungszeiten:
9.30–23.30 Uhr
(warme Küche 12.00–22.00 Uhr)

Telefon: 0951-56060, Fax: 0951-54019
www.schlenkerla.de

Rauchbier

10 | Gasthaus Weierich in Bamberg

Äußerlich präsentiert sich das Hotel und Gasthaus im Sandgebiet am Fuß der Bamberger Bergstadt mit einem langgestreckten, schlichten Baukörper von 1844, entworfen vom damals vielbeschäftigten Bamberger Baumeister Georg I. Hofbauer. Ihre Hauptfassade wendet die Vierflügelanlage dem erst nach dem Abbruch der Franziskanerkirche infolge der Säkularisation entstandenen Platz der Schranne zu. Im Nebenflügel zur Lugbank steckt noch ein romanischer Steinbau des 12. oder 13. Jahrhunderts. Gebraut wurde hier seit 1490; im Jahr 1877 allerdings stellte der letzte Brauer Heinrich Leicht den Betrieb ein. Seitdem besteht das Haus nurmehr als Gasthof, der nach Georg Weierich, Besitzer ab 1893, benannt ist. Deutschlandweite Berühmtheit erlangte das Lokal kurzzeitig im sog. Bamberger Bierkrieg vom November 1907, als sich der Wirt, angeregt von einem seiner Stammgäste, erfolgreich einer einheitlichen Bierpreiserhöhung aller einheimischen Brauereien von zehn auf elf Pfennig widersetzte und seine Fässer aus Forchheim importierte, da ihn die Bamberger Brauer nicht zum alten Preis belieferten. Der Zulauf war so enorm, dass nach einer Woche die Brauereien ihre Preiserhöhung zurücknehmen mussten.

Gastraum von 1924/26 mit ursprünglicher Ausstattung

Ihre heutige Gestalt erhielt die Gaststube in den Jahren 1924/26 durch den Wirt und Metzgermeister Michael Weierich, der einen bereits 1891 abgetrennten Nebenraum mit dem Eckzimmer, einem ehemaligen Laden, zusammenlegen, mit einem Holzfußboden in Fischgrätmuster versehen und aufwendig als „altdeutsche Bierstube" ausstatten ließ: Ein flaches überputztes Tonnengewölbe aus Holz überspannt den weiten Raum; die reiche Bemalung mit Rankenornamentik wurde leider übertüncht; lediglich eine stehende Muttergottes als Patrona Bavariae ist über dem Eingang noch sichtbar. Wände und Fensternischen sind bis zum Gewölbe-

△ Kachelofen von 1924, daneben verkleinerte Bronzenachbildung des Bamberger Reiters

◁ „Altdeutsche" Stühle und Festererker mit Glasmalereien von 1924 im westlichen Teil der Gaststube

ansatz mit dunklen Rahmenvertäfelungen aus Eichenholz verkleidet, in die Wandspiegel integriert sind. Auf dem Abschlussgesims sitzen sechs Mönchsbüsten des Bamberger Holzbildhauermeisters Christian Weghorn, wohl aus Lindenholz: Kellner mit Brot, Flaschenträger, Kartenspieler, Biertrinker, Tabakschnupfer und Weintrinker, alle zweifellos angeregt von den Mönchsdarstellungen des Münchner Genremalers Eduard von Grützner. Weitere zwei Figuren sitzen auf Türwangen: hinter dem Windfang eine Nachbildung des „Säufermännlas", des spätgotischen Aufsatzes auf dem Chortreppenturm der benachbarten Oberen Pfarrkirche – allerdings stößt die Figur nicht in ein Horn, wie ihr Vorbild, sondern setzt eine bauchige Flasche an, wie dies volkstümlich auch der Skulptur auf dem Türmchen unterstellt wird. Am Eingang vom Hotel sitzt die derbe Holzfigur eines „Dukatenscheißers". An der nördlichen Wand steht eine verkleinerte Bronzenachbildung des Bamberger Reiters, ebenfalls von Christian Weghorn.

Die Kastenfenster der Galerie enthalten Butzenscheiben; ein größeres Fenster ist erkerartig vorgezogen und mit geschnitzten Rahmen sowie ebenfalls der Art Grützners verpflichteten Bildern der

Figur des „Säufermännlas" und Mönchsbüsten im Gastraum, 1924/26 von Christian Weghorn

einheimischen „Kunstgewerblichen Werkstätten für Glasmalerei, Flachglasätzerei, Kunstglaserei und Glasfirmenschilder Franz Müller" geschmückt. Weitere Glasmalereien von Franz Müller finden sich an der Tür zum Gang sowie in den Fenstern des östlich anschließenden Schankraums (1967 umgestaltet). Der schwarze Kachelofen im Hauptraum ist 1924 datiert; eine Kachel seines Aufsatzes zeigt als Relief einen Ritter, die Schildfigur des Bamberger Stadtwappens. Die dunkel gebeizten Tische und Stühle mit gedrechselten Beinen, vor allem aber die Stuhllehnen in Form von Flachreliefs mit Groteskenmasken und doppelköpfigen Reichsadlern orientieren sich an „altdeutschen" Vorbildern bevorzugt des 17. Jahrhunderts, ebenso die Geweihleuchter und schmiedeeisernen Hängelampen aus der Kunstschlosserei Anton Bosch.

Mit dieser reichen Originalausstattung ist der „Weierich" ein außergewöhnlich authentisch erhaltenes Beispiel für die in ganz Bayern zu beobachtende zweite Modernisierungswelle in der Gastronomie, die in der Zwischenkriegszeit einsetzte.

Peter Ruderich

 Wer im Restaurant Weierich inmitten der Bamberger Altstadt einkehrt, findet auf der Speisekarte eine interessante Mischung: Fränkisches Schäufele steht dort wie selbstverständlich neben einer Sylter Krabbenplatte, Bratwürste konkurrieren mit „Hamburger Pannfisch". Der aus Hamburg stammende Koch hat bei der Wiedereröffnung im Jahr 2006 eine Marktlücke in der Bamberger Gastronomie entdeckt und bietet neben den für die Domstadt üblichen fränkischen Spezialitäten auch Gerichte aus seiner norddeutschen Heimat an. Bei Einheimischen und Touristen kommt dieser Mix gleichermaßen gut an.

Restaurant Weierich

Lugbank 5
96049 Bamberg (OFr.)

Öffnungszeiten:
tägl. ab 11.00 Uhr,
Okt.–März: Mo bis Fr ab 17.00 Uhr,
Sa/So ab 11.00 Uhr

Telefon: 0951-2999390, Fax: 0951-5193090
www.restaurant-weierich.de

Außensitzplätze

11 | Fränkische Bierstube in Forchheim

Bis heute hat sich die Stadt Forchheim, einst karolingische Pfalz und Landesfestung der Bamberger Fürstbischöfe, ihr historisches Ortsbild weitgehend erhalten. Von Kriegszerstörungen verschont, weist die Innenstadt zahlreiche denkmalgeschützte Gebäude auf, darunter die Fränkische Bierstube. Das im 18. Jahrhundert errichtete, im Erdgeschoss in Sandstein ausgeführte Gasthaus findet sich auf der westlichen Seite der ehemals wichtigsten städtischen Verkehrsachse in einer Reihe fast gleich hoher, zweigeschossiger Bürgerhäuser. Zu dem Anwesen gehört auch ein 1697 errichtetes Rückgebäude, eine zweigeschossige Fachwerk-Scheune mit Walmdach.

In einer Reihe giebelseitig zur Straße gewandter Bürgerhäuser steht die Fränkische Bierstube: Einbauten großflächiger Schaufenster sind – anders als bei vielen Nebenhäusern – unterblieben. Stattdessen präsentiert sich die Schauseite des Hauses mit geohrten Fenster- und Türumrandungen, hölzernen Fensterläden, farbigen Bleisprossenfenstern und einer zweiflügeligen Eingangstür nahe an ihrem ursprünglichen barocken Bauzustand. Rocaille-Schnitzereien aus der Mitte des 18. Jahrhunderts, die beide Türflügel und den geschwungenen Türkämpfer verzieren, unterstreichen dies. Ein schmiedeeiserner Ausleger lädt zum Besuch ein.

Der Eingangsbereich lässt nicht erahnen, welches innenarchitektonische Schmuckstück das Haus verbirgt. In dem langen, gefliesten Flur steht ein moderner Bartresen. Der Hausflur führt zu einem erst jüngst gestalteten Gastraum im amerikanischen Kolonialstil.

Einen Kontrapunkt dazu setzt der historische Gastraum: Dieser besticht durch die in Stil und Farbigkeit einheitliche, nahezu vollständig erhaltene Ausstattung aus dem Jahr 1930. Lediglich die Tischplatten und der Schanktresen wurden 2008 in Anlehnung an historische Vorlagen erneuert. Während der eher niedrige Raum mit der einfachen Balkendecke und dem Fliesen-

Die sorgfältig restaurierte Fassade der Fränkischen Bierstube

boden nüchtern wirkt, prunkt das Interieur mit Farbigkeit und dekorativen Details. Die durchgängige Gestaltung umfasst neben den Stühlen und Tischen auch die umlaufende Sitzbank einschließlich der halbhohen Vertäfelung sowie den von bemalten Wangen und gedrechselten Säulen eingefassten Kachelofen. Ebenfalls bemalt sind die fünf Holzlampen, die Innenseite der Gastraumtür, die Garderobe rechts der Tür sowie der Gläserschrank, die Durchreiche und die Küchentür. Selbst das Podest für den Herrgottswinkel ist im Stil der Wirtsstube gehalten.

Die ebenso farbenfrohe wie einheitliche Ausmalung führte der Bamberger Maler Johannes Förstel in den dominanten Farben Rot und Grün aus. Auf den größeren Flächen der Vertäfelung brachte er überwiegend bierselige, von floralen Motiven umrahmte Sinnsprüche auf. Bei den gereimten Versen ersetzte er häufig Substantive durch bildliche Darstellungen. So verkündet er seine Urheberschaft in mundartlichen Reimen unter der Durchreiche zur Küche, wobei er statt dem Wort „Bamberg" die Stadtsilhouette malte: „Von / [Bamberg] kam der Maler her / Johannes Förstel / hieß er. / Er malte aus die / Stum zur Freude / der Madl u Bum / A. d. 1930".

Besonders hervorzuheben sind zwei Bergsteigerbilder des Wieners Otto Barth (1876–1916) über dem Ecktisch neben der Küchendurchreiche. Ebenso wie der sechseckige Leuchter mit Bergsteigermotiven wie Rucksack, Ski oder Enzian erinnern sie an den ehemaligen Stammtisch Forchheimer Alpinisten.

Bei dem Gastraum in seiner geschlossenen, einheitlichen Farbgebung handelt es sich um ein in Bayern einmaliges Ensemble. Unbeeinflusst von der architektonischen Moderne der 1920er Jahre ist es ein unbeschadet gebliebenes Beispiel volkstümlicher kleinbürgerlicher Gasthausarchitektur. Mit dem Rückgriff auf traditionelle Form-, Farb- und Sinngebung stemmte sich die Raumgestaltung dem technologischen Fortschritt sowie den ökonomischen und politischen Unsicherheiten der Weltwirtschaftskrisenzeit entgegen.

Hans-Diether Dörfler

Bierseliger Sinnspruch auf der Rückwand der Sitzbank vom Bamberger Maler Johannes Förstel

Blick in den Gastraum mit der vollständig erhaltenen Ausstattung von 1930

Ein fränkisch-modernes Spannungsfeld erleben die Gäste in der Fränkischen Bierstube in Forchheim. Inhaber Christoph Kauer hat, seit er 2002 den Traditionsbetrieb übernommen hat, zum einen die traditionelle Braustube erhalten, zum anderen das frühere Nebenzimmer in ein modernes „Separee" umgebaut, einen Wohlfühlraum mit Lounge-Charakter. Beides zusammen nennt er „Stadtlockal" und hat im Namen gleich seine Initialen verewigt. Wohl fühlen sich hier alle Generationen gleichermaßen. Fränkisch geht es auch auf der Speisekarte zu, die in beiden Bereichen den gleichen Inhalt, aber eine unterschiedliche Gestaltung hat. Eine Besonderheit sind die fränkischen Tapas: kleine Schäufele, Mini-Bratwürste – Leckeres aus Franken eben.

„Stadtlockal", ehem. Fränkische Bierstube

Hauptstraße 52a
91301 Forchheim (OFr.)

Öffnungszeiten:
Historische Gaststube tägl. ab 11.00 Uhr,
im Sommer ab 10.00 Uhr

Telefon: 09191-163473
www.stadtlockal.de

12 | Der Goldene Anker in Bayreuth

An der Opernstraße, im Zentrum der weltbekannten Festspielstadt Bayreuth, liegt das Traditionshotel und Restaurant Goldener Anker. Das elfachsige, dreigeschossige Traufseithaus mit der für Bayreuth charakteristischen Sandsteinquaderfassade reiht sich in eine Häuserflucht anspruchsvoller Bauten des 18. Jahrhunderts, deren Herzstück das in den Jahren 1745–50 errichtete Markgräfliche Opernhaus bildet. Dieses Bauwerk sollte in ein prächtiges Straßenbild eingebunden werden, weshalb auch die Besitzer der ehemaligen Köhlerschen Gastei einen repräsentativen Neubau errichteten. Die Fertigstellung des Bauvorhabens bekundet noch heute der Schlussstein über dem Portal des Ankers, der neben der Jahreszahl 1753 die Initialen des Bauherren Johann Caspar Köhler zeigt. Das Haus, welches seit 1839 den Namen Goldener Anker trägt, beherbergte eine Vielzahl erlauchter Persönlichkeiten. Einer der bedeutenden adeligen Gäste war Ernst Ludwig, Großherzog von Hessen bei Rhein, dessen Wappen bis heute die Fassade des Ankers ziert und vom Renommee des ehemaligen Hoflieferanten zeugt.

Das Erscheinungsbild des Ankers wurde durch die im Jahr 1927 vorgenommenen Umbauten und die Innenausstattung

Sandsteinfassade des Goldenen Ankers an der repräsentativen Opernstraße; links das Markgräfliche Opernhaus

Das ehemalige „Speise- und Bierrestaurant", heute der Frühstücksraum

des Bayreuther Architekten Adolf Schmoll grundlegend verändert. Die Fassade erhielt flachbogige Sprossenfenster mit eingepassten Vorhangbögen, eine aufwendig gegliederte Eichenholztüre in gleicher Formensprache sowie ein mit Sternen reliefiertes Fensterbankgesims. Beim Betreten des Hauses besticht die edle Verkleidung der Eingangshalle aus poliertem Kalkstein. Von diesem Raum, welcher vor dem Umbau als Durchfahrt diente, gelangt man rechter Hand in das heutige Restaurant.

Die weitgehend unverfälscht erhaltene Ausstattung von 1927 präsentiert eine Mischung von Stilelementen aus der Zeit des Art déco, dessen lineare Gestaltungen sich mit gediegenen gründerzeitlichen Formen und elegantem Jugendstil vereinen. Das geschmackvolle Interieur wird bestimmt durch eine rötlich gebeizte Holzvertäfelung, deren Paneele und Lisenen mit Wurzelholz veredelt und durch Perlschnüre abgesetzt sind. In Nischen finden sich schulterbogige Spiegel vor ornamentierten und maserierten Textiltapeten sowie samtene Kanapees. Stilisierte Blüten schmücken die stuckierte Deckenkehle. Darunter verläuft ein mit schmalen Schlitzen versehenes Profil, ein Bestandteil der raffiniert in die Dekoration integrierten Abzugsanlage. Auch die Deckenlampen sind harmonisch in die Stuckaturen eingepasst: Die Messinglampe im Zentrum wird von einem Achteck hinterfangen. Begleitet wird dieses von vier stuckierten Sternen, die einfache Glühbirnen aufnehmen und für eine stimmungsvolle Beleuchtung sorgen.

In der sich räumlich anschließenden Weinstube verweist ein Traubenrelief an einer Banklehne auf die Funktion des gediegenen wirkenden Raumes, dessen flache Decke zwei schlichte Holzbalken unterteilen. Wieder sind behagliche Nischen in eine Wandverkleidung aus dunkel gebeizter Eiche integriert. Gedrechselte Säulen tragen das Kreuzgratgewölbe des angrenzenden Kellnerseparees.

Auf der linken Seite des Eingangs befindet sich das ehemalige „Speise- und Bierrestaurant", der heutige Frühstücksraum. Zwei Doppelfenster mit Glasmalereien stellen die Bandbreite der Genuss-

Restaurant mit der einheitlichen Innenausstattung von Adolf Schmoll aus dem Jahr 1927

mittel vor, die hier konsumiert wurden. Die gleiche Botschaft vermittelt das in ein Paneel eingepasste Holzrelief der gegenüberliegenden Raumachse, das eine Müllerin zeigt, die Fisch auf einer Schale kredenzt.

Blattstab und stilisierte Blütenmotive, welche die Pilaster und Profilstege der hell gebeizten Holzverkleidung sowie die Deckenkehle schmücken, dominieren die Ornamentik.

Blick in die Weinstube mit dem angrenzenden Kellner-Separee

Das renommierte Haus ist seit 1753 in Familienbesitz. Heute leitet das Ehepaar Eva Graf-Handel und Matthias Handel das Restaurant und Hotel, dessen stilvolles Ambiente seit nunmehr über 250 Jahren zum exklusiven Genießen einlädt.

Eva Maier

 Man könnte die Zeit fast vergessen. Von der belebten Fußgängerzone Bayreuths tritt man ein in ein wahres Kleinod. Die 35 individuell und liebevoll eingerichteten Zimmer verzaubern die Gäste, die das Hotel Goldener Anker nicht nur während der Bayreuther Festspiele als Ausgangsbasis für einen Besuch der Stadt nutzen. Die zentrale Lage und das fast unmittelbar angrenzende Markgräfliche Opernhaus machen den Goldenen Anker zu einem beliebten Hotel in der oberfränkischen Festspiel- und Universitätsstadt. Service und Individualität wird groß geschrieben und so wird auf das übliche Frühstücksbuffet verzichtet, sondern dem Gast jeder individuelle Wunsch erfüllt. Im Restaurant bietet die Küche des Familienhotels eine gute französische Küche mit erlesenen Digestifs und feinen Weinen aus der ganzen Welt.

Hotel-Restaurant Goldener Anker

Opernstraße 6
95444 Bayreuth (OFr.)

Öffnungszeiten:
Di bis So 17.30 – 22.00 Uhr, Sa, So auch
11.00 – 15.00 Uhr; Ruhetag: Mo
(zur Festspielzeit keine Ruhetage)

Telefon: 0921-65051, Fax: 0921-65500
www.anker-bayreuth.de

Seit 1753 in Familienbesitz

13 | Gasthof zum goldenen Löwen in Marktredwitz

Zwischen den Ausläufern des Fichtelgebirges und des Steinwaldes liegt im Tal des Flüsschens Kösseine die Stadt Marktredwitz. Jahrhundertelang war sie an der alten Handelsstraße von Nürnberg nach Eger ein böhmischer Vorposten im Gebiet der Markgrafen von Brandenburg-Bayreuth. Den historischen Kern des Ortes bildet ein langgezogener Straßenmarkt, an dem sich frühzeitig Handel entwickelte. Der – ehemals markgräfliche – Ortsteil Dörflas, nur durch den Fluss von der Marktredwitzer Altstadt getrennt, war schon im Mittelalter so nahe an Marktredwitz herangebaut, „dass sich die Inwohner beiderseits von ihren Häusern aus mit Steinen bewerfen können".

Der „Goldene Löwe", am Zipprothplatz in Nähe des Kösseineübergangs gelegen, erhebt sich als mächtiger Baukomplex über die kleinen Handwerkerhäuser von Dörflas. Entstanden ist der Bau wohl als Wohnsitz der Familie von Sparneck, die sich im 16. Jahrhundert hier niederließ; hieran erinnert eine mit 1609 bezeichnete Tafel mit den Wappen der Familien Sparneck und Mengersdorf über dem Hauptportal. Nachdem die Sparnecker im Dreißigjährigen Krieg Dörflas als Wohnsitz aufgegeben hatten, wurde der Komplex an die Metzger- und Brauerfamilie Hagen verliehen. Aus dem ehemaligen Schloss entstand ein Gasthaus mit Mälzerei und Brauerei, das bereits in der Mitte des 17. Jahrhun-

Der Haupteingang des Gasthofes mit der historischen Wappentafel aus dem Jahr 1608

Die gewaltige Holzdecke und das Fischgrätparkett bestimmen den Charakter des Gastraumes

derts als „Dörflaser Bierhaus" erwähnt wurde. Zahlreich sind die von Seiten des Marktes Redwitz geführten Klagen über die Lärmbelästigung durch den Wirtshausbetrieb. Gegen Ende des 18. Jahrhunderts kaufte der Hammerherr Michael Hermann Sperl das Haus und baute es zur heutigen Form um; das (erneuerte) Krüppelwalmdach geht auf diese Zeit zurück. Seinen heutigen Namen führt der „Goldene Löwe" seit 1826; bei den alteingesessenen Dörflasern ist er auch unter dem Hausnamen „beim Schübel" bekannt.

Vom Hauptportal führt eine wohl aus der Barockzeit stammende Treppe in den ersten Stock, in dem sich der Festsaal und weitere Galsträume befinden. Neben dem schmalen Küchengang betritt man durch eine zweiflügelige Holztür auf der rechten Seite die eigentliche Wirtsstube. Die Tür weist mit Beschlägen und Kastenschloss noch originale Elemente auf, die ins 19. Jahrhundert zurückreichen dürften.

Die Gaststube, ein langgezogener rechteckiger Raum, wird bestimmt von der dunkel gebeizten, etwa mannshohen Holzvertäfelung und einer umlaufenden Sitzbank. Dominierend ist eine mächtige aus der Renaissance stammende Bohlenbalkendecke mit starken Unterzügen, die erst bei der letzten Renovierung wieder freigelegt wurde. Über den sechs zweiflügeligen Fenstern befindet sich als Aufsatz jeweils eine hölzerne Fensterleiste mit durchbrochenem Rankengebilde; die verspielten, barock erscheinenden Elemente dürften wohl in der zweiten Hälfte des 19. Jahrhunderts entstanden sein. Auf der linken Seite des Gastraums schließt ein ausladendes profiliertes Sims die Holzpaneele ab. Hier belegen alte Bierkrüge und Gläser der Kaiserhofbrauerei, historische Photographien und Gegenstände wie die Fahne des Burschenvereins die Tradition des Hauses als Mittelpunkt eines breit gefächerten Vereinslebens. Ein schönes Detail ist ein gebogener Kleiderhaken neben der Tür, industriell aus Draht gefertigt und von einem als Männer(Löwen?)-Gesicht gestalteten Messingschild zusammengehalten. Ebenfalls bemerkenswert ist die an der Schmalseite des Raumes in die

△ Die gemütliche Ecke zwischen Wanduhr und Eingang

▷ Detail eines Drahtkleiderhaken mit Männer- oder Löwenkopf

Wand eingelassene Uhr im Stil einer Schwarzwälder Schilderuhr, wohl aus der Zeit um 1820/40 stammend. Ein um 1900 verlegtes Fischgrätparkett sowie die überwiegend aus der zweiten Hälfte des 19. Jahrhunderts stammenden Holztische runden die historische Grundstimmung des Gastraumes ab.

Trotz eines nicht einheitlichen Zeitschnitts bei der Innenausstattung steht die gemütliche Ausstrahlung des „Goldenen Löwen" für ein Stück selten gewordener lebendiger Wirtshauskultur, die alle Schichten und Altergruppen des Ortes gleichermaßen anspricht.

Edith Kalbskopf

Natürlich steht dabei auch einmal Wild auf der Karte oder es wird – ganz auf Wunsch der Gäste – nach mittelalterlichen Rezepten aufgekocht. Ganz traditionell geht es auch am Sonntag zu, wenn schon zum Mittagessen frische Braten nach Hausmannsart aufgetischt werden, während der „Goldene Löwe" an allen anderen Tagen lediglich am Abend die Gäste verwöhnt.

 Wer in der historischen Gaststube des Gasthofes zum goldenen Löwen Platz genommen hat, darf sich sicher sein, dass seine Erwartungen erfüllt werden: Gutbürgerliche Küche, saisonal abgestimmt und in heimischer Kochkunst aus besten Zutaten zubereitet.

Gasthaus zum goldenen Löwen

Zipprothplatz 7
95615 Marktredwitz (Lkr. Wunsiedel, OFr.)

Öffnungszeiten:
tägl. 11.00 – 14.00 Uhr und 17.00 – 22.00 Uhr
Ruhetag: Do

Telefon: 09231-505199

Biergarten

14 | Gasthof zum Roten Ochsen in Falkenberg

Zwischen den Ausläufern von Böhmerwald und Fichtelgebirge liegt in einer Talsenke beiderseits der hier noch jungen Waldnaab der kleine Marktflecken Falkenberg. Als beherrschender Blickfang des ehemals zum Waldsassener Stiftland gehörenden Ortes thront auf einem steil zum Fluss abfallendem Granitfels die 1154 erstmals erwähnte und in ihrem heutigen Bestand auf das frühe 15. Jahrhundert zurückgehende Burg Falkenberg. Das Zentrum bildet der unregelmäßige Marktplatz, auf den von drei Seiten herführende Landstraßen einmünden.

Die südöstliche dieser Straßen, jene nach Schönficht, war ehemals Teil der sog. Regensburger sächsischen Straße, einer wichtigen Handelsverbindung zwischen der Oberpfalz und Böhmen. Hier steht, am Rande des Ortes bereits jenseits des kleinen Netzbachs, in auffälliger Hanglage die aus mehreren Gebäuden bestehende Hofanlage des „Roten Ochsen". Das Gasthaus selbst, ein zweigeschossiger, breiter Walmdachbau, liegt direkt an der Straße, die als Hauptfassade gestaltete Eingangsseite ist jedoch zum Hof hin ausgerichtet. An der Straßenseite weist ein kunstvoll

Seit 1492 Gasthaus, im Hintergrund die Burg Falkenberg

Der Hauptraum mit barockem Kachelofen von 1724

verzierter, schmiedeeiserner Ausleger, an dem ein roter Ochse hängt, auf die Bestimmung des seit 1492 als Gastwirtschaft betriebenen Hauses hin.

Der „Rote Ochse" vermittelt durch sein vorkragendes Fachwerk-Obergeschoss einen geradezu burgartigen Eindruck, der durch die markante Hanglage entscheidend unterstützt wird. Während sein äußeres Erscheinungsbild wohl überwiegend auf das 18. Jahrhundert zurückgeht, verweist ein im Eingangsbereich vermauerter Stein mit der Jahreszahl 1660 auf einen älteren Kern im Inneren.

Vom urtümlichen, malerisch unregelmäßig gewölbten Fletz führt eine einfache Holztüre in die geräumige, niedrige Gaststube, deren Atmosphäre einer längst verloren geglaubten Zeit den Eintretenden in ungläubiges Staunen versetzt. Eine rötlich-braune, mächtige Bohlendecke liegt auf einem einzelnen, massiven Balken, auf dem die Zimmerer wohl noch des 17. Jahrhunderts ihre Handwerkszeichen hinterlassen haben; einfache, in den Stamm gehauene Nägel dienen zum Aufhängen der Hüte. Glanzstück der Ausstattung ist zweifellos der in hellen Farbtönen gehaltene Kachelofen; den mit Zitaten aus der Architektursprache auf das Qualitätvollste verzierten Barockofen ließ 1724 der damalige Wirt Anton Mayr einbauen, der an der damals vielbefahrenen Handelsstraße ein lukratives Vorspannrecht für die vor dem Haus vorbeiführende Steigung besaß (eine Kachel mit den Initialen A M, dazwischen die Darstellung eines Ochsenfuhrwerks, erinnert daran).

Die restliche Ausstattung entstammt überwiegend der Zwischenkriegszeit: eine

Das Nebenzimmer mit neugotischem Mobiliar

halbhohe, umlaufende Holzvertäfelung mit Sitzbank, Tische, die man Anfang der 1930er Jahre von einem örtlichen Schreiner anfertigen ließ, sowie die gleichzeitigen Stühle, die aus der renommierten Nürnberger Stuhlfabrikation Propst stammen. Eine besondere Note gewinnt die Ausstattung durch zwei bemerkenswerte Wandschränke aus dunklem Massivholz: In wuchtiger Neugotik gehalten, standen sie ursprünglich im Direktorenzimmer der 1927 durch die Hutschenreuther AG übernommenen Porzellanfabrik Tirschenreuth und kamen ebenfalls in den 1930er Jahren hierher.

Das restliche Mobiliar des Direktorenzimmers, darunter eine hohe Standuhr sowie zweifach ausziehbare Tische mit ausklappbaren Extra-Beinen, wurde im damals neu eingerichteten Nebenzimmer aufgestellt. Die beiden Bogenfelder dieses gewölbten und ebenfalls vertäfelten Nebenraums (der ursprünglich zum Wohnbereich gehörte) verzierte im Jahr 1938 der Pfreimder Malermeister Anton Betz mit zwei großformatigen Ansichten der Burg Falkenberg.

Mit dem „Roten Ochsen" in Falkenberg hat sich dank des Beharrungsvermögens seines derzeitigen Wirts, der gerade in den Jahrzehnten nach dem Zweiten Weltkrieg den jeweiligen Zeitgeist vorüberziehen und sich selbst von den Modernisierungsaufforderungen örtlicher Vereine nicht beirren ließ, eine der charaktervollsten Gaststuben nicht nur der Oberpfalz erhalten.

Karl Gattinger

 Wenn jemand aus Weiden den Weg ins idyllische Falkenberg sucht, hat er sicherlich einen guten Grund. Viele schauen dann im Gasthof zum Roten Ochsen vorbei, denn es hat sich herumgesprochen: Bei der Familie Prockel, die das Traditionswirtshaus inzwischen in der fünften Generation bewirtschaftet, kann man gut und günstig essen. Es ist genau diese bayerische, gutbürgerliche, traditionelle Küche der Chefin, die die Gäste zu schätzen wissen. Vor allem der Gänsebraten ist es, der die Gäste in den Roten Ochsen treibt – ob zur Weihnachtszeit oder auch darüber hinaus. Die kochende Chefin trifft den Geschmack der Ausflügler und der Einheimischen.

Gasthof Zum Roten Ochsen

Schönfichter Straße 7
95685 Falkenberg (Lkr. Tirschenreuth, OPf.)

Öffnungszeiten:
9.00 – 24.00 Uhr; Ruhetag: Dienstag

Telefon: 09637-272, Fax: 09637-913058
www.gasthof-roter-ochse.de

Terrasse mit Burgblick

15 | Altfränkische Weinstube Zu den Drei Kronen in Bad Windsheim

Am Bad Windsheimer Schüsselmarkt, unweit des Marktplatzes, steht das Gasthaus Zu den Drei Kronen. Seit Jahrhunderten annähernd unverändert geblieben, prägt es bis heute das Stadtbild und verdient hinsichtlich seiner historischen Bausubstanz und langen Wirtshaustradition besondere Aufmerksamkeit. Die scheinbare Selbstverständlichkeit derartiger Kontinuität zeichnet dabei gerade die kleineren ehemaligen Reichsstädte wie (Bad) Windsheim aus und verleiht ihnen eine hervorragende kulturelle Bedeutung.

Das stattliche Gebäude, das im Kern einen Säulenbau aus dem mittleren 14. Jahrhundert birgt, dominiert mit seiner einladend wirkenden Giebelfront die Nordseite des kleinen Platzes. Die Fachwerkkonstruktion des Giebels aus dem Jahr 1528 war zeitweise unter einer Putzschicht verborgen, ist aber heute nach sorgfältiger Restaurierung wieder sichtbar. Ein entsprechend hohes Alter darf auch für den Gasthausbetrieb angenommen werden, wenngleich die archivalische Überlieferung erst im späteren 17. Jahrhundert einsetzt. Das Windsheimer Bürgerbuch vermerkt zur Aufnahme des Büttners und Bierbrauers Johann Jacob Kilian im Jahr 1683, dass dessen Vater Georg Friderich Kilian

Die vordere Gaststube mit wandfester Ausstattung des ausgehenden 18. bzw. frühen 19. Jahrhunderts

Die Fassade zum Schlüsselmarkt mit der Fachwerkkonstruktion aus dem 16. Jahrhundert

als Bierbrauer und „Gastwirth Zu den 3 Cronen" ebenfalls das Bürgerrecht besessen hätte.

Die ältere der beiden Gaststuben im südöstlichen Bereich des Erdgeschosses und zum Marktplatz hin ausgerichtet, zeigt – zumindest im Hinblick auf die wandfeste Ausstattung – noch die Gestalt des ausgehenden 18. bzw. frühen 19. Jahrhunderts. Den Raumeindruck bestimmen maßgeblich die geringe Raumhöhe und die geschwärzten Holzverkleidungen an Decke und Wänden sowie der dunkle Holzboden. Als feste Bestandteile einer „Stube" im hergebrachten Sinne bestimmen ein Kachelofen und eine umlaufende Sitzbank den Charakter des Raumes. Vor dem dunklen Holz leuchtet der grün glasierte Kachelofen aus den 1930er Jahren, dessen Reliefkacheln das Thema „Wein" aufgreifen. Bestuhlung und Tische stammen ebenfalls aus dieser Zeit. Eine bau- und kulturgeschichtliche Besonderheit ist die ehemalige Gassenschenke an der Westseite der Gaststube, die in ihrer heutigen Gestalt noch auf das 18. Jahrhundert zurückgehen dürfte.

Eine behutsame Erweiterung der Gasträumlichkeiten in den 1970er Jahren hat der alten Gaststube ihren abgeschlossenen und einheitlichen Charakter nicht genommen, wobei die teilweise sichtbare Holzkonstruktion aus dem 14. Jahrhundert auch dem modernen Gastraum einen eigenen Reiz verleiht.

Die Weinstube Zu den drei Kronen zeugt in ihrer fassbaren Urtümlichkeit von der epochenübergreifenden gesellschaftlichen und städtebaulichen Bedeutung der Wirtshauskultur in (Bad) Windsheim. Im

Das Gebälk aus dem 14. Jahrhundert im modernen Gastraum

Jahr 1810, als die Stadt endgültig an das noch junge Königreich Bayern überging, waren für den Bereich der heutigen Altstadt an die 30 Gastwirtschaften zu verzeichnen – nicht wenige davon einstige Repräsentanten und mittlerweile Denkmäler der reichsstädtischen Blütezeit Windsheims im 15. und 16. Jahrhundert.

Anton Brandner

Die Weinstube am Schüsselmarkt ist im Lauf der Jahre ein echtes Speiselokal geworden. Pamela und Peter Schmidt servieren den Gästen eine bunte Mischung aus verschiedenen Speisen und achten dabei vor allem auf saisonale Schwerpunkte. Natürlich bekommt man hier Aischgründer Karpfen, leckere Braten und saftige Steaks. Und immer noch steht der Wein im Mittelpunkt: eine große Auswahl edler Weine von Winzern aus der Region ist zu verkosten. Bier gibt es in der Weinstube nur in Flaschen. Zum Essen kommen die Einheimischen und – seit die Therme viele Tagesausflügler in die Region lockt – auch die Gäste des neuen Bades.

Altfränkische Weinstube
Zu den drei Kronen

Schüsselmarkt 7
91438 Bad Windsheim (Lkr. Neustadt an der Aisch-Bad Windsheim, MFr.)

Öffnungszeiten:
Mo, Do bis Sa 17.30–22.00 Uhr,
So 12.00–14.00 Uhr und 17.30 – 21.30 Uhr;
Ruhetage: Di, Mi

Telefon: 09841-9199903

16 | Weinstube zum Pulverer in Rothenburg ob der Tauber

Die Weinstube zum Pulverer befindet sich im Westen der Rothenburger Altstadt, in markanter stadträumlicher Lage direkt am Burgtor in der „Herrngasse". Der Straßenname erinnert heute noch daran, dass dies einst ein gehobenes städtisches Quartier war, das traufständige Gebäude kann bis in das 15. Jahrhundert zurückverfolgt werden. Die späthistoristische Ausgestaltung der Weinstube vom Anfang des 20. Jahrhunderts bezieht sich in einem originellen Bezug auf die Geschichte der ehemaligen Reichsstadt oberhalb der Tauber.

Die Ausstattung ist wahrscheinlich dem Rothenburger Künstler Wilhelm Lasius (1871–1956) zuzuschreiben. Im Vorraum der Gaststube hängt eine Photo-Collage mit „Alt-Rothenburger" Ansichten im aufwendig geschnitzten Rahmen. Als klassische Postkartenmotive markieren diese Darstellungen auch die ersten Ansätze des modernen Fremdenverkehrs in Rothenburg. Dieser Blick auf die Stadt und ihre Geschichte prägt auch den Gastraum, besonders auffällig auf dem großen Trennbalken mit einer 1905 datierten Stadtsilhouette. Stadttore und -türme zeigen auch die Einlegearbeiten und Schnitzereien an der Holzdecke und in den Türblättern, eingebunden in eine umfassende Ornamentik mit Pflanzen- und Tiermotiven, die eine gewisse Nähe zur zeitgleichen Volkskunstbewegung erkennen lassen. Zünftige Wirtshausweisheiten wie „Gemeinsamkeit zu Bett und Tisch, erhält den Leib gesund und frisch" runden das ikonographische Programm der Decke ab. Die Darstellungen bestechen nicht nur durch ihre herausragende kunsthandwerkliche Qualität, sondern können darüber hinaus als seltenes Dokument einer zeitgenössischen Auseinandersetzung mit der zunehmenden touristischen Vermarktung Rothenburgs zu Beginn des 20. Jahrhunderts verstanden werden. Erst auf den zweiten Blick wird man feststellen, dass spätere Umbaumaßnahmen die ursprünglich gedachte Komposition der Wandvertäfelung etwas in Unordnung gebracht haben – was allerdings der Gesamterscheinung der ansonsten mit Sorgfalt und Umsicht erhaltenen Ausstattung keinen Abbruch tut.

Der „Pulverer" am Burgtor, von Nordosten gesehen

Der Balken mit Stadtsilhouette, bez. MDCCCCV (1905), trennt die historische Gaststube vom jüngeren Gastraum

Das Kernstück des weitgehend einheitlichen Mobiliars bildet die hölzerne Bestuhlung mit ihren individuell gestalteten Stuhllehnen. Die ausdrucksstarken Bildnisse in Halbfigur, die wohl ebenfalls Wilhelm Lasius zuzuschreiben sind, beziehen sich thematisch auf den Sagenkreis um den sog. Meistertrunk. Gegenstand dieser lokalen Überlieferung, die um 1900 große Popularität genoss und sich u. a. in einem von Adam Hörber verfassten Festspiel wie auch in der Spieluhr der Rothenburger Ratstrinkstube niederschlug, ist die ebenso gewitzte wie ungewöhnliche Abwehr einer militärischen Bedrohung der Stadt im Dreißigjährigen Krieg: Durch seine erstaunliche Trinkfestigkeit sei es dem Rothenburger Altbürgermeister Nusch gelungen, den feindlichen Feldherrn Tilly von einer Zerstörung der belagerten Stadt absehen zu lassen. Die Figuren auf den Stuhllehnen tragen die typische Kleidung des frühen 17. Jahrhunderts, einer – wohl der Altbürgermeister Nusch – führt gerade den großen Weinhumpen zum Mund, von dem die Sage berichtet. Die drastisch-dramatische Auffassung der einzelnen Charaktere vermittelt eine Vorstellung vom Lebensgefühl des Barock, wie sie in der Kunst und Literatur des frühen 20. Jahrhunderts weite Verbreitung fand. Die Arbeiten des gebürtigen Schweizers Lasius, der als Künstler in einer bis ins 18. Jahrhundert zurückzuverfolgenden Familien-

Blick in die historische Gaststube mit ihrer herausragenden kunsthandwerklichen Ausstattung; im Vordergrund das „Meistertrunk"-Mobiliar

tradition stand, weisen damit über ihre stadtgeschichtliche Bedeutung hinaus.

Mit ihren vielfältigen historischen Bezügen zeigt die Gestaltung der Weinstube zum Pulverer eine kreative Auseinandersetzung mit der Stadtgestalt Rothenburgs und ihrer lokalen Tradition, was ihr auch in der Geschichte des Rothenburger Fremdenverkehrs einen entsprechenden Stellenwert sichern sollte. Die Gestaltung der Weinstube mit ihrem Anspruch auf Gastlichkeit und Gemütlichkeit überzeugt jedoch jenseits aller historisierenden Überlegungen.

Anton Brandner

 Die meisten Besucher von Rothenburg ob der Tauber sind sowieso schon von der Stadt an sich überwältigt. Wenn sie dann auch noch die Weinstube zum Pulverer entdecken und dort eine der Spezialitäten des Hauses, eine Käsesuppe im Brotteig, probiert haben, dann werden sie diesen Besuch nicht mehr vergessen. Brotzeiten und kleine warme Gerichte gehören zum Angebot der Weinstube, die dazu erlesenen Wein und fränkische Biere serviert. Ein besonderer Schwerpunkt aber sind die süßen Köstlichkeiten aus eigener Herstellung. Steffen und Florian Pianka stellen nicht nur die Rothenburger Schneeballen nach einem über hundert Jahre alten Familienrezept selbst her, sondern begeistern die Gäste auch mit Pralinen, Torten und einem Früchtebrot nach Omas Rezept.

Weinstube zum Pulverer

Herrngasse 31
91541 Rothenburg ob der Tauber
(Lkr. Ansbach, MFr.)

Öffnungszeiten:
Mo, Mi, Do. Fr ab 17.00 – 22.00 Uhr,
Sa/So/Feiertage 12.00–22.00 Uhr;
Ruhetag: Di

Telefon: 09861-976182, Fax: 09861-4547
www.zumpulverer.de

Hauseigene Backstube, Konditorei,
Außensitzplätze

17 | Gasthof Weißes Lamm in Roßtal

Der beschauliche Markt Roßtal im Landkreis Fürth, gegründet als fränkische Grenzburg und ab 1328 zum ummauerten Marktort mit Stadtrechten ausgebaut, entwickelte sich mit dem Anschluss an die Eisenbahn zu einer wohlhabenden Wohngemeinde im Einzugsbereich von Nürnberg. Dies zeigt sich auch an der gezielten Pflege des historischen Ortskerns: Zu seiner Geschlossenheit tragen neben der imposanten evangelischen Stadtkirche St. Lorenz mit Pfarrhaus, Torgebäude und Friedhofsmauer aus dem 15. Jahrhundert auch die neuzeitliche Straßenpflasterung sowie zahlreiche sorgsam renovierte denkmalgeschützte Anwesen bei. Dazu zählt auch das repräsentative Gasthaus Weißes Lamm unmittelbar neben dem reizvollen Torgebäude zum Kirchenareal.

Der im 18. Jahrhundert errichtete Satteldachbau steht giebelseitig zum historischen Marktplatz. Das Erdgeschoss ist mit massiven Sandsteinquadern ausgeführt, die oberen Stockwerke in – wohl 1932 freigelegtem – Fachwerk. Im Erdgeschoss weisen die Kastenfenster bleigefasste Oberlichter auf. Ursprünglich mit einer Ökonomie verbunden, gehören zu dem einstigen Ackerbürgerhaus Wirtschaftsgebäude und eine 1829 errichtete, inzwischen verkaufte Scheune an der Rathausgasse.

Wirtsstube mit der schlichten, einheitlichen Ausstattung von 1932

Der Gasthof Weißes Lamm am Marktplatz, rechts das reizvolle Torgebäude zum Kirchenareal

Gleich hinter der mit der Jahreszahl 1804 bezeichneten Eingangstür führt links eine einfache Holztür in die Wirtsstube. Ihre schlichte und zugleich einheitliche Ausstattung aus dem Jahr 1932, dem Jahr der letzten Renovierung, ist fast vollständig erhalten. Spätere Einbauten, wie der mit einfachen Stäben verkleidete Heizkörper oder die 1968 über den Tischen aufgehängten Lampen, fügen sich bruchlos ein – oder wurden, wie eine Musikbox, wieder entfernt. Ein quadratischer Pfeiler in der Raummitte trägt die schmucklose, nur von einem Balken durchzogene Decke. Der Boden ist seit 1932 mit einem eichenen Fischgrätparkett ausgelegt. Auf dieses Jahr datiert auch die umlaufende Sitzbank, die dunkle, mannshohe Wandvertäfelung, mit der auch der Pfeiler verkleidet ist, sowie die einfachen Tische und Stühle. Ebenfalls zeitgenössisch sind der Schankbereich sowie der angrenzende Kachelofen. Ersteren, ausgestattet mit einem Gläserbuffet und einer in den 1950er Jahren installierten Edelstahlspüle samt Zapfanlage, trennte ursprünglich ein hölzerner Sichtschutz von der Gaststube ab, der beim Einbau der Spüle auf halbe Höhe gekürzt wurde.

Besonders ins Auge fällt die prächtige, fast raumhohe Standspieluhr neben der Eingangstür. Die Biedermeier-Uhr stellte Paulus Fischhaber, Vorfahr des heutigen Besitzers, 1820 auf. Das noch voll funktionsfähige Uhr- und Spielwerk ließ er aus dem Schwarzwald kommen, während örtliche Handwerker das Gehäuse herstellten. Auf einem Holzkorpus sitzt hinter Glas die Mechanik samt ihrer aufwendigen Schauseite: Das mit römischen Ziffern versehene Uhrblatt rahmen zwei gemalte ionische Säulen und eine bewegte Darstellung eines vom Pferd stürzenden Reiters. Darüber eine Brüstung, hinter der vier vollplastische, bewegliche Musikantenfiguren stehen. Das Bild eines jungen Schützen bekrönt die Schauseite. Ebenso eindrucksvoll ist das Innere der Uhr: Eine ausgefeilte Mechanik bringt über einen Blasebalg zwei Walzen mit jeweils zehn Liedern zum Klingen. Dazu drehen sich die Musikantenfiguren und heben ihre Instrumente. An der originalen Mechanik wurde nur das brüchige Leder des Blasebalgs erneuert. Obwohl funktionsfähig, ist die Spieluhr zur Schonung der Mechanik nur selten in Betrieb.

Die Wirtsstube des Weißen Lamms besticht durch ihre Authentizität. Sie beruht auf dem bemerkenswert einheitlichen Erhaltungsgrad ihrer Ausstattung. Das Interieur atmet Rechtschaffenheit und Distinktionswillen der dort verkehrenden lokalen Führungsschicht. Dies unterstreicht nicht zuletzt der repräsentative Bilderschmuck des 1869 gegründeten bürgerlichen Männergesangvereins. Die Wirtsstube ist damit – wie das gesamte Anwesen – lebendiges Zeugnis bürgerlicher Gasthausarchitektur im ländlichen Franken des beginnenden 20. Jahrhunderts.

Hans-Diether Dörfler

Spieluhr, seit fast 200 Jahren in Betrieb

 *So schmeckt's doch am besten: Frisch geschlachtet, deftig zubereitet und in besonderem Ambiente serviert. Das Fleisch im Gasthof Weißes Lamm stammt aus eigener Schlachtung, denn die Familie betreibt auch noch eine kleine Metzgerei auf der anderen Straßenseite. Kein Wunder, dass die Schäufele so beliebt und die Bratwürste besonders gut sind. Unter der Woche tischt Inhaber Hans-Günther Fischhaber jeweils ein frisch gekochtes Gericht auf. Am Sonntag gibt es Braten und andere fränkische Hausmannskost, die der Chef so zubereitet, wie es seine Mutter und Großmutter auch schon gemacht haben.*

Gasthof Weißes Lamm

Marktplatz 6
90574 Roßtal (Lkr. Fürth, MFr.)

Öffnungszeiten:
Mo–Fr und So 14.00–16.00 Uhr geschlossen,
Sa durchgehend bis 18.00 Uhr

Telefon: 09127-57585

18 | Trödelstuben in Nürnberg

Das Gastgewerbe in Nürnberg hat seit jeher einen hohen Stellenwert. Als internationales Handelszentrum und Großstadtmetropole von europäischem Rang hatte die einstige freie Reichsstadt permanent eine Unmenge Besucher zu bewirten. Darf man den Statistiken glauben, wies Nürnberg noch um das Jahr 1820 mit einem Gasthaus pro fünfzig Bewohner eine rund fünfmal so hohe Wirtshausdichte auf wie München. Die Mitte des 19. Jahrhunderts mit voller Wucht einsetzende Industrialisierung bescherte der Stadt den nächsten Aufschwung; insbesondere der rasante Aufstieg der Maschinenbaufabrikation katapultierte Nürnberg vorübergehend an die erste Stelle der süddeutschen Industriestädte. Ein anschauliches Beispiel für die Innovationsfreudigkeit der damaligen Ingenieurskunst ist das im Jahr 1883 errichtete Gebäude der heutigen Trödelstuben. Das Haus steht auf der kleinen, die Grenze zwischen Lorenzer und Sebalder Stadtseite markierenden Pegnitzinsel, einst Marktplatz für Alt- und Gebrauchtwaren aller Art.

Das anstelle einer Vorgängerbebauung – das Kellergeschoss aus solidem Sandsteinquadermauerwerk kündet noch davon – durch die Maschinenbau AG Nürnberg, Vorläufer der Weltfirma MAN, neu errichtete Gebäude ist ein echter Pionierbau. Ausgeführt in Stahlfachwerk, gilt es als das erste Wohnhaus dieses Bautyps in Bayern überhaupt; seine Stahlbauweise zeigt sich u.a. an den mit Rankenwerk

Wunschdenken der Nachkriegszeit; die 1952 im Alt-Nürnberger Stil eingerichteten Trödelstuben

△ Innovative Ingenieursbaukunst: Stahlfachwerkbau von MAN, 1883

▽▷ Alt-Nürnberger Gemütlichkeit: räumliche Enge und Überfülle kunsthandwerklicher Details, einheitlich eingerichtet 1952

verzierten Konsolen des Straßenerkers und an der als gotisches Netzrippengewölbe gestalteten Unterseite des Eckürmchens. Der drei Geschosse hohe Satteldachbau mit steilen Zwerchgiebeln, flachem Fassadenerker und markantem Eckerkerturm mit spitzem Zeltdach ist stilistisch ein typischer Vertreter des Historismus; trotz modernster Bautechnik greift er bewusst das Erscheinungsbild des mittelalterlichen Nürnbergs auf.

Wie so viele Gebäude in der Nürnberger Altstadt wurde das Haus im Zweiten Weltkrieg schwer in Mitleidenschaft gezogen. Aufgrund seiner besonderen Bau-

weise aus Stahl jedoch war es – als einziges am Trödelmarkt – nicht total zerstört, sondern lediglich ausgebrannt. Das heute darin betriebene Weinlokal eröffnete spätestens im Jahr 1952. Die einheitliche und nahezu vollständig erhaltene Ausstattung ist, mehrfach signiert und datiert, das Werk des Fürther Kunsthandwerkers Konrad Schmidt, die Butzenglasscheiben, zahlreich bemalt mit Alt-Nürnberger Motiven, stammen aus der Werkstatt der Nürnberger Kunstglaserei Brunner & Bauch.

Von außen unscheinbar, offenbart sich im Inneren des Lokals ein wahres Panoptikum Alt-Nürnberger Kulissenhaftigkeit.

Die Gaststuben, klein und beengt wie es bereits im 19. Jahrhundert als typisch für das Alt-Nürnberger Gasthaus formuliert wurde, sind übervoll mit in kräftigen Farben gefassten Holzreliefs und Holzplastiken aller Art. Einzelhinweise erübrigen sich, zu entdecken gibt es wahrlich genug, kein Alt-Nürnberg-Klischee wird ausgelassen. Die Speiseräume für das Tagesgeschäft befinden sich, unterteilt in Haupt- und Nebenstube, im Erdgeschoss. Eine steile Stiege führt hinauf in das Obergeschoss, dort liegt, neben einem aufgrund der Fülle seiner Ausstattung ebenfalls sehr sehenswerten Nebenzimmer, die vermut-

Huldigung an den Bierkönig, geschnitztes Wandrelief von Kaspar Schmidt, 1952

Von mentalitätsgeschichtlicher Aussagekraft: kleine Holzskulptur im oberen Gastraum

lich vor allem Herrenrunden vorbehaltene obere Gaststube. Manche Details hier im ersten Stock dürfen innerhalb der bayerischen Gaststättenlandschaft durchaus als singuläre Rarität gelten, mentalitätsgeschichtlich haben sie ohnehin ihren eigenen Wert.

Als die Trödelstuben im Jahr 1952 eröffneten, lag das Ende des Zweiten Weltkrieges erst wenige Jahre zurück und die nähere Umgebung zum Teil noch in Trümmern. Ihre in den Jahren des unmittelbaren Wiederaufbaus entstandene, das Alte Nürnberg opulent feiernde und bis heute in eindrucksvoller Geschlossenheit erhaltene Ausstattung dokumentiert vor allem eines: den sehnlichen Wunsch der damaligen Zeit, zumindest im in sich geschlossenen Raum des Gasthauses, geschützt vor jeglichen Zeitläuften, den Kummer und die Sorge des Alltags draußen vor der Tür zu vergessen und in die vermeintlich heile Welt von gestern einzutauchen.

Karl Gattinger

Die Küche der „Trödelstuben" arbeitet jeden Tag durchgehend für ihre Gäste, in erster Linie fränkisch. Selbstverständlich und das in Variation, die Nürnberger Bratwurst. Je nach Saison, auch verschiedene fränkische Bratengerichte, wie „Schäufele" oder Sauerbraten oder zu Weihnachten Gänse- und Entenbraten. Außerdem gibt es saisonale Spezialitäten, wie frischen fränkischen Spargel, hausgeräucherte Forellen, Pilz- und Wildgerichte. Fränkische Spezialbiere und die Weine vom staatlichen Hofkeller in Würzburg fügen sich großartig in das Speisenangebot.

Trödelstuben

Trödelmarkt 30
90403 Nürnberg (MFr.)

Öffnungszeiten: tägl. 11.00–22.00 Uhr,
Telefon: 0911-36772767
www.restaurant-troedelstuben.de

19 | Gasthaus Weißes Ross in Dinkelsbühl

Die malerisch am Hang einer Talmulde der Wörnitz gelegene ehemalige Reichsstadt Dinkelsbühl genießt dank seines reichen Denkmalbestands – er gehört zu den geschlossensten mittelalterlichen Ensembles in Deutschland überhaupt – weit über die Grenzen Bayerns hinaus einen hohen Bekanntheitsgrad. Ihre einstige reiche Blüte verdankte die Stadt der Lage an der sog. Nibelungenstraße, die sich hier mit einer durch das Wörnitztal verlaufenen wichtigen Handels- und Pilgerstraße kreuzte. Das rege wirtschaftliche Treiben innerhalb der noch vollständig erhaltenen mittelalterlichen Stadtmauern spielte sich nicht zuletzt auf den zahlreichen Märkten der Stadt ab; von deren einstiger überregionalen Bedeutung kündet die hohe Zahl an Gasthäusern. Den Schweinemarkt zum Beispiel, ein lindenbepflanzter Platz hinter dem neuen Rathaus, umstanden vier Gasthöfe: der ehemalige „Zu den drei Mohren" (in dem einst der durchreisende Goethe am Mittagstisch saß), der 1855 zum Rathaus umfunktionierte „Stern" sowie, beide noch in Betrieb, der „Hecht" und das „Weiße Ross".

Die Ursprünge des „Weißen Rosses" reichen bis in das 16. Jahrhundert, seine eigentliche Bekanntheit erlangte es jedoch erst im ausgehenden 19. Jahrhundert, als die nach dem Dreißigjährigen Krieg in einen „Dornröschenschlaf" gefal-

Der steile Satteldachbau des Weißen Rosses am Schweinemarkt

lene Stadt ihres pittoreskem Erscheinungsbildes wegen als Motiv der Landschaftsmalerei wiederentdeckt wurde. Eine Gruppe von Münchner Malern, fast ausnahmslos der sog. Münchner Schule angehörig, kam erstmals im Jahr 1888 nach Dinkelsbühl; logiert wurde von Anfang an im „Weißen Ross", das sich rasch einen Namen als „Malerheim" erwarb; auf einem „Am Ferkelmarkt" (A. Hacker, 1910) bezeichneten Ölgemälde in der Gaststube ist der Name „Künstlerklause" zu lesen. (Ein weiteres Beispiel einer solchen Malerherberge hat sich mit dem Gasthof Auzinger am Hintersee im Berchtesgadener Land erhalten, s. d.)

Das schon 1912 in einem einschlägigen Stadtführer als „von jeher gemütliche Herberge" gerühmte Gasthaus liegt, seine schmale Giebelseite dem Platz zuwendend, als Eckbau an der Einmündung der vom zentralen Weinmarkt herkommenden Steingasse. Über der Gaststür thront ein großformatiges Ölgemälde: Vor dem Hintergrund der Dinkelsbühler Stadtsilhouette hantieren zwei Putti mit einem Rundschild, auf das ein tänzelndes weißes Ross aufgemalt ist; eines der beiden Knäblein – es prostet einem schwarzen Raben zu – scheint bereits sehr unsicher auf seinem Weinfass zu sitzen. Ausgeführt wurde das Gemälde (bez. 1889) von Mitgliedern der Künstlerkolonie, unter ihnen der aus Salzburg gebürtige Fritz Hegenbart (1864–ca.1923), der später für zwei Jahre seinen festen Wohnsitz nach Dinkelsbühl verlegen sollte.

Eine alte, als Windfang dienende Flügeltüre führt in den schmalen Fletz, von dort eine einfache Holztüre mit Oberlicht in die Gaststube. Es öffnet sich ein schlichter, rechteckiger Raum mit mehrflügeligen Fenstern, einer dreiviertelhohen, dunkel gebeizten und die Fensternischen einbeziehenden Holzvertäfelung, einer umlaufenden Sitzbank und in die Wand eingelassenen Schränkchen, letztere, wie auch die Stubentüre, noch mit den Originalbeschlägen. Die einfache, verputzte Decke wird von einem einzigen,

Von Mitgliedern der Münchner Schule gemaltes Ölbild über der Eingangstüre (bez. 1889)

Die nahezu geschlossen erhaltene Ausstattung aus dem späten 19. Jahrhundert

ebenfalls unter Putz gelegten Querbalken getragen, gestützt von einem hölzernen Pfeiler mit dekorativem Kapitell. Das wohl noch aus der Jahrhundertwende stammende Mobiliar sowie eine fast raumhohe, dem Stil der Gaststube angepasste Standuhr mit dekorativ bemaltem Ziffernblatt ergänzen den eine zeitlose Gemütlichkeit ausstrahlenden Raum vortrefflich.

Die Ausstattung des „Weißen Rosses" steht nahezu geschlossen in der Tradition des 19. Jahrhunderts; gerade auch im Zusammenspiel mit den die Wände schmückenden Gemälden der einst hier verkehrenden Maler (unter ihnen das Portrait eines ehemaligen Hausknechts des Gasthofs) vermittelt die Gaststube noch heute recht anschaulich das Bild einer Künstlerherberge der Jahrhundertwende.

Karl Gattinger

In der getäfelten Gaststube wird den Gästen eine gehobene regionale Küche serviert, mit Spezialitäten, die für diese Region typisch sind.

Wer etwas länger verweilen möchte, findet gegenüber in der ehemaligen Scheune in einem der individuellen, handwerklich eingerichteten Unterkunft. Das Weiße Ross ist seit mehr als 100 Jahren Treffpunkt von Malern, Künstlern und Schriftstellern, die sich von der Idylle der historischen Stadt inspirieren ließen. Noch heute finden im Haus Malkurse statt.

Hotel-Gasthaus Weißes Ross

Steingasse 12
91550 Dinkelsbühl (Lkr. Ansbach, MFr.)

Öffnungszeiten (Restaurant):
11.30–14.00 Uhr, 18.00–22.00 Uhr;
Ruhetag: im Winter Do

Telefon: 09851-579890, Fax: 09851-6770
www.hotel-weisses-ross.de

Gastgarten, Malschule; Malerherberge des 19. Jahrhunderts

20 | Gasthof Gentner in Spielberg

Am südlichen Rand des zwischen Gunzenhausen und Treuchtlingen noch weiten Altmühltals, in einer Landschaft von sanfter Anmut, findet sich die Ortschaft Spielberg am Fuß des Hahnenkamms. Schon von Weitem sichtbar liegt oberhalb des Dorfes die gleichnamige eindrucksvolle Burganlage. Es wird angenommen, dass das Dorf an der Stelle des ehemaligen zur Burg gehörigen Meierhofes entstanden ist. Der Gasthof Gentner, ursprünglich eine ländliche Kleinbrauerei, liegt unmittelbar am Dorfeingang und umschließt mit Haupt- und Nebenbauten einen nach Süden offenen Hof, der bei freundlichem Wetter als Biergarten betrieben und gerne genutzt wird.

Dominiert wird die Gebäudegruppe von dem rechteckigen Massivbau des zweistöckigen Gasthauses, dessen Kern aus dem Jahr 1672 stammt. Mit einer einfachen, aber eindrücklichen Fassadengliederung aus vier Achsen präsentiert es sich nach der 2004 abgeschlossenen Renovierung wieder in der rot-goldenen Farbgebung des Jahres 1858. Innen haben die Besitzer das Gebäude weitgehend belassen; die historische Raumaufteilung ist klar ablesbar. Was dagegen neu werden musste, ist rücksichtsvoll, dennoch mit ei-

Großzügig, einladend und stimmig möbliert: die Gentnersche Gaststube

Gebäudegruppe der ehemaligen ländlichen Kleinbrauerei

ner klaren Entscheidung für aktuelle Formen, Farben und Materialien verjüngt worden. Insbesondere die sicherheits- und energietechnisch notwendige Trennung des Eingangsbereichs vom Aufgang zu den Gästezimmern ist mit einer zurückhaltenden Stahl-Glas-Konstruktion gelöst, die den ursprünglichen Raumeindruck so wenig wie nur möglich stört.

Die Gasträume nehmen neben der Küche das gesamte Erdgeschoss ein. Sie zeigen sich in unterschiedlichen Farbgebungen und leben von einer durchwegs behaglichen Ausstattung: Die für eine ländliche Wirtschaft selbstverständlich dazugehörige umlaufende Bank und die Wandvertäfelung aus Holz in der Stube fallen ebenso ins Auge wie das weitere Mobiliar, das einer traditionellen Dorfgaststätte gut zu Gesicht steht. Einiges davon stammt aus dem alten Bestand, der Rest wurde in neuerer Zeit mit Antiquitäten ergänzt. Besonders zu erwähnen, weil nur noch selten zu finden, ist der ursprüngliche Holzfußboden in der Gaststube, der die Aufenthaltsqualität im Haus noch zusätzlich erhöht. Dort steht auch der Kachelofen, der winters große Teile des Erdgeschosses beheizt. Im ersten Stock und im Dachgeschoss sind die Gastzimmer, die sich an der alten Aufteilung orientieren.

Die ehemalige Brauerei, deren Errichtung für das Jahr 1855 nachgewiesen ist, steht im rechten Winkel zur Gaststätte auf der Nordseite des Hofraums. Sie weist mit ihrer hohen schmalen Lisenengliederung und den oben abschließenden Rundbögen deutliche Züge der Industriearchitektur des 19. Jahrhunderts auf. Besonders fällt das Portal der Brauerei mit seinem darüberliegenden dreibogigen, fast sakral anmutenden Fenster ins Auge. Das Gebäude zeigt Formen, die insbesondere von den Architekten Gärtner und Bürklein vorgegeben wurden und die sich – am beschriebenen Beispiel sichtbar – bis weit in den ländlichen Raum verbreitet haben. Die ursprüngliche Einrichtung der Brauerei ist, wenn auch nicht mehr funktionsfähig, in Teilen noch vorhanden.

Für die Instandsetzung des Brauereigasthofes hat die Familie Gentner, seit 120 Jahren im Besitz von Haus und Hof, im Jahr 2005 eine Anerkennung der Hypo-Kulturstiftung für ihr Engagement entgegennehmen können.

Martin Wölzmüller

Die historische Ausstattung der Gaststube mit traditioneller Holzvertäfelung und ursprünglichem Fischgrätparkett

Küchenkunst mit fränkischem Esprit – so könnte man das Küchenkonzept des Gasthofes Gentner beschreiben. Die beiden Schwestern Walburga und Maria-Theresia Gentner haben zusammen mit Küchenchef Oliver Marschall ein ganz besonderes Küchenkonzept etabliert. Traditionelle Gerichte mit einem gewissen Pfiff findet man auf der wöchentlich wechselnden und stark saisonal orientierten Karte. Kein Wunder: Die Zutaten kommen ausschließlich aus eigenem Anbau oder der Region. In der Zubereitung bekommen sie einen ganz kleinen mediterranen Einschlag aus der italienischen Zeit des Küchenchefs. Durch diese Kreativität werden die regionalen Gerichte immer wieder zu einem neuen Geschmackserlebnis und machen einen Besuch so lohnenswert.

Gasthof Gentner

Spielberg 1
91728 Gnotzheim
(Lkr. Weißenburg-Gunzenhausen, MFr.)

Öffnungszeiten

1.4. – 30.9.:
 Warme Küche Mi bis So/Feiertage:
 11.30 – 14.00 Uhr, 17.30 – 23.00 Uhr;
 Ruhetage: Mo, Di

1.10. – 31.3.:
 Warme Küche Do bis So/Feiertage:
 11.30 – 14.00 Uhr
 Ruhetage: Di, Mi

Telefon: 09833-988930, Fax: 09833-988 93 33
www.gasthof-gentner.de

Biergarten, Gästezimmer, Ausstellungen, Obstarche: www.obstarche.de

21 | Bräustüberl zur Kanne in Weißenburg

Ganz Bayern ein Land hoch in den Himmel aufragender trutziger Bierburgen und urigknorrigen Wirtshäuser? Im common sense auswärtiger Betrachter sicher nicht! Nach gängiger Ansicht gelten vielmehr Oberbayern und die Alpenregion als Schauplatz für die steingewordene Allegorie bayerischer Gastlichkeit. Hier würden Sie zu finden sein, die verheißungsvollen Tempel leiblicher und auch geistiger Sättigung, da in Bayern einem Wirtshaus mindestens die gleiche soziale Funktion wie einem Wiener Kaffeehaus zugesprochen werden kann. Ähnlich wie in Berlin im Romanischen Café oder in Wien im Hawelka, trafen sich hier Literaten und Filmleute. Hätte Mark Twain diese Sphäre in ähnlicher Intensität wie die Schweiz bereist, wäre ihm sicher aufgefallen, wie hier in vielschichtiger Weise Humanität geübt und – wenn gewollt – handgreiflich verübt werden kann. Für diesen Brennpunkt menschlicher Begierden wurde seit früher Zeit eine Kulisse geschaffen und verdichtet. Sie besteht aus den weltweit bekannten Versatzstücken, wie Sie aus den Verfilmungen verschiedener Werke Ludwig Thomas aus dem des vorigen Jahrhundert bekannt sind: Holzdielenböden, dunkle Wandvertäfelungen, Gewölbe, die gespreizten Krallen der Stuhlbeine, Maßkrüge, Tische in Ahorn, gespenstische Tierpräparate, paradierende Geweihe verschiedenster Wildarten sowie die fleischgewordene Erlösung in Form einer möglichst nicht zu dünnen weiblichen (oder auch männlichen) Bedienung in landesüblicher Tracht.

Doch wie so oft ist alles ganz anders. Das vermeintlich als Weinland bekannte Franken mit seinen Zentralorten Würzburg

Das den Platz beherrschende Gasthaus mit vornehmem Mansarddach und rückwärtigem Brauereigebäude

oder Iphofen ist weit mehr ein Dorado für Freunde des Gerstensaftes als man zunächst glauben möchte. Nicht nur die Anzahl an mittelständischen Brauereien ist im Norden Bayerns erklecklich, sondern auch der volkskundlich interessierte Hedonist wird auf der Suche nach authentisch überlieferten Wirtsräumen mehr als fündig.

Die 1794 errichtete Brauerei Schneider im mittelfränkischen Weißenburg steht exemplarisch für Orte mit ähnlicher Traditionsdichte in Mittelfranken. Der die Platzsituation an der Bachgasse beherrschende breitgelagerte Bau mit Eckeinfassungen und Sockelgeschoss in Sandstein steht in der Tradition einer Architektursprache, wie sie am Hof der Ansbacher Markgrafen mit großer Vorbildwirkung entwickelt worden war. Die symmetrischen gegliederten Fassaden mit hochformatigen Fenstern und zentralem Zugang prägen die Städte der Region und können als Herrschaftszeichen der damals vorherrschenden Gesellschaftsform gewertet werden. Doch der Ende des 18. Jahrhunderts als Tuchmacheranwesen errichtete Bau erhielt seine jetzige Prägung um 1890. In dieser Zeit wurde das Innere des Anwesens zum Inbegriff eines Wirtshauses. Dazu gehört der zentrale Gastraum mit Theke und seinen umlaufenden Eckbänken unter Säulenarkaden sowie das seitliche Kabinett mit Kreuzgratgewölbe. 1990 konnte mit der Freilegung der Bohlenbalkendecke im Hauptraum und der Restaurierung der bauzeitlichen Parkettböden ein wesentliches Element des Erscheinungsbildes um 1900 wiedergewonnen werden. Durch Künstler wie Gabriel von Seidl und Lorenz Gedon hatte sich ab 1886 eine Vorstellung an Ausstattungsvarianten herausgebildet, die eine Synthese von klassischen antiken Vorbil-

△ Blick in das Nebenzimmer

◁ Blick in den Hauptraum (im Wesentlichen Zustand von 1890)

dern und heimatlichen Motiven darstellten. Das Gegenprojekt zum Reichstag in Berlin, der Münchner Justizpalast, oder der Augustiner-Bräu in der Neuhauser Straße am selben Ort sind sprechende Vertreter dieser damals weit verbreiteten Kunstrichtung. Zu dieser Zeit erhielt auch das ehemalige Tuchmacherhaus in Weißenburg seine detailreiche Ausstattung. Sie vermittelt mit ihrer vorgespiegelten Gewachsenheit eine Wohnzimmer-Atmosphäre, die von den Hochglanzhüllen der gängigen Restaurantketten niemals erbracht werden kann. Hier verbindet sich die Kunstindustrie der Prinzregentenzeit mit der örtlichen Bautradition in unübertroffener Weise.

Florian Koch

Wo sonst, als in der unverfälschten Atmosphäre des Bräustüberls könnte man die Bierspezialitäten der hauseigenen Brauerei Schneider besser genießen. Dazu gibt es fränkische und bayerische Spezialitäten nach alten Hausmannsrezepten, die stets frisch zubereitet werden. Besonders beliebt ist dabei das Münchner Schnitzel, ein klassisch paniertes Schweinefleisch, das vor dem Panieren mit Senf und Meerrettich mariniert wird. Darüber hinaus besteht eine kulinarische Verbindung aus der Küche zur Brauerei, denn das Brauerfleisch wird beispielsweise mit Schwarzbier zubereitet oder der Karpfen auch mal im Bierteig gebraten.

Bräustüberl zur Kanne

Bachgasse 15
91781 Weißenburg in Bayern
(Lkr. Weißenburg-Gunzenhausen, MFr.)

Öffnungszeiten:
Mi bis So 11.00–14.00 Uhr, 17.00–23.00 Uhr; Ruhetag: Mo, Di

Telefon: 09141-3844
www.schneider-bier.de

Brauerei Andreas Schneider mit Hausverkauf, Brauereimuseum

22 | Gasthof und Brauerei zum Goldenen Löwen in Kallmünz

Zwischen Regensburg und Amberg, am Zusammenfluss von Naab und Vils, liegt der Markt Kallmünz zu Füßen eines mächtigen Burgbergs. Von der immer noch eindrucksvollen Burgruine aus dem 13. Jahrhundert hat man einen malerischen Blick auf den Altort und in die umliegenden Täler. Die idyllische Einbettung in die Landschaft hat schon um die letzte Jahrhundertwende namhafte Künstler begeistert, und der Aufenthalt von Gabriele Münter und Wassily Kandinsky im Jahr 1903 ist eine Begebenheit, auf die bis heute in Kallmünz stolz verwiesen wird.

Im Ortsteil südöstlich der alten steinernen Naabbrücke aus dem 16. Jahrhundert liegt der Gasthof „Goldener Löwe" in der Alten Regensburger Straße, gut erkennbar am sog. Zoiglstern. Früher nur periodisch während der eigenen Bierproduktion im Kommunbrauhaus ausgehängt, zeugt der goldene Stern in Hexagrammform seit 1992 von der einzigen Privatbrauerei am Ort, die das sog. Zoiglbier herstellt. In dem Anwesen wird seit mehreren hundert Jahren in Familienbesitz eine Gastwirtschaft betrieben, die seit Generationen – meist über die Frauen der Familie – wei-

Gasthof und Brauerei mit dem Zoiglstern

Blick in die alte Gaststube mit der weitgehend unveränderten Ausstattung der 1880er Jahre

tergegeben wurde. So ist es bis heute geblieben: Die Wirtin Waltraud Luber hat mit ihrem Mann Richard Luber, der als Koch und Brauer einstieg, den Betrieb 1978 übernommen.

Das stattliche Gebäude haben die beiden damals umfassend renoviert und instand gesetzt. Neben der alten Gaststube, die seit ca. 1880 bis heute weitgehend unverändert geblieben ist, werden die ehemalige Gärstatt als Saal für Veranstaltungen und Feste sowie die alte Rauchkuchl als weiterer stimmungsvoller Gastraum genutzt. Die Ausstattung der Gaststube ist seit mehr als hundert Jahren nahezu so geblieben wie sie war, ohne museal zu wirken. Sie umfasst Tische und Stühle (die sämtlich unterschiedlich sind), die Wandvertäfelung, die erhaltenen elektrischen Lampen mit Glasschirmen und sogar die Tischwäsche, die bis heute aus dem hundert Jahre alten Bestand der Großmutter von Waltraud Luber bestückt wird. Lediglich der Ausschank in der Wirtsstube wurde nachträglich eingebaut und befindet sich an der Stelle der Küche, die in einen Nebenraum, die ehemalige Bäckerei, verlegt wurde. Auch der wunderbare alte, ausgetretene Steinfußboden im Fletz zeugt von den vielen Gästen, die hier schon eingekehrt sind. In den Stallungen der ehemaligen Landwirtschaft im hinteren Bereich des Anwesens, die über Jahrhunderte der Versorgung von Familie und Gasthaus gedient hat, ist schon seit Längerem das Gästehaus mit sieben Hotelzimmern untergebracht.

Das Gasthaus mit seiner Atmosphäre einer so selbstverständlich in unsere Zeit überlieferten Geschichte war für die Wirtsleute Luber immer auch eine Bühne, die sie der Kunst boten. Legendär sind die eigenen Künstlerstipendien, Ausstellungen, Lesungen, Kunst- und Handwerkertage

Alte Gaststube mit Holzvertäfelung und Wandkästchen, um 1880

und weitere Veranstaltungen, die ein treues Publikum immer wieder in den „Goldenen Löwen" führen.

Mit sensibler Zurückhaltung haben Waltraud und Richard Luber die überkommene Bausubstanz und das Inventar mit den Erfordernissen einer zeitgemäßen und anspruchsvollen Gastwirtschaft in Einklang gebracht und ein überaus stimmiges Gesamtkunstwerk geschaffen, dessen Ambiente seit Jahren eine feste Stammkundschaft anzieht. Ein schönes Beispiel dafür, dass sich authentisches Erbe und wirtschaftlicher Erfolg trefflich verbinden lassen.

Andreas Baur

Wo Naab und Vils ineinander fließen, komponiert die Küche im Goldenen Löwen in Kallmünz das passende Menü. Regionale Spezialitäten auf hohem Niveau, zubereitet in klassischer Art, serviert von freundlichem Personal – und das alles in einem ganz besonderen Ambiente und zu einem guten Preis-Leistungs-Verhältnis. Über allem prangt stolz der goldene Brauerstern. Der zeigt: Hier wird immer noch gebraut – und die flüssigen Spezialitäten passen so richtig gut zu dem, was die Küche zaubert.

Gasthof zum Goldenen Löwen

Alte Regensburger Straße 18
93183 Kallmünz (Lkr. Regensburg, OPf.)

Öffnungszeiten:
Di bis So 18.00 – 24.00 Uhr,
1. 4.–1.10. auch mittags
So 11.30–14.30 Uhr; Ruhetag: Mo

Telefon: 09473-380, Fax: 09473-90090
www.luber-kallmuenz.de

Hausbrauerei, Gästezimmer, Ausstellungen, Lesungen, Kunst- und Handwerkertage

23 | Der Röhrlbräu in Eilsbrunn

Die Wurzeln des Röhrlbräu in Eilsbrunn, einem kleinen Kirchdorf oberhalb der Schwarzen Laaber, reichen weit zurück. Schon im 16. Jahrhundert lässt sich im Ort eine Tafernwirtschaft samt Brauhaus nachweisen, beides dem Regensburger Reichsstift St. Emmeram zugehörig. In den Besitz der heutigen Wirtsfamilie, der Familie Röhrl, kam das Anwesen vor rund 350 Jahren, kurz nach Ende des Dreißigjährigen Krieges. Der derzeitige Juniorchef betreibt den Röhrlbräu in elfter Generation. Da der Braubetrieb 1971 eingestellt wurde, besteht der Röhrlbräu nurmehr als Gastwirtschaft; das Bier wird heute von der ehemals verwandtschaftlich verbundenen Brauerei Röhrl in Straubing geliefert.

Das Gasthaus zeigt sich als das Ergebnis verschiedener Bauphasen: Die in ein hölzernes Brett der steil aufragenden Aufzugsgaube eingravierte Jahreszahl 1665 kündet von einem älteren Vorgängerbau, das elegante Mansarddach weist typologisch auf das 18. Jahrhundert, und die Jahreszahl 1839 mitsamt den Initialen M R im Sturz des steinernen Portalgewändes bezeichnet einen Umbau im der ersten Hälfte des 19. Jahrhunderts, veranlasst durch die tatkräftige Brauerswitwe Magdalena Röhrl.

Bereits von außen verweist die hervorhebende Rundbogenform der beiden rechten Erdgeschossfenster auf die Lage der Gaststube im Inneren; dieses betritt man durch ein schönes, klassizistisches Eingangsportal. Die den Windfang nach innen abschließende Jugendstil-Flügeltüre stammt ursprünglich aus dem Festsaal

Der Röhrlbräu und sein elegantes Mansarddach des 18. Jahrhunderts

Der schlichte, weitgehend im Stil des frühen 20. Jahrhunderts erhaltene Gastraum

und wurde erst in jüngster Zeit als Ersatz einer modernen Eingangstür der 1970er Jahre hierher versetzt.

Bei der schlichten Gaststube handelt es sich um einen weitgehend unverfälscht erhaltenen Gastraum des frühen 20. Jahrhunderts, mit Parkettboden aus Eichenholz, dunkler Holzvertäfelung und umlaufender Sitzbank, dazu eine runde Wanduhr und ein in die Wand eingelassenes Holzkasterl für die obligaten Spielkarten. Etwas jüngeren Datums sind die Stühle aus den 1930er Jahren sowie der um 1950 in einem Eckbereich der Gaststube eingerichtete sogenannte Affenkasten, ein durch eine hölzerne Zwischenwand abgetrenntes Separee für besondere Stammgäste; dessen Exklusivität wird durch einen mittlerweile stark nachgedunkelten Kunstlederbandbezug oberhalb der Sitzbank noch unterstrichen. Hinter dem anschließenden kleinen Nebenzimmer liegt die Küche, in der sich ein weiteres Relikt aus der Vorkriegszeit erhalten hat: Gekocht wird nach wie vor auf einem Wamsler-Holzofen von 1928.

Ein mit dem Eisenbahnbau Ende des 19. Jahrhunderts einsetzender Sommerfrische-Tourismus bewog den damaligen Wirt, Johann Nepomuk Röhrl, 1902 zu einem Festsaalanbau im rückwärtigen Bereich des Komplexes; für die vor allem aus Nürnberg und dem Rheinland anreisenden Gäste richtete man im Obergeschoss eigene, mittlerweile aufgelassene Gästezimmer ein. Im rund 25 Meter langen Festsaal ist die bauzeitliche Einrichtung nahezu vollständig erhalten: Drei hölzerne, schlanke Pfeiler tragen einen mächtigen, mit farbigen Ornamenten verzierten Balken, dem eine dunkle, mit dezentem Dekor bemalte Kassettenholzdecke aufliegt; eine

Das klassizistische Eingangsportal mit Brauerzeichen im Türsturz

halbhohe, von Rundbogenfeldern durchsetzte Holzvertäfelung umläuft die Wände.

Das weitläufige Areal zwischen Festsaal und Gasthaus nimmt der schon 1877/78 angelegte Wirtsgarten ein, dessen malerischer Kastanienbaumbestand zum Teil noch auf die Erstbepflanzung zurückgeht. Nicht zuletzt sei auf die vor das Gasthaus gelegte, altertümliche Steinpflasterung hingewiesen, die zu dem heutigen, dunklen Asphaltband der Hauptstraße in wirkungsvollem Kontrast steht und dem Besucher bereits beim Eintritt in das Gasthaus-Ensemble einen malerischen Auftakt bietet.

Der Röhrlbräu stellt mit seiner durch einen hohen Grad an Authentizität ausgezeichneten Gaststube, dem nahezu unverändert überkommenen historistischen Festsaalbau sowie mit dem seit 1878 nur wenig veränderten Gastgarten gerade in seiner Gesamtheit ein wertvolles und nicht zuletzt auch besonders einladendes Beispiel für die Gasthauskultur der Vorkriegszeit dar.

Karl Gattinger

Geschwister Maria und Muk Röhrl: sie begeisterte Jägerin, er gelernter Koch und als Szene-DJ bekannt. Kein Wunder also, dass auch ein frischer Wind durch den Röhrlbräu weht, dass altbayerische Wirtshaustradition zeitgenössische Gastronomie trifft.

 *Wer im Laabertal unterwegs ist, kommt um eine Einkehr im Röhrlbräu in Eilsbrunn nicht herum. Neben den frischen Bierspezialitäten der Straubinger Röhrlbraucrei werden hier vor allem regionale Gerichte serviert. Deftig, bayerisch geht es zu – ob in der gemütlichen Wirtsstube oder unter den herrlichen, schattigen Kastanienbäumen im Biergarten: Schweinsbraten aus dem Holzofen, frisches Wild, Kässpätzle oder eine kräftige Brotzeitplatte mit frischem Brot. Hier treffen sich Einheimische, Radler, Wanderer und Touristen. In der Verantwortung für Küche und Service stehen die*

Gaststätte Röhrl

Regensburger Straße 3
93161 Eilsbrunn (Lkr. Regensburg, OPf.)

Öffnungszeiten:
Mo bis Fr ab 17.00 Uhr,
Sa, Sonn-/Feiertage ab 11.00 Uhr;
Ruhetage: Di,
Oktober bis April: Di, Mi, Do geschlossen

Telefon: 09404-2112, Fax: 09404-641303
www.gaststaette-roehrl.de

Seit 1665 in Familienbesitz, Biergarten

24 | Der Bischofshof in Regensburg

Regensburg ist reich an historischer Bausubstanz, die von der jahrhundertelangen Stadtentwicklungsgeschichte erzählt. Schon im frühen Mittelalter teilten sich der Bischof und der bayerische Herzog – später auch die Kaufleute – die Stadt in Herrschaftsgebiete auf. Bischof und Herzog richteten sich in den Ruinen der römischen Stadttore im Norden und Osten ein und entwickelten von dort aus ihre Residenzen.

Der Bischofshof liegt im Herzen der Altstadt, nördlich des Doms. Er ist eine Vierflügelanlage mit romanischen, früh- und spätgotischen Bauphasen, die die Straßenzüge von Krauterermarkt und Unter den Schwibbögen beherrscht. Schon mit der Gründung einer bischöflichen Brauerei 1649 dürfte hier eine Schenke existiert haben. 1890 erhielt der damalige Schankwirt die Erlaubnis eine Gastwirtschaft zu betreiben und Fremde zu beherbergen.

Das heutige Restaurant und Hotel Bischofshof im Nord- und Westflügel geht auf eine Umbauphase von 1904 zurück, als in Regensburg der Deutsche Katholikentag stattfand und der tatkräftige Bischof Ignatius von Senestrey (1858–1906) diese Gelegenheit für eine grundlegende Erneuerung und Erweiterung der Gaststätte nutzte. Daran erinnert die Büste des hl. Wolfgang mit der Jahreszahl 1904 am Turm an der Nordwestecke der Anlage.

Aus dieser Zeit hat sich mit dem Eingangsbereich und den vier␣Gasträumen im Erdgeschoss das Herz der Gaststättengestaltung erhalten, die in den Händen

Das „Pfarrstüberl" im Nordflügel

des Baumeisters Anton Mayer lag. Die Raumfolge mit unterschiedlicher Gestaltung und Bezeichnung beginnt gleich nach dem Eingang links mit dem „Bürgersaal" im Westflügel, dann folgen das „Haute volee Zimmer mit Tyroler Malerei" (heute der „Historische Speisesaal") in der Nordwestecke und schließlich das „Pfarrstüberl" und der „Tourniersaal" (heute „Pils-Stüberl") im Nordflügel. Alle Governmenträume sind vom kreuzgratgewölbten Eingangsbereich mit seinen mächtigen gedrungenen Säulen im neuromanischen Stil aus zu erreichen.

Während das „Pils-Stüberl" seine historische Ausstattung mit Ausnahme der Holzdecke verloren hat, kann der „Bürgersaal" noch auf seinen gotisierenden Deckenstuck von 1904 und im südlichen Raumteil auf eine pfiffige Wandverkleidung mit Motiven aus dem Deutschen Kartenblatt wohl aus der Zeit um 1940/50 verweisen.

Den Höhepunkt der damaligen und heutigen Raumausstattung bilden der „Historische Speisesaal" und das „Pfarrstüberl". Beide sind in gediegenem dunklen Holz gehalten und haben während der letzten größeren Sanierung 1985 ihre originalen Parkettböden wieder bekommen. Der

△ Supraporte im „Historischen Speisesaal", Ölgemälde über dem Türsturz mit der Ansicht von Regensburg mit Dom und Steinerner Brücke

▽ Westfassade des Bischofshofs am Krauterermarkt

„Historische Speisesaal" vermittelt durch die Gewölbe und die auffällige neoromanische Stützsäule eine nahezu „mittelalterliche", gutbürgerliche Atmosphäre, die ehemals durch die unter dem heutigen Deckenputz erhaltene „Tyroler Malerei" – flächendeckendes Rankenwerk mit einigen figürlichen Motiven – noch gesteigert wurde. Dazu passend umläuft eine halbhohe Wandverkleidung mit Ziermotiven im Stil der Deutschen Renaissance den ganzen Raum, die auch die Verbindungstür zum „Bürgersaal", ein Bogenfenster zum „Pfarrstüberl" und die Einganstür integriert. Die dreifeldrige Supraporte über dem Eingang umfasst ein Tafelbild mit der Darstellung des Prospektes von Regensburg. Ein besonderes Detail ist der kleine Wandschrank beim Bogenfenster zum „Pfarrstüberl", der in seinem dreiteiligen Abschluss mit der Figur eines Schweins verziert ist. Das Buffet am Eingang stammt aus den 1930er Jahren, passt sich aber gut in das Ambiente ein. Die Stühle sind nach historischem Vorbild erneuert worden.

Das kleinere „Pfarrstüberl" zeigt sich im gleichen Stil, nur mit einer etwas an-

△ Detail der bemalten Holzdecke von 1904 im „Pfarrstüberl"

◁ Blick in den „Historischen Speisesaal" mit der neuromanischen Stützsäule

ders gestalteten Wandvertäfelung sowie mit einer figurativ und ornamental bemalten Holzdecke, an der das Entstehungsjahr 1904 verewigt wurde. Bischofswappen und Kreuzigungsszene komplettieren das „Pfarrstüberl".

Gut erhaltene historische Ausstattungen gewinnen immer mehr an Seltenheitswert. Die Einheitlichkeit und gemütliche Ausstrahlung, die in den Gasträumen des Bischofshofs zu spüren sind, ist das Ergebnis liebevoller Pflege und gefühlvoller Modernisierung.

Anke Borgmeyer

Im Hotelrestaurant Bischofshof, im Schatten der mächtigen Domtürme, merkt man, dass die von den Römern gegründete Stadt an der Donau etwas ganz besonderes ist. Monika und Herbert Schmalhofer wissen ganz genau, wie man die Gäste verwöhnt. Auf den Teller kommen Schmankerl aus besten Zutaten, zubereitet nach alten, an den Zeitgeist angepassten Rezepten. Dazu versprühen sie mit ihrem Team so viel Freude, dass Monika Schmalhofer vom Journal Savoir vivre auch schon zur Gastgeberin des Monats gewählt wurde. Zum Übernachten stehen 55 Hotelzimmer bereit, jedes davon individuell eingerichtet.

Restaurant Hotel Bischofshof am Dom

Krauterermarkt 3
93047 Regensburg (OPf.)

Öffnungszeiten:
tägl. 10.00–24.00 Uhr

Telefon: 0941-58460, Fax: 0941-5846146
www.hotel-bischofshof.de

25 | Der Brandlbräu, Gasthaus zum Bär an der Kette in Regensburg

Regensburg zählt mit seinem historischen Häuserbestand seit 2006 zum Weltkulturerbe. Dazu gehören auch die weniger bekannten Bauten an den ehemaligen Ausfallstraßen in Randlage zur Altstadt. Das Gasthaus zum Bär an der Kette liegt in der Ostengasse, einem schon von den Römern Richtung Straubing und Passau genutzten Verkehrsweg, der seit dem 13. Jahrhundert am Ostentor, einem der erhaltenen mittelalterlichen Stadttore, endet. In der Ostengasse entstanden neben Handwerksbetrieben und kleinbürgerlichen Wohnquartieren viele Gaststätten und Brauhäuser, um den hier durchziehenden Fremden eine Herberge bieten zu können.

Das Gasthaus zum Bär an der Kette mit ehemaliger Brauerei ist seit Ende des 19. Jahrhunderts auch unter dem Namen seiner Besitzer als „Brandlbräu" bekannt. Gasthäuser, die in ihrem Namen den Bären tragen, gab es in Regensburg einige. Zur Unterscheidung kam im 18. Jahrhundert der Zusatz „an der Kette" hinzu, mit dem bis heute an eine historische Straßenabsperrmöglichkeit mit Eisenketten bei drohenden Volksaufläufen erinnert wird – belegbar für die hier in die Ostengasse einmündende Hallergasse.

An dem dreigeschossigen Gasthaus fällt sogleich das Triforiumsfenster über dem rundbogigen Einfahrtsportal auf. Beide datieren in die zweite Hälfte des 13. Jahrhunderts und dokumentieren das hohe Alter des Hauses. Eine Nutzung als Brauereigasthof ist etwa seit 1500 nachgewiesen. Mehrere Bau- und Erweiterungsphasen lassen die mehrteilige Anlage heute bis zur Parallelstraße reichen.

Im Inneren erzählen imposante Holzdecken, bemalte Putzdecken und prachtvolle Renaissancetüren von wichtigen Bauphasen, Blütezeiten und der traditionellen Nutzung als Gasthaus. Rechts vom Durchgang betritt man über einen Windfang mit Flügeltür die heutige Gaststube, die vor allem wegen der den ganzen Raum überspannenden Bohlenbalkendecke und dem umlaufenden, mit Rankenwerk bemalten Fries eine anheimelnde Atmosphäre ausstrahlt. Gemütlichkeit vermitteln auch die halbhohe, vertikale Wandvertäfelung mit abschließendem Perlband, die umlaufen-

Triforiumsfenster und Einfahrtsportal, beide 2. Hälfte des 13. Jahrhunderts

Gaststube mit imposanter Bohlenbalkendecke und Ausstattung von 1926

den Sitzbänke und der Kachelofen. Bis auf die mittelalterliche Bohlenbalkendecke, dem modernen Ausschank und einigen nach alten Vorbildern erneuerten Stühlen und Tischen stammt die Ausstattung überwiegend aus dem Jahr 1926, als der Gastraum nach Westen erweitert wurde. Von dem Umbau zeugt auch die mit einem geschnitzten doppelköpfigen Reichsadler verzierte Mittelstütze, die die ehemalige Trennwand abfangen muss. Die verbliebenen Mauerzüge zieren typische Wirtshaussprüche.

1932 wurde die Gaststätte nochmals um die beiden durch eine Holzklappwand getrennten Nebenzimmer erweitert. Dafür wurde die Westwand zum Nachbarhaus durchbrochen und der dortige Kramerladen umfunktioniert. In beiden Räumen hat sich die Ausstattung der Entstehungszeit bewahrt, die sich zwar in ihrem Charakter vom großen Gastraum unterscheidet, aber wie dieser Wert auf ein historisierendes Ambiente legt. Im Gegensatz zum Gastraum hat sich hier auch der Eichenparkettboden erhalten. Beide Nebenzimmer sind mit ihren etwa drei Viertel der Wandfläche einnehmenden kassettierten Vertäfelungen von 1932 und den mittelalterlichen Bohlenbalkendecken dunkel gehalten. Während das kleine Nebenzimmer durch vier geschnitzte Medaillonlampen, unter anderem mit der Darstellung eines Bären an der Kette, einen urtümlichen Akzent erhält, besitzt der größere Nebenraum mit Wandvitrine und Rahmenstuck an der Decke eine festliche Ausstrahlung.

Ehemals befanden sich auch im Obergeschoss Räume, die zur Gastwirtschaft

Kleines Nebenzimmer mit Vertäfelung und Türen von 1932

gehörten. Sie sind heute in eine Privatwohnung integriert und nicht zugänglich. Von der „Guten Stube" zeugen noch eine mehrfach profilierte Bohlenbalkendecke und vier prachtvolle Renaissancetüren von 1596.

Mit seiner Entstehungs- und Ausstattungsgeschichte gehört das Gasthaus Zum Bär an der Kette zu den Denkmälern in der Ostengasse, die besonders anschaulich die Bedeutung der ehemaligen Ausfallstraße vermitteln. Wirtshaustradition wird hier groß geschrieben und belebt die etwas in Vergessenheit geratene Ostenvorstadt.

Anke Borgmeyer

Im traditionsreichen Brandlbräu setzt Pächter Roman Weindinger ganz auf die typisch bayerische Küche und legt dabei Wert auf Frische, Qualität und Regionalität. Auf der Mittagskarte findet man immer etwas Besonderes, am Abend bestellen sich die Studenten auch mal nur ein Griebenschmalzbrot zum Bier. Groß aufgekocht wird am Sonntag: Haxn, Schäufele oder Krenfleisch kommen dann auf den Tisch.

Brandlbräu, Gasthaus zum Bär an der Kette

Ostengasse 16
93047 Regensburg (OPf.)

Öffnungszeiten:
täglich 17.00 – 24.00 Uhr,
Sa, Sonn-/Feiertage auch 11.00 – 14.00 Uhr;

Telefon: 0941-58433016, Fax: 0941-58433017
www.brandl-braeu.de

Biergarten

26 | Gasthof Straub in Pfaffenhofen an der Zusam

Am östlichen Rand des Donaurieds, nur wenige Kilometer vor der Einmündung des kleinen Flüsschens Zusam in die Donau bei Donauwörth, liegt Pfaffenhofen an der Zusam, das um das Jahr 1000 durch eine Schenkung des Augsburger Bischofs an das Kloster St. Stephan in Augsburg übergegangen war. Inmitten der als Angerdorf angelegten Siedlung steht, als nördlicher Abschluss des langgezogenen Dorfangers, der stattliche Gasthof Straub, der bereits 1750 auf dem Grundriss des Geometers Johann Lambert Kolleffel festgehalten wird. Das gesamte Anwesen, zu dem ursprünglich auch eine Brauerei gehörte – der Betrieb wurde 1968 eingestellt –, kam durch die Säkularisation 1803 in den Besitz der Familie Straub, die noch im selben Jahr den bestehenden Gasthof als Neubau (bez. im Dachstuhl) errichten ließ.

Das giebelständige, zweigeschossige Gebäude, ein Satteldachbau von fast dreißig Metern Länge auf einer Grundfläche von über 300 m², zeugt bereits von außen vom hohen Repräsentationswillen seines Bauherrn. Eine qualitätvolle, zweiflügelige Holztüre führt in das Innere des hofseitig erschlossenen Gasthauses. Östlich des breiten, mit alten Steinplatten ausgelegten Stichfletzes befindet sich die Gaststube mit Nebenraum, Küche und Speis. Westlich reihen sich drei Wirtschaftsräume an. Über eine angewendete Treppe aus Blockstufen gelangt man in das Obergeschoss mit großem Tanzsaal und Nebenräumen.

Der Satteldachbau von 1803 mit der Fassadengliederung von 1903

Der Gasthof Straub, dessen rückwärtig angebaute Brauerei mit Darre und Mälzerei 1975 durch ein Wohnhaus ersetzt wurde, besticht durch seine Ausstattung, die zwei Perioden zuzuordnen ist. Zum einen verfügt der Gasthof im Erdgeschoss über eine bemerkenswert qualitätvolle frühklassizistische Ausstattung im Zopfstil, die an einem der geschmiedeten Langbänder an der Eingangstür eine Datierung von 1803 aufweist. Aus dieser Zeit stammen sämtliche, für eine „Dorfgaststube" außergewöhnlich kunstvoll geschreinerte und geschnitzte Wandvertäfelungen mit Wandschrank und Wandspiegel sowie die Umrahmung der noch original erhaltenen Gaststubentür. In einem Winkel der Gaststube haben sich Reste einer ursprünglich wohl den ganzen Raum umfassenden Wandmalerei erhalten. Die aus vierzig Feldern bestehende, mit Rankenwerk bemalte Kassettendecke ergänzt den Raum auf das Wirkungsvollste. An den Hauptraum schließt ein kleiner, Honoratioren vorbehaltener Nebenraum an, der sog. Affenkasten, mit einem kleinen Schieber, der jederzeit einen verborgenen Blick in die große Gaststube erlaubt.

Zum anderen setzt sich deutlich eine Ausstattungsperiode aus dem Jahr 1903

△ Frühklassizistische Stubentür im Zopfstil, links Rest der ursprünglichen Wandbemalung von 1803

◁ Die Gaststube mit kunstvoller Wandvertäfelung und rankenbemalter Kassettendecke von 1803

ab: Besonders hervorzuheben ist die Ausstattung des Tanzsaals mit geschnitzter, gold-weiß gefasster Docke sowie der Deckenstuck mit reicher Schablonenmalerei, Landschaftsbildern und Portraits der Gastwirtsfamilie. Dieser letzten Periode ist auch die Fassadengestaltung mit Gliederung in Nutrustika zuzuordnen, wobei die Hausflanken durch blau und ockerfarben gefasste Eckrustika betont werden. Der Hausgiebel wird durch ein Fresko mit Abendmahldarstellung, der südliche Zwerchgiebel mit der Bautafel von 1803 geschmückt.

Umfangreiche, in zwei Bauabschnitte unterteilte Sanierungsmaßnahmen (1994 –
2002) waren notwendig, um den Gasthofbetrieb wieder aufzunehmen. Dazu gehörten die Trockenlegung des stark durchfeuchteten Mauerwerks, die Instandsetzung des bauzeitlichen Dachwerks, die Sanierung der Fassaden sowie die fachlich einwandfreie Restaurierung der klassizistischen Ausstattung. Höchste Anerkennung gebührt der Familie Straub, die neben dem landwirtschaftlichen Vollerwerbshof mit großem finanziellen Engagement und Hunderten von Stunden an Eigenleistung den Gasthofbetrieb wieder funktionstüchtig machte. Inzwischen ist der Gasthof Straub wieder weit über die Dorfgrenzen hinaus

Der sog. Affenkasten, ein Honoratioren vorbehaltener Nebenraum

ein beliebtes Ausflugsziel und ein gefragter Ort für Familienfeierlichkeiten sowie Treffpunkt für Vereine. 2002 erhielt die Familie Straub für ihre großartige Leistung einen Sonderpreis des Bezirks Schwaben.

Bernt von Hagen

Gasthof Straub

Am Dorfanger 29
86647 Buttenwiesen-Pfaffenhofen an der Zusam (Lkr. Dillingen, Schw.)

Öffnungszeiten:
So mit Mittagstisch (11.00–14.00), sowie nach Vorbestellung

Telefon: 08274-241

 *Wer für den Sonntag nicht einen Tisch in der Gaststube bestellt, bekommt meistens keinen Platz. So begehrt sind die herrlichen Braten, die Küchenchefin Edith Straub auf dem holzbefeuerten Küchenofen zaubert: Rehbraten aus eigener Jagd, Entenbrust oder Schweinsbraten. Unter der Woche bleibt der Ofen allerdings meist kalt. Dann gibt es bei der Familie Straub deftige Brotzeiten mit regionalen Spezialitäten. Stimmung kommt im Gasthof aber nicht nur wegen der Küche auf: Kabarett- und Kulturvorstellungen finden immer wieder in dem historischen Gebäude statt und locken die Gäste in die liebevoll restaurierten Räumlichkeiten.*

27 | Weinstube Frey in Lindau

Dass in einer Stadt mit beträchtlichem Speditionshandel – man denke nur an den jahrhundertelang bestehenden Mailänder bzw. Lindauer Boten – ein blühendes Gaststättengewerbe sein Auskommen hatte, versteht sich. Als die Weinstube Frey in der Maximilianstraße öffnete, war das Speditionswesen allerdings schon rückläufig – dafür nahm der Fremdenverkehr beständig zu.

Spätestens seit dem 19. Jahrhundert haben sich die Lindauer im Frey mit Wein versorgt, zuerst über die Straße, bald aber in den Gaststuben, die sich im Obergeschoss über zwei Häuser verteilen. Beide Häuser, Maximilianstraße 15 und 17, wurden im 15. Jahrhundert errichtet und im Laufe der Zeit immer wieder verändert. Auf Umbauten im 16. Jahrhundert deuten stilistisch das Sandsteinfenster links vom Eingang und das Wappen am Seitenportal (zur Krummgasse hin) mit der Jahreszahl 1563. Das Wappen mit dem aufspringenden Einhorn ist das der früheren Besitzer, der alteingesessenen Familie Frey. Bevor diese Familie die altdeutsche Weinstube eröffnete, betrieb sie in diesem Anwesen eine Küferei, deshalb der skulptierte Bierschlegel am Seitenportal. Die auf dem Haus Nr. 17 angebrachte Jahreszahl 1897 verweist auf umfassende Renovierungen gegen Ende des 19. Jahrhunderts.

Die Konzession für die Schankwirtschaft hatte Josef Frey im Jahre 1878 erhalten. Aber schon seit 1861 durfte der Meister Weine über die Straße verkaufen, genauer gesagt „flaschenweise" abgeben. Man

Die große Stube mit der altdeutschen Ausstattung von 1897/98

◁ Die malerische Häusergruppe des Weinhauses, links die Fenster der alten Gaststube, rechts der Erker der großen Stube

▽ Weinseliges Detail am Kachelofen

konnte sich also sein Schöppele für den Schlaftrunk ins Haus holen. 1912 wird die Weinstube Frey als eine der besten, wenn nicht als beste derartige Wirtschaft am Platze bezeichnet und nur von gutem Publikum besucht.

Eine breit gelagerte Tür mit sehenswertem Beschlag lädt geradezu zum Besuch der Gaststätte ein, die wir über eine alte Holztreppe erreichen. In der vorderen Gaststube fällt sogleich beim Betreten eine der typischen, kunstvoll gestalteten Lin-

Die romantische Erkernische in der großen Stube

dauer Sandstein-Fenstersäulen ins Auge. Zwischen ihr und der leicht gewölbten sog. Lindauer Decke aus Holz mit den charakteristischen Lindenblättern an den Enden der Rundbalken – an zwei Stellen haben sich minimale Reste der ursprünglichen Bemalung erhalten – finden wir das Küferzeichen, den Schlegel, und die Jahreszahl 1560. Ein schöner Kachelofen sowie der alte, dunkle Holzdielenboden verstärken das historische Ambiente.

Eine schöne, durch farbige Glasmalerei ausgezeichnete Türe führt in die große Stube, den Hauptraum, mit aufwendiger Kassettendecke und reichem altdeutschem Inventar. Auch hier finden wir eine, freilich

Detail der Wandmalerei und der kunstvollen Vertäfelung in der großen Stube

deutlich jüngere Fenstersäule. Gleich links vom Eingang steht ein farbiger Kachelofen. Die Figurengruppen zeigen gemütliche Wirtshausszenen, darunter einen Jäger auf der Rast bei einer handarbeitenden jungen Frau, rechts davon ein Paar beim Tanz. Die Wände des Raumes sind, über einer mannshohen, stilvollen Vertäfelung mit schlichten Malereien verziert, die sich, umrankt von wucherndem Blattwerk und durchsetzt mit weinseligen Sprüchen, mit dem Weinbau und der Stadt Lindau beschäftigen (bez. „E. Reinhardt, 1898" und „Erneuert K. Seyffert 1976"). Ein gemaltes Weinfass nennt uns das Datum 1811 und die Insignien J. F. Die schwarze Wanduhr zwischen den Fenstern zeigt auf dem Zifferblatt statt der Zahlen die einzelnen Buchstaben der Familie Weyhrich, der späteren Besitzer. Zum bemerkenswert einheitlichen Eindruck des historistischen Gastraums tragen das noch original erhaltene Mobiliar sowie das alte Fischgrätparkett entscheidend bei. Zum Verweilen besonders empfehlen möchte der Verfasser den kleinen Erker mit seinen farbigen Bleiglasfenstern, die, wie auch die übrigen Fenster der Gaststube, auf die Straße gerichtet sind.

Werner Dobras

 Wer in Lindau gehobene Küche sucht, ist im Weinhaus Frey genau richtig. Andrea und Klaus Buchfink bieten hier seit 2007 nicht nur eine gepflegte regionale Küche, sondern dies auch auf einem Niveau, das selbst den verwöhnten Gaumen überrascht. Dafür reisen die Gäste aus der Schweiz und Österreich, aber auch aus Stuttgart an den Bodensee. Das Weinhaus Frey ist aber dabei durchaus bodenständig geblieben und die Gäste kommen auch mal nur auf ein Glas Wein oder eine Kleinigkeit zu Essen vorbei. Denn: Das historische Weinhaus soll ein Ort der Begegnung sein.

Weinstube Frey

Maximilianstraße 15
88131 Lindau (Schw.)

Öffnungszeiten:
April bis September: 11.30–23.00 Uhr,
Oktober bis März: 11.30–14.00 Uhr, 17.00–23.00 Uhr. Ruhetag: Mo.
Telefon: 08382-94796-76,
Fax: 08382-94796-77
www.weinhaus-frey.de

Außensitzplätze

28 | Weinhaus zum Goldenen Löwen in Memmingen

In der ehemaligen Reichsstadt Memmingen spielte der Wein seit jeher eine bedeutende Rolle; diesem Umstand ist es wohl zu verdanken, dass die schwäbische Kleinstadt heute mit gleich zwei historischen Weinstuben aufwarten kann: Die ältere der beiden, der „Goldene Löwe", liegt am Schrannenplatz, dem ehemaligen Handelsplatz für Getreide im Süden der Stadt, die jüngere, der „Weber am Bach", nicht weit davon entfernt direkt am Stadtbach (s. d.). Die Wurzeln des „Goldenen Löwen" reichen in das späte 16. Jahrhundert zurück. Die bereits 1626 nachweisbare Wirtsfamilie Mayer führte den Gasthof bis in das späte 18. Jahrhundert hinein, ehe dieser nach verschiedenen Besitzerwechseln – 1813 bis 1973 lagen die Geschicke in den Händen der Familie Brey – 1975 durch den Kaufmann Günther Bayer erworben und anschließend mustergültig renoviert wurde.

Dem „Goldenen Löwen", einem mächtigen Giebelbau des 16. Jahrhunderts, mit drei breiten Geschossen und charakteristischen Ladeluken in den steilen Dachgeschossen darüber, kommt als optischer Abschluss der Kramerstraße (heute Fußgängerzone) die Funktion einer städtebaulichen Dominante am südlichen Schrannenplatz zu. Durch ein großes, zweiflügeliges Haustor gelangt man in die eindrucksvolle Vorhalle; mit ihrem alten Katzenkopfpflaster, der dunklen, von einem mächtigen Unterzug getragenen Holzbalkendecke und den bauchigen Holzpfeilern stellt sie, nachdem alle anderen Hallen dieser Art mittlerweile modernen Ladeneinbauten weichen mussten, das letzte noch erhaltene Beispiel ihrer Art in Memmingen dar. Von der

Biedermeierambiente mit bemerkenswertem Kachelofen aus dem Jahr 1944

Der mächtige Giebelbau des 16. Jahrhunderts mit den charakteristischen Ladeluken

klassizistische Stubentüre rechts in den niedrigen Hauptraum. Die alte Holztüre, ein danebenliegendes Wandkästchen mit kleiner Sitzbank darunter und die anschließende ehemalige Durchreiche bilden hier eine malerische Gruppe, die zusammen mit der hölzernen Trennwand – dahinter verbirgt sich ein separierter Extrabereich für Gäste, die unter sich bleiben wollen, der sog. Affenkasten – und dem einfachen Holzbretterboden der Stube eine unmittelbar einnehmende Atmosphäre verbreitet. Nicht weniger bemerkenswert sind die einzelnen Details: Das schöne Mobiliar, das mit Weintrauben durchsetzte Geränke als Aufsatz der Trennwand, die feine Alabaster-Uhr auf einer Konsole an der Wand und selbst noch der Regenschirmständer unterhalb der Garderobe weisen stilistisch noch in die Biedermeierzeit. Den farblichen Hauptakzent aber setzt der in einem kräftigen Gelb gehaltene Kachelofen; verziert mit den Memminger Stadtwappen und bekrönt von einem Kuppelaufsatz, auf

Halle führt ein niedriger Abgang hinunter in den Weinkeller, dessen Grundmauern wohl noch diejenigen eines Bürgerhauses aus dem 14. Jahrhundert sind, eine steile Podesttreppe aber hinauf in die weitläufige Stubenlandschaft des ersten Stockwerks.

Vom weiten Eingangsbereich, seit altersher ebenfalls zur Bewirtung von Gästen benutzt, führt eine schlichte, noch

Die eindrucksvolle Vorhalle als Entree in das Obergeschoss

Eine Holzwand mit ornamentalem Aufsatz trennt den Hauptraum vom sog. Affenkasten

dem ein thronender Löwe sitzt, ist er das Werk der Oberammergauer Werkstatt Karl Lang und nicht nur seiner ungewöhnlichen Zeitstellung (bez. 1944) wegen von besonderem Interesse. In dieses historisch gewachsene Ambiente fügt sich die zwar neue, aber eigens aus einer Handweberei im Südtiroler Pustertal bezogene Tischwäsche aufs Schönste ein.

Vom Affenkasten mit seinen hochklappbaren Bänken (zur bequemeren Erreichbarkeit der Tische) aus gelangt man in ein weiteres, kleines Nebenzimmer; auch hier dominiert mit dem Holzboden, der halbhohen Holzvertäfelung sowie der gefelderten alten Holztüre der Eindruck alteingesessener Gemütlichkeit. Dank der verantwortungsvollen Umsicht des Hausbesitzers sowie der akribischen Pflege durch das Pächterehepaar stellt sich der „Goldene Löwe" noch heute so dar, wie ihn der Allgäuer Essayist und bekannte Nietzsche-Forscher Josef Hofmiller bereits in den 1930er Jahren erlebte, nämlich schlicht und einfach als „mein Ideal von Zechen".

Karl Gattinger

Im Weinhaus zum Goldenen Löwen trifft man sich zum gemütlichen Abend, zum Gespräch mit Freunden. Dazu genießt man einen der gepflegten Weine aus deutschen Lagen und eine der leckeren Brotzeiten. Typisches serviert Inhaberin Gertraud Manner ihren Gästen – Maultaschen oder Obatzter werden gerne bestellt. „Echt, alt, ursprünglich", so beschreibt sie ihr Konzept, so führt sie auch das Weinhaus, ohne dabei antiquiert zu sein. Die Gäste schätzen diese Ursprünglichkeit und sind begeistert von der Gemütlichkeit, die das gesamte Lokal ausstrahlt.

Weinhaus zum Goldenen Löwen

Schrannenplatz 2
87700 Memmingen (Schw.)

Öffnungszeiten:
18.00–1.00 Uhr; Ruhetag: Sonn-/Feiertage

Telefon: 08331-5290

29 | Weinhaus Weber am Bach in Memmingen

Memmingen ist keine Weingegend, dazu ist das Klima im Voralpenland zu rau und der Boden zu schlecht, den Stadtbach säumen keine dicht bestandenen Weinberge, und doch hat sich in der alten Reichsstadt eine Weinkultur herangebildet, die ihresgleichen sucht. Die damals bevorzugten Weinbaugebiete lagen am Bodensee, an dem die Reichsstadt einst eigene Weinberge besaß, in der Neckargegend nördlich von Heilbronn sowie im Veltlin in der Schweiz. Der Wein diente damals nicht nur dem Genuss, sondern galt vielmehr als Lebensmittel, und obwohl es auch etwa zwanzig kleinbürgerliche Brauereien gab – fast jede Wirtschaft braute ihr eigenes Bier – blieb der Wein das Hauptgetränk.

So entwickelte sich in Memmingen eine Weinstubenkultur, die bis heute anhält. Freilich konnte man und kann man bis heute überall ein Glas Wein bestellen, aber ein besonderes Erlebnis ist es schon, in einer echten Weinstube einen Veltliner oder Meersburger zu genießen. Neben dem „Goldenen Löwen" am Schrannenplatz (s. d.) hält gerade auch die Weinstube „Zu den drei Mohren", gemeinhin als „Weber am Bach" bekannt, die Memminger Trinkgeschichte hoch.

Die reiche und gut dokumentierte Geschichte des mit seiner Längsseite zum Stadtbach weisenden Eckhauses ist in neuerer Malerei am Erker der Südseite aufgezeichnet: Bis 1572 befand sich in dem

Das vornehme Nebenzimmer mit der raumhohen Vertäfelung aus Wurzelholz von 1901

Gläserne Trennwand zur Küche mit geschliffenen Allegorien und Glasmalerei

im Kern noch spätmittelalterlichen Gebäude die reichsstädtische Lateinschule; Reste eines Freskos an der Fassade der Giebelseite stammen wohl noch aus jener Zeit. Später wurde, zur Versorgung der Stadtarmen, der Almosenkasten eingerichtet, bis schließlich 1848, nach dem Ende der Reichsstadt, der Weinwirt Espenmüller dem Haus eine neue Aufgabe schenkte. 1901 zog mit Gottfried Weber ein bis heute namengebender Weinwirt ein, dessen Familie annähernd ein Jahrhundert die Geschicke des stattlichen Hauses bestimmte. 1992 wurde die Weinstube an das Ehepaar Claudia und Herbert Breckel verpachtet, das den „Weber am Bach" seitdem betreibt.

Im Eingang wendet man sich nach rechts und kommt zwischen Küche und Schänke in die überschaubare und gemütliche Weinstube mit einer warmen Holztäferung und bequemen, in die Fensternischen integrierten Polsterbänken; ein kleiner Teil der ursprünglich die gesamte Decke überziehenden Weinranken-Bemalung im Stil der Zeit um 1900 ist hier noch sichtbar. Malereien der frühen 1930er Jahre finden sich, mit einer Ansicht der Stadt Memmingen, über dem Durchgang zum Nebenzimmer sowie, mit einer Darstellung des „Weber am Bach", auf der kleinen Wanduhr im Hauptraum. Der alte Holzboden und die mittlerweile elektrifizierten Petroleumlampen tragen das ihre zu einem durchaus authentischen Raumeindruck bei.

Als eigentliche Besonderheit des „Weber am Bach" aber ist das kleine Nebenzimmer zu bewerten. Beim Besitzerwechsel 1901 vom neuen Wirt, Gottfried Weber, eingerichtet, besticht dieser nahezu unverändert belassene Raum durch seine außergewöhnliche Eleganz und geradezu vornehme Gediegenheit: Eine wandhohe Feldervertäfelung aus edlem Nussbaum-

Weinstube mit um 1930 gemalter Stadtansicht Memmingens links und Resten der ursprünglichen Deckenbemalung rechts

wurzelholz, die Ränder der einzelnen Felder mit Blattgold unterlegt, umläuft den gesamten Raum, und das zum Teil noch originale Mobiliar, darunter ein hoher Wandschrank, steht auf einem schlichten Fischgrätparkett. Zur Küche hin schließt den Raum eine hölzerne Trennwand ab, in deren obere Hälfte transparente Glasscheiben eingesetzt sind; zwei fein geschliffene, höchst anmutige Allegorien (Frühling und Herbst) unterstreichen den hohen Anspruch des damaligen Gastwirts Weber bei der Ausgestaltung dieses Nebenzimmers.

Im Sommer lässt es sich sehr hübsch vor dem Haus am Stadtbach sitzen. Schwalben und Fledermäuse flitzen den Bach entlang, man kann gemütlich den Forellen zuschauen, und selbst weiß man sich an einem solchen Abend im „Weber am Bach" wohl behütet und beheimatet.

Uli Braun

Wo's dem Wein gilt, sind auch feine Speisen nicht weit. Wenn in der Weinstube Inhaber Herbert Breckel selbst am Tisch seine Empfehlung gibt, darf man sich darauf freuen, was der Spitzenkoch servieren wird. Der Koch vertritt eine feine, internationale Küche, die aber die schwäbische Region nicht verleugnet. Tradition und Moderne sind bei ihm kein Widerspruch, und er legt überdies größten Wert auf die regionale Herkunft der Zutaten. Jeden Monat gibt es – ausgerichtet an saisonalen Schwerpunkten – ein neues Menü, zweimal im Jahr lädt die Weinstube Weber am Bach zu einem Degustationsmenü, bei dem die korrespondierenden Weine verkostet werden.

Weinstube Weber am Bach

Untere Bachgasse 2
87700 Memmingen (Schw.)

Öffnungszeiten:
Di bis So 11.00–14.00 Uhr, 17.30–24.00 Uhr
Mo 17.30–24.00 Uhr

Telefon: 08331-2414; Fax: 08331-495658
www.weberambach.de

Weinhandlung, Außensitzplätze

30 | Gasthof Heidinger in Schmiechen

Schmiechen kann auf eine über 1200-jährige Geschichte zurückblicken. Nach dem Ort nannte sich vom 13. bis zum 15. Jahrhundert das turnierfähige und am Lechrain besitzreiche Geschlecht der Herren von Schmiechen. Nach mehrmaligem Besitzerwechsel erwarben im Jahr 1509 die Fugger die Hofmark, die hier ein prächtiges Wasserschloss errichten ließen. Die Mediatisierung zwang die Fugger 1809 zur Aufgabe der Hofmark, die schließlich an die Familie der Freiherrn von Leonrod kam, deren Inhaber Ludwig Freiherr von Leonrod am Aufstand des 20. Juli 1944 gegen Adolf Hitler beteiligt war.

Südlich des Wassergrabens und der Reste des Wasserschlosses reihen sich um den Hauptplatz im Dorfzentrum die wichtigsten Hofmarkgebäude und Geschäfte: die Schmiede, die Bäckerei und das alte Schergenhaus (alle aufgegeben) sowie die alte Dorfwirtschaft, die sich mit ihrer Breitseite direkt neben die Pfarrkirche St. Johannes der Täufer lagert. Sie ist bereits in einem Teilungsvertrag der Herren von Schmiechen im Jahre 1368 als Taferne von Schmiechen erwähnt.

Ein Verkaufsbrief von 1629 lässt uns die Ausstattung der Wirtschaft erkennen, wenn darin von „3 Disch mit 8 Deller, 2 Salz Bixlen, 1 Disch Tuech, 6 Gleser" und zahlreichen anderen Geschirr die Rede ist. Zwei „Gastbettgewänder" deuten darauf hin, dass die Taferne auch Gäste aufnehmen konnte. Nach Ende des Dreißigjährigen Krieges erholte sich die von den Schweden niedergebrannte Wirtschaft nur langsam.

Innenansicht der Gaststube des 18./19. Jahrhunderts

Bauern- und Gesindetisch mit der Eingangstüre aus dem 18. Jahrhundert

Der heutige zweigeschossige Bau stammt, wie eine Wertstellung von 1723 vermuten lässt, aus dem frühen 18. Jahrhundert. Um 1791/92 und 1842 wurde die Wirtschaft umgebaut und erweitert. Angeschlossen war eine Brauerei, die 1907 ihren Betrieb einstellte und deren Gebäude inzwischen abgerissen wurden. Die dazugehörige Mälzerei endete erst 1969, die Mälzereieinrichtung ist in einem Anbau noch erhalten.

Das Erdgeschoss der Gastwirtschaft betritt man über eine Haustüre, die vom Umbau aus dem Jahr 1842 stammt. An ihr fallen besonders der Türklopfer, der als Löwenkopf mit Ring im Maul gestaltet ist, und die geschmiedete Verzierung mit den Initialen des damaligen Besitzers Joseph Haag und der Jahreszahl 1842 auf. Ein breiter Flur teilt die privaten Räume zur Linken vom Gastraum. Neben der noch aus dem 18. Jahrhundert stammenden Eingangstüre in den Gastraum ist die Durchreiche für den Gassenausschank vorhanden. Abgesehen von einer kleinen modernen Veränderung im Schankbereich, die jedoch kaum stört, ist das Bild einer intakten Gaststube aus dem 18./19. Jahrhundert erhalten. Die kassettierte Holzdecke, die Wandvertäfelung und auch die Einrichtung erscheinen durch die starken Nikotinrauchablagerungen im dunklen Braun. Im reich geschnitzten „Wandkastl" werden Schriftstücke und Zeitungen aufbewahrt, in zwei Wandvitrinen Pokale und Bierkrüge. Im Herrgottswinkel hängt ein großes Kruzifix. Ein Regulator, Schützenscheiben, Urkunden und Bilder schmücken die Wände. Bänke und Tische mit gedrechselten Beinen gliedern den Innenraum. Im Eingangsbereich ist sogar noch der kleine Tisch für das Gesinde erhalten.

Im Westen schließt sich ein kleines Nebenzimmer an. Die Verbindungstüre, ein gusseiserner Ofen und die Reste einer Stuckleiste an der Decke weisen wieder

Gusseiserner Ofen im Nebenzimmer

Haustüre von 1842

auf das hohe Alter dieses Gastbereichs. Vor dem Nebenzimmer führt eine gusseiserne Wendeltreppe in das Obergeschoss. Über sie konnten die Speisen aus der Küche in den Saal gebracht werden, der auch vom Flur aus über eine Holztreppe erreicht werden kann. Der Saal, der fast das gesamte Obergeschoss einnimmt, war früher für Versammlungen, Faschingsbälle und große „Leichen" ein wichtiger Versammlungsort der Gemeinde. Heute findet der Gastraum nur noch selten Verwendung. Zurzeit dient er noch einigen Vereinen zu Versammlungen und am Sonntag nach dem Gottesdienst zum Frühschoppen.

Hubert Raab

Wer sich in Schmiechen auf ein Bier treffen möchte, der geht ins Gasthaus Heidinger. Es ist das letzte offizielle Wirtshaus in der Gemeinde und deshalb betreibt Wolfgang Mayr-Schwarzenbach die historische Gaststube am Kirchplatz überhaupt noch. Stammtischler trinken hier ihr Bier, es wird gekartelt, der Kirchenchor kommt einmal in der Woche zur Probe und der örtliche Gospelchor lässt den Probenabend ebenfalls im Wirtshaus bei einem Bier ausklingen. Gekocht wird nur, wenn einer eine kleine Feier in außergewöhnlichem Rahmen plant und sich dafür das Gasthaus Heidinger ausgesucht hat.

Gasthof Heidinger

Kirchplatz 3
86511 Schmiechen
(Lkr. Aichach-Friedberg, Schw.)

Öffnungszeiten:
Mo/Do ab 19.00 Uhr, Di ab 20.00 Uhr,
So 10.00–13.00 Uhr

Telefon: 08206-237

31 | Der Maierbräu in Altomünster

Im nordwestlichen Landkreis Dachau, zwischen München, Augsburg und Ingolstadt gelegen, erhebt sich der markante Turm der Klosterkirche St. Alto (1763–73 von Johann Michael Fischer und Balthasar Trischberger) über Altomünster und die umliegenden Hügel. Die Geschichte Altomünsters ist geprägt von der des Klosters, gegründet durch den Eremiten St. Alto († um 760) und wiederbelebt im 11. Jahrhundert durch die Welfen. Der Konvent beherbergte Mönche, später Nonnen des Benediktinerordens, ab 1497 als sog. Doppelkloster Mönche und Nonnen des Birgittenordens. In der Säkularisation wurde der Orden aufgelöst, seit 1841 bewohnen wieder Birgittinnen die Konventsgebäude. In enger Verbindung zum Kloster entwickelte sich der Markt. Die stattlichen Walmdachgebäude um den Marktplatz sind Zeugen der Bedeutung Altomünsters und des Ansehens seiner Bürger, die im 14. Jahrhundert Stadtbürgerrechte, Siegel und Marktgerechtigkeit verliehen bekamen.

Mit der Klosterbrauerei, seit 1496 mit herzoglicher Braugerechtigkeit, begann das Brauwesen in Altomünster. Neben ihr etablierten sich drei bürgerliche Braustätten: der Kapplerbräu, der Hinter- bzw. Niedermayerbräu und der Müllerbräu. Der heutige Maierbräu war spätestens seit dem 17. Jahrhundert Brauerei – nach dem Gründer „Müllerbrauerei" benannt und noch im 19. Jahrhundert so bezeichnet. 1886 kaufte der Alberzeller Gastwirt Franz Xaver Maier diesen Betrieb samt Gasthof und zugehöriger Landwirtschaft. Seine Erben konnten durch die Belieferung von Gast-

Auch an trüben Tagen eine beeindruckende Erscheinung: der Maierbräu

Blick in die historische große Gaststube, das sog. Bräustüberl

stätten im Umland, durch den Zukauf des Niedermayerbräu und durch umfassende bauliche Erweiterungen das Geschäft, nun „Maierbräu" genannt, stark vergrößern. Die Brauerei befindet sich noch immer in Familienbesitz, mittlerweile in der vierten bzw. fünften Generation.

Der Gasthof Maierbräu steht an prominenter Stelle im Ort. Der stattliche zweigeschossige Satteldachbau aus dem Jahr 1838 bildet mit seiner breiten Traufseite die westliche Begrenzung des zum Kloster hin ansteigenden Marktplatzes.

Betritt man den historischen Gasthof, liegt zur Rechten der Eingang zur großen Gaststube, dem „Bräustüberl", etwas versetzt dahinter die Tür zu einem Nebenraum mit Holzvertäfelung, der räumlich vom Bräustüberl zum westlich liegenden Saal vermittelt. Im Obergeschoss sind die Gästezimmer des Brauereigasthofs untergebracht.

Die große Gaststube präsentiert sich in der Gestalt des Jahres 1931. In diesem Jahr wurde der Gasthof von L. Scheidner aus Emmering (Lkr. Fürstenfeldbruck) umgebaut (Signatur in gemalter Kartusche). Die umlaufenden Wände erhielten bis zur Höhe der Fensteroberkante eine kassettierte Vertäfelung in hellem naturbelassenem, mittlerweile durch eine Firnis-Pigmentlasur der 1970er Jahre nachgedunkeltem Laubholz. Der oben erwähnte Nebenraum ist durch eine hölzerne Wand in gleicher Kassetten-Gestaltung abgetrennt. Als Durchgang fungiert eine Schiebetür. Den Wandstreifen zwischen Vertäfelung und Plafond versah der Olchinger Kunstmaler Karl Sonner mit Schilderungen des bäuerlich-ländlichen Jahresablaufs, die in Farben auf Kalk-Kasein-Basis aufgebracht sind. Die Darstellungen sind auf der Trennwand als Tafelmalereien in Öl auf Holz fortgeführt. Die Tische und die profilierten Stühle und Bänke der Gaststube stammen ebenfalls aus den 1930er Jahren.

Das historische Ambiente der Gaststube im Maierbräu erinnert an eine Zeit, in der Wirtshaus und Kirche Mittelpunkte dörflichen Lebens waren, eine Zeit und

Ländliche Lustbarkeiten: Ausschnitt aus dem Fries im Bräustüberl von 1931

ein Milieu, die den Schriftsteller Ludwig Thoma intensiv beschäftigten. Thoma war Altomünster eng verbunden. Hier traf er sich zum gemeinsamen Jagen mit dem Künstler Ignatius Taschner. Auch wenn er und Taschner oft beim Kapplerbräu ihr Bier tranken, sie kannten wohl beide auch den Maierbräu unten am Marktplatz.

Stefan Pongratz

Gewachsene Gemütlichkeit und urige Atmosphäre – so lässt sich der Gasthof Maierbräu am besten beschreiben. Serviert werden hier frisch zubereitete bayerische Schmankerl, aber auch Gerichte der internationalen Küche. Besonders beliebt sind die über das ganze Jahr verteilten Spezialitätenwochen, bei denen von Spargel bis Wild immer wieder wechselnde Schwerpunkte gesetzt werden. Zum Trinken gibt es das süffige Maierbräu, wobei das naturtrübe Zwicklbier extra für die Gaststätte gebraut wird. Ganz auf den Geschmack der Gäste abgestimmt ist auch das Maierbräu-Bierbrot aus der Bäckerei Maier, das zu den Brotzeiten gereicht wird. Wer länger bleiben will, findet in einem der 20 Gastzimmer sicherlich ein Plätzchen.

Brauereigasthof-Hotel Maierbräu

Marktplatz 2
85250 Altomünster (Lkr. Dachau, OB)

Öffnungszeiten:
10.00 – 24.00 Uhr; Ruhetag: Di

Telefon: 08254-1279, Fax: 08254-998766
www.maierbraeu.de/gasthof/index.html

Bier aus der hauseigenen Brauerei, Spezialität „Zwicklbier", Brauereiführungen, Gästezimmer

32 | Der Augustiner-Bräu in München

Münchens Ruhm als Welthauptstadt des Bieres ist relativ jung, entstammt er doch erst dem Ende des 19. Jahrhunderts. Damals entwickelte sich, stark begünstigt durch den Wirtschaftsboom der Gründerzeit, das bis dahin kleinteilige Braugewerbe zu einer regelrechten Brauindustrie. Die dadurch entstandenen Münchner Großbrauereien ließen sich als sichtbares Zeichen ihrer gestiegenen Bedeutung monumentale Großgaststätten mit repräsentativem Anspruch, sog. Bierpaläste, errichten, die nicht selten mehrere Tausend Gäste gleichzeitig bewirten konnten. Als einziges Beispiel dieser Zeit hat sich der Augustiner-Bräu in der Neuhauser Straße erhalten.

Der großzügige Gaststättenkomplex wurde innerhalb von nur zwei Jahren (1897/98) ausgeführt. Als Architekt konnte der für seinen malerischen Raumausstattungsstil bekannte, gebürtige Münchner Emanuel von Seidl gewonnen werden, seinerzeit einer der Renommierten seiner Zunft (sein Bruder Gabriel schuf die Ausstattung der Weinstube Schwaighofer in Bad Tölz, s. d.). Der äußerlichen Zweiteilung des reich gegliederten Neurenaissance-Doppelhauses entspricht die Verteilung der Geräume im Inneren, kenntlich ge-

„Eine Sehenswürdigkeit ersten Ranges": die Restauranträume des Augustiner

◁◁ Großbürgerlicher Historismus mit modernster Technik: der Muschelsaal

◁ Bierpalast im Stil der Neurenaissance: ein Meisterwerk Emanuel von Seidls

macht durch große, jeweils die gesamte Breite der Fassade einnehmende Inschriften: Hinter der linken, einfacher gestalteten Fassade liegen die weitläufigen, in der Genügsamkeit ihrer Ausstattung weitgehend bauzeitlich erhaltenen Bierhallen des „AUGUSTINER-BRAEU-AUSSCHANK"; hinter der vornehmer gegliederten Fassade des rechten Teils befinden sich die gehobeneren Räumlichkeiten des „RESTAURANT AUGUSTINER". Hier dominiert im vorderen Bereich heiterer, mit aufwendigem Stuck hinterlegter Neubarock; an den Wänden erinnern virtuos gemalte Allegorien (Gerste, Hopfen, Handel und Industrie) an die Bestimmung des Lokals und den Geist der Zeit.

Als Höhe- und Mittelpunkt der Raumfolge präsentiert sich im Restaurantteil der anschließende Muschelsaal, dessen Wände nahezu vollständig mit üppigem Muschelwerk verziert sind. Seidl kombinierte hier architektonische Vorbilder der Münchner Renaissance mit einer Ausstattung im großbürgerlichen Historismus seiner Zeit bei gleichzeitiger Verwendung modernster Technik: Der intime Saal empfängt sein Licht durch eine weit gespannte Kuppel in Glas-Eisen-Konstruktion.

Eine elegant geschwungene Treppe im hinteren Bereich führt in den sog. Hauptsaal im ersten Obergeschoss, einem weiten Gastraum, der sich vor allem durch die, wie in einem zeitgenössischen Bericht charakterisiert, „vorzüglichen, so recht bayerischen Charakter tragenden" Stuckaturen seiner Wände in Form von Hirschen, Gämsen und anderem Getier auszeichnet. Das in einem opulenten Stuckrahmen gefasste Stillleben, die kassettierte Balkendecke, die originalen Messinglüster und eine im Stil der Neurenaissance gehaltene Wandvertäfelung verstärken den historistischen Raumeindruck. Auch der Gartenbereich ist in seiner architektonischen und dekorativen Gestaltung bis hin zur Dachgaube des Rückgebäudes – gerade für München eine Rarität – aus der Bauzeit.

Das in nahezu allen Details von Emanuel von Seidl entworfene und zum Teil von namhaften Vertretern des Münchner Kunsthandwerks (u. a. Richard Riemerschmid, Wilhelm Volz und Julius Diez) ausgeführte Interieur fand schon unter den zeitgenössischen Kritikern große Beachtung; bereits kurz nach seiner Fertigstellung sah man in dem Gebäude eine Sehenswürdigkeit ersten Ranges. Im Zweiten Weltkrieg weitgehend unbeschadet geblieben, präsentieren sich die Räume (nach einer behutsamen Restaurierung 1982/83) als ein für München und Bayern sehr selten gewordenes Beispiel einer gehobenen Gaststätteneinrichtung der Zeit um 1900. Dem heutigen Besucher vermag „der Augustiner in der

Die „so recht bayerischen Charakter tragenden" Stuckaturen im 1. Stock

Neuhauser Straße" jene Atmosphäre zu vermitteln, die für die Gasthauskultur im München der Prinzregentenzeit bezeichnend war: der Versuch, Gemüt und Großstadt zu verbinden.

Karl Gattinger

 Der Augustiner-Bräu in der Fußgängerzone bietet den Münchnern und den Touristen genau das, was viele von München erwarten: Uriges Ambiente, zünftige Speisen und süffiges Bier. Zum Bier des Augustiner-Bräus werden im Restaurant und in der Bierhalle, im gemütlichen Gastgarten oder den festlichen Sälen im Obergeschoss die bayerischen Nationalgerichte serviert: Schweinsbraten mit Knödel, Leberkäs und Weißwürste mit Brezen – mit Fleisch aus bayerischen Betrieben und reschen Brezen, ofenfrisch aus der hauseigenen Bäckerei.

Augustiner-Bräu

Neuhauser Straße 27
80331 München (OB)

Öffnungszeiten:
Mo bis Sa 9.00–24.00 Uhr,
So 10.00–24.00 Uhr
(warme Küche 11.00–23.00 Uhr)

Telefon: 089-23183-257; Fax: 089-2605379
www.augustiner-restaurant.com

Älteste noch erhaltene Brauerei Münchens (Gründung 1328), Gastgarten

33 | Weinhaus Neuner in München

Nur eine Parallelstraße südlich der nach Mietpreisen teuersten Einkaufsstraße Deutschlands, der Fußgängerzone zwischen Stachus und Marienplatz, steht das Weinhaus Neuner, eingebettet in das gemütliche Hackenviertel, das mit einem für München einmaligem Charme historischer Fassaden aufwartet und aufgrund des Mangels an Flagshipstores und omnipräsenten Discountern eine sympathische verschlafene Atmosphäre beibehalten hat. Über Jahrhunderte durch Handwerker geprägt, weist das Hackenviertel eine beträchtliche Anzahl an prachtvollen Bürgerhäusern auf. Noch heute finden sich hier die meisten inhabergeführten Traditionsgeschäfte innerhalb der Altstadt.

Zu diesen zählt der Weingroßhandel Neuner & Cie., ehemals königlich bayerischer Hoflieferant, der seit fünf Generationen in der Herzogspitalstraße beheimatet ist. 1864 hatte das Weinwirtsehepaar Neuner das klassizistische Wohnhaus erworben, das 1806 unter Verwendung älterer Bausubstanz errichtet worden war. Die ursprüngliche Probierstube der Weinhandlung wurde alsbald als Weinstube verpachtet und ist bis heute unter dem Namen „Weinhaus Neuner" über die Stadtgrenzen hinaus bekannt.

Weithin sichtbar lockt den Gast ein prächtiger schmiedeeiserner Ausleger in Form eines Rebstocks mit einem Löwen, der das Wappen der Familie Neuner trägt,

Der überwölbte Gastraum mit Fledermausbrunnen (Mitte) und Gemälde der Hochzeitsfeierlichkeiten von 1568 auf dem Marienplatz (rechts)

Für Gäste stets offen: die Tür zum Gastraum mit reich verziertem Türrahmen und prächtigem Schmuckgiebel

durch ein Rundbogentor in das Weinhaus. Hier wird der Gast in einem fast sakral anmutenden Vorraum von einer Marienfigur mit Kind empfangen. Auch die durch ihre geringen Abmessungen verspielt wirkende, an Kirchenfenster erinnernde dreiteilige Fenstergruppe mit neugotischen Spitzbögen sowie das neugotische Gewölbe im hinteren Bereich des Flures verstärken diesen sakralen Eindruck. Wohl treffen wir hier auf ältere Bausubstanz, die aus der Zeit des frühen 17. Jahrhunderts stammt, als das Gebäude zum Gregorianischen Seminar gehörte und als Ausbildungsstätte für junge Priester und Gästehaus des Jesuitenkollegs an der nahen Neuhauser Straße diente.

Der heutige Hauptgastraum, eine zweischiffige, 1898 im vorherrschenden Zeitgeschmack gotisierend umgestaltete Halle, diente bereits den Seminaristen als Speisegewölbe. Die in der Mitte von zwei Pfeilern getragenen, weiß gestrichenen Kreuzgratgewölbe setzen den Raum stimmungsvoll in Szene. Die geschnitzte, den ganzen Saal umlaufende dunkle Holzvertäfelung steht dazu in eindrucksvollem Kontrast. Geschickt wird die Hohe der Gewölbekappen an der Eingangsseite durch die Platzierung von neugotischen Prunkstücken genutzt, die wie Ausstellungsstücke anmuten: einer vornehmen Gläserkredenz mit eingearbeiteter Uhr und detailreich geschnitztem Ziergiebel sowie der prächtigen Rahmung der Eingangstüre, die von einer kleinen Holzfigur des heiligen Benno, dem Patron Bayerns und Münchens, in einem reich mit Fialen besetzten Giebel bekrönt wird. Farbige Akzente setzen die mit Öl auf Blech nach historischen Vorlagen gemalten Ansichten ehemaliger Stadttore des alten München. Ein großes Gemälde dominiert dabei den Raum: Es zeigt die Vermählung Wilhelms V. mit Renata von Lothringen im Jahr 1568, die mit großem Prunk auf dem Münchner Marienplatz gefeiert wurde. Ein Ereignis, an das auch das weltberühmte Glockenspiel am Neuen Rathaus in Form eines Ritterturniers dreimal täglich erinnert. Ein steinerner Fledermausbrunnen an einem der beiden mächtigen Pfeiler mag vielleicht an die Zeit erinnern, als hier die Schüler und Gäste des Jesuitenkollegs Erfrischung suchten, jedoch damals noch mit Wasser Vorlieb nehmen mussten.

Das Weinhaus Neuner präsentiert sich mit seinen Gewölben und der reichhaltigen musealen Einrichtung als erhabenes Restaurant. Dem Eigentümer des Anwesens, Herrn Edmund Neuner ist zu danken, dass sich das historische Inventar in gutem Zustand befindet. Erst kürzlich wurde der Ausleger renoviert. Auch das in Bayern eher seltene Kielbogenportal, das zur Herrentoilette führt, präsentiert sich gut konserviert. Stiehlt sich der Besucher kurz vorher rechts durch einen Durchgang in den Innenhof, erblickt er hier eine unlängst liebevoll restaurierte Sonnenuhr – obwohl sie an dieser Stelle neugierigen Blicken ebenso verborgen bleibt wie mittlerweile durch Verbauungen auch der Sonne.

Michael Volk

 *Vor fünf Generationen bekamen die Inhaber des Weinhauses den Titel „Königlich bayerischer Hoflieferant" verliehen: Die Liebe zum Wein und die Sorgfalt bei der Auswahl der besten Weine waren schon damals ausschlaggebend – und das wird auch heute noch im Weinhaus Neuner gelebt. Neben der ausgewählten und wohl sortierten Weinkarte setzen Andreas Feuerstein und Natalino Esposito, die das Lokal seit 2005 betreiben, auf eine hochwertige Küche, die den Besucher immer wieder mit ihren saisonalen Akzenten und den besonderen Geschmackskompositionen überrascht. Das Weinhaus Neuner ist damit zu einem Ort der gepflegten gutbürgerlichen Küche geworden, bei der bodenständige bayerische Spezialitäten, durchaus modern interpretiert, und internationale Gerichte harmonisch nebeneinander stehen.*

Stilvolles Regal: die neugotische Gläserkredenz

Restaurant-Weinhaus Neuner

Herzogspitalstraße 8
80331 München (OB)

Öffnungszeiten: 12.00–15.00 Uhr (Küche bis 14.00 Uhr); 18.00–24.00 Uhr (Küche bis 22.00 Uhr)

Telefon: 089-2603954
www.weinhaus-neuner.de

34 | Gaststätte Fraunhofer in München

Die heutige Isarvorstadt gehörte seit dem Mittelalter als von Bächen durchzogene Niederung wegen der Ansiedlung der Mühlen und als Gartenland zu den wichtigen Außenbereichen Münchens. Mit dem Wachsen der Stadt über ihre Mauern hinaus überbaute man diesen Bereich im 19. Jahrhundert vollständig. Das „Rückgrat" der neuen Vorstadt ist die rechtwinklig auf die Isar hin verlaufende Fraunhoferstraße. Das Gasthaus Fraunhofer ist in die Blockbebauung an der Nordseite der Straße einbezogen.

Das Gebäude in der Fraunhoferstraße 9 ist als klassizistisches Doppelhaus aus dem Jahr 1830 Teil der Erstbebauung der Straße. Es war anfänglich keine Gaststätte hier untergebracht. Der Maurermeister Franz Xaver Mayr errichtete es als Wohnhaus mit Stallungen im Hof, die durch die mittlere Tordurchfahrt erschlossen waren. 1890/91 wurde das Gebäude aufgestockt und umgebaut. Die Fassade erhielt eine für die Prinzregentenzeit übliche, historistische Neurenaissance-Gliederung mit einem Kuppeldach über dem mit Kolossalpilastern ausgezeichneten Mittelrisalit. Mit dem „Umbau der Lokalitäten" zog spätestens zu diesem Zeitpunkt ein Gasthaus im Erdgeschoss ein. Schließlich baute das Bautechnische Büro von Alois Barbist 1896 die Rückgebäude um und errichtete im Kellergeschoss eine Kegelbahn. Das Büro Barbist schuf im selben Jahr auch die Innenausstattung der Gaststätte, die sich bis heute erhalten hat.

Gastraum mit geschlossener Ausstattung von 1896

Die Gaststätte ist in ihrer wandfesten Ausstattung und Stuckierung in den damals modernen neubarocken Formen gestaltet. Die jeweils umlaufende Hohlkehle mit Stuck teilt den übereck geführten Raum in einen größeren Vorderraum und einen kleineren rückwärtigen Raum. Eine Säule aus poliertem Stuckmarmor mit kräftigem Kapitell und darauf ruhendem Unterzug ist zwischen die beiden Raumteile gesetzt. Nach rückwärts schließt über eine breite korbbogige Tür ein schlicht gestalteter Nebenraum an.

Die Ausstattung fasst die beiden Raumteile als Einheit zusammen. Insbesondere die auf halber Höhe umlaufende Vertäfelung prägt die Gaststätte. Die Täfelung ist aus Felderungen mit abgeschrägten Ecken in verschiedenen Hölzern und Farben zusammengesetzt. Zur Straße hin sind zwischen die großen, korbbogigen Fenster pilasterartige Gliederungen in ganzer Raumhöhe gelegt. Hier finden sich auch Intarsien, die in ihrer Thematik einen Bezug zu Wirtshäusern zeigen, so beispielsweise Spielwürfel, Wein- und Hopfenranken. Die Decke mit Hohlkehle über profiliertem Gesims ist mit barockisierendem Stuck verziert. Wenngleich ein eindeutiges Vorbild nicht zu benennen ist, orientierte man sich an der Innendekoration des Barock und Rokoko.

Der Windfang am Eingang und die Theke sind als hölzerne Einbauten zusammengefasst. Rechts neben der Theke ist als Durchreiche zur Küche ein schrankartiger Einbau gesetzt. Die Mitte der Durchreiche ist durch ein kleines ovales Fenster, ein sogenanntes Ochsenauge, und einem über Konsolen aufsteigenden Gesims bekrönt. Dieses spätbarocken Architekturvorlagen nachempfundene Detail findet sich auch über den beiden Türen zu den Toiletten wieder.

Die vollständige Erhaltung der Ausstattung von 1896 ist bemerkenswert. Gerade heute sind Wirtshausausstattungen wechselnden Moden unterworfen und werden häufig erneuert, dies insbesondere in Großstädten. Dass mit dem Fraunhofer eine Ausstattung aus dem Ende des 19. Jahrhunderts erhalten geblieben ist, ist ein besonderer Glücksfall. Die Kunst des Historismus, die sich der Aufnahme und Um-

Ausschnitt der Stuckdecke des Hauptraums

Intarsien der Vertäfelung mit Weinranken, König und Würfeln

Blick vom Vorderraum zum Nebenraum mit Stuckmarmorsäule

setzung von älteren Stilen angenommen hatte, genoss schon seit dem frühen 20. Jahrhundert keine Anerkennung mehr. Vielmehr war man bemüht, die historistischen Spuren zu beseitigen. Die in ihrer Architekturgliederung stark vereinfachte Fassade des Gebäudes, in dem sich das Fraunhofer befindet, belegt dies deutlich. Die Gaststätte Fraunhofer mit ihrer historistischen Innenausstattung kann weit über München hinaus Seltenheitswert beanspruchen.

Burkhard Körner

 Bayerische Tradition – ganz entspannt und ohne Trachtentümelei: Das findet man im Wirtshaus im Fraunhofer, einem echten Traditionslokal. Beim Musikfrühschoppen am Sonntag kommt bei traditioneller und auch zeitgenössischer Musik so richtig Stimmung auf und der deftig-bayerische Schweinsbraten schmeckt noch mal so gut. Genau das Richtige für ein junges Publikum, das sich wie selbstverständlich unter die mischt, die gerade aus dem angrenzenden Theater kommen. Diese Mischung macht das Fraunhofer zu einem spannenden Ort innerhalb der Münchner Gastronomie-Szene. Bayerische Bieratmosphäre, ganz ohne Touristenstimmung. Wer das sucht, ist im Fraunhofer genau richtig!

Gaststätte Fraunhofer

Fraunhoferstraße 9
80469 München (OB)

Öffnungszeiten:
Mo bis Fr 16.30 – 1.00 Uhr
(warme Küche bis 23.00 Uhr),
Sa ab 11.00 Uhr, So ab 10.00 Uhr

Telefon: 089-266460, Fax: 089-266459
www.fraunhofertheater.de

Veranstaltungen im Wirtshaus, Theater im Rückgebäude, Werkstattkino im Hinterhof

35 | Café Jasmin in München

Das Café Jasmin befindet sich in der Münchner Maxvorstadt im Anwesen Steinheilstraße 20 an der Ecke Augustenstraße. Dieser Abschnitt der Kreuzung von Augustenstraße und Steinheilstraße wurde im Zweiten Weltkrieg durch Luftbomben schwer zerstört. Hier standen nur noch Ruinen, die man bei der Schutträumung völlig abtrug. Das Gebäude Steinheilstraße 20 erbaute der Architekt Sebastian Orgler 1954 als Wohn- und Geschäftshaus mit schräg eingezogener Ecke neu auf. Der sechsgeschossige Bau ist mit seiner Putzfassade, den zweiflügligen Fenstern sowie den großen Schaufenstern im Erdgeschoss und den eingezogenen Balkonen für die Mitte der 1950er Jahre typisch.

Das Café Jasmin zog unmittelbar nach der Fertigstellung des Gebäudes in das Erdgeschoss ein. Die Pläne zum Ausbau des Kaffeehauses vom Juni 1955 stammen von Eugen Heiden, Inhaber eines Geschäfts für Innendekoration und Raumausstattung. Das Café Jasmin hatte hier bereits seinen zweiten Standort, denn schon 1948 war es in einem Behelfsbau am Lenbachplatz neben dem Künstlerhaus eröffnet worden.

Das Café nimmt im Erdgeschoss des Gebäudes die südwestliche Ecklage ein mit einem Zugang in der schräg eingezo-

Nahezu unverändert erhalten – die noble Kaffeehausausstattung der Wirtschaftswunderjahre

genen Ecke. Die Holztür mit Glasfenster trägt den Schriftzug „Cafe Jasmin". Das Kaffeehaus gliedert sich in zwei rechtwinklig zueinander angeordnete Raumteile, die über eine rechteckige Öffnung miteinander verbunden sind. Der größere Raum ist mit zwei Schaufenstern nach Westen – zur Augustenstraße – und einem Schaufenster nach Süden – zur Steinheilstraße – geöffnet, der kleinere Raum mit zwei Schaufenstern nach Süden. In den kleineren Gastraum ist die Theke eingestellt und in der nordöstlichen Ecke eine kleine Küche abgetrennt. Die Fenster sind mit breiten Fensterbänken als Blumenfenster angelegt.

Das Kaffeehaus weist in der Planung 57 Sitzplätze auf, teilweise als fest eingebaute Sitzgelegenheiten, teilweise in beweglichen Stuhl- und Tisch-Kombinationen. Hinter der Theke befindet sich ein Glasschrank für Geschirr und Gläser. Garderobenhaken aus Messing sind in zwei runden Nischen neben dem Eingang, im großen Raum zwischen den Eingängen zu den

Lampen in Blumenform mit Korb vor der goldmattierten Tapete

Schriftzug an der Eingangstür

Toiletten und im kleinen Raum an der Rückseite angebracht.

Die Wände sind mit goldmattierten Tapeten bezogen. Eine Bildtapete an der nördlichen Wand des großen Raumes zeigt das Neue Schloss der Eremitage bei Bayreuth, ist aber vermutlich nachträglich eingebracht worden. Die Decke im größeren Raum gliedert ein ovaler Spiegel, die Decke des kleinen Raumes schmückt eine ornamentale Gestaltung in Gold-Weiß. Der Fußboden ist mit Teppichboden ausgelegt, auf dem wiederum Teppiche liegen. Die Bespannung der Theke besteht aus altweißem Leder mit Goldknöpfen, die Verkleidung des Durchgangs ist aus Spiegeln. Decken- und Wandleuchten aus Metall sind als Blumen und Blüten gestaltet. Die Tisch- und Fußplatten der Holztische sind mit hellem Resopal beschichtet und mit Messingbändern eingefasst, die Sessel mit lindgrünem Samt bezogen.

Das Zusammenwirken von goldener Tapete, grünem Samt der Sessel, dem glänzenden Messing und Resopal der Tische sowie dem cremefarbenem Leder der Bar lässt noch heute die Wirtschaftswunderzeit in dem Raum anschaulich werden. Der Erhalt einer nahezu unveränderten Innenausstattung eines Kaffeehauses aus den 1950er Jahren ist eine Sel-

Blick zum kleinen Gastraum mit Theke und integriertem Kuchenbuffet

tenheit und in München wohl das einzige Beispiel. Die Ausstattungen von Cafés und Eisdielen jener Zeit sind in den nachfolgenden Jahrzehnten stark verändert oder gänzlich entfernt worden. Auch das berühmte Schwabinger Eiscafé Venezia von Paolo Nestler aus dem Jahre 1951 ist nicht erhalten. Es ist ein Glücksfall, dass mit dem Café Jasmin eine für die 1950er Jahre noble, konservativ-gediegene Ausstattung eines Kaffeehauses überliefert ist.

Burkhard Körner

Mancher Besucher des Café Jasmin hat sicherlich ein Déjà-vu-Erlebnis: Er fühlt sich zurückversetzt in die Zeit der Großeltern, als Cafes noch plüschig und gediegen waren. Doch das Cafe Jasmin ist im Hinblick auf Publikum und Angebot in der Moderne angekommen. Kaffee & Cocktail lautet der Slogan und der wird hier ganz modern interpretiert. Zwar gehört der Café Diplomat – verfeinert mit Eierlikör – immer noch zum Angebot, doch natürlich finden Kaffee-Genießer hier auch sonst alles, was ihr Herz begehrt. Wer den Abend im Café Jasmin ausklingen lässt, freut sich über die große Auswahl an Cocktails und kleinen Snacks – und kramt in der Erinnerung, in welchem Film er das Café schon als Kulisse gesehen hat ...

Café Jasmin, Kaffee & Cocktails

Steinheilstraße 20
80333 München (OB)

Öffnungszeiten:
10.00–1.00 Uhr; Ruhetag: Heilig Abend

Telefon: 089-45227406
www.cafe-jasmin.com

36 | Osteria Italiana in München

Die fremdländische Küche hielt in München im Jahr 1887, mit der Eröffnung des am stark frequentierten Viktualienmarkt gelegenen „Café Restaurant & Weinkeller Italia" Einzug. Italienische Weine und Speisen, aber freilich auch Münchner und Wiener Spezialitäten wurden hier angeboten. Die Bandbreite des exotischen gastronomischen Angebots rundeten gegen Ende des 19. Jahrhunderts chinesische, japanische und holländische Teesalons ab sowie der „Van Houten Kakaoausschank" in der Residenzstraße oder die 1894 im Färbergraben eröffnete „American Bar" mit einem „English Grill Room".

Gerade die italienische Küche sollte es sein, die schon früh in der jungen Maxvorstadt eine Heimat fand. Mit der „Osteria Italiana" an der Schellingstraße zog eines der frühesten italienischen Speiselokale – im Unterschied zur traditionellen Bierwirtschaft – in die boomende Vorstadt ein. Von 1888 bis 1890 hatte sich der Steinmetzmeister Alois Fischer das prominente Wohn- und Wirtschaftsgebäude an der Ecke Schraudolph-/Schellingstraße erbauen lassen und verpachtete das Parterre an den Gastwirt Joseph Deutelmoser. Die Bauarbeiten an den östlichen angrenzenden Miethäusern Schellingstraße 60, 58 und 56 waren in diesem Neubauviertel gerade abgeschlossen. Der bahnbrechend schnelle Ausbau der Maxvorstadt macht deutlich, wie schnell die Bevölkerung der

Hauptgastraum mit originaler Ausstattung von 1890

Das „italienische Zimmer" mit dem Wandgemälde von Carl Wuttke (1849–1927)

boomenden Stadt München im Laufe der Jahre vor dem Ersten Weltkrieg anwuchs. Deutelmoser eröffnete entsprechend seinem Faible für italienische Küche und Weine das Weinrestaurant als „Osteria Bavaria", das die Familie bis nach dem Zweiten Weltkrieg weiterführte. Die später in „Osteria Italiana" umbenannte Gaststätte hat die originale, aus dem Jahr 1890 stammende überaus bedeutende Ausstattung bewahrt.

Man betritt das Lokal von der städtebaulich wirksamen, abgeschrägten südwestlichen Hausecke her. Den Eingang betont prominent ein Eckerker mit turmartiger Bekrönung. Über einen Windfang gelangen die Gäste in den Hauptgastraum mit seiner originalen, dunkel gehaltenen Holzvertäfelung und einer ebensolchen Kassettendecke: Auf der Westseite sind einzelne Sitzgruppen durch Bänke mit hohen Rücken- und Seitenlehnen abgetrennt, die Ostseite des Gangs ist locker bestuhlt. Der Ausstattungshöhepunkt ist sicherlich der östlich an den Hauptraum anschließende Nebenraum, der ganz als „italienisches Gastzimmer" ausgebildet worden ist. Hier schuf man eine eigene Scheinarchitektur: Flache Wandvorlagen sollen eine von Pfeilern getragene Loggia vorstellen, die auf den drei Wandseiten Ausblicke in die mediterrane Landschaft bieten. Dieser Raum ist ganz auf Augentäuscherei hin angelegt, was von einem Ziergitter vor der Ostwand noch unterstrichen wird – ein echter Eye-Catcher: Die Gäste blicken auf die Meeresbucht vor dem Vesuv, und die Spezialitäten der Italienischen Küche werden so noch architektonisch und malerisch umrahmt. Die gemusterte und gefelderte Decke dieses Nebenzimmers gestaltete der Dekorationsmaler mit Figuren der griechisch-römischen Sagenwelt und italianisierenden Landschafts- und Stadtansichten.

Auch der Hofwinkel des zweiflügeligen Hauses wird seit 1890 gastronomisch genutzt. Der Bauherr, eben Steinmetz, ließ hier eine Laube in Form eines kleinen klassischen römischen Rundtempels errichten, wie er häufig Teil italienischer Villenkultur war und ist. So erhielt auch die Freisitzfläche der Osteria einen mediterranen Flair.

Die Osteria Italiana etablierte sich bald nach ihrer Eröffnung als gefragter Ort der in der Maxvorstadt ansässigen Literaten, der Mitarbeiter an den beiden Universitäten sowie der Mitglieder und Studenten der ebenfalls nahen Kunstakademie. Und es bleibt faszinierend, dass die alte Traditi-

„Italienisches Zimmer" zum Hauptraum hin

on italienisch-bayerischer Gastlichkeit noch von einer geradezu einzigartigen historischen Ausstattung unterstrichen wird. Die Osteria Italiana – der Ort, an dem die Liebe zur italienischen Küche begann.

Johannes Hallinger

 Wer im Sommer im kleinen, beschaulichen Innenhof der Osteria Italiana Platz nimmt, kann sich mit Leichtigkeit nach Italien versetzt fühlen. Egilio Sommervilla und Prisco de Stefano legen großen Wert auf traditionelle und typisch italienische Rezepte, die mit den besten frischen Zutaten zubereitet werden. So gehört die Osteria, deren Speisekarte sich wohltuend von der vieler italienischer Restaurants abhebt, zu den besten Italienern der Stadt.

Osteria Italiana

Schellingstraße 62
80799 München (OB)

Öffnungszeiten:
12.00–14.30 Uhr, 18.30–23.00 Uhr;
Ruhetag: So

Telefon: 089-2720717, Fax: 089-2731032
www.osteria.de

Gastgarten im Innenhof

37 | Wirtshaus Schönmühl bei Penzberg

Bereits in der ersten Hälfte des 18. Jahrhunderts ist die „bierzapflerei" in Schönmühl anhand des Stiftsbuches des nahegelegenen Klosters Benediktbeuern belegt. Der sichtbare bauliche Bestand des Wirtshauses passt gut in diesen zeitlichen Rahmen, wenngleich das Anwesen in den Aufzeichnungen des Klosters bis in das späte 15. Jahrhundert zurückverfolgt werden kann. Die Geschichte des Anwesens zeigte sich dabei über Jahrhunderte hinweg aufs engste verbunden mit der günstigen Lage an der Loisach, wobei die Wasserkraft u. a. zum Betrieb eines Sägewerkes sowie einer Getreidemühle genutzt wurde. In der spürbaren Abgeschiedenheit liegt heute wohl nicht zuletzt der Reiz der beliebten Ausflugsgaststätte.

Das Hauptgebäude ist ein breit gelagerter traufständiger Bau von zwei Geschossen mit regionaltypisch flachem Satteldach. Die Hauptfront nach Südosten zur Loisach hin, ist mit einem Traufschrot akzentuiert. Die im Rahmen von Restaurierungsarbeiten oberhalb der Fensterzone des ersten Obergeschosses freigelegten Reste von Wandmalereien zeigen die Jahreszahl 1737 in Verbindung mit der zeittypischen Bauinschrift: „WER AVF GOT VERTRAVT DER HAT WOL GEPAVT".

Der Erhaltungszustand des Gebäudes scheint die damalige Zuversicht durchaus

Der breit gelagerte Gasthausbau aus der ersten Hälfte des 18. Jahrhunderts

Ländliche Gaststube mit umlaufender Sitzbank, Balkendecke und Dielenboden

zu rechtfertigen. Über den stichbogenförmig ausgeschnittenen Zugang betritt man eine kleine Vorhalle, die ihrerseits den gewölbten Fletz erschließt. Von dort aus gelangt man rechterhand durch eine hölzerne Stubentüre, deren innenseitige Felder mit Pflanzenornamenten bemalt sind, in die Gasträumlichkeiten. Die Gaststube, die im Erdgeschoss gleichsam „über Eck" liegt, erinnert wegen ihrer Lage und Gestaltung an den quasi-öffentlichen Charakter einer Bauernstube. Dem entspricht die Anordnung der Ausstattungsstücke, von der umlaufenden Sitzbank bis zum Kachelofen in der inneren Ecke des Raumes. Dem Ofen diametral gegenüber befindet sich traditionsgemäß der sogenannte Herrgottswinkel. Die niedrige Raumhöhe und die beträchtliche Dicke der Außenmauern – an den tiefen Fensterlaibungen gut zu sehen – runden, im Zusammenspiel mit dem Dielenbretterboden und der schweren, dunklen Holzdecke, den Gesamteindruck der Stube ab, die sich seit der Zeit um 1800 nicht wesentlich verändert haben dürfte. Lediglich Teile des Mobiliars sind späteren Epochen zuzuordnen, fügen sich jedoch unaufdringlich in das Raumkonzept. Die dekorative Bestuhlung aus dem Fundus des Münchner Hofbräuhauses, die aus dem frühen 20. Jahrhundert stammt, belegt dabei zugleich den wachsenden Einfluss der größeren Münchner Brauereien auf die ländliche Wirtshauskultur. Von den gestalterischen Ansätzen der – eigentlich städtischen – Heimatstilbewegung, die sich im bayerischen Oberland nach und nach durchsetzte, blieb Schönmühl allerdings unberührt.

Das Gasthaus Schönmühl ist ein aufrichtiger Vertreter traditionsbewusster Gastronomie – ein hohes Maß an historischer Bausubstanz verbindet sich hier mit einer gewissenhaften und gepflegten Bewirtschaftung.

Anton Brandner

Barocker Flez mit Stichkappengewölbe und Dielenboden

 Das Traditionelle bewahren und trotzdem mit der Zeit gehen. Das hat sich Reinhold Schiermeier, seit 27 Jahren Wirt in Schönmühl, auf die Fahnen geschrieben. Deshalb gibt es bei ihm die Klassiker, die die Gäste am liebsten mögen: Ein Schweinsbraten, bei dem die Kruste richtig kracht, eine Ente, die noch klassisch im Rohr gebraten wird und eine Sülze, bei der der Sud nach einem alten Rezept selbst zubereitet wird. Regionale bayerische Spezialitäten eben. Dafür kennen und schätzen die Einheimischen, viele Münchner, aber auch die Touristen im Voralpenland das Wirtshaus.

Gasthaus Schönmühl

Schönmühl 1
82377 Penzberg (Lkr. Weilheim-Schongau, OB)

Öffnungszeiten:
Do ab 16.00 Uhr, Fr ab 11.00 Uhr,
Sa/So ab 10.00 Uhr; Ruhetage: Mo, Di, Mi

Telefon: 08856-2498
www.gasthaus-schoenmuehl.de

Gastgarten

38 | Weinhaus Schwaighofer in Bad Tölz

Das Weinhaus Schwaighofer liegt an der Marktstraße des traditionsreichen Kurortes Bad Tölz, der 1906 zur Stadt erhoben wurde. Die im gleichen Jahr von Gabriel von Seidl (1848–1913) entworfene Fassadendekoration des Weinhauses ist im Zusammenhang mit einer durchgreifenden städtebaulichen Umgestaltung der Tölzer Marktstraße zu sehen. Unter dem Anspruch auf lokale Eigenheit der Architektur galt es, einen lebenswerten Stadtraum von geschichtlicher Aussagekraft zu schaffen (sog. Heimatstil).

Der Kern des Anwesens lässt sich – nicht zuletzt anhand einer „spätgotischen" Lichtnische in der ehemaligen Tordurchfahrt – bis in die Blütezeit des herzoglich-bayerischen Marktortes im 15./16. Jahrhundert zurückverfolgen. In der heutigen, mehrfach überarbeiteten Gestalt des Hauses dominiert allerdings der spätbiedermeierliche Charakter aus den 1870/80er Jahren.

Die Gestaltung der Fassade nimmt ausdrücklich Bezug auf die hergebrachte Funktion des Gebäudes als Weinhandlung und Weinstube und entspricht damit auch den Seidlschen Anforderungen auf Lesbarkeit und Identifizierbarkeit von Architektur. Der einladende Gestus der von Ludwig Herterich gemalten Figuren, die in ihrer anachronistisch-gutbürgerlichen Kleidung auch gesellschaftspolitische Vorstellungen vermitteln, wird durch ein Inschriftband mit Trinkspruch abgerundet.

Die von Gabriel von Seidl im „altdeutschen" Stil gestaltete Weinstube

Nicht geringer als seine städtebauliche Leistung ist Seidls Schaffen als Innenarchitekt zu veranschlagen. Die Einrichtung der Weinstube Schwaighofer zählt dabei zu seinen ersten Arbeiten in Tölz. Bereits zehn Jahre vor der Einbeziehung des Weinhauses in sein städtebauliches Programm hat er für den hinteren Erdgeschossbereich die Ausstattung einer Weinstube im „altdeutschen" Stil entworfen, die sich noch heute in geradezu einzigartigem Erhaltungszustand präsentiert. Die „Süddeutsche Bauzeitung" hat 1905 das „originelle Weinstübchen" im Rahmen eines Artikels über das Wirken Seidls in Tölz mit einer Abbildung gewürdigt, welche die erfreuliche Kontinuität im Erscheinungsbild verbürgt.

Der Raumeindruck wird bestimmt vom Kontrast der halbhohen, dunkel gehaltenen Holzvertäfelung mit den hellen Wand- und Deckenflächen, die durch zurückhaltende Ornamente gegliedert sind. Der symmetrische Deckenstuck (u. a. mit Weintraubendekor) verleiht dem ansonsten durch Wand- und Fensternischen bewusst abwechslungsreich gestalteten Raum ein einheitliches Gepräge. Seinen stubenartigen Charakter unterstreicht eine verwinkelt umlaufende Sitzbank, die – wie die Wanduhr und andere Ausstattungsstücke – ebenfalls der Ersteinrichtung zuzurechnen ist. Die durch aufwendige architektonische Rahmung in Formen der deutschen Renaissance hervorgehobene Küchentür mit Durchreiche findet ihr gestalterisches Pendant im schräg gegenüberliegenden Wandschrank. Die dort angebrachte Jahreszahl 1896 gibt eine verlässliche Datierung für die einheitliche Gestaltung der Weinstube ab, deren künstlerische Qualität ihresgleichen sucht.

Um seine enge Verbundenheit mit dem Weinhaus zu zeigen, schenkte Seidl dem Geschäftsgründer Max Schwaighofer ein Gästebuch, das sich noch im Besitz seiner Nachkommen erhalten hat. Anhand der mitunter prominenten Eintragungen lassen sich Rückschlüsse auf das gesellschaftliche

Muschelnische und Wandschrank (dat. 1896) flankieren den Zugang zur Weinhandlung

Blick in die Tölzer Marktstraße mit den Weinhaus Schwaighofer rechts

und kulturelle Umfeld ziehen, das sich in Bad Tölz im Zuge der fortgeschrittenen touristischen, aber auch künstlerischen Erschließung des bayerischen Oberlandes zu Beginn des 20. Jahrhunderts etabliert hatte. Damit ist das Weinhaus Schwaighofer ein bedeutender „Erinnerungsort" der Tölzer Lokalgeschichte geworden, der zudem die Tradition einer gepflegten Weinkultur in Oberbayern hochhält.

Anton Brandner

 Der Wein steht im Mittelpunkt des Angebotes in der Weinstube Schwaighofer. An den urigen Holztischen kann man Platz nehmen, um den einen oder anderen Schoppen zu genießen. Dazu werden kleine Brotzeiten serviert. Gruppen haben außerdem die Möglichkeit nach Anmeldung die hauseigene Brennerei zu besichtigen und dabei auch die Hausspezialitäten zu verkosten. Allen voran der Enzian und der Alpenkräuterlikör haben das Weinhaus über die Grenzen der Stadt hinaus bekannt gemacht. Allerdings: Im Vordergrund steht beim Weinhaus Schwaighofer der Verkaufsladen, weshalb die Stube nur während der Öffnungszeiten des Geschäftes geöffnet ist bzw. am Donnerstag ausnahmsweise bis 22.00 Uhr ausgeschenkt wird.

Weinhaus und Enzianbrennerei Max Schwaighofer KG

Marktstraße 17
83646 Bad Tölz
(Lkr. Bad Tölz-Wolfratshausen, OB)

Öffnungszeiten:
Mo bis Fr 9.30–18.00 Uhr, Sa bis 16.00 Uhr,
Weinstube am Do bis 22.00 Uhr;
Ruhetag: So

Telefon: 08041-76080, Fax: 08041-760820
www.schwaighofer.de

Brennereibesichtigungen

39 | Gasthaus Kandler in Oberbiberg

Im Gasthaus Kandler in Oberbiberg (Gde. Oberhaching, Lkr. München) ist Geschichte anschaulich: Das Gebäude aus der Mitte des 19. Jahrhunderts besitzt eine Ausstattung aus den 1920er Jahren und eine Kegelbahn von 1905. Filmemacher haben das urtümliche Gasthaus schon lange für sich entdeckt. So entstand hier der Film „Wer früher stirbt, ist länger tot" von Marcus H. Rosenmüller, und auch für mehrere Fernsehserien war das Gasthaus Drehort.

Das kleine Kirchdorf Oberbiberg liegt etwa 20 Kilometer südlich von München. Mit seiner erstmaligen Erwähnung im Jahr 778 zählt es zu den ältesten Ortschaften im Bereich des Hachinger Tals. Um die spätgotische Filialkirche Maria Geburt gruppierten sich um 1800 sieben Hofstellen. Das Gasthaus entstand unmittelbar südlich des Kirchenbaus vor 1864 anstelle einer dieser Hofstätten. Neben dem Bauernhaus „Beim Bichlmair" ist es eines der ältesten erhaltenen Beispiele bäuerlich-gewerblicher Bebauung in Oberbiberg. Auch nördlich davon liegt ein weiterer historischer Bauernhof, ein sogenannter Hakenhof, der 1883 erbaut wurde. Beide sind ebenfalls als Baudenkmäler in die Denkmalliste eingetragen. Zusammen mit weiteren Höfen bilden sie Oberbibergs bis heute gut erhaltenen Ortskern.

Das Gasthaus ist ein zweigeschossiger Satteldachbau mit Kniestock sowie Hoch- und Giebellaube. Aus der Bauzeit stammen noch immer die gesamte Binnenstruktur und die Außenmauern. Das Dachgeschoss wurde 1948 unter Zweit-

Einträchtige Nachbarschaft: Kirche und Gasthaus

Zeitlos: Vertäfelte Gaststube mit solidem Mobiliar, hier von 1923

verwendung älterer Hölzer als einfacher stehender Stuhl mit Hängewerk neu errichtet. Auch der Kniestock und der Giebelschrot stammen aus dieser Zeit. Der nach Süden im stumpfen Winkel angebaute Stadel entstand 1909. Im Wirtsgarten errichteten die damaligen Besitzer des Gasthofes, Johann und Anna Höger, 1905 eine hölzerne Kegelbahn. Eine Inschrift erinnert an die Bauherren.

Das Gasthaus selbst befindet sich im vorderen Teil des Bauernhofs. Über einen breiten Mittelgang, der auch als Schwemme diente, werden rechts und links die Gaststuben erschlossen. Die Solnhofener Platten im Gang stammen noch aus der Bauzeit des Gasthauses. Gleiches gilt für die Haustür und einige Fenster. Eine ebenfalls bauzeitliche biedermeierliche Tür führt in die rechts vom Gang gelegene Stube, die, unmittelbar verbunden mit der Küche, den Hauptgastraum darstellt. Dieser Raum hat 1923 eine neue Ausstattung erhalten, die nahezu unverändert überliefert ist. Die Bänke, Stühle und Tische, die Vertäfelung der Decke und der Wände sowie der grüne Kachelofen haben sich als stimmige Einheit erhalten.

Im Obergeschoss befinden sich hinter einer weiträumigen Diele, die gleichzeitig als Tanzsaal dient, ein Veranstaltungssaal und Gästezimmer. Hier gibt es einige zweitverwendete Türen aus dem 18. Jahrhundert. Aus der Bauzeit stammen die übrigen Türen sowie die Vertäfelung. Decken, Böden, Türen, wandfeste, umlaufende Bank und Ausstattung des Veranstaltungssaals entstanden wohl gleichzeitig mit der Ausstattung der Gaststube 1923.

Der über den Flur erschlossene Keller setzt sich aus verschiedenen Naturstein- und Ziegeltonnen zusammen, wobei ältere Kellergewölbe einbezogen worden sind. Bemerkenswert ist zudem die Küche, die in der Mitte des Raums einen großen Unterzugofen besitzt. Dieser ebenfalls 1923 aufgestellte Ofen ist nach wie vor in Benutzung.

Bei dem Stadelneubau aus dem Jahr 1909 handelt es sich um einen zweigeschossigen, in Ziegel ausgeführten Flach-

Diente ehemals als Schwemme: Flez mit Solnhofer Platten, halbhoher Wandvertäfelung und Schankdurchreiche

satteldachbau. Das Obergeschoss ist verbreitert. Straßenseitig ist der Stadel ziegelsichtig und im oberen Teil verbrettert. Die Binnengliederung ist mit gusseisernen Stützen in drei Schiffe geteilt und von einem Preußischen Kappengewölbe überdeckt.

Bei der Kegelbahn sind die Tragkonstruktion, die Fenster und die bauzeitliche Ziegeleindeckung erhalten. Lediglich den Holzboden der Bahn und Teile der Lattung hat man erneuert.

Das Gasthaus mit überliefertem Grundriss der Bauzeit und einer historisch bedeutsamen Ausstattung der Gaststube hat in Oberbayern Seltenheitswert. Für ganz Oberbayern finden sich nur wenige Dorfgaststätten, die auch heute noch eine historische Ausstattung von einer so hohen Dichte haben.

Burkhard Körner, Hendrik Leonhardt

Da die Familie Kandler nicht nur das Gasthaus, sondern seit 1992 auch die gesamte dazugehörige Landwirtschaft führt, ist die Wirtschaft für kleine Gruppen unter 15 Personen stets *nur an Sonntagen und Feiertagen geöffnet. Doch wer hausgemachte bayerische Klassiker schätzt und liebt, sollte sich von diesem eng gesteckten Zeitrahmen nicht abschrecken lassen: Die Speisekarte bietet eine kleine aber feine Auswahl an bodenständigen Gerichten wie Schweinebraten und Schnitzel, aber auch saisonal wechselnde Speisen. Typisch bayerisch eben.*

Kandlerwirt

Kirchplatz 1
82041 Oberhaching / Oberbiberg

Öffnungszeiten:
Nur So. und Feiertag ab 10.00 Uhr Frühschoppen. Ab 12.00 Uhr Mittagessen sowie hausgemachter Kaffee und Kuchen. Gastbetrieb bis ca. 15.00 Uhr. Im Sommer länger. Reservierung ratsam.

Telefon: 089 / 6131602

40 | Gasthaus Fischküche in Rosenheim

Wo die heutige Gillitzerstraße mit der Herzog-Otto-Straße die große Eckparzelle umgrenzt, setzt das „Fischküche" genannte und als „Rosenheimer Volksstübl" in den Jahren 1905/06 errichtete Traditionsgasthaus mit dem hochaufragenden Gebäude seit über 100 Jahren einen architektonischen Akzent. Das auf die Ecksituation bezogene Wohnhaus mit Gaststätte hat seit seiner Erbauungszeit sein ursprüngliches äußeres Erscheinungsbild, aber auch seine Innenausstattung, eindrücklich bewahrt. Die hohen Bogenfenster mit Sprossenteilung laden in den gewölbten Gastraum ein, der mit seiner bauzeitlichen Gasthausausstattung mit den bemalten Wandpaneelen, den umlaufenden Sitzbänken, der historischen Schank und dem noch funktionstüchtigen Jugendstil-Tellerwärmer jene bayerische Bilderbuchgemütlichkeit ausstrahlt, die die Gaststätte zu einem beliebten touristischen Ausflugsziel und zu einer Rosenheimer Institution machte. Diesen Status hat die Gaststätte nicht zuletzt dem Bierbichler-Weißbier zu verdanken, das seit 1914 im rückwärtigen Sudhaus gebraut wurde.

Das „Rosenheimer Volksstübl" gilt allgemein als in Rosenheim erstes und zugleich signifikantes Beispiel für die als „Heimatstil" umschriebene Architekturauffassung, die in den Jahren nach 1900 einsetzte. Die gesamte Bewegung war mit der Formierung zahlreicher Heimat- und Geschichtsvereine verbunden, wie auch des „Vereins für Volkskunst und Volkskunde" am 15. Juni 1902 in München, seit 1945 „Bayerischer Landesverein für Heimatpflege". Die Entstehungs- und Baugeschichte des „Rosenheimer Volksstübls" ist mit den traditions- und heimatorientierten Ansätzen des Vereins eng verwoben, wie auch der Name bereits vermuten lässt. Mit dem großen und ab 1905 realisierten Neubauvorhaben wurde der Münchner Architekt Franz Xaver Knöpfle beauftragt, der selbst Vereinsmitglied war. Knöpfle erarbeitete ein Gesamtkonzept, das bereits 1905 in der vom Verein herausgegebenen Monatsschrift „Volkskunst und Volkskunde" veröffent-

Paradebeispiel für den Heimatstil: Die 1905 als Rosenheimer Volksstübl errichtete Fischküche

licht und in der zeitgenössischen Architekturkritik als durchweg gelungen erachtet wurde. Der ganzheitliche Entwurf beinhaltete das Haupthaus mit erdgeschossigem Gastraum, einen eingefriedeten Biergarten sowie ein eingeschossiges und das Grundstück im Westen abschließendes Salettl. Im Innern runden originelle monochrome Wandmalereien mit ihren wein- und bierseligen Sprüchen den Kunst-Genuss ab.

Ab 1907 pachtete Benedikt Bierbichler die Gaststätte. Er verstand sich nicht nur auf das Brauen von Weißbier, sondern auch auf das Zubereiten von Fischgerichten, weshalb das „Volksstübl" auch den Beinamen „Fischküche" erhielt. Das im rückwärtigen Sudhaus selbstgebraute Bierbichler-Weißbier wurde schnell zum Verkaufsschlager und erreichte im Zusammenspiel mit der traditionellen Gemütlichkeit der Gasträume Kultstatus. Bis ins Jahr 1995 wurde mit der bis heute erhaltenen technischen Einrichtung Weißbier in musealer Manier gebraut. Im Inneren des Sudhauses haben sich die Getreide- bzw. Schrotmühle von 1910 sowie das Zweigeräte-Sudwerk von 1947 mit holzgefasstem Läuterbottich und Sudpfanne, die

△ Sudhaus aus dem Jahr 1914. Bis 1995 Braustätte des Bierbichler-Weißbieres

◁ Übergroße Sprossenfenster und ein weites Gewölbe: Der Gastraum als kleine Bierhalle

noch mit Briketts befeuert wurde, erhalten. Nach originaler Rezeptur wird das Bierbichler-Weißbier heute durch die Flötzinger-Brauerei weitergebraut.

Mit dem Gesamtkomplex aus Architektur, Gaststube, Salettl sowie dem kastanienbestandenen Biergarten und dem ehemaligen Sudhaus hat sich ein selten gewordenes Zeugnis bayerischer Wirtshaus-, Brauerei-, Kultur- und Architekturgeschichte und ein Wahrzeichen traditioneller bayerischer Gemütlichkeit in all seinen Facetten bewahrt.

Nina Dürr

In der Traditionsgaststätte setzt man, neben Salaten und tagesaktuellen Gerichten, überwiegend auf zünftige bayerische Küche. Auch verschiedene Fischgerichte, die einst namensgebende Spezialität des Hauses waren, werden angeboten. Zu trinken gibt es: das legendäre bernsteinfarbene Bierbichler-Weißbier. Im Sommer schmeckt es besonders gut im schattigen Gastgarten.

Fischküche Rosenheim

Gillitzerstraße 10
83022 Rosenheim
(Lkr. Rosenheim, OB)

Öffnungszeiten:
Mo bis Sa 10.00 – 00.00 Uhr;
Ruhetag: So

Telefon: 08031/32761

41 | Gasthof zur Post, gen. Hirzinger, in Söllhuben

Im westlichen Chiemgau, zwischen Simssee und Chiemsee, liegt malerisch auf einem Hügel in 625 Metern Höhe der Ort Söllhuben. Die 924 als „Selihoba" und 931 als „Selihobon" bezeichnete Siedlung geht auf einen frühmittelalterlichen Herrenhof zurück, dessen „herrschaftliche Gebäude", also das Ensemble von abgegangener Burganlage, Kirche mit Friedhof und Gasthof etwas abseits nördlich des Haufendorfes liegen.

Schon 1477 wird ein „Wirt von selhueben" urkundlich erwähnt; 1691 wird der Name der Wirtsfamilie mit „Kronast" erstmals schriftlich festgehalten, in deren Besitz der Gasthof über die weibliche Erbfolge heute noch steht (seit 1899 „Hirzinger", heute „Hilger"). Auf dem Urkataster von 1812 ist ein traufständiges Gebäude gegenüber der Kirche eingetragen, in die Revision des Katasters von 1855 sind schon die Umrisse des neuen, nun giebelständigen Massivbaus eingezeichnet, der heute noch erhalten ist. 1903 wurde im Gasthof die Postagentur eingerichtet und bis 1938 von der Wirtsfamilie geführt. Diese neuen Aufgaben in der Beherbergung und Bewirtung führten zum Ausbau des Anwesens in eine stattliche Dreiseitanlage mit Ställen und Remisen für Pferde, Kutschen und Schlitten. Seither heißt der Gasthof „Zur Post" und wird nach dem damaligen Wirt und Postagenten „Hirzinger" genannt.

Die Gaststube mit der fast vollständig erhaltenen Ausstattung um 1900

Der mächtige giebelständige Satteldachbau mit überstehendem Pfettendach und Putzgliederung

Von außen ist der mächtige Satteldachbau mit weit überstehenden sieben Pfetten, mit Gesimsen und einer Eckquaderung sowie Fensterstürzen gegliedert. Der Giebel zur Kirche ist mit gestaffelten Rundbogenfenstern mit neugotischem Maßwerk geöffnet. Man betritt den Gasthof durch eine aufwendig mit floralen Ornamenten verzierte Holzfeldertür im maßwerkverzierten Türstock der Maximilianszeit. Vom breiten Fletz geht es links in die helle Gaststube; neben der Stubentüre findet sich noch das kleine Fenster der Gassenschenke. Die Ausstattung der Gaststube lässt sich auf die Umbauzeit um 1903 datieren. Die schlichte Möblierung besteht aus quadratischen Holztischen, einer wandfesten, umlaufenden Sitzbank, schlichten Doppelbänken mit Rückenlehnen und einfachen Bänken. Links neben der Tür ist das Buffet in eine Wandnische eingepasst und die Holzvertäfelung hochgezogen. Zwischen den alten Sprossenfenstern thronen prunkvolle alte Maßkrüge auf originellen geschnitzten Holzsockeln mit Geweihen, darunter hängen passend Stiche mit Jagdszenen.

Strategisch günstig platziert zwischen dem halbrunden Kachelofen aus den 1950er Jahren und der Tür zur Küche, nahe der modernisierten Schenke, trifft sich der Stammtisch, und hier hängen unter der Wanduhr Bilder aus dem örtlichen Vereinsleben.

Vom breiten Fletz ist rechts ein weiterer, ehemals besonderen Gästen vorbehaltener kleiner Gastraum zugänglich, der in den 1960/70er Jahren umgebaut wurde. Auf der selben Seite befindet sich der Verkaufsraum der hauseigenen Metzgerei, die ebenfalls eine lange Tradition hat: Bereits 1862 hatte der Wirt Johann Kronast die „Concession" für eine Metzgerei erhalten. An der Küche vorbei geht es links zum gewölbten ehemaligen Rossstall, der seit einigen Jahren als Weinstube dient. Hier ist durch einen Seiteneingang auch der Biergarten zu erreichen. Der rechtwinklige Holzbau im hinteren Teil des Gartens beherbergt eine um 1900 gebaute Kegelbahn – wohl die älteste noch erhaltene Kegelbahn des Chiemgaus.

Die Fernsehübertragungen volkstümlicher Veranstaltungen, die in den moder-

Maßkrüge auf originellen Geweihsockeln und Stiche mit Jadgszenen als Wanddekoration

nisierten Nebengebäuden stattfinden, haben den Hirzinger bei einem überregionalen Publikum bekannt gemacht. Die Atmosphäre der historischen Gaststube vermag alle zu begeistern – Stammpublikum, Ortsansässige und Gäste von außerhalb.

Sabine Tönnies

Tradition und Moderne finden im Gasthaus Hirzinger eine besondere, bayerische Harmonie – ein Stückchen weißblauer Himmel auf Erden, wie es das Genießerjournal Kir Royal ausdrückte. Das seit jeher im Familienbesitz befindliche Gasthaus auf halber Strecke zwischen München und Salzburg pflegt die bayerische Gastlichkeit. In der Küche werden die frischen Zutaten aus der hauseigenen Metzgerei nach althergebrachten Rezepten veredelt und die Brauerei Unertl aus Haag liefert dazu das dunkle Hirzinger-Weißbier aus der Bügelflasche. Wie aus dem Bilderbuch ist auch der Biergarten und wer vor lauter Begeisterung gar nicht mehr weg will, kann in einem der 13 Zimmer übernachten.

Hotel-Gasthof zur Post, gen. Hirzinger

Endorfer Straße 13
83083 Söllhuben
(Gde. Riedering, Lkr. Rosenheim, OB)

Öffnungszeiten:
7.00 – 24.00 Uhr (warme Küche:
11.30 – 14.00 Uhr, 17.30 – 21.30 Uhr)

Telefon: 08036-1266, Fax: 08036-4336
www.hirzinger.eu

Biergarten, Hirzinger-Weißbier von Unertl, hauseigene Metzgerei, Gästezimmer, Veranstaltungen

42 | Gasthaus Waller in Reisach

Die Geschichte des Traditionsgasthauses Waller in Reisach bei Niederaudorf im Inntal ist eng mit dem Karmeliterkloster verbunden, das von 1732–47 nach Plänen von Ignaz A. Gunetzrhainer erbaut wurde. Bevor der Ort 1835 in Reisach umbenannt wurde, hießen Kloster und Ort „Urfahrn", was sich von einer wichtigen Fährverbindung – der einzigen zwischen Innsbruck und Wasserburg am Inn – auf dem benachbarten Inn ableitet. Auch das um 1420 durch den Fährmeister Leonhard den „Urfahrer" errichtete Alte Schloss und das 1723–27 erbaute Neue Schloss tragen noch den alten Ortsnamen.

1721 wurde die Hofmark Urfahrn von dem Aiblinger Braumeister Johann Georg von Messerer, Direktor der kurfürstlichen bayerischen Brauereien, erworben. Er stiftete 1731 das Kloster zusammen mit seiner Frau, einer reichen Brauereiwitwe aus Wasserburg am Inn. Nur wenige Jahre nach dessen Erbauung errichtete Philipp Paur 1749/50 den stattlichen Bau des

Gemütliche Hauptgaststube mit Ausstattung der 1930er Jahre, links neben dem Fenster das als Schießstand genutzte Wandkasterl

Hauseingang mit Mariengemälde

heutigen Gasthofs Waller als Hoftaferne des Klosters, die auch als landwirtschaftlicher Betrieb genutzt wurde. Damals bot sie noch Unterkunft für Klosterbesucher und die Innflößer, die von Niederau nach Erl in Tirol fuhren, woran eine moderne Replik der alten Flößerzunftkasse über dem Stammtisch erinnert.

Der Gasthof, der seit 1900 von der Familie Waller bewirtschaftet wird, kann auf eine wechselvolle Geschichte zurückblicken. Das einschneidendste Ereignis war ein verheerender Großbrand im Oktober 1985, bei dem Obergeschoss und Dachstuhl völlig ausbrannten. Auch die Decke der Stube wurde in Mitleidenschaft gezogen, nur die Nebengebäude – darunter das als Eiskeller erbaute Salettl im Wirtsgarten – blieben vom Feuer verschont. Durch Mithilfe der gesamten Nachbarschaft konnte das Gasthaus unter Verwendung des historischen Baumaterials wieder aufgebaut werden. An das Feuer erinnert heute nur noch die kleine Madonnenfigur mit Brandspuren in der Hauptgaststube.

Bereits von außen erkennt man die Ausmaße der Gaststube an den größeren Fenstern auf der linken Gebäudeseite. Der am Balkon angebrachte Aushänger mit einer kleinen, auf einem Fass sitzenden Bacchusfigur lädt den Besucher in die Wirtschaft ein. Durch die mittig geteilte Haustür, über die ein Medaillon mit einer Muttergottes mit Jesusknaben gemalt ist, betritt man eine langgezogene, kreuzgewölbte Eingangshalle, die durch hölzerne Trennwände in einzelne Bereiche aufgeteilt ist.

Die gemütliche Hauptgaststube mit einfach verputzter Decke und einem schlichten Holzdielenboden zeigt sich in einer Ausstattung aus der Zeit um 1930. Ein Schreiner aus Niederaudorf fertigte die recht aufwendige Vertäfelung mit Rundbogenfeldern und umlaufender Sitzbank als Meisterstück an. Aus der Erbauungszeit haben sich die barocken Türbeschläge in der Hauptgaststube erhalten. Die Kacheln der Kachelöfen im Eingangsbereich sowie in der Haupt- und Nebengaststube wurden im Zuge der Renovierung des Klosters 1950 hierher transferiert. Die große Standuhr neben dem Tresen stammt aus adeligem Besitz der Umgebung und wurde in den Jahren des Zweiten Weltkriegs erworben. Weiteres Mobiliar wie Gläserschrank, Kupferwaschbecken und die alten Tische mit Steg gehören in die 1930er Jahre und runden das Gesamtbild stimmig ab. Eine kleine Besonderheit stellt das eingebaute Wandkasterl mit der Klappe zur Küche dar, das ehemals als Schießstand genutzt wurde. Dass die Zielschei-

Standuhr und Gläserschrank: historische Ausstattungsstücke in der Hauptgaststube

ben in der dahinter liegenden Küche nicht immer getroffen wurden, beweisen Einschusslöcher in der Vertäfelung.

Das Gasthaus Waller in Reisach ist auch heute noch mit der Tradition des Klosters verbunden, was sich besonders beim Skapulierfest, dem Hauptfest des Klosters zeigt, wenn im Wirtsgarten ein barocker Tragaltar aufgestellt und die Messe gelesen wird. Nicht nur an diesem Tag ist der Waller gut besucht, auch sonst zieht der gemütliche Gasthof mit seiner unverändert überkommenen Gaststube, die ein besonders einladendes Beispiel für die Gasthauskultur der Vorkriegszeit darstellt, Einheimische, Gäste und Klosterbrüder gleichermaßen an.

Heike Mrasek

„Für jeden was dabei" – so beschreibt Wirtin Anna Armborst ihre kulinarische Philosophie. Und in der Tat verwöhnt die Wirtin, die das traditionsreiche Gasthaus 2005 von ihren Eltern übernommen hat, mit einer bodenständigen Küche. Bei Schweinsbraten, Forelle und Haxn achtet sie aber stets auf ein gutes Preis-Leistungs-Verhältnis. Besonders beliebt sind neben den kräftigen Mehlspeisen zum Dessert vor allem die Brotzeiten, zu denen ein selbst gebackenes Brot serviert wird. Im Sommer genießen die Gäste die bayerischen Schmankerl gerne unter den Schatten spendenden Kastanien im Biergarten. Genuss und Gemütlichkeit haben hier Tradition.

Gasthaus Waller

Urfahrnstraße 10
83080 Oberaudorf-Reisach
(Lkr. Rosenheim, OB)

Öffnungszeiten:
11.00–23.00 Uhr; Ruhetag: Mo, Di

Telefon: 08033-1473
www.waller-reisach.de

Seit 1900 in Familienbesitz, Biergarten

43 | Gasthof Zellerwand in Mettenham

Im südwestlichen Landkreis Traunstein durchschneidet die Tiroler Ache von Süden kommend die Chiemgauer Berge und mündet in den Chiemsee. In ihrem Tal verläuft schon seit prähistorischer Zeit ein Handelsweg, der den Chiemgau mit Tirol verbindet. Hinter dem Buchberg, erhöht vom Talgrund und damit vor Hochwasser geschützt, liegt der Ort Mettenham.

Unmittelbar am Handelsweg, nördlich außerhalb des Ortes ließ sich 1853 der Uhrmachermeister Wolfgang Rappl einen stattlichen Wohnbau errichten und die Jahreszahl in das Sandsteinportal schlagen. Auch das Ziffernblatt einer Uhr über dem Eingang erinnert an den Bauherren. Seit 1863, als Rappl die Bierschank-Konzession erhielt, führte er das Gasthaus Zellerwand (die namensgebende Zellerwand, heute ein beliebter Kletterfelsen, liegt in der Nähe des Gasthofes). Alois Birner, dessen Familie derzeit in fünfter Generation den Gasthof bewirtschaftet, übernahm 1888 das Haus, erhielt 1889 die Gaststätten-Konzession und durfte seine Gäste auch mit warmen Speisen bewirten.

Der traufständige, zweigeschossige Massivbau mit Halbwalmdach unterscheidet sich in seinen Architekturformen deutlich von den umliegenden Bauernhöfen. In der nach dem ursprünglichen Vorbild 1999/2000 wieder hergestellten Farbigkeit leuchten auf den hellgelb verputzten Mauerflächen die rot marmorierten Fensterstürze und profilierten Fensterkonsolen sowie die grünen Fensterläden. Mit einem rot marmorierten Kielbogen ist auch das

Ausstattungsstücke aus verschiedenen Epochen runden das stimmige Erscheinungsbild der Gaststube ab

Der traufständige Walmdachbau von 1853 mit restaurierter Farbgestaltung

leicht zurückgesetzte Sandsteinportal auf der Giebelseite überfangen. Portale aus dem sog. Högler Sandstein sind seit dem 16. Jahrhundert in der Region verbreitet. Typisch für die Mitte des 19. Jahrhunderts sind das durchbrochene, durch einen geraden Sturzbalken abgesetzte Oberlicht und die differenziert ausgearbeiteten und mit floralen Motiven geschmückten Gewände.

Vom schmalen Flur aus führen links zwei Türen in die historische Gaststube. Ein besonderes Detail ist die bauzeitliche Bemalung an der kassettierten vorderen Tür: Bierkrüge mit den Initialen „HB", dazu Rettiche und „§ 11" – gemeint ist Paragraph 11 des sog. Bier-Comments, ein scherzhaftes Regelwerk zum Biergenuss in studentischen Kneipen, der auch im Brauchtum der Handwerksgesellen auftaucht: „Porro bibitur!", übersetzt „Es wird weitergesoffen!"

Die schmale, längsrechteckige Gaststube besitzt noch weitgehend die schlichte Ausstattung des 19. Jahrhunderts. Eine dreiviertelhohe, dunkel gebeizte Wandvertäfelung umschließt den Raum, an den beiden Fensterseiten ist darin eine wandfeste Holzbank eingelassen. Die Tische werden flankiert von einfachen Doppelsitzbänken mit Rückenlehnen. Ebenfalls noch bauzeitlich und deshalb besonders bemerkenswert ist der dunkle Holzboden aus schmalen Nadelholzbrettern. Zwischen den beiden Stubentüren steht der vom Fletz aus beheizbare grün glasierte Kachelofen. Ein in die Vertäfelung eingelassenes Kasterl, Herrgottswinkel, Bilder, alte Photographien, Geweihe, Schießscheiben und eine Wanduhr runden die stimmige Ausstattung ab.

Zunehmender Fremdenverkehr führte 1938 zu einer Erweiterung der Gasträume: Rechter Hand wurden das ehemalige Wohnzimmer und die Küche zu kleinen Gasträumen umfunktioniert, die Wand durchbrochen und ebenerdig ein über Stufen erreichbarer großer Saal angebaut. Die Küche verlegte man in den hinteren Teil des Hauses (heute mit Erweiterungen der 1960er Jahre). Ein selten gewordenes Gaststätteninventar hat sich hinter der

Die historische Gaststube mit schlichten Doppelbänken, Holzdielenboden und Kachelofen

Holztreppe zum ersten Stock erhalten: ein alter hölzerner Eisschrank mit Zinkauskleidung. Das Eis kam früher aus dem nahe gelegenen Zellersee, der eben zur Eisversorgung vom damaligen Wirt aufgestaut wurde.

Dem Engagement von Eva-Maria Birner ist es zu verdanken, dass das Wirtshaus den Gast heute wieder in seiner ursprünglichen Farbfassung begrüßt. Dafür wurde die Wirtin 2006/07 im Rahmen des Bayerischen Wettbewerbs Ländliche Entwicklung mit dem Staatspreis ausgezeichnet.

Sabine Tönnies

Der Schwerpunkt der Küche – die inzwischen Sohn Dominik Müller übernommen hat – liegt auf regionalen und saisonalen Gerichten. Und seit der Einheirat der jungen Wirtin Angelika findet sich natürlich auch viel Österreichisches auf der Karte. Das Rindfleisch suchen die Wirtsleute auf nahe gelegenen Demeter-Höfen selbst aus. Das kommt bei den Gästen – sowohl Einheimische als auch die Gäste des dazugehörigen Campingplatzes und Tagesausflügler – gut an. Besonders schön sitzt man im Sommer unter dem Schatten der Kastanienbäume im Biergarten.

Gasthof Zellerwand „beim Birner"

Raitener Straße 46
83259 Schleching-Mettenham
(Lkr. Traunstein, OB)

Öffnungszeiten:
1.5.– Ende Oktober:
    11.00–24.00 Uhr, Ruhetage: Di, Mi, November geschlossen
1.12.–31.4.:
    Fr 16.00–24.00 Uhr,
    Sa, So 11.00–24.00 Uhr

Telefon: 08649-217, Fax: 08649-816
www.gasthof-zellerwand.de

Biergarten, Naturbad Zellersee, Campingplatz

44 | Mesnerwirt in St. Johann

Eingebettet im Chiemgauer Alpenvorland liegt der kleine Weiler St. Johann. Die alte Siedlungsstätte thront malerisch auf einem schmalen Geländerücken über dem Flusslauf der Roten Traun. Nach dem Patrozinium des im Kern romanischen Kirchleins benannt, gilt St. Johann heute ebenso als ein über die Landesgrenzen weg bekanntes Synonym für seine Traditionsgaststätte, den Mesnerwirt. Bereits Lage und Bezeichnung lassen auf eine vom Kirchenbau beeinflusste Hausgeschichte schließen. Schriftlichen Überlieferungen zufolge waren die Wirtsleute über ungezählte Generationen zugleich Kirchenpfleger, eine Tradition, die sich bis heute bewahrt hat. Die unverfälschte Einheit aus Kleinbauernhaus und Schankbetrieb veranschaulicht, dass Gastwirtschaft und kirchliche Hilfsdienste eine landwirtschaftliche Grundversorgung voraussetzten.

Das stattliche Gebäude verfügt über wichtige hauskundliche Merkmale historischer Bauernhöfe des südlichen Chiemgaus. Wohn- und Gaststättenbereich mit rückwärtigem Landwirtschaftsteil finden sich unter einem Dachfirst zusammengefasst. Die Hauptfassade mit ansprechend verzierter Laube schützt ein ausladendes Vordach, das auf mächtigen, aufwendig geschweiften Balkenköpfen ruht. In die Firstpfette sind das Baujahr 1765 und die Initialen der damaligen Bauherren eingeschnitzt. Eine fest montierte Hausbank, klappbare Wandtische und ein dezenter Schaukasten für die Speisekarte laden ohne aufdringliche Werbung zur Einkehr ein. Laut Hauschronik wurde das Schank-

Große Gaststube mit geschlossener Ausstattung der Vorkriegszeit

Hauptfassade mit daneben liegender Kapelle St. Johann Baptist

recht 1831 auf Branntwein erweitert. Seit 1870 durfte im Mesnerwirt offiziell mit warmen Speisen bewirtet werden. Dagegen brachte allerdings der Pfarrer starke Bedenken vor, weil er befürchtete, die Leute kämen nur mehr in die Wirtschaft und nicht mehr in die benachbarte Kirche.

Der Besucher tritt zunächst in einen großen Flur, der das Erdgeschoss in zwei Hälften teilt. An dessen Ende führen Stufen abwärts zum kreuzgratgewölbten Viehstall, rechter Hand gelangt man über eine schmale Holztreppe in das obere Stockwerk, in dem sich Schlafkammern und ehemalige Gästezimmer befinden. Die vom jahrhundertelangen Hausbrand gedunkelte Balkendecke des Hausflures, reich profilierte Türstöcke und vor allem die in der rechten Längswand angelegte Schürkammer einer alten Feuerstelle geben den Mesnerwirt als ein stattliches Haus der Barockzeit zu erkennen. Ein historischer Pfannenladen und die rechts angebrachte Hausglocke zeugen von einer mit Händen greifbaren Hausgeschichte.

Vom unbeheizten Flur leitet die geschweift durchbrochene Brüstung des Kellerabganges links in die große Gaststube. Gerade in kalter Jahreszeit tritt einem sogleich die wohlige Behaglichkeit des von einem alten Kachelofen gewärmten Raumes entgegen. Auch hier zeigen der Herrgottswinkel und ein biedermeierzeitliches Wandkästchen die engen Bezüge zur bäuerlichen Wohnkultur. Die brusthohe Wandvertäfelung mit umlaufender Sitzbank, ein Buffetschrank und eine überschaubare Anzahl stabiler Holztische weisen auf althergebrachte Strukturen der Gaststätte. Die gewachsene Ausstattung stammt im Wesentlichen aus der Zwischenkriegszeit und wurde zuletzt im Jahre 1969 mit den Stühlen und Tischen ergänzt. Alte Familienportraits vormaliger Wirtsleute, alpenländische Jagdtrophäen und das leise Ticken einer Wanduhr runden den authentischen Charakter ohne Stilbrüche ab.

Die kleinere, rechte Gaststube war ehemals besonderen Gästen und Anläs-

Blick in die große Gaststube mit Buffet und Biedermeier-Wandkästchen (Mitte)

sen vorbehalten. Ihr Ofen war vom Flur zu beheizen, wodurch der Raum im Gegensatz zur großen Gaststube rauchfrei gehalten werden konnte. Auch hier prägen eine mit fein profilierten Leisten strukturierte, barocke Holzdecke, ein zeitgleiches Innenfenster sowie ein Türblatt und Sprossenfenster aus der Biedermeierzeit die gediegene Raumatmosphäre.

Vielleicht waren es die wirtschaftlichen Gegebenheiten der letzten Jahrzehnte, mit Sicherheit aber die behutsame Nutzung durch Familie Mader, warum der Mesnerwirt in St. Johann mit allen seinen erhaltenen Bau- und Ausstattungsdetails heute noch ein derart beredtes und auf seine Weise stolzes Zeugnis ländlicher Wirtshausgeschichte Altbayerns darstellt.

Paul Huber

Wer sie einmal probiert hat, wird sie nicht vergessen: Die Bratkartoffeln, die Wirtin Wally Mader auf ihrem alten Holzofen zubereitet. Serviert werden die weithin gerühmten Kartoffeln zu allen Gerichten, die auf den Tisch kommen. Auch sonst geht es beim Mesnerwirt ganz traditionell zu: Am Sonntag gibt es verschiedene Braten aber – wegen des Platzmangels in der Küche – keine Bratkartoffeln. Und wenn es in der Gaststube mal wieder richtig voll ist, dann rücken die Gäste ein bisschen zusammen. Umso gemütlicher ist es dann ...

Mesnerwirt St. Johann

St.-Johann-Straße 22
83313 Siegsdorf-St. Johann
(Lkr. Traunstein, OB)

Öffnungszeiten:
12.00–24.00 Uhr
(warme Küche: 12.00–14.00 Uhr,
17.00–21.00 Uhr); Ruhetag: Mi

Telefon: 08662-7430
www.mesnerwirt-stjohann.de

Außensitzplätze

45 | Gasthof Auzinger am Hintersee in der Ramsau

Berühmtheit erlangte das Berchtesgadener Land nicht nur durch das Salz, sondern auch durch seine Naturschönheiten. Watzmann und Königssee mit der Wallfahrtskirche Sankt Bartholomä gehören zu den meistbesuchten bayerischen Touristenzielen. Weniger bekannt, aber nicht minder pittoresk ist der Hintersee in der Gemeinde Ramsau bei Berchtesgaden. Entstanden durch einen Felssturz, spiegelt sich in ihm die eindrucksvolle Gebirgskulisse, und der Blick weitet sich zum Gebirgsmassiv von Kehlstein, Hoher Göll und Hohes Brett.

Schon seit den frühen 1930er Jahren waren beide Seen des Berchtesgadener Landes zum beliebten Ziel von Malern geworden. Heute wirkt die Lage am Fuß von Hochkalter und Reiteralpe abgeschieden, damals führte von Ramsau kommend und am Hintersee vorbei eine wichtige Verbindungsstraße über den Hirschbichlpass in den Pinzgau nach Österreich. Mittlerweile ist dieser Weg auch ein Zugang zum Nationalpark Berchtesgaden. An diesem Weg, nur wenige hundert Meter vom Seeufer entfernt, liegt der Gasthof Auzinger. Seine Tradition reicht zurück bis in das Jahr 1610, als eine Taferne das Schankrecht erhielt. Das Gasthaus wurde 1862 durch eine Lawine zerstört und schon im darauffolgenden Jahr an sicherer Stelle neu errichtet. Ab 1879 spielt der Name Auzinger für dieses Gasthaus eine wichtige Rolle, als Babette Auzinger als Pächterin genannt wird und in der Folge das Haus zu einem Anziehungspunkt für Künstler aus

Der Gasthof am Fuß der markanten Gebirgskulisse

Hausgang mit Wandmalerei der 1930/40 er Jahre

München, Wien und Düsseldorf wurde. Die „Chronik der Malerherberge am Hintersee" des Wiener Malers August Frank gibt ein reich illustriertes Zeugnis von den Aufenthalten und führt Namen wie Carl Rottmann, Hanns Schleich oder Hubert und Hermann von Herkomer am Hintersee auf. An diese Zeit erinnern bis heute an der Wand der Gaststube zwei Füllungsbilder des alten Buffets. Eines stammt von Otto Strützel, das 1894 datiert ist und die Spiegelung des Hohen Göll im Hintersee darstellt. (Ein weiteres Beispiel für eine solche Malerherberge hat sich mit dem Gasthof Weißes Ross in Dinkelsbühl erhalten, s. d.)

Der Gasthof mit seinem rechteckigen Grundriss, Stallteil und den bemalten Balkenköpfen am Dachstuhl setzt sich durch seine Größe markant von den anderen Häusern an der Hirschbichlstraße ab. Betritt man das Gebäude, so kommt man in den Hausgang mit seinem alten Holzdielenboden, der anscheinend schon immer auch als Gaststube genutzt wurde. Eine besondere Akzentuierung erfährt der Raum durch Malereien und Sinnsprüche an den Wänden, die aus den 1930er und 1940er Jahren stammen. Personen in ländlicher Tracht, eine Kellnerin mit Weißwursttopf und ein Paar beiderseits der Tür zum „Stüberl" erzeugen ein besonderes Ambiente.

Gemütlich und heimelig ist die kleine, quadratische Stube mit ihrem Kachelofen. In ihrer Gestaltung und Einrichtung spiegelt sie in seltener Harmonie die Zeit vor 1930 wieder. Die dreiviertelhohe Holzver-

Die holzvertäfelte Stube in selten harmonischer Gestaltung der Zeit vor 1930

täfelung des Raumes, der Herrgottswinkel mit neuem Kreuz, aber auch die Inneneinrichtung mit dem Buffet, den Tischen und sogar der Bestuhlung stammen aus dieser Zeit. Aus jüngerer Zeit sind die Lampen und der Parkettboden, die in die 1950er und 1960er Jahre gehören. Den behutsamen Umgang der Eigentümer mit ihrem Denkmal verdeutlicht, dass die Fenster zwar erneuert, aber ebenso wie die Haustüre den vorhandenen Vorbildern nachempfunden wurden.

An die ehemalige Künstlerkolonie erinnert heute ein Rundwanderweg um den Hintersee. An insgesamt 26 Stationen werden auf Malerstaffeleien nachgebildeten Tafeln Informationen zu den Bildern, Künstlern und Entstehungsorten gegeben.

Walter Irlinger

Wenn es dem Gast hier überhaupt gelingt, den Blick von der herrlichen Landschaft auf das Speisenangebot zu lenken, dann wird er genau das finden, was er in dieser Region erwartet: typisch bayerische Spezialitäten. Die Familie kocht hier selbst und legt größten Wert auf die Qualität der Produkte. So stammt beispielsweise das Rindfleisch aus eigener Tierhaltung. Wer das Ganze dann noch im Sommer auf der Terrasse genießen kann, wird verstehen, warum Maler aus ganz Europa hierher kamen, um die einzigartige Landschaft auf Leinwand festzuhalten. Am besten, man bleibt gleich ein bisschen länger in einem der bäuerlich eingerichteten Zimmer.

Gasthof Auzinger

Hirschbichlstraße 8
83486 Ramsau-Hintersee
(Lkr. Berchtesgadener Land, OB)

Öffnungszeiten:
11.30–18.00 Uhr (ab Mai bis 19.30 Uhr);
warme Küche 11.30–14.00 Uhr (ab Mai auch von 17.00–19.30 Uhr); Ruhetag: Do

Telefon: 08657-230, Fax: 08657-983338
www.auzinger.de

Aussichtsterrasse, Gästezimmer, Malerherberge des 19. Jahrhunderts

46 | Bergrestaurant Predigtstuhl oberhalb Bad Reichenhall

Wenn morgens das Reichenhaller Tal noch im Nebel liegt, sind die den Talkessel umgebenden Berggipfel bereits sonnenbeschienen, und oben auf dem Predigtstuhl, dem Hausberg Bad Reichenhalls, hält das gleichnamige Bergrestaurant für seine frühen Gäste den ersten Kaffee bereit. Kühn thront das Restaurant mit angeschlossenem Hotel an der steilen Felskante des Bergmassivs, traumhaft ist der Blick von der Sonnenterrasse auf die mächtigen Gipfel der Alpen.

Das Restaurant ist zugleich Bergstation der Predigtstuhlbahn, die am 1. Juli 1928 ihren Betrieb aufnehmen konnte. Der Bau der gesamten Anlage war ein gewaltiges Vorhaben. Gewaltig hinsichtlich der ingenieurtechnischen Leistung, gewaltig aber auch wegen der extremen Bedingungen, unter denen es den Arbeitern gelang, die verheißungsvolle Bahn mit Hotel- und Restaurantbetrieb auf dem Gipfel des Predigtstuhls innerhalb nur eines Jahres Wirklichkeit werden zu lassen. Gewaltig waren aber auch die Erwartungen, die man in den Bau des Projektes setzte, sollte es doch als Attraktion dem einst mondänen Weltkurort Bad Reichenhall zu neuem Glanz verhelfen. Denn die Stadt litt schwer unter den Folgen des Ersten Weltkrieges, das internationale Publikum blieb aus. Es musste etwas geschehen, um die Attraktivität des Ortes wieder zu steigern, um der drohenden Bedeutungslosigkeit zu entkommen und die internationale High Society wieder zu gewinnen.

So entschloss sich die Stadtverwaltung Bad Reichenhalls zum Bau einer Bergbahn. Derartige Anlagen erfreuten sich bereits vielerorts großer Beliebtheit. Sie sollte den 1.614 Meter hohen Predigtstuhl erschließen. Damit erfuhr Bad Reichenhall eine

Neue Sachlichkeit im Hochgebirge: Bergstation und Restaurant der Predigtstuhlbahn von 1928

Restaurant in schlichter Architektur mit Elementen des Heimatstils und Mobiliar aus den 1950er Jahren

neue Art der Stadtentwicklung: in die dritte Dimension, den Berg hinauf.

Insgesamt besteht die Anlage aus einer Talstation, der steilen, über drei monumentale Hangstützen aus eisenarmiertem Beton geführte 2,4 Kilometer langen Seilstrecke sowie der auf dem Plateau unterhalb des Predigtstuhl-Gipfels thronenden Bergstation mit angeschlossenem Restaurant und Hotel. Die größte Spannweite zwischen den gewaltigen, bis 32 Meter hohen Betonstützen I und II beträgt fast 1.000 Meter. Insgesamt wird eine Höhendifferenz von 1.140 Metern bei einer schwindelerregenden Maximalneigung von 75 Prozent in weniger als 10 Minuten Fahrzeit überwunden. Allein die Fahrt hinauf zum Bergrestaurant stellt schon ein einzigartiges Erlebnis und großes Vergnügen dar, denn bereits die beiden gegenläufig verkehrenden, zwölfeckigen Gondeln aus Aluminium bieten den Fahrgästen mit ihren allseitigen Fensteröffnungen einen überwältigenden Blick auf das Alpenpanorama.

Oben angekommen kann der Besucher direkt von der Bergstation ins Restaurant gelangen. Die auf dem steil abfallenden Plateau thronende Bergstation besteht aus dem kompakt zusammengefassten Stationsgebäude mit Wartestand, Maschinen- und Werkstatträumen und dem über einen Verbindungsbau winkelförmig angeschlossenen Hotel- und Gaststättenteil. Die talseitig, also nach Südwesten, vorgelagerte Terrasse auf hohen Substruktionen ermöglicht den Ausflugsgästen einen atemberaubenden Blick.

Die qualitätsvolle und am Heimatstil orientierte Architektur, die durch ihre klare Gliederung auch streng-neusachliche Gestaltungsprinzipien aufweist, ist nicht nur funktional, sondern auch der Landschaft angepasst. Sie geht auf die Entwürfe des Münchner Architekten Wilhelm Kahrs zurück. Die Anlage beeindruckt durch die seit ihrer Erbauungszeit weitgehend un-

Versachlichte Architektursprache mit kräftiger Farbgebung

veränderte Technik, Betriebseinrichtung, Architektur und Innenausstattung von Restaurant und Hotel und durch die für jene Zeit geradezu revolutionären technischen Elemente, die funktionell und gestalterisch aufeinander bezogen sind.

Auch im Inneren des Restaurants hat sich der Charme der späten 1920er Jahre eindrucksvoll bewahrt. Insgesamt vermitteln der Panorama-Speisesaal und die unterschiedlichen Stuben mit ihren Holzbalkendecken gediegen-alpenländischen Charakter, der große offene Kamin verbreitet besonders zu kalten Jahreszeiten behagliche Gemütlichkeit.

Auf der großen und heute verglasten Sonnenterrasse herrscht eher Kaffee-Betrieb. Es gibt warme und kalte Getränke aller Art, dazu Kuchen oder kleinere Speisen. Von den Stühlen der 1950er Jahre mit ihren hohen Lehnen aus kann sich der Gast kommod vom prächtigen Bergpanorama des Restaurants überwältigen lassen.

Nina Dürr

 Das Bergrestaurant bietet anspruchsvoll-gehobene Küche, aber mit Bodenhaftung. Die Speisekarte mit kleiner, jedoch ambitionierter Auswahl orientiert sich an modern umgesetzter bayerischer Küche, bei der man vor allem Wert auf die Verwendung regionaler Produkte legt.

Bergrestaurant Predigtstuhl

Predigtstuhl 2
83435 Bad Reichenhall

Öffnungszeiten:
täglich 9.00 – 17.00 Uhr
Anfang Nov. – Mitte Dez. geschlossen

Telefon: 08651/96 85 14

www.predigtstuhlbahn.de

47 | Weinhaus Klarl in Straubing

Das Weinlokal Klarl war eine echte Straubinger Institution, eine Traditionsgaststätte, durch deren Räumlichkeiten der Charme vergangener Jahrzehnte wehte, wo die Zeit stehen geblieben zu sein schien. Im Jahr 2004 blieb sie dann tatsächlich stehen. Der Betrieb wurde eingestellt, das gastronomische Unikat vermeintlich für immer geschlossen. Eine bald 200-jährige Ära schien beendet. Erst der Gesamtinstandsetzung des denkmalgeschützten Gebäudes, in dessen Erdgeschoss der „Klarl" untergebracht ist, ist es zu verdanken, dass auch die historische Weinwirtschaft eine Zukunft hat.

Nur einen Steinwurf vom zentralen Straßenmarkt Straubings entfernt befindet sich in der historischen Altstadt, gegenüber dem Karmeliterkloster, das stattliche dreigeschossige Bürgerhaus. Das Eckgebäude entlang der Zoller- und der Albrechtsgasse geht im Kern auf das 15./16. Jahrhundert zurück. Nach dem großen Straubinger Stadtbrand des Jahres 1780, bei dem es beinahe vollständig niederbrannte, erhielt das Gebäude seine heutige Form. In die Jahre gekommen, war der einst prachtvolle Bau zum sprichwörtlichen Schandfleck geraten. Mit dem geschlossenen Weinlokal Klarl im Erdgeschoss bot es einen traurigen Anblick. Der Eigentümerwechsel im Jahr 2006 brachte die entscheidende Wende. Nicht nur das gesamte Baudenkmal sollte instand gesetzt werden, sondern auch die Weinwirtschaft wiederbelebt werden. Dabei sollte

Gaststube mit größtenteils erhaltener biedermeierzeitlicher Ausstattung

Spitzkappengewölbe mit Fresken deutscher Weinanbaugebiete der 1950er Jahre

der Pächter mit seinem gastronomischen Konzept der Geschichte des Ortes gerecht werden.

Das Konzept ging auf: Es gelang, sämtliche historischen Tore, Schaufenstereinbauten, Gaststubenfenster und deren Eisenläden sowie den historischen Bestand im Innern zu erhalten. Man betritt die Gaststätte heute von der Albrechtsgasse her. Dabei hat man den aus den 1930er Jahren stammenden Ladeneinbau als neuen Eingangsbereich umfunktioniert. Der ursprüngliche Zugang an der Zollergasse ist in seinen einstigen Dimensionen als großes Fenster erhalten, die historische Situation ist somit ablesbar geblieben. Dem neuen Eingangsbereich schließen sich die beiden Governeränme an. Wo man früher die Gaststätte betrat, ist heute der Schankbereich untergebracht, der die beiden Governeränme gangartig begleitet. Hier führt auch ein breiter Abgang in den historischen Gewölbekeller, wo einst die Weinfässer hinabgelassen wurden. Spitzbogige Mauernischen im Treppenbereich erzählen von der lang zurückreichenden Baugeschichte des Hauses.

Vom neuen Eingang her erschließen sich die beiden authentisch erhaltenen Governeränme in chronologischer Reihenfolge. Zunächst gelangt man in den älteren, dessen Ausstattung wohl größtenteils aus der Mitte des 19. Jahrhunderts stammt. Im stichkappengewölbten Raum ist der originale, dunkle Parkettboden erhalten. Die umlaufenden Sitzbänke, die hölzerne Wandverkleidung sowie die Türrahmungen sind rostbraun gestrichen. Dieser Farbton setzt sich in den einzelnen Elementen des einstigen Schankbereiches fort. Ockerfarbene Fresken mit Darstellungen von deutschen Weingegenden (Pfalz, Franken, Mosel und Rhein) entstanden wohl in den 1950er Jahren.

Durch eine Tür gelangt man in den zweiten Gastraum, der im Jahr 1955 nach Plänen eines Münchner Architekturbüros „modernisiert" wurde. Hier hat sich das

Der Ladeneinbau der 1930er Jahre als heutiger Eingang

Flair der 1950er Jahre dank des nahezu vollständig erhaltenen Mobiliars in seiner charakteristischen Schlichtheit erhalten. Auch bei der Aufstellung der Möbel folgte man den Vorgaben der Pläne. Lediglich die einst mannshohen Paneele, die den Raum gliederten, sind auf halbe Höhe gekürzt worden, womit die separeeartige Wirkung der einzelnen Tische verloren ging.

Mit der behutsamen und denkmalgerechten Instandsetzung des gesamten Gebäudes wurde ein bedeutendes Baudenkmal der Stadt Straubing gerettet. Die Maßnahme erhielt im Rahmen des Denkmalpreises der Hypo-Kulturstiftung im Jahr 2008 eine Anerkennung. Vor allem aber hat eine Straubinger Institution wieder ihren festen Platz im städtischen Leben erhalten. Die Mitglieder des allwöchentlichen Mittwochstammtisches, die dem „Klarl" jahrzehntelang treu waren, haben ihre Plätze bereits wieder eingenommen.

Nina Dürr

Seit einer vorsichtigen Restaurierung und einem Pächterwechsel heißt die Überschrift für die Traditionskneipe in der Straubinger Altstadt: Weinbeisl und Bruschetteria. Der alte Charme blieb erhalten und auch heute ist das ehemalige Weinhaus ein beliebter Treffpunkt für einen gemütlichen Abend. Der neue Pächter serviert italienische Schmankerl und die schmecken im Sommer besonders im lauschigen Innenhof gut.

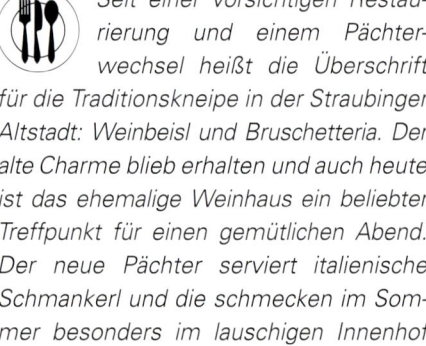

Das Klarl

Albrechtsgasse 27
94315 Straubing (NB)

Öffnungszeiten:
Di bis Sa ab 18.00 Uhr; Ruhetage: So, Mo

Telefon: 09421-9628779
Mobil: 0171-4383098
www.dasklarl.de

48 | Gasthaus Huber in Münchham

Das kleine Kirchdorf Münchham liegt nur wenige Kilometer vom Inn entfernt in einer Mulde des Kirnbachtals inmitten der südlichen Ausläufer des sanften Hügellandes zwischen Rott und Inn, auf halber Höhe zwischen Burghausen und Passau. Für das langgestreckte Dorf, dessen Ursprünge weit in die Agilolfingerzeit zurückreichen, führt das 1867 erschienene Topographisch-statistische Handbuch des Königreichs Bayern 173 Einwohner auf, verteilt auf 53 Gebäude, darunter eine Kirche, eine Schule und ein Wirtshaus. Letzteres, bereits im 15. Jahrhundert nachweisbar, stand zunächst südlich der Kirche, auf der östlichen Seite der durch Münchham führenden „Vicinalstraße"; als Verkehrsweg zweiter Ordnung sorgte diese für die nötige Laufkundschaft.

Mitte des 18. Jahrhunderts wurde dieses Gasthaus aufgegeben und ein neues auf der gegenüberliegenden Straßenseite erbaut, jetzt in auffälligerer Lage an einer Biegung der Hauptstraße, die hier ein leichtes Gefälle aufweist. Das heute nebenerwerbsmäßig betriebene Gasthaus Huber, seit 1793 in Familienbesitz, ist ein zweigeschossiger, massiver Blockbau mit flachem Satteldach. Das breit gelagerte, durch seine einheitlich dunkle Erscheinung bereits von außen imponierende Gasthaus ist an seiner Längsseite zur Gänze verschindelt; die zur Straße hin gewandte Giebelseite verfügt im Erdgeschossbereich noch über einfache Kreuzstockfenster der 1930er Jahre.

Über einen Treppenaufgang – der Huberwirt ist deswegen auch unter dem Namen „Staffewirt" bekannt – gelangt der

Imposanter Blockbau des 18. Jahrhunderts: der „Staffewirt"

Besucher vor die (erneuerte) Gasthaustüre und tritt ein in eine andere Welt. Links führt eine einfache Holztüre in die niedrige Gaststube, die durch eine mit zum Teil farbigen Glasscheiben durchsetzte Fensterwand vom im 20. Jahrhundert errichteten Saal abgetrennt ist.

Höhepunkte der historischen Ausstattung der Gaststube sind zweifellos die nahezu schwarze, von mehreren Unterzügen getragene Holzbalkendecke des 18. Jahrhunderts sowie die neben der Küchentüre platzierte frühbiedermeierliche Standuhr, die wohl schon 1793 hier in der Gaststube aufgestellt wurde. Die halbhohe Wandvertäfelung, das Gläserbuffet sowie nahezu das gesamte Mobiliar stammen aus der letzten umfassenden Modernisierungsphase in den Jahren 1952/53, tragen jedoch in ihrer der alten Stube angepassten Einheitlichkeit maßgeblich zum authentischen Ambiente bei. Auch der Schankeinbau im Jahr 2000 durch die Löwenbrauerei Passau sowie die Erneuerung des Dielenbodens durch die Familie (zum Glück wieder in Holz, man stelle sich in dieser Umgebung einen Fliesenboden vor!) wurden mit viel Gespür und größter Behutsamkeit vorgenommen.

Unter den verschiedenen, allesamt erwähnenswerten Ausstattungsstücken seien hervorgehoben der einfache, nach wie vor seiner eigentlichen Bestimmung nachkommende Holzofen von 1946/48, eine seinerzeit den modernsten Stand der Technik verkörpernde Radio- und Plattenapparatur der Firma Loewe-Opta aus dem Jahr 1948 – durch einen geschickten Fallmechanismus konnten mehrere Schallplatten hintereinander abgespielt werden – sowie eine Tischkegelbahn aus der Zeit um 1870. Hergestellt wurde diese für ein bayerisches Wirtshaus wohl einmalige Kuriosität, die sich unter einer abnehmbaren Tischplatte verbirgt und noch immer funktionsfähig ist, von einem französischen

Radio- und Plattenapparatur von Loewe und Opta (1948)

Eine wohl einmalige Kuriosität: die handgeschnitzte Tischkegelbahn (um 1870)

Zeitübergreifendes Wirtshausmilieu, nicht nur als Filmkulisse ideal

Soldaten, der aus unbekannten Gründen hier in Münchham hängengeblieben war.

Das Gasthaus Huber in Münchham verkörpert auf einzigartige Weise ein Wirtshausmilieu, wie es in Bayern nur noch selten anzutreffen ist. Der „Staffewirt" bietet ein nostalgisches Erlebnis der besonderen Art; nicht von ungefähr diente die Wirtsstube schon manchem Produzenten bayerischer Heimatfilme als willkommene Kulisse.

Alexa Gattinger

Wenn am Wochenende der Schweinsbraten serviert wird, den Mutter und Tochter Huber in der Küche zubereitet haben, dann läuft den Gästen förmlich das Wasser im Mund zusammen. Die sechste und siebte Generation steht in diesem Familienbetrieb mittlerweile am Herd und serviert typische bayerische Gerichte, deren Zutaten zum Teil aus eigener Schlachtung stammen.

Wer diesen Genuss erleben will, muss allerdings vorbestellen, damit auch ausreichend viel gekocht wird. Das Gasthaus ist so bekannt, dass vor allem im Sommer die Fahrradfahrer gerne hier einen Stopp einlegen – nicht selten sind dann auch Gäste aus dem benachbarten Österreich mit dabei.

Gasthaus Huber, sog. Staffewirt

Dorfstraße 15
94140 Ering-Münchham (Lkr. Rottal-Inn, NB)

Öffnungszeiten:
durchgehend; kein Ruhetag

Telefon: 08573-346

Seit 1793 in Familienbesitz, Brotzeiten (warme Küche nach Vereinbarung), Musikveranstaltungen

49 | Die Heilig-Geist-Stiftschenke in Passau

Passau, die Donaustadt, Grenzstadt zu Österreich, das Tor nach Böhmen, ist ein begehrtes Ziel von Touristen aus aller Welt. Sie kommen wegen der einzigartigen Lage dieser Stadt, wegen des Doms und seiner Orgel, vielleicht noch wegen der Festung Oberhaus. Die kleineren Köstlichkeiten kennen sie kaum. Zum Beispiel den „Geist".

Wenn die Passauer sich beim „Geist" verabreden, meinen sie die Stiftschenke des Heilig-Geist-Spitals, einer in der Mitte des 15. Jahrhunderts vom angesehenen Bürger Urban Gundacker und seiner Frau Plektrud gestifteten und bis heute bestehenden sozialen Einrichtung zur Pflege armer, alter und kranker Menschen. Gundacker vermachte dem Spital Häuser in Passau und Weinberge in der Wachau. Um 1400 vergrößerte der Spitalpfleger Wenzel Gerhardt das Stiftungsvermögen bedeutend und gilt deshalb als der zweite Gründer des Heilig-Geist-Spitals. 1445 vermachte der Stiftspfleger Gregor Stubner dem Spital ein bedeutendes Fischrecht auf der Donau, das seit 1558 an die zwölf „Apostelfischer" verpachtet ist.

Zu jedem Spital gehört traditionell ein Wirtshaus, wo Spitalbier oder Spitalwein ausgeschenkt und andere Erzeugnisse der Wirtschaftsbetriebe angeboten werden. Wer heute im „Geist" den grünen Veltliner von den Lößterrassen in Rohrendorf oder den Riesling vom Steiner Pfaffenberg trinkt und dazu einen Waller aus der Donau probiert, steht in einer langen Tradition. Für den Weinausschank gab es früher ein „Stüberl" direkt im Spitalgebäude. Dort könnte es mitunter sehr lebhaft zugegangen sein.

Die Gast- oder Gundackerstube mit der nahezu unveränderten Ausstattung von 1927

Heilige am Kachelofen im Bischofszimmer

Denn als die frommen Vinzentinerinnen aus München 1856 die Leitung des Heilig-Geist-Spitals übernahmen, schlossen sie dieses Stüberl. Die Stadt Passau richtete eine neue Stiftschenke im ehemaligen Franziskanerkloster ein, damals in unmittelbarer Nachbarschaft zum städtischen Irrenhaus.

Die heutige Einrichtung der Stiftschenke entwarf 1927 der im unterfränkischen Höllrich geborene Architekt und Stadtbauamtmann Oskar Keßler. Sie ist in den Formen des Spätmittelalters und der Renaissance gehalten und entspricht mit ihren historischen Anspielungen ganz dem im ausgehenden 19. Jahrhundert entstandenen Typus der altdeutschen Bier- und Weinstuben. Die Schnitzarbeiten an den Vertäfelungen und den Lüstern stammen vom Passauer Bildhauer Jakob Christl (1888–1967), die Glasmalereien von dem in Passau verstorbenen Franz Xaver Kurländer (1866–1959), einem Schüler der Mayer'schen Hofkunstanstalt in München. Kurländers Kirchenfenster waren im Passauer Raum und in vielen europäischen Ländern, ja sogar bis in die USA verbreitet.

In der „Gast-" oder „Gundackerstube" erinnern die Wappen der Stadt Passau und des Fürstbischofs Urban, die Ansichten von Passau, Hals, Krems und Stein an die Geschichte des Spitals, die Glasmalereien beziehen sich auf den Fischfang und die Jagd, und der große Lüster stellt in sechs Szenen das Schicksal des Zechers vom aufrechten abendlichen Gang ins Wirtshaus über die schwankende Heimkehr bis zum Katerfrühstück am anderen Morgen dar. Dazu passt der Spruch über der Tür zum anschließenden Jagdzimmer: „Heilig Geistwein heisst er, wer ihm traut den schmeisst er". Dass dieser Spruch seine Berechtigung hat, zeigt ein Schild aus den 1920er Jahren: „In der Weinstube des Hl. Geiststifts darf kein Gast mehr als 3 Schoppen Wein während der üblichen Ausschankzeit erhalten. Die Umgehung dieser Anordnung hat den Ausschluss vom Besuche der Weinstube zur Folge."

Vom „Jagdzimmer" mit seinem schönen Lüster und den tabakgebeizten Hirsch-

Tür zum Bischofszimmer

Dunkel getäfeltes Jagdzimmer mit Trophäen

geweihen führt eine spitzbogige Tür in das „Bischofszimmer". Dort erinnern die Büste und das Wappen des Fürstbischofs Gottfried II. sowie zahlreiche weitere Wappen an den Ursprung und die Geschichte des Spitals. Zwei niederbayerische Künstler unserer Tage, Leopold Hafner und Dieter Stauber, haben das „Stiftsherrenstüberl" ausgestattet. Und wer die Treppen hinuntersteigt, kommt in das mittelalterliche Kellergewölbe des ehemaligen Franziskanerklosters. Dort ist seit 1969 ein Gastraum eingerichtet und die alte Weinkelter aus dem Stiftsgut in Krems aufgestellt. Im Sommer sitzt, isst und trinkt es sich prächtig in den Wein- und Efeulauben des Gartens. Dort, in einem steinernen Fischbecken, harren die schwarzen, dickköpfigen Waller aus dem Donaufischwasser des Heiliggeistspitals der Dinge, die da kommen.

Egon Johannes Greipl

Feinste regionale Spezialitäten bringt die Wirtsfamilie Mayer in der Heilig-Geist-Stiftschenke auf den Tisch. Dass es neben den bayerischen Spezialitäten und dem frischen Fisch auch ein bisschen österreichisch zugeht, darf angesichts der räumlichen Nähe schon sein. Man kann hier mitten in Passau die Wachau förmlich schmecken, wenn Kaiserschmarrn oder Marillenpalatschinken serviert werden. Aber natürlich gehört auch der Passauer Stiftswein zum Angebot, eine besondere Riesling-Abfüllung, von der es gerade einmal 1.000 Flaschen im Jahr gibt. Wer den dann noch im mit Wein bewachsenen Wirtsgarten genießt, kann schnell vergessen, dass er mitten in der Stadt ist.

Heilig-Geist-Stiftschenke

Heilig-Geist-Gasse 4
94032 Passau (NB)

Öffnungszeiten:
10.00–1.00 Uhr; Ruhetag: Mi

Telefon: 0851-2607, Fax: 0851-35387
www.stiftskeller-passau.de

Wirtsgarten, Stiftseigene Weine, Fisch

50 | Gasthaus Lanz in Untergriesbach

Untergriesbach wurde mit seiner zum Straßenmarkt ausgeweiteten Durchgangsstraße auf einem Bergrücken systematisch angelegt. Schon 1260 verlieh Bischof Otto von Passau dem Dorf das Marktrecht. Auf den beidseits an die Straße stoßenden, langen schmalen Flurstücken reihen sich Giebel- und Traufseithäuser, z. T. im Verbund, z. T. mit weit vorkragenden Flachsatteldächern oder mit Vorschussmauern, rückwärtig angeschlossen häufig noch bäuerliche Hofanlagen. Der „Lanz", Marktplatz 16, steht unweit gegenüber der Pfarrkirche St. Michael mitten im Ort.

Die wenigen Quellen aus der Frühzeit des Hauses nennen den Ratsherrn Georgius Bruckner 1591 als Bauherrn und 1623 als Eigner eine Familie Fritz, die neben der Landwirtschaft auch eine Bäckerei betrieben hat, welche sich noch bis in die 1870er Jahre halten sollte. Eine Gastwirtschaft mit Brauerei ist seit 1694 nachgewiesen. Johann Lanz, der neue Eigentümer, veranlasste 1877 eine grundlegende Renovierung und den Einbau von Gästezimmern. Der „Hausname" blieb dem Gasthaus erhalten, als es Ludwig Hartl 1951 übernahm und gemeinsam mit seiner Ehefrau, der erst 2008 verstorbenen Lanzen Mare, neben seiner Landwirtschaft weiterführte – eine Tradition, die Sohn Ludwig aufrechterhält. Trotz der Belastung durch eine

„Gasthaus Lanz" am Marktplatz von Untergriesbach

Die gemütliche Gaststube mit Durchblick zum Nebenraum

Mastbullenzucht hat er das stark renovierungsbedürftige Gebäude in den 1990er Jahren instand gesetzt.

Giebelständig, zweistöckig und mit vier Fensterachsen passt das Haus mit seinem flachen Satteldach harmonisch in die Straßenzeile: Die Außengliederung mit dem ursprünglich mit Kohlestaub eingefärbten, jetzt blaugrau erneuerten Rauputz sowie glattgeputzten, weiß gefassten Ecklisenen, Ortgangband und Faschen um die Fenster und die Okuli im Dachraum stammt aus dem 19. Jahrhundert. Nur dem genauen Beobachter fallen die lindgrünen, vertieften Ablinierungen zwischen den Putzflächen auf. Ornamente über den Fenstern, Reste von gemalten Medaillons und das Wirtshausschild aus geschwärztem Glas ergänzen das schmucke Bild.

Die mit einem Natursteinportal gefasste Eingangstür führt in einen langen, nach hinten abfallenden Gang, der das ganze Erdgeschoss teilt: in eine kleine vordere Gaststube und den langgestreckten ehemaligen Schützensaal zur Linken und die Folge einachsiger Wirtschaftsräume wie Küche und Toiletten rechts – die ursprüngliche Grundriss-Situation.

Die Gaststube mit Wandvertäfelung und umlaufender Sitzbank, den Eichentischen, einer eingebauten Vitrine und einem übermannshohen Regulator sowie der Nebenraum mit den alten vergilbten Schützenscheiben, den man durch eine dreiflügelige Füllungstür betritt, versetzen einen um hundert Jahre zurück. Im Oberstock, über eine steile Treppe vom Gang aus erreichbar, befindet sich eine große Stube mit Bohlenbalkendecke, die man vor wenigen Jahren

Alte Füllungstür, Regulator, Landschaftsgemälde, Sitzbank und Einbauvitrine: Details in der Gaststube

durch Rückbau der drei kleinen Gästezimmer wiedergewinnen konnte.

Die jetzigen Gästezimmer befinden sich nun im hinteren Teil des Gebäudes.

Am Ende des mit großen Granitplatten ausgelegten Hausganges gelangt man – der Hanglage geschuldet – über eine Treppe in ein Untergeschoss mit kleinem Hofbereich. Zwei Arkadenbögen über einem Steinpfeiler öffnen sich hier zu zwei Lagerräumen, den „Morställen" – ehemaligen Schweineställen vielleicht? –, in späteren Zeiten aber als Stellplätze für die Kutschgäule der Bauern genutzt, wenn diese zum Zechen ins Wirtshaus kamen. Hausarbeiten, die Wasser benötigten, wurden im Hof neben einem fast elf Meter tiefen, steingefassten großen Brunnen erledigt.

Die Instandsetzung des Gasthauses von 1993 bis 1996 ist als ausgesprochen gelungen zu bezeichnen. Das Bayerische Staatsministerium für Wissenschaft, Forschung und Kunst und die Hypo-Kulturstiftung belohnten das große Engagement des Hauseigentümers 1996 mit der Denkmalschutzmedaille und 1999 mit einem Denkmalpreis. Mit dem als Typus seltenen Beispiel einer „Nebenerwerbs-Gaststätte", in der nur bei festlichen Anlässen aufgekocht wird, ist ein Schmuckstück des Ortsbildes erhalten geblieben.

Karlheinz Hemmeter

In dieser Traditionsgaststätte in Untergriesbach kommen die Einheimischen zusammen und genießen die Brotzeiten. Wer will, darf aber auch seine eigene Brotzeit mitbringen, was sich gerade am Markttag anbietet. Besonders beliebt sind im Gasthaus Lanz die Reindlessen bei besonderen Veranstaltungen oder nach Vorbestellung. Dabei kommen verschiedene Bratenstücke vom Schwein in einer großen Pfanne auf den Tisch und werden mit Knödeln und Krautsalat verspeist. Ein echter Genuss – und die Zutaten für dieses Traditionsessen stammen aus der unmittelbaren Umgebung von ausgesuchten Bauernhöfen.

Gasthaus Lanz

Marktplatz 16
94107 Untergriesbach (Lkr. Passau, NB)

Öffnungszeiten:
ab 10.00 Uhr;
Ruhetag: Di;
So 12.00–17.00 Uhr geschlossen

Telefon: 08593-235

Wirtsgarten, warme Küche nur nach Vorbestellung bzw. bei Feierlichkeiten, Landwirtschaftsbetrieb mit Nebenerwerbsgaststätte

Autoren

Dr. Hans Bauer, Kreisheimatpfleger, Richard-Wagner-Straße 22, 97318 Kitzingen, E-Mail: dr.haba@web.de

Dr. Andreas Baur, Bayerisches Staatsministerium für Wissenschaft, Forschung und Kunst, Salvatorstraße 2, 80327 München, E-Mail: Andreas.Baur@stmwfk.bayern.de

Dr. Anke Borgmeyer, Referat Z I – Denkmalliste/Denkmaltopographie, Bayerisches Landesamt für Denkmalpflege, Hofgraben 4, 80539 München, E-Mail: Anke.Borgmeyer@blfd.bayern.de

Anton Brandner, ehemals Referat Z III – Dokumentationswesen, Bayerisches Landesamt für Denkmalpflege, Hofgraben 4, 80539 München, E-Mail: info@volkverlag.de

Uli Braun, Stadtheimatpfleger, Tilly-Straße 14, 87700 Memmingen

Dipl.-Archivar Werner Dobras, Kreisheimatpfleger, Schneeberggasse 2, 88131 Lindau

Dr. Hans-Diether Dörfler, Birke|Partner GmbH, Marie-Curie-Straße 1, 91052 Erlangen, E-Mail: hans-diether.doerfler@birke.de

Nina Dürr M.A., Referat Z I – Denkmalliste/Denkmaltopographie, Bayerisches Landesamt für Denkmalpflege, Hofgraben 4, 80539 München, E-Mail: Nina.Duerr@blfd.bayern.de

Dr. Rembrant Fiedler, Referat Z I – Denkmalliste/Denkmaltopographie, Bayerisches Landesamt für Denkmalpflege, Dienststelle Schloss Seehof, 96117 Memmelsdorf, E-Mail: Rembrant.Fiedler@blfd.bayern.de

Alexa Gattinger M.A., Historikerin, Magdalenenstraße 35, 80638 München

Dr. Karl Gattinger, Referat Z I – Denkmalliste/Denkmaltopographie, Bayerisches Landesamt für Denkmalpflege, Hofgraben 4, 80539 München, E-Mail: Karl.Gattinger@blfd.bayern.de

Prof. Dr. Egon Johannes Greipl, Generalkonservator a.D., Michaeligasse 9, 94032 Passau, E-Mail: egon.greipl@t-online.de

Dr. Thomas Gunzelmann, Referat Z II – Siedlungs- und Kulturlandschaftsdokumentation, Bayerisches Landesamt für Denkmalpflege, Dienststelle Schloss Seehof, 96117 Memmelsdorf, E-Mail: Thomas.Gunzelmann@blfd.bayern.de

Dr. Bernt von Hagen, Gesundbrunnenstraße 1, 86152 Augsburg, E-Mail: info@volkverlag.de

Dr. Johannes Hallinger, ehemals Bayerisches Landesamt für Denkmalpflege, Hofgraben 4, 80539 München, E-Mail: info@volkverlag.de

Dr. Karlheinz Hemmeter, Referat Z IV – Publikationswesen, Bayerisches Landesamt für Denkmalpflege, Hofgraben 4, 80539 München, E-Mail: Karlheinz.Hemmeter@blfd.bayern.de

Dipl.-Rest. (Univ.) Mag. Paul Huber, Referat A I – Praktische Denkmalpflege, Bau- und Kunstdenkmäler Oberbayern, Bayerisches Landesamt für Denkmalpflege, Hofgraben 4, 80539 München, E-Mail: Paul.Huber@blfd.bayern.de

Dr. Walter Irlinger, Abteilungsleiter Z – Denkmalerfassung und -forschung, Bayerisches Landesamt für Denkmalpflege, Hofgraben 4, 80539 München, E-Mail: Walter.Irlinger@blfd.bayern.de

Dipl.-Archivarin (FH) Edith Kalbskopf, Stadtarchiv Marktredwitz, Egerstraße 2, 95615 Marktredwitz, E-Mail: Stadtarchiv@Marktredwitz.de

Dr. Florian Koch, Referat A I – Praktische Denkmalpflege, Bau- und Kunstdenkmäler Oberbayern, Bayerisches Landesamt für Denkmalpflege, Hofgraben 4, 80539 München, E-Mail: Florian.Koch@blfd.bayern.de

Dr. Burkhard Körner, Referat Z I – Denkmalliste/Denkmaltopographie, Bayerisches Landesamt für Denkmalpflege, Hofgraben 4, 80539 München, E-Mail: Burkhard.Körner@blfd.bayern.de

Dr. Eva Maier M.A., Referat Z I - Denkmalliste/Denkmaltopographie, Bayerisches Landesamt für Denkmalpflege, Dienststelle Schloss Seehof, 96117 Memmelsdorf, E-Mail: Eva.Maier@blfd.bayern.de

Heike Mrasek M.A., Kirchenstr. 11, 85630 Grasbrunn, E-Mail: heike.mrasek@gmx.de

Dr. Stefan Pongratz, Referatsleiter Z III – Dokumentationswesen, Bayerisches Landesamt für Denkmalpflege, Hofgraben 4, 80539 München, E-Mail: Stefan.Pongratz@blfd.bayern.de

Dr. Hubert Raab, Kreisheimatpfleger, Zillenberger Weg 5, 86316 Friedberg, E-Mail: hubert.raab@gmx.de

Dr. Peter Ruderich, Kunsthistoriker, Grüner Markt 4, 96047 Bamberg, E-Mail: peter@ruderich.com

Sabine Tönnies M.A., Zeppelinstraße 9a, 81541 München, E-Mail: sabine.toennies@gmx.de

Andreas Türk, Mediaconsult GmbH, Selbitzer Weg 9, 95469 Speichersdorf, E-Mail: info@mediaconsult-gmbh.de

Michael Volk, Volk Verlag, Neumarkter Straße 23, 81673 München, E-Mail: volk@volkverlag.de

Prof. Dr. Andreas Otto Weber, Haus des Deutschen Ostens, Am Lilienberg 5, 81669 München/ Friedrich-Alexander-Universität Erlangen-Nürnberg, Lehrstuhl für Bayerische und Fränkische Landesgeschichte, Kochstraße 4, 91054 Erlangen, E-Mail: andreas.weber@hdo.bayern.de

Martin Wölzmüller M.A., Bayerischer Landesverein für Heimatpflege e.V., Ludwigstraße 23/Rgb., 80539 München, E-Mail: info@heimat-bayern.de

Abbildungsnachweis

Alle Aufnahmen für diese Publikation wurden von den Amtsphotographen Michael Forstner, Eberhard Lantz (Bildnummer mit L) und David Laudien (Bildnummer mit D) angefertigt, mit Ausnahme von Rosenheim: **155–157** Christian Martin Weiss.

Alle Bildrechte liegen beim Bayerischen Landesamt für Denkmalpflege. Bitte richten Sie Ihre Anfragen direkt an: Bayerisches Landesamt für Denkmalpflege, Bildarchiv, Referat Z III – Dokumentationswesen, Hofgraben 4, 80539 München, Telefon: 089-2114-0, Fax: 089-2114-300, E-Mail: poststelle@blfd.bayern.de.

Die Orte sind in alphabetischer Reihenfolge sortiert; die Gasthäuser werden nur genannt, wenn es in einem Ort mehrere photographierte Objekte gibt. Nach den Orten ist jeweils das Aufnahmedatum in Klammern angegeben, es folgen die Seitenzahlen in fetter Schrift sowie die Bildnummern. Befinden sich mehrere Abbildungen auf einer Seite, wird das bei den Seitenzahlen mit o (oben), u (unten), li (links) und re (rechts) vermerkt.

Umschlagvorderseite: Altomünster (Aufn. 2008): Maierbräu, 06002448 (Ausschnitt)
Umschlagrückseite: Bamberg (Aufn. 2009): Gasthaus Weierich, Lüsterweibchen, L1020648 (Ausschnitt, freigestellt)
Frontispiz: Bamberg (Aufn. 2009): Gasthaus Weierich, „Säufermännla", **3** L1020663
Inhaltsverzeichnis: Sommerach am Main (Aufn. 2008): Gasthof zum Schwan, Wandmalerei im Nebenraum, **5** L1020221b (Ausschnitt); Lindau (Aufn. 2008): Weinstube Frey, Detail der Wandmalerei in der großen Stube, **6/7** 06002110 (Ausschnitt)
Vorwort: Lindau (Aufn. 2008): Weinstube Frey, Glasmalerei, **8** 06002104

Altomünster (Aufn. 2008): **126** 06002429, **127** 06002422, **128** 06002448; Bad Kissingen (Aufn. 2008): **17** L1020266 (Ausschnitt), **23** L1020265, **24** L1020272, **25** L1020271, **26** L1020268; Bad Reichenhall **173** 06002158, **175** 06002167 Bad Tölz (Aufn. 2008): **149** 06002376, **150** 06002378, **151** 06002371; Bad Windsheim (Aufn. 2008): **74** 06002078, **75** 06002074, **76** 06002080; Bamberg, Mahr's Bräu (Aufn. 2008): **49** L1020334, **50** L1020337, **51** L1020327; Bamberg, Schlenkerla (Aufn. 2008): **18/19** L1020377, **52** L1020362, **53** L1020370, **54/55** L1020376, **55** L1020384, **56** L1020365; Bamberg, Gasthaus Weierich (Aufn. 2009): **57** L1020648, **58/59** L1020651b, **59** L1020654, **60** L1020663; Bayreuth (Aufn. 2009): **64** L1020609, **65** L1020625, **66** L1020616, **67** L1020627; Dinkelsbühl (Aufn. 2008): **84** L1020281; Dinkelsbühl (Aufn. 2009): **16** 06002521, **87** 06002513, **89** 06002517; Eilsbrunn (Aufn. 2008): **99** 06002600, **100** 06002604, **101** 06002609; Falkenberg (Aufn. 2009): **71** L1020591, **72** L1020577, **73** L1020582; Forchheim (Aufn. 2009): **61** L1020675, **62** L1020685, **63** L1020686; Hintersee (Aufn. 2008): **170** 06002277, **171** 06002272 (Ausschnitt, bearb.), **172** 06002267; Kallmünz (Aufn. 2008): **96** 06002369, **97** 06002357, **98** 06002360; Lindau (Aufn. 2009): **10** 06002111, **21** 06002108 (Ausschnitt), **113** 06002103, **114**o 06002101, **114**u 06002108 (Ausschnitt), **115** 06002109, **116** 06002110; Lohr am Main (Aufn. 2008): **27** L1020255, **28** L1020253, **29** L1020251; Marktredwitz (Aufn. 2009): **68** L1020604,

69 L1020596, **70**li L1020597, **70**re L1020602; Memmingen, Goldener Löwe (Aufn. 2008): **14**o 06002326, **117** 06002327, **118**o 06002341, **118**u 06002340, **119** 06002328 (Ausschnitt); Memmingen, Weber am Bach (Aufn. 2008): **120** 06002331, **121** 06002328, **122** 06002335; Mettenham (Aufn. 2009): **164** 06002370, **165** 06002379, **166** 06002372; München, Augustiner-Bräu (Aufn. 2009): **129** 06002527 (Ausschnitt), **130/131** 06002522, **132** 06002526, **133** 06002527 (Ausschnitt); München, Weinhaus Neuner (Aufn. 2008): **134** 06002246, **135** 06002247, **136** 06002249; München, Gasthaus Fraunhofer (Aufn. 2008): **20** 06002216, **137** 06002227, **138**o 06002226, **138**u 06002215, **139** 06002222; München, Café Jasmin (Aufn. 2008): **140** 06002235, **141**li 06002243, **141**re 06002239, **142** 06002240; München, Osteria Italiana (Aufn. 2009): **143** 06002537, **144** 06002531, **145** 06002533; Münchham (Aufn. 2008): **179** 06002278, **180**o 06002295, **180**u 06002283, **181** 06002286; Mürsbach (Aufn. 2009): **46** L1020352, **47** L1020348, **48** L1020354; Nürnberg (Aufn. 2017): **83** D11502052, **84**u D11502051, **84**o D11502055, **85** D11502050, **86** D11502053, **86** D11502054; Oberbiberg (Aufn. 2017): **152** 11012020, **153** 11012029, **154** 11012036 Passau (Aufn. 2008): **182** 06002300, Passau (Aufn. 2009): **183**li 06002668, **183**re 06002683, **184** 06002652; Pfaffenhofen an der Zusam (Aufn. 2008): **14**u 06002386, **109** 06002382, **110/111** 06002396, **111** 06002395, **112** 06002389; Regensburg, Bischofshof (Aufn. 2009): **102** 06002472, **103**o 06002469 (Ausschnitt), **103**u 06002478 (Ausschnitt), **104/106** 06002468, **105** 06002474 (Ausschnitt); Regensburg, Brandlbräu (Aufn. 2009): **13** 06002489, **106** 06002490, **107** 06002489, **108** 6002483; Reisach (Aufn. 2009): **161** 06002462, **161** 06002459, **163** 06002461; Roßtal (Aufn. 2009): **12** 1020700, **80** L1020699, **81** L1020696, **82** L1020698; Rothenburg o. d. T. (Aufn. 2008): **77** 06002082, **78** 6002087, **79** 06002085; Rothenfels (Aufn. 2009): **30** L1020720, **31** L1020714, **32** L1020722, **33**li L1020712, **33**re L1020718, **34** L1020707; Schmiechen (Aufn. 2009): **123** 06002452, **124** 06002453, **125**li 06002455, **125**re 06002457; Schönmühl (Aufn. 2008): **146** 06002324, **147** 06002321, **148** 06002322; Söllhuben (Aufn. 2008): **158** 06002432, **159** 06002430, **160** 6002436; Sommerach am Main (Aufn. 2008): **39** L1020212b, **40/41** L1020223b, **42**o L1020208b, **42**u L1020213b (Ausschnitt); Spielberg (Aufn. 2008): **90** L1020394, **91** L1020402, **92** L1020392; St. Johann (Aufn. 2008): **167** 06002349, **168** 06002356, **169** 06002344; Straubing (Aufn. 2009): **176** 06002497, **177** 06002499, **178** 06002495; Untergriesbach (Aufn. 2008): **185** 06002307, **186** 06002301, **187** 06002305; Volkach (Aufn. 2008): **43** L1020236, **44** L1020240, **45** L1020230 (Ausschnitt); Weißenburg (Aufn. 2009): **93** 06002500b (Ausschnitt), **94/95** 06002503, **95** 06002507 (Ausschnitt); Würzburg (Aufn. 2008): **35** L1020423, **36** L1020409, **37** L1020417, **38** L1020411

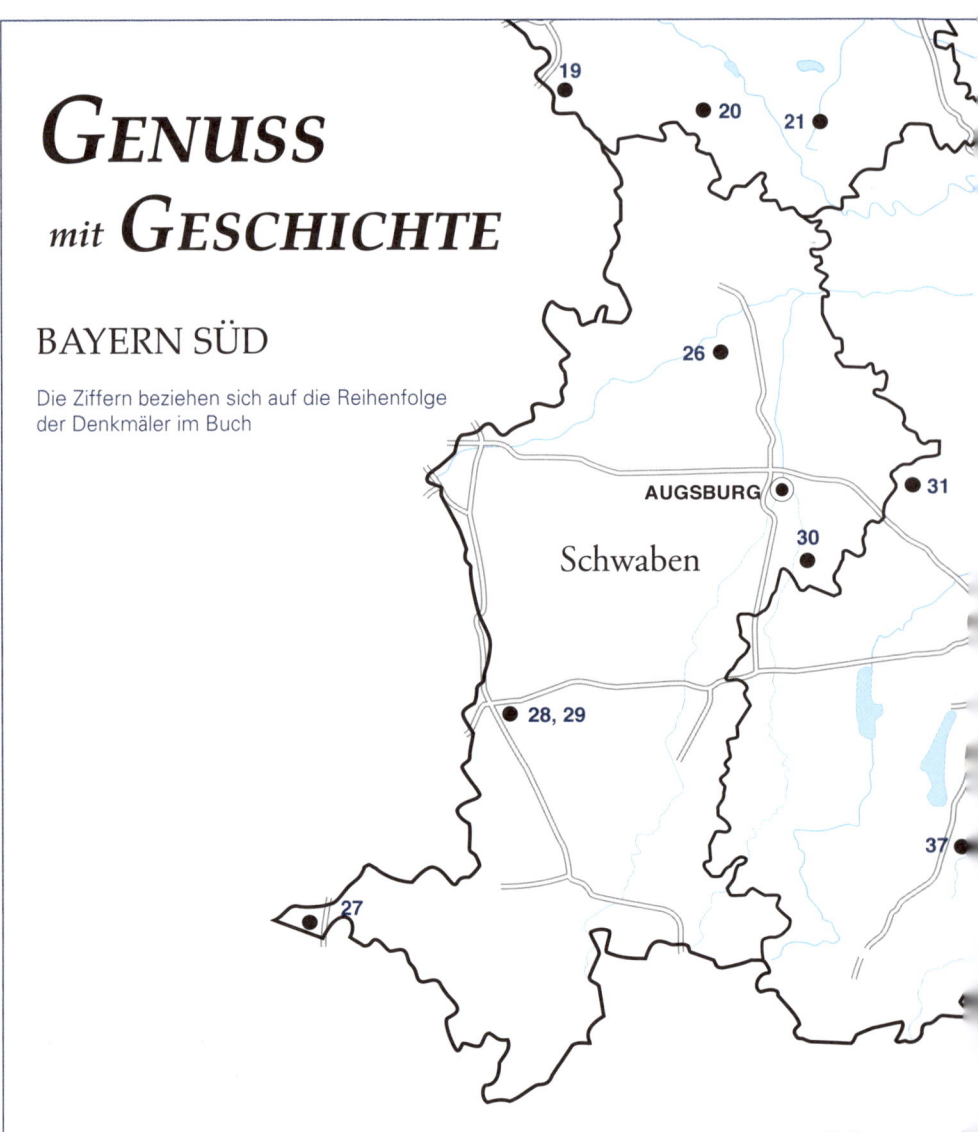

GENUSS mit GESCHICHTE

BAYERN SÜD

Die Ziffern beziehen sich auf die Reihenfolge der Denkmäler im Buch

26 Gasthof Straub in Pfaffenhofen an der Zusam
27 Weinstube Frey in Lindau
28 Weinhaus zum Goldenen Löwen in Memmingen
29 Weinhaus Weber am Bach in Memmingen
30 Gasthof Heidinger in Schmiechen
31 Der Maierbräu in Altomünster
32 Der Augustiner-Bräu in München
33 Weinhaus Neuner in München
34 Gaststätte Fraunhofer in München
35 Café Jasmin in München
36 Osteria Italiana in München
37 Wirtshaus Schönmühl bei Penzberg
38 Weinhaus Schwaighofer in Bad Tölz